AF705140

John Lawrence Hill

Nach dem Naturrecht

editiones scholasticae

John Lawrence Hill

Nach dem Naturrecht

Wie die klassische Weltsicht unsere modernen moralischen und politischen Werte fördert

Übersetzung aus dem amerikanischen
von Rafael Hüntelmann

Bibliographic information published by Deutsche Nationalbibliothek
The Deutsche Nationalbibliothek lists this publication in the Deutsche Nationalbibliographie; detailed bibliographic data is available in the Internet at http://dnb.ddb.de

Titel der amerikanische Originalausgabe:
John Lawrence Hill
After the Natural Law
How the Classical Worldview Supports Our Modern Moral and Political Values
Ignatius Press, San Francisco 2016 | ISBN 978-1-62164-017-2

Wir danken dem Verlag für die Überlassung der deutschsprachigen Rechte

Distribution:

North and South America by

Taylor & Francis
7625 Empire Drive
Florence, Kentucky 41042-2919, USA
Toll-Free Phone: +1 (800) 634-7064
Toll-Free Fax: +1 (800) 248-4724
Email: orders@taylorandfrancis.com

United Kingdom, Ireland, Iceland, Turkey, Malta, Portugal by
Gazelle Books Services Limited
White Cross Mills
Hightown
LANCASTER, LA1 4XS
sales@gazellebooks.co.uk

53819 Neunkirchen-Seelscheid
www.editiones-scholasticae.de

ISBN 978-3-86838-206-8 (Buchausgabe)
ISBN 978-3-86838-207-5 (eBook)

2018

Printed on acid-free paper

Printed in Germany
by CPI Buchbücher.de GmbH

Inhalt

Teil II: Die moralischen und politischen Konsequenzen des Verfalls der klassischen Weltanschauung

Einführung

Im Jahr 1948 veröffentlichte die Zeitschrift *Atlantic Monthly* einen bemerkenswerten Aufsatz des Philosophen W.T. Stace, eines Mannes mit eher geringer religiöser Musikalität. Sein Aufsatz „Man against Darkness" begann mit einer erschreckenden Aussage: „Die katholischen Bischöfe der USA haben jüngst eine Erklärung abgegeben, in der sie sagten, dass der chaotische und verwirrende Zustand der modernen Welt auf dem Glaubensverlust der Menschen und der Aufgabe von Gott und Religion beruht. Ich für meinen Teil glaube an keine Religion. Ich stimme jedoch vollkommen mit den Bischöfen überein." Stace fuhr fort, indem er sagte, dass unser Verlust für den Sinn eines zweckgerichteten Plans für unsere Welt nichts weniger bedeutet als eine komplette Katastrophe in Bezug auf die Menschlichkeit, eine von allen spirituellen Grundlagen verarmte Welt.[1]

Nur ein halbes Jahrhundert früher verkündete ein anderer Philosoph, Friedrich Nietzsche, den Tod Gottes mit prometheischer Freude:

> Das grösste neuere Ereigniss, — dass „Gott todt ist", dass der Glaube an den christlichen Gott unglaubwürdig geworden ist — beginnt bereits seine ersten Schatten über Europa zu werfen. Für die Wenigen wenigstens, deren Augen, deren Argwohn in den Augen stark und fein genug für dies Schauspiel ist, scheint eben irgend eine Sonne untergegangen, irgend ein altes tiefes Vertrauen in Zweifel umgedreht: ihnen muss unsre alte Welt täglich abendlicher, misstrauischer, fremder, „älter" scheinen.[2]

Traurigerweise, besonders für ihn selbst, war Nietzsches Horizont weit weniger offen, als er dachte. Er schrieb diese Worte im Jahr 1882, sechs Jahre bevor er seine Gesundheit im Alter von vierundvierzig Jahren verlor und das letzte Jahrzehnt seines Lebens in einem syphilitischen Nebel verbrachte. Seine Worte waren jedoch unheimlich und schrecklich prophetisch. Das halbe Jahrhundert, das Nietzsche von Stace trennte, war ganz offenkundig die schlimmste Periode des Zusammenbruchs, der Zerstörung, des Ruins und der Katastrophe in der Geschichte

---

[1] W.T. Stace, „Man against Darkness", Atlantic Monthly 182 (September 1948): 54.
[2] Friedrich Nietzsche, *Die fröhliche Wissenschaft*: § 343. Erste Veröff. 24/06/1887.

der Welt: zwei Weltkriege, eine weltweite wirtschaftliche Depression, das Entstehen des globalen Kommunismus und des Nationalsozialismus, die Flächenbombardements industrieller Zentren in London, Dresden und anderen Städten auf einer Massenskala und der Einsatz der Atombombe gegen die Bevölkerung in Japan. Mehr als 100 Millionen Menschen verloren ihr Leben in den Schützengräben, den Gulags und Konzentrationslagern in der Zeit von nur drei Jahrzehnten.[3]

Die neue Dämmerung, die Nietzsche zelebrierte und die Stace beklagte, bedeutete sowohl mehr als auch weniger als den Verlust Gottes. Sie war das Zwielicht einer Weltanschauung – der klassischen Weltanschauung, die im Verlauf von fünfundzwanzig Jahrhunderten langsam Gestalt angenommen hatte, beginnend mit Platon und Aristoteles und den Höhepunkt erreichend mit Thomas von Aquins großer Synthese der christlichen Theologie und der aristotelischen Philosophie. Die klassische Weltanschauung fasste zuerst Wurzeln auf dem Boden eines philosophischen Systems, das bekannt ist als Teleologie. Die teleologische Idee behauptet, dass die Welt ein geordneter, zielgerichteter und letztlich intelligenter Ort ist. So legte Platon es fast vierhundert Jahre vor der Geburt Christi dar: „Die Welt ist ein Produkt des Geistes, der alles ordnet und jedes einzelne Ding in der Weise hervorbringt, die das Beste für es ist."[4]

Platons Sicht der Wirklichkeit deutete die christliche Weltanschauung in auffallender Weise an. Auch sein Schüler Aristoteles bereitete diesen Weg durch die Einpflanzung der platonischen transzendenten Formen in die reale Welt der materiellen Dinge. Das Transzendente wurde mit dem Irdischen vermischt und die Ewigkeit mit der Vergänglichkeit. Aristoteles' Philosophie repräsentierte den mittleren Weg zwischen Platons Idealismus und dem philosophischen Materialismus, der schon zu Platons Zeiten verteidigt wurde. Auf dem Boden der aristotelischen Philosophie und aus dem lebenspendenden Wasser des Christentums erwuchs die Naturrechtstradition. Diese Tradition erreichte ihre leuch-

---

[3] Noch unheimlicher ist es, dass Nietzsche in einem anderen Werk die immanenten Konsequenzen des Glaubensverlusts für Europa vorhersagte: „An diesem Sich-bewusst-werden des Willens zur Wahrheit geht von nun an — daran ist kein Zweifel — die Moral zu Grunde: jenes grosse Schauspiel in hundert Akten, das den nächsten zwei Jahrhunderten Europa's aufgespart bleibt, das furchtbarste, fragwürdigste und vielleicht auch hoffnungsreichste aller Schauspiele ..." Friedrich Nietzsche, *Zur Genealogie der Moral:* § III — 27. Erste Veröff. 16/11/1887.

[4] Platon, *Phaedon*, 99d.

tendste Synthese im dreizehnten Jahrhundert, in der christlichen Teleologie Thomas von Aquins. Thomas' Theorie des Naturrechts war die theologische, philosophische und moralische Vollendung der klassischen Weltanschauung, einer Weltanschauung, die einen mächtigen Halt in unseren gegenwärtigen moralischen, philosophischen und politischen Idealen bewahrt.

Dennoch, alle Schöpfung seufzt in Vergeblichkeit: auch große Theorien sind dazu bestimmt, zu zerfallen. Ein halbes Jahrhundert nach Thomas' Tod arbeiteten William von Ockham und solche, die ihm folgten – einige mit reinen Motiven, andere aus politischen Gründen –, daran, alles aus dem christlichen Denken über Bord zu werfen, was sie für von der heidnischen Philosophie beeinflusst hielten. Unter Zugrundelegung der platonischen Vision herrschte bis dahin die Anschauung, dass die Wirklichkeit entlang eines ontologischen Kontinuums abfällt, dass verschiedene Arten von Dingen, wie materielle Gegenstände, Ideen, Zahlen, Schatten, Gedanken und Gott, unterschiedliche *Seinsgrade* besitzen. Für Platon und diejenigen, die ihm folgten, sind bestimmte Dinge wortwörtlich *wirklicher* als andere. Ockham bestand nun darauf, dass nur individuelle Dinge existierten und dass alles, was existiert, in gleicher Weise wirklich sei – eine Position, die als Nominalismus bekannt ist. Ockhams Leugnung der Formen war eine verhängnisvolle philosophische Veränderung, die zu einer kaskadenartigen Reihe von intellektuellen Konsequenzen führte, die sich im Verlauf der weiteren vier Jahrhunderte entfalteten. Das endgültige Ergebnis war ein Desaster, nicht nur für die Theologie, sondern auch für die Philosophie.

In Ockhams Gefolge destillierten frühe neuzeitliche Denker wie Descartes, Locke und Hume die Form von der Materie, die Seele vom Körper, die moralischen Gesetze von den physischen Gesetzen und Gott von der Welt. Was Thomas von Aquin als ein integriertes Ganzes anerkannte, wurde langsam voneinander getrennt, und zwar in zwei Hälften, eine ewige und eine materielle. Descartes' Dualismus im 17. Jahrhundert war die Hochwassermarkierung des frühen neuzeitlichen Versuchs, beide Hälften des früheren Ganzen zu bewahren, aber der kartesische Dualismus war schließlich philosophisch nicht nachhaltig. Im 18. Jahrhundert wurde das, was von der Materie abgespalten worden war, vollständig aufgegeben, und die irdische Hälfte des älteren Dualismus wurde nun das neue Ganze. Die Seele wurde zum Verstand, der Verstand wurde Materie in Bewegung. Das Christentum verwelkte in den Deismus und der Deismus wurde zum Atheismus. Das Naturrecht zerfiel in Utilitarismus und Kantianismus, jeder von ihnen isoliert und dann zerfallen in verzerrte Teile der älteren ethischen Theorie Thomas von Aquins, bis auch diese zersetzt wurden in verschiedene Formen des moralischen Relativismus.

Im Verlauf weniger Jahrhunderte fiel der Dualismus der frühen Neuzeit in den Materialismus zusammen, in die Auffassung, dass jede Erklärung der Welt innerhalb und nicht außerhalb der natürlichen materiellen Welt gegeben werden müsse. Die Welt ist ein Unfall und entstand durch blinde Ursachen. Es gibt keinen göttlichen Plan oder Planer, keine objektiven Zwecke und keinen anderen Sinn als den, der von Menschen durch Anordnung geschaffen wird. Alle Moralität ist menschliche Konstruktion. *Wir* entscheiden, was gut ist und was schlecht. Wir sind nicht durch moralische Standards gebunden, die unabhängig von uns existieren. Wenn Ethik irgendeinen Grund hat, so muss dies das Streben nach Lust und Freude in dieser Welt und nicht in der nächsten sein. Wie einer der jüngsten Verteidiger dieser Auffassung sagte: Materialismus ist die Auffassung, dass „irdische Dinge alles sind, was wir haben oder was wir jemals haben werden".[5]

Durch einen sehr seltsamen Weg sind wir vollkommen im Kreis gegangen. Die gegenwärtigen Debatten über die Bedeutung der Moral und den Zweck des menschlichen Lebens, besonders Meinungsverschiedenheiten zwischen moralischen Relativisten und moralischen Realisten, geben auf unheimliche und aufschlussreiche Weise den philosophischen Diskurs zu Platons Zeiten wieder. Intellektuell hat die Geschichte bewiesen, dass sie kein Fortschritt ist, sondern ein Pendel, das zwischen zwei Polen des Materialismus und des Theismus hin- und herschwingt. Das vorliegende Buch erkundet den Bogen dieses Pendels.

Die klassische Weltsicht von Platon, Aristoteles, Augustinus und Thomas von Aquin zu erklären und systematisch zu verteidigen, wie es dieses Buch tun wird, bedeutet nicht, dass wir jede Facette dieser Theorien heutzutage wörtlich nehmen müssen. Es bedeutet sicher nicht, dass wir argumentieren, dass wir die Erkenntnisse der modernen Wissenschaften ignorieren sollten. Keiner dieser Denker, und im Besonderen Aristoteles (der vielleicht der vollkommenste Wissenschaftler seiner Zeit war) und Thomas (der stets darauf bestand, dass es nur eine Wahrheit gibt,

---

[5] Christopher Hitchens, God Is Not Great: How Religion Poisons Everything (New York: Twelve, 2007), 5.

dass Wissenschaft und Theologie sich ergänzen), würden jemals solche Dinge geäußert haben. Die Verteidigung der klassischen Weltanschauung bedeutet vielmehr, zu zeigen, dass diese in weit größerem Maße unserem eigenen Selbstverständnis entspricht als die materialistische Ansicht, mit der die moderne wissenschaftliche Suche häufig zusammengeworfen wird. Was klassische Denker vorgeschlagen haben, ist nicht so sehr eine empirische Hypothese über die Natur der Realität als vielmehr „ein analoges Modell", wie John Finnis sagt, für die spekulative Interpretation der Tatsachen unserer Welt.[6] Die Tradition, die in Thomas von Aquin kulminierte, schlägt zudem weit plausiblere Grundlagen für unsere modernen moralischen und politischen Ideale vor – für Freiheit, Gleichheit, Würde und die Unantastbarkeit des menschlichen Lebens – als die Nachfolger Hobbes und Locke, Descartes und Kant.

Teil I dieses Buches zeichnet die Spuren der Entwicklung der klassischen Weltsicht nach. Das erste Kapitel erklärt den materialistischen Atheismus in der Antike. Kapitel 2 konzentriert sich auf die vorchristliche Tradition Platons, Aristoteles' und der Stoa. Kapitel 3 und 4 folgen der Spur des intellektuellen Einflusses der christlichen Philosophie: Kapitel 3 richtet sich auf die Naturrechtstradition und Kapitel 4 auf die klassische Konzeption der Person, die Beziehung zwischen Seele und Körper, den freien Willen und die ethische Integration des menschlichen Charakters.

Teil II ermittelt den Niedergang der Naturrechtstradition und die Konsequenzen für unsere moderne Moral und die politischen Ideale. Kapitel 5 untersucht vier grundlegende Vertreter des modernen Denkens: William von Ockham, René Descartes, John Locke und Thomas Hobbes. Kapitel 6 erklärt die Desintegration des Begriffs der Seele und des Selbst in der modernen Philosophie und Psychologie. Kapitel 7 untersucht den modernen Versuch, die traditionellen Ideen der Freiheit und Verantwortung (die von bestimmten Versionen des traditionellen Begriffs des Selbst abhängen) mit dem gegenwärtigen Materialismus zu versöhnen, der die Realität der Freiheit und des Willens bestreitet. Kapitel 8 folgt den Konsequenzen der modernen Zurückweisung des Naturrechts. Es zeigt, wie die Naturrechtstheorie in utilitaristische und kantische Ideale von Moral zerfällt und warum umgekehrt diese Theorien kollabiert sind zu verschiedenen Formen des moralischen Relativismus. Kapitel 9 schließlich bringt die

[6] John Finnis, Natural Law and Natural Rights (Oxford: OUP 1980), 393.

Linien der Argumente aus den vorhergegangenen Kapiteln zusammen und untersucht die drei zentralen moralischen und politischen Ideale der Moderne: Freiheit, Verantwortung und menschliche Würde. Dieses Kapitel argumentiert, dass diese Begriffe sinnlos werden außerhalb des Rahmens, der in der Idee des Naturrechts gründet.

Teil I

Die klassische Weltanschauung

1

Die ersten Materialisten

Alles, was existiert, sind Atome und Leere.
Demokrit

Die Ursprünge der westlichen Philosophie

Die westliche Philosophie entstand nicht in Athen, wo sie schließlich erblühte, sondern in der ionischen Stadt Milet an der Küste Kleinasiens und später in Elea an der sonnigen Südküste von Italien. Es gab dort im sechsten Jahrhundert v. Chr. eine Gruppe von Denkern, die nach einem rein wissenschaftlichen Verständnis der Welt suchten. Sie begannen ihre Arbeit im Ausgang von zwei offensichtlich unbestreitbaren Annahmen: Etwas existiert und es verändert sich. Von allem, was existiert, fragten sie: Worin besteht grundsätzlich die Wirklichkeit? Gibt es eine ursprüngliche Substanz, aus der alle Dinge gemacht wurden? Wir können dies die Frage nach der *Substanz* nennen. Die zweite Frage betrifft die Natur der Veränderung und der Bewegung in der Welt. Was verursacht, dass die Dinge sich verändern – dass sie geboren werden, wachsen und zerfallen? Das ist die Frage nach dem *Prozess*.

Die Vorsokratiker versuchten die Antwort auf die Substanzfrage durch Hinweis auf das eine oder andere physikalische Element zu geben. Thales (+ 585 v. Chr.), der üblicherweise als der erste echte Philosoph in der westlichen Tradition betrachtet wird, soll die Sonnenfinsternis des Jahres 585 v. Chr. vorhergesagt haben. Aristoteles berichtet, dass Thales reich wurde, indem er den Markt für Olivenpressen kontrollierte, nachdem er präzise eine Rekordernte für Oliven vorhergesagt hatte. Aristophanes jedoch verhöhnte Thales dafür, dass er in einen Brunnen fiel, während er die Sterne beobachtete. Thales' wichtigster Beitrag zur Philosophie besteht darin, dass er argumentierte, dass alles in der Welt aus Wasser entstanden sei – eine Vermutung, die auf der Tatsache zu beruhen scheint, dass die Welt hauptsächlich aus Wasser besteht und dass Nässe wesentlich ist für den Reproduktionsprozess.[1]

Als Nächstes kamen Variationen desselben Themas. Ein jüngerer Kollege von Thales, Anaximenes (ca. 585–528 v. Chr.) vertrat die Auffassung, dass es tatsächlich ein grundlegendes Element gebe, doch er argumentierte dafür, dass dies die Luft sein müsse. Ein wenig später dachte Heraklit (ca. 535–475 v. Chr.), ein Edelmann aus Ephesus, dass Feuer am besten die Natur der Wirklichkeit widerspiegele, weil es, wie alle Dinge in der Welt, immer suche und nie zufrieden sei, immer alles verzehre, was es berühre, und stets in Gefahr schwebe, auszusterben. Empedokles (490–430 v. Chr.) brachte die demokratischere Vorstellung auf, dass es vier Elemente gebe – Wasser, Luft, Feuer und Erde. Schließlich gelangte Anaximander (ca. 610–546 v. Chr.) zu der bemerkenswerten Schlussfolgerung, die später auch Aristoteles beeinflusste, dass Materie in ihrer wesentlichsten Form nicht als das eine oder andere Element beschrieben werden kann, sondern dass es etwas Grundlegenderes, Veränderliches und Einfaches sein muss, eine erste Materie, die viele Formen annehmen, aber letztlich nicht auf ein bestimmtes einzelnes Element reduziert werden kann. Er nannte diese erste Materie *apeiron*, was so viel bedeutet wie eine formlose, unbestimmte und grenzenlose Substanz, aus der alle anderen Dinge hervorgehen.

War die Beantwortung der ersten Substanzfrage umstritten, so teilte die Frage der Veränderung die Philosophie entlang einer zweiten Dimension. In der Tat begannen die frühesten Denker zu vermuten, dass ein Spannungsverhältnis zwischen den beiden Fragen besteht. Sie erkannten, dass die Dinge sich verbinden und auseinanderfallen, verdampfen und kondensieren, wachsen und zerfallen, doch sie fanden es schwierig, Veränderung zu verstehen, ohne ihr Verständnis der ewigen Substanz zu verleugnen: Wenn das, was grundlegend und ewig ist, dadurch charakterisiert ist, dass es unveränderlich ist, wie sie annahmen, dann scheint es, dass die grundlegendsten und ewigen Elemente sich überhaupt nicht verändern können. Aber wie lässt sich dann die konstante Veränderung in der Welt verstehen?

Parmenides von Elea (500–450 v. Chr.) stellte das Dilemma in folgender Weise vor: Dinge, die wirklich sind, können nicht aus Dingen entstehen, die nicht wirklich sind, weil Sein niemals von Nicht-Sein kommen

[1] Guthrie, *The Greek Philosophers from Thales to Aristotle*, 23–27.

kann. Wenn sich etwas verändert, dann muss etwas existieren, das diese Veränderung verursacht, denn jede Wirkung hat eine Ursache. Doch diese Ursache muss bereits vor der Wirkung existieren, um diese Wirkung hervorzubringen. Und wenn *diese* Ursache selbst aus einer anderen entstanden ist, dann muss diese grundlegendere Ursache *ihrer* Wirkung zugrunde liegen. Das, was allen Veränderungen zugrunde liegt, muss selbst unveränderlich sein, denn ansonsten gäbe es einen unendlichen Regress. Zu jedem Moment muss es einen grundlegenderen Grund des Seins geben, der unveränderlich und ewig ist. Alle Veränderung ist eine Illusion der Sinne, und alles, was wir über die Wirklichkeit sagen können, so schloss Parmenides, ist, dass „es ist" – vollkommen, unteilbar und ewig.[2]

Heraklit vertrat die entgegengesetzte Position. Veränderung und Vielfalt der Dinge in der Welt seien zu offensichtlich, als dass man sie leugnen könne. Die Sinne lügen nicht. Während Heraklit die Prämisse akzeptierte, dass Sein niemals von Nicht-Sein kommen kann, schloss er, *dass es schlicht kein grundlegendes Ding gibt.* Unsere Welt ist eine solche des Prozesses, nicht der Substanz. Veränderung ist schlicht unaufhaltsam, der Stoff der Wirklichkeit selbst. Heraklit erklärte, dass „wir niemals zweimal in denselben Fluss gehen". Unsere Welt ist eine solche des ständigen Werdens, aber nicht des Seins. Individuelle Dinge kommen ins Sein und verschwinden, aber es gibt nichts „Tieferes", nichts, das *ist*, außer dem *Logos*. Der Logos ist ein göttliches Ordnungsprinzip, durch das die substanzlose und unbeständige Welt ihre „verborgene Abstimmung" findet. Es ist ein kleines Wunder, dass das Wort Logos später von der Stoa übernommen wurde, die es mit dem göttlichen Verstand verband, wodurch es seinen Weg in das Johannes-Evangelium fand.[3]

---

[2] Diogenes, *Lives of Eminent Philosophers*, 2: 428–32; W.K.C. Guthrie, *A History of Greek Philosophy* (Cambridge: Cambridge University Press, 1965), 2:26–50; Frederick C. Copleston, *A History of Philosophy* (New York: Image Books, 1993) 2: 47–53.

[3] Heraklit argumentierte, dass Veränderung unerbittlich ist, das Produkt einer mysteriösen und alles durchdringenden Kraft, weiterschreitend in ihrer kaleidoskopischen und ewig sich verwandelnden Manifestation. Streit ist die Mutter aller Spannungen und Konflikte in der Welt, aber es ist eine Spannung, die für die Ordnung der Welt notwendig ist. Heraklit bestand darauf, dass „wir wissen müssen, dass Krieg allgemein verbreitet ist und dass Streit Gerechtigkeit ist, und dass alle Dinge ins Sein kommen und daraus verschwinden durch den Streit". Dem endlosen Streit zugrundeliegend war eine tiefere Ordnung, die Heraklit als „das verborgene Zusammenstimmen des Universums" bezeichnete, ein Prinzip, das er als „Logos" bezeichnete.

Die Idee des Logos ist die Mutter aller naturrechtlichen Ideen. Heraklit ging so weit, den Logos mit einer unpersönlichen, pantheistischen Gottheit in Verbindung zu bringen – „das

Es ist einer Beobachtung wert, dass dieselben zwei extremen Positionen des Parmenides und des Heraklit auch in der östlichen Philosophie wiederkehren: Der Hinduismus in seiner philosophischen Form teilt den parmenideischen Glauben, dass jede Veränderung *maya* ist, Illusion, und dass die wahre Realität unveränderlich und ewig Eines ist. Im Gegensatz dazu ist der Buddhismus im Kern herakliteisch: Alles ist unbeständig. Es gibt keine dauerhafte Substanz oder Wahrheit in der Welt. Diese beiden gegensätzlichen Philosophien – radikaler Monismus und radikaler Nihilismus – sind das gleiche, aber gegensätzliche Ergebnis des Nichtsehens, dass zwischen Sein und Nichtsein eine dritte Möglichkeit liegt – ein Gedanke, den Aristoteles 150 Jahre nach Heraklit entdeckte.

Materialismus

Platon erzählt uns, dass sein Lehrer Sokrates als junger Mann enttäuscht wurde durch die Spekulationen dieser Naturphilosophen, der „Wissenschaftler" seiner Zeit. Dann hörte er eines Tages jemanden aus einem Buch des Philosophen Anaxagoras lesen.[4] Anaxagoras war der erste Denker der westlichen Philosophie, der eine klare Unterscheidung zog zwischen *hyle* und *nous* oder, wie wir sagen würden, zwischen „Materie" und „Geist". Die Unterscheidung elektrisierte fast unmittelbar danach Armeen von Denkern. Es ging darum, was dann zu den beiden Seiten der großen philosophischen Maginot-Linie werden würde: Entweder geht der Geist der Materie vorher, oder er ist einfach das Produkt von materiellen Prozessen.

Anaxagoras erklärte sich für den Geist. Er schrieb, dass der *nous* grenzenlos sei und völlig unabhängig von der Materie existiere. Er ist „das Edelste und reinste von allen Dingen" und hat „alles geordnet".[5] Der *nous* des Anaxagoras war die erste echt philosophische Intuition Gottes im westlichen Denken. So deutlich war seine Entdeckung, dass Aristoteles

eine weise Ding" –, die bereitwillig und unwillig als Zeus bezeichnet wird. Die Stoa wurde später von Heraklits pantheistischer Gottesvorstellung beeinflusst und machte den Logos zur Grundlage des Naturrechts. Der Logos fand seinen Weg in die christliche Theologie durch das Evangelium des Johannes, wo es in Joh. 1 mit dem Wort verbunden wird, dem inkarnierten Christus. Zur Diskussion über den Logos vgl. Heinrich Rommen, *Die ewige Wiederkehr des Naturrechts* (Kösel 1947), 8.

[4] Platon, Phaidon 97c.

[5] Die Vorsokratiker, Band III (Patmos Verlag, Artemis Winkler, 2010) DK 59 A1

später sagte, Anaxagoras stände wie kein anderer vernünftiger Mann unter den vorsokratischen Philosophen.

Auf der anderen Seite der Debatte (damals wie heute) waren diejenigen, die darauf bestanden, dass die Welt das zufällige Ergebnis sinnloser natürlicher Ursachen sei, die gegen alle Wahrscheinlichkeit Staub in DNA gesponnen und Sonnenlicht in das menschliche Bewusstsein destilliert hätten. Das ist die Weltanschauung, die als Materialismus bekannt ist. Der Materialismus ist nicht das Produkt des modernen wissenschaftlichen Denkens, wie manche glauben. Es ist ein antiker, philosophischer Theismus.

Der Materialismus entstand aus dem Versuch, die Welt des Wandels zu versöhnen mit der Idee, dass das Sein, der grundlegende Stoff der Wirklichkeit, ewig ist. Die ersten Materialisten waren Leukipp (430 v. Chr.) und Demokrit (460–370 v. Chr.). Wir wissen sehr wenig über den schattenhaften Leukipp (Epikur, der wenig mehr als ein Jahrhundert später lebte, bezweifelte, dass es jemals solch eine Person gegeben habe). Über Demokrit wissen wir weit mehr. Geboren in Abdera in Nordgriechenland, war er als der lachende Philosoph bekannt, wegen seiner heiteren Stimmung. Er reiste durch die bekannte alte Welt - nach Ägypten, Persien und Äthiopien - und sammelte Wissen in jedem anerkannten intellektuellen Gebiet einschließlich Physik, Astronomie, Botanik, Anatomie, Chemie, Philosophie und Ethik. Keiner außer Aristoteles hat seine wissenschaftliche Gelehrtheit erreicht. Geschichten über seine Sherlock-Holmes-ähnliche Beobachtungsgabe gibt es im Überfluss, einige davon zweifellos apokryph.[6] Er sagte viele erbauliche Dinge - so z. B., dass das Wesen des Glücks die Ruhe sei und dass „Reden der Schatten der Handlung" sei. Wir hören auch, dass Platon, der zur gleichen Zeit wie Demokrit lebte und dessen Materialismus hasste, sich an der zu dieser Zeit am meisten verbreitete Form der Zensur beteiligen wollte - dem Verbrennen aller Bücher Demokrits. Platon hat sich zurückgehalten, das zu tun, erwähnt jedoch Demokrit in keinem einzigen seiner Dialoge, auch nicht, um ihn zu widerlegen.[7]

---

[6] Diogenes berichtet, dass Demokrit eines Morgens das Mädchen eines Freundes begrüßte und sagte: „Guten Morgen, Jungfrau." Einen Tag später begrüßte er sie wieder: „Guten Morgen, Frau." Später konnte gezeigt werden, dass sie in der vergangenen Nacht verführt worden war. Diogenes, *Lives of Eminent Philosophers* 2: 453.

[7] Ibid., 2.449–51.

Leukipp und Demokrit harmonisierten Parmenides' rätselhafte Logik mit der offensichtlichen Tatsache der Veränderung, indem sie Parmenides' Eines in das Atom schrumpften. Das war eine geniale Lösung. Atome sind die grundlegendsten Einheiten der Wirklichkeit, dachten sie – unsichtbar, klein, solide, undurchdringlich und, ganz entscheidend, unteilbar („Atom" bedeutet wörtlich „unteilbar"). Demokrit wies darauf hin, dass, wenn die Materie unendlich teilbar wäre, sich dieser Begriff in einem unendlichen Regress auflösen würde, da jede „Ebene" durch eine weitere, tiefere Ebene erklärt werden müsste, *ad infinitum*. Epikur drückte es später so aus: Die Teilung des Atoms „in immer kleinere Teile bis ins Unendliche ... verbraucht die existierenden Dinge, indem sie die Dinge auf die Nichtexistenz reduziert".[8] Wie das Universum für alle Griechen ewig war, so auch das Atom: es konnte weder geschaffen noch zerstört werden. Es erfüllt also die griechischen Bedingungen für ein Ding, um es als den grundlegendsten Stoff der Wirklichkeit zu qualifizieren.

Demokrit lehrte, dass Atome und leerer Raum die beiden einzigen Dinge seien, die existierten (der Raum ist, per definitionem, aus nichts gemacht). Atome seien unendlich zahlreich und von unendlicher Vielfalt und Form. Die Dinge unserer Alltagswelt kämen demnach in die Existenz und verschwänden daraus als Folge der Kombination von Atomen – wie sie miteinander „verhakt" werden. Die Leere – der Raum – muss leer sein, weil ein Universum, das vollgepackt ist mit zusammenhängenden Atomen, Bewegung und Veränderung unmöglich machen würde.[9] De-

---

[8] Epikur, Letter to Herodotus, in: The Essential Epicurus: Letters, Principal Doctrines, Vatican Sayings, and Fragments, trans. Eugen O'Connor (Amherst, N.Y.: Prometheus Books, 1993), 28. Die alten Materialisten wurden durch die Idee skandalisiert, dass materielle Dinge unendlich teilbar sein könnten. Lucretius schrieb, dass, wenn das Atom nicht unteilbar, undurchdringlich und ewig wäre, die kleinsten Dinge gleichermaßen aus einer unendlichen Anzahl von Teilen bestehen würden – ein Satz, gegen den die rechte Vernunft rebelliert. Lucretius, *On the Nature of the Universe*, trans. R. E. Latham (New York: Penguin Books, 1977), 45.

[9] Lukretius, ein Materialist, der um die Zeit von Cäsar lebte, schrieb:
„So gibt es leeren, unberührbar leeren Raum:
Wenn es ihn nicht gäbe, dann würde es keinen Weg geben
Für die Dinge sich zu bewegen.
Schlimmer noch, ohne Bewegung könnte es keine Veränderung geben, denn:
Wenn es nicht leer war,
Es würden nicht nur Geschwindigkeit und Bewegung fehlen:
Vielmehr hätte überhaupt nichts einen Grund, aus dem es entstehen könnte
In einer Welt der Materie, dicht gepackt und regungslos.

mokrit argumentierte, dass Atome sich durch den Raum bewegen, in unzählbar vielfältiger Weise kollidieren und die Anhäufung der Atome hervorbringen, aus denen alle Dinge bestehen, angefangen von den Pflanzen über die Planeten und Mineralien bis hin zu Menschen. Alle materiellen Dinge in der Welt sind auf diese Weise gebildet worden, sie bestehen für eine Weile und verfallen dann in ihre Bestandteile, die stets unzerstörbaren atomaren Komponenten.

Anders als ihre modernen Nachfolger leugneten die alten Materialisten nicht die Existenz des Geistes oder der Seele. Demokrit handelte von der Seele als dem Gegenstand aller ethischen Untersuchungen. Dennoch wird die Seele ihm zufolge aus Atomen gemacht, wenngleich den feinsten und kleinsten Atomen, die sich leider im Tode zerstreuen, ohne eine Spur der Substanz der Person zu hinterlassen. Demokrit lehrte auch, wie die späteren Materialisten, dass alles durch Notwendigkeit geschehe. Sein Determinismus ließ keinen Raum für den freien Willen, aber Epikur, ein späterer Materialist, bemühte sich ausführlich, den freien Willen zu retten, wie wir später sehen werden.

Der Materialismus erwies sich als karger Boden für die weitgehend liberalen und humanitären Instinkte der meisten seiner Anhänger. Für den kalten, ursprünglichen Materialismus von Leukipp und Demokrit dauerte es weniger als eine Generation, bis er sich in die glänzende, kosmopolitische Skepsis der Sophisten auflöste – bei Denkern wie Protagoras und Gorgias. Die Sophisten waren die säkularen Humanisten ihrer Zeit. In der Tat sind die Parallelen auffällig. Zum einen hatten sie keinen Platz für Gott in ihrer Weltanschauung. Protagoras, der ein Student Demokrits war, begann bekanntlich ein Buch, das den Agnostizismus befürwortete, mit den Worten: „Was die Götter betrifft, so habe ich keinen Grund zu wissen, dass sie existieren oder dass sie nicht existieren. Denn es gibt zu viele Hindernisse, die das Wissen erschweren, sowohl wegen der Dunkelheit der Frage als auch wegen der Kürze des menschlichen Lebens."[10] Die Athener dankten ihm für seine Skepsis, indem sie ihn in Exil schickten und seine Bücher verbrannten.

Es war auch Protagoras, der sagte: „Der Mensch ist das Maß aller Dinge" – mehr oder weniger die definierende Maxime des modernen Hu-

Lucretius, *On the Nature of Things* 1.334-36, 342-45.

[10] Diogenes, *Lives of Eminent Philosophers,* 2:465.

manismus. Indem Protagoras behauptete, dass alle moralischen Standards von uns kommen, nahm er den moralischen Relativismus unserer Zeit vorweg: Es gibt nichts über unsere eigenen Werte hinaus, an dem wir unsere Handlungen messen könnten.

Die Sophisten erhoben die Empfindung über die Vernunft. Sie lehrten, dass jeder Eindruck, den die Sinne erhalten, als wahr angesehen werden müsse, insofern uns diese Empfindungen *als wahr erscheinen*. In der Tat erklärte Protagoras, dass „niemand falsch denkt". Im Besonderen moralische Urteile lägen im Auge des Betrachters.

Leider verwandelt sich diese ökumenische Akzeptanz der Gültigkeit aller Eindrücke schnell in ihr Gegenteil, den Skeptizismus. Wenn das, was Sie sehen oder glauben, nicht mit dem übereinstimmt, was ich sehe oder glaube, dann hat jeder von uns das Recht, das Urteil des anderen als für uns verbindlich abzulehnen. Das Wissen selbst wird relativ zum Beobachter. Deshalb erklärte der bekannte, noch radikalere Sophist Gorgias, ein Postmoderner unter den Vormodernen, seine drei skeptischen Wahrheiten: dass nichts existiere; dass, wenn doch etwas existiere, es nicht erkennbar sei; und dass, wenn doch irgendetwas erkennbar sein sollte, es nicht mitteilbar sei. (Dass er versuchte, diese Wahrheit zu vermitteln, scheint ihn nicht angefochten zu haben.) Die Sophisten waren also die Ersten, die die Währung des Wissens zuerst aufbliesen und dann total entwerteten.[11]

Die moralischen und politischen Konsequenzen des frühen Materialismus

Der bedeutendste Materialist der Antike war Epikur (341–270 v. Chr.) (von dessen Namen abgeleitet wir noch heute die Bezeichnung *Epikureer* verwenden). Epikur hat mehr als jeder andere materialistische Denker versucht, die moralischen und politischen Konsequenzen des Materialismus zu ziehen – und diese abzumildern.

Er war von athenischer Abstammung, geboren auf der Insel Samos an der Küste von Kleinasiens, als Athen vom mazedonischen Reich Philipps II. und seines Sohns, Alexander des Großen, absorbiert wurde. Er

[11] Copleston, *A History of Philosophy*, 2:87–95.

war ungefähr neunzehn Jahre alt, als Aristoteles starb. Anstatt den Lehren des Letzteren zu folgen, schloss sich Epikur im großen Krieg der Philosophie der materialistischen Seite an. Er vertrat einen politischen Rückzug und einen sanften Hedonismus und meinte, dass Freude das höchste Gut sei. Seine Sozialphilosophie war relativistisch und egalitär. Er gab Männern und Frauen, Freigelassenen und Sklaven gleichermaßen Zugang zu seinem „Garten“ (Bezeichnung seiner Schule). Er ermahnte seine Schüler, ein Leben der natürlichen Einfachheit und Unabhängigkeit zu leben. Sein markigster Rat an seine Anhänger lautete: „Lebe unbemerkt!“ – ein Prinzip, von dem Descartes später behauptete, dass er ihm folge.

So scheint in gewisser Weise die Philosophie des Epikur ein Vorläufer eines Losungsworts der 1960er zu sein: „Tune in, turn on, drop out“ (etwa: „Einstimmen, aufdrehen, aussteigen“). Doch der Vergleich mag irreführend sein. Obwohl seine Assoziation mit dem Hedonismus ihn in den Köpfen vieler Menschen verurteilte – Dante versetzt ihn in die sechste Stufe der Hölle, weil er die Unsterblichkeit der Seele bestritt und einige seiner Zeitgenossen ihm böswillig unterstellten, dass sein Garten der geheime Ort aufregender Orgien sei –, wäre Epikur entsetzt über das permissive Ethos der modernen Kultur. Eine ausreichende Anzahl seiner Schriften hat überlebt, um ein klares Bild seines nuancierten Denkens zu zeichnen, darunter drei philosophische Briefe, die kurzen *Principal Doctrines*, mehrere Fragmente, die in den Werken anderer Philosophen zitiert wurden, und die Vatikanischen Sprichwörter, eine Sammlung von Aphorismen, die im Vatikan in einem Manuskript aus dem Jahre 1888 entdeckt wurden.[12]

Epikurs Theorie des Wissens folgte genau den Theorien der Sophisten. Er lehrte, dass der einzige Weg, um die Güte oder Schlechtigkeit einer Handlung zu beurteilen, in dem Gefühl der Lust oder des Schmerzes bestehe, den sie produziert. Als ethischer Hedonist dachte er, dass das Gute äquivalent mit Glück und dieses wiederum schlicht Vergnügen sei. So wie die Sophisten vor ihm und die Empiristen, etwa David Hume, viel

---

[12] Ich habe aus verschiedenen Quellen Epikurs Leben nachgezeichnet. Die klassische Quelle war ursprünglich das 10. Buch von Diogenes, *Leben und Meinungen berühmter Philosophen* (Hamburg: F. Meiner 2015). Siehe auch Friedrich Albert Lange, *The History of Materialism und Criticism of its Present Importance* (London: Routledge & Kegan Paul, 1925). Aktuellere Quellen sind u. a. Eugene O'Connor, Introduction to *The Essential Epicurus*, 9–17; Whitney J. Oates, General Introduction to *The Stoic and Epicurean Philosophers* (New York: Random House, 1940), xii–xv; Copleston, *A History of Philosophy*, 1:401–11.

später, ordnet Epikur den Verstand als ein Vermögen der Erkenntnis den Sinnen unter. Er bestand darauf, dass der Verstand nicht unsere Empfindungen von Lust und Schmerz abschätzen könne, da die Vernunft ihr Wissen aus den Sinnen beziehe. „Wenn du mit all deinen Empfindungen kämpfst“, schrieb er, „wirst du nicht in der Lage sein, einen Standard für die Beurteilung zu bilden, wer von diesen sie beurteilt, falsch zu sein.“[13]

Diese Annahmen führten zu einer weitgehend relativistischen Sichtweise der Moral und des Wissens, wie schon zuvor bei den Sophisten. Doch was Epikur prinzipiell verstand, hat er in seiner Anwendung eher zurückgenommen und das hedonistische Prinzip jeder Situation angepasst. Er argumentierte, dass Vergnügen nichts anderes sei als die Verringerung der Schmerzen, und er riet, dass der beste Weg, um Freude zu maximieren, darin bestehe, unsere Wünsche und Bedürfnisse zu reduzieren, und er lehrte, dass es weit besser sei, das Richtige zu tun und Unrecht zu leiden, als die falsche Sache zu tun und dadurch Glück zu erlangen. Er sagte, dass es edler sei, etwas Liebenswürdiges zu tun, als es zu empfangen, und dass das Leiden der Seele viel schlimmer sei als das Leiden des Leibes.[14] In jedem diese Wege ist es fair zu sagen, dass Epikurs praktisches Urteil die offensichtlichen Implikationen seiner Philosophie weit übertraf.

Epikurs moralische und politische Ansichten waren der Vorläufer einer charakteristischen Menge von Positionen, die später von den politischen Denkern der Aufklärung aufgegriffen wurden. Er war ein ethischer Relativist, ein Utilitarist einer bestimmten Art und er vertrat eine bestimmte Auffassung des Gesellschaftsvertrags hinsichtlich sozialer Beziehungen. Moral ist einfach der Name, den wir einem bestimmten Corpus von Regeln geben, die wir zusammenstellen, um das Leben lebenswert zu machen. Moralische Konventionen dienen einer utilitaristischen Funktion und gründen auf einem hypothetischen Gesellschaftsvertrag. Fast

---

[13] Epikur, *Principal Doctrines*, no.23, in *The Essential Epicurus*, 72. Vgl. auch Lukrez, *Über die Natur der Dinge*, 4.49-521.

[14] Epikur, *Principal Doctrines*, no 3, in *The Essential Epicurus*, 69; "Letter to Menoeceus", in *The Essential Epicurus*, 68. Wie Epikur es ausdrückte: „Wenn wir sagen, dass Freude das Ziel ist, reden wir nicht über das Vergnügen der Verschwendung oder das, was in der Sinnlichkeit liegt ... Es ist die Freiheit von körperlichen Schmerzen und geistiger Angst. Denn es ist nicht ununterbrochenes Trinken und Schwelgen, noch der Genuss von Frauen und Jünglingen ..., sondern nüchterne Begründung, die die Motive für jede Wahl und Vermeidung untersucht und die solche Meinungen vertreibt, die in einer größeren Unruhe der Seele resultieren.“ Ibid., 66. Zu einer Diskussion der epikureischen Ethik vgl. Copleston, A History of Philosophy, 1: 408–11.

zweitausend Jahre bevor Hobbes argumentierte, dass die Angst vor dem Tod die Wurzel des Gesellschaftsvertrags sei, schrieb Epikur, dass „die natürliche Gerechtigkeit ein Versprechen ist ..., das jemanden hindert, dass er einem anderen Schaden zufügt, und sich selbst davor bewahrt, geschädigt zu werden".[15] Als David Hume im achtzehnten Jahrhundert schrieb, dass „die öffentliche Versorgung die einzige Quelle der Gerechtigkeit ist", folgte er demselben Denkmuster wie Epikur, der erklärte, dass es „keine Gerechtigkeit an sich gibt; vielmehr ist immer ein Pakt von Menschen untereinander geschlossen worden, während sie miteinander an verschiedenen Orten handelten, um nicht zu schaden oder zu geschädigt zu werden".[16] Hume und Jeremy Bentham hätten auch die epikureische Idee kongenial gefunden, dass „das, was sich als vorteilhaft im Umgang der Menschen miteinander erwiesen hat, der Garant der Gerechtigkeit ist".[17] Auch das am meisten Geheiligte in allen antiken Beziehungen, die Freundschaft, „beginnt mit dem Bedürfnis", wie Epikur sagt. Damals wie heute waren Nützlichkeit, Konvention und Eigeninteresse die drei Eckpfeiler der materialistischen Ethik.

Der Materialismus führt das politische Denken in die der Naturrechtslehre entgegengesetzte Richtung, und dies in mehrfacher Hinsicht. Aristoteles lehrte, dass unsere Gesellschaft der natürliche Ausdruck unseres menschlichen Telos ist. Sie ist natürlich nicht nur in dem Sinne, dass sie aus unseren natürlichen Bedürfnissen entsteht, sondern in einem größeren Sinne, dass sie das Individuum vervollkommnet, dass uns die Gesellschaft unsere „zweite Natur" verleiht. Wenn Aristoteles erklärte, dass „der Staat durch seine Natur dem Individuum vorhergeht",[18] wollte er darauf hinweisen, dass der Staat *formal* in der gleichen Weise (wie wir sehen

---

[15] Epikur, *Principal Doctrines*, no 31, in *The Essential Epicurus*, 74;

[16] David Hume, *An Enquiry Concerning the Principles of Morals*, in David Hume, *Essays Moral, Political, and Literary*, ed. T. H. Green and T. H. Grose (London: Longmans, Green, 1907), sec. 3, pt. 1; cf. Epicurus, *Principal Doctrines*, no. 33, in *The Essential Epicurus*, 74. Hume hatte weniger Sympathien für die Gesellschaftsvertragsidee als Epikur, dachte aber mit Epikur, dass Gerechtigkeit Nützlichkeit sei und dass der Nutzen von den Bedürfnissen der Menschen abgeleitet werde, nicht von übernatürlichen Standards.

[17] Epicurus, *Principal Doctrines*, no. 37, in *The Essential Epicurus*, 75. Er führte aus: „Wenn jemand ein Gesetz macht, das nicht zu einem Vorteil für den Umgang der Menschen miteinander führt, hat es nicht mehr die Natur der Gerechtigkeit. Darüber hinaus, wenn die Umstände sich ändern, so dass eine Praxis, die einst als gerecht gedacht wurde, nicht mehr als vorteilhaft erscheint, dann war diese Praxis einmal gerecht und ist es nun nicht mehr." *Principal Doctrines*, nos. 37, 38.

[18] Aristoteles, Politik, 1.2

werden) vor dem Individuum ist, wie die Form eines Dinges vor seiner Materie ist. Aristoteles sah deutlich, was niemand außer einem brillanten Misanthropen wie Rousseau leugnen konnte, dass das Individuum seine Menschlichkeit, ja sogar seine Individualität, unseren sozialen Institutionen verdankt.

Epikur leugnete viel davon. In Vorwegnahme von Denkern wie Hobbes und Rousseau behauptete er, dass der Staat eine vom Menschen gemachte Einrichtung sei: Es gebe nichts Natürliches daran. Wo Aristoteles überschwänglich die Teilnahme der Bürger an der Polis preist, befürwortet Epikur den politischen Rückzug. Epikurs späterer römischer Nachfolger Lucretius (ca. 99–55 v. Chr.) schrieb, dass der Staat bestenfalls die natürliche Freiheit sichert und vervollkommnet, die wir im Naturzustand hatten, und dass wir beim Eintritt in die Gesellschaft unsere prekäre natürliche Freiheit verkaufen für Sicherheit und Unterwerfung. Hobbes wird zweitausend Jahre später genau das Gleiche verteidigen. Im schlimmsten Fall ist die Regierung eine List, die von den Wohlhabenden, aber Wenigen an den Landlosen und Ahnungslosen begangen wird. Man kann Lucretius' Bericht über den Naturzustand und die Ursprünge der Zivilisation nicht lesen, ohne Rousseau des Plagiats zu verdächtigen.[19]

Das tiefste Problem von allen, für Epikur, Lucretius und ihre gegenwärtigen ethischen Anhänger, besteht darin, das moralische Sollen zu erklären. Wenn Moralität nur eine soziale Konvention ist, wie kann sie dann jemals dazu verwendet werden, eine normative Kritik an unseren sozialen Institutionen zu üben? Wenn „gut" und „schlecht" schlicht soziale Konstrukte sind, dann hatten die Reformer der Welt – die Sokrates und die Ghandis und die Martin Luther Kings – immer „unrecht", und zwar

[19] Lucretius stellte sich vor, dass die Gesellschaft in drei Stufen entstand: dem gutartigen Zustand der Natur, in dem die Menschen einfach, stark und gut gegenüber ihren Mitmenschen sind; dem idyllischen Leben von glücklichen Dorfbewohnern, die sich zuerst in der Landwirtschaft niederließen; und der modernen Zivilisation – käuflich, bankrott, berauscht und geschwächt durch materielle Völlerei. Überall hören sich Lucretius und seine Themen so an wie das, was achtzehnhundert Jahre später Rousseaus Ruhm entfacht: Der Zustand der Natur ist gutartig, die zivilisierte Gesellschaft ist künstlich und unnatürlich; der natürliche Mensch ist einfach, aber autark, während der moderne Mensch korrupt ist; der Staat ist das Werkzeug der Reichen und Mächtigen etc. „Durch Unwissenheit dienten sie oft sich selbst als Gift. Werden sie erwachsen und klüger, dient ihnen das Gift jetzt für andere." Lucretius, *Über die Natur der Dinge,* 5.1009-10; Vgl. Jean-Jacques Rousseau, Diskurs über den Ursprung der Ungleichheit (1754). Doch während Rousseau und seine heutigen Anhänger darauf bestehen, dass alle diese Probleme gelöst werden könnten, wenn nur der Staat demokratisiert werde, waren Epikur und Lucretius damit zufrieden, zur Selbstversorgung zu raten und zu einer Abkehr von der Politik.

per definitionem, weil sie sich gegen die vorherrschenden Konventionen stellten. Darüber hinaus stellt sich die Frage: Wenn das Befolgen von moralischen Regeln nur eine Frage von sozialen Konventionen ist (oder sogar von Eigeninteresse), warum sollte nicht jeder, der es kann, eine ungerechte Handlung zu seinem eigenen Vorteil verüben, ohne Sanktionen befürchten zu müssen?

In Platons *Republik* erwähnt Glaukon die Geschichte von dem Ring des Gyges. Der Ring erlaubt es seinem Träger, sich unsichtbar zu machen, um jede böse oder betrügerische Handlung zu verüben, ohne erkannt zu werden. Gyges benutzt den Ring, um den lydischen königlichen Haushalt zu infiltrieren, verführt die Königin und ermordet den König, um die Kontrolle über das Reich zu übernehmen. Welcher Sterbliche, fragt Platon, ist tugendhaft genug, um dieser Macht zu entsagen, wenn sich die Gelegenheit ergibt sie zu benutzen?[20] Epikur kannte die Geschichte gut, und doch war der einzige Grund, den er angeben konnte, um zu erklären, warum die Leute nicht ungerecht sein sollten, dass der ungerechte Mann den Rest seines Lebens die Verhaftung fürchten müsse.[21] Für den Materialisten ist die Quelle aller moralischen Verpflichtungen nichts anderes als die ungeschminkte Bedrohung durch die Strafe.

Das Verhängnis des Materialismus

Epikur starb um 270 v. Chr. Sein berühmtester Nachfolger war Lucretius, der den Materialismus in seinem Gedicht in Buchlänge *Über die Natur der Dinge* zu einer umfassenden Weltanschauung weiterentwickelte. Zu diesem Zeitpunkt der Geschichte war der Stoizismus die dominierende Philosophie in der griechisch-römischen Welt geworden, und der Materialismus begann zu schwinden. Mit dem Aufkommen der christlichen Ära verschwand der Materialismus weitgehend von der Szene, um erst im siebzehnten Jahrhundert in der Philosophie von Thomas Hobbes und anderen wiederaufzutauchen. In unserer Zeit aber ist der Materialismus wieder dominierend. Er verbirgt sich unter verschiedenen Etiketten – Säkularismus, Humanismus, Postagnostik etc. –,

---

[20] Platon, *Republik*, 2.359d.

[21] „Denn bis zum Tag seines Todes bleibt es unklar, ob er der Entdeckung entgehen wird." Epikur, *Principal Doctrines*, no 35, in *The Essential Epicurus*, 74.

aber diese Lehren teilen alle die gleichen grundlegenden Elemente der materialistischen Weltanschauung, obwohl häufig in den quasireligiösen Idiomen einer „Religion der Menschheit".[22]

Die Grundsätze von Demokrits Atomismus blieben bis zum Ende des neunzehnten Jahrhunderts weitgehend unverändert. Doch im zwanzigsten Jahrhundert haben Relativitätstheorie und Quantenphysik kaum eine Spur von dem Begriff der Materie übriggelassen, wie Demokrit verstanden hat. Während die atomistischen Theorien davon ausgehen, dass Masse eine intrinsische Eigenschaft der Materie sei, die die absolute Quantität des „Stoffes" widerspiegele – d.h. je mehr Materie, desto größer ist ihre Masse –, wissen wir heute, dass diese Masse relativ zur Position des Beobachters variiert. Dies macht die Materie in der Tat zu einer sehr seltsamen Art von Ding. Auch verteidigt jetzt niemand mehr Demokrits „Partikel"-Theorie der Materie. Das Atom ist jetzt aufgelöst in subatomare Substrate von Elektronen, Neutronen und Protonen, und dann die subtileren Quarks und Wellenpartikelfunktionen und Ähnliches. Der Schrödinger-Heisenberg-Theorie versteht das Atom als ein Feld von Energie anstatt als ein konkretes Materieteilchen. Die moderne String-Theorie, die die Quantenmechanik und Einsteins allgemeine Relativitätstheorie zu versöhnen versucht, postuliert diese subatomaren Teilchen als eindimensionale Strings (sie haben eine Länge, aber keine Breite oder Höhe), und dies erfordert, dass wir die Existenz von mehreren nichtbeobachtbaren Dimensionen der Realität postulieren. Selbst das lockerere Konzept der Massenenergie ist heute eine philosophische Anomalie.[23] Das Universum ist eindeutig ein viel traumhafterer Ort, als die Materialisten der Antike es sich jemals geträumt haben.

---

[22] Zum Beispiel verteidigt das 1933 veröffentlichte *Humanistische Manifest* eine weitgehend materialistische, agnostische und sozialistische Weltanschauung, obwohl es das in quasireligiöse Begriffe gießt, d. h. als eine neue Religion die die ältere, gottzentrierte ersetzen will. Das *Humanistische Manifest II*, veröffentlicht 1973, ließ die religiösen Obertöne ganz fallen und erklärte, dass der Glaube an Gott „unbewiesen und veraltet" sei. Ein drittes Manifest folgte im Jahr 2003. Die zentrale Lehre dieser Manifeste verfolgt einen eindeutigen Materialismus – es gibt keinen Gott oder keine unsterbliche Seele, und die Moral ist eine rein menschliche Konstruktion.

[23] Joseph Levine, *Purple Haze*: The Puzzle of Consciousness (New York: Oxford University Presse, 2001), 17–21. Was bleibt, ist weitgehend die Idee der Energie. Wie Bertrand Russell, der ein Physiker blieb, es ausdrückte: „Es gibt keinen Grund mehr zu glauben, dass es so etwas wie Materie gibt, die aus Atomen besteht, die persistieren und sich bewegen. Es gibt eine Ansammlung von Ereignissen, geordnet in der vierdimensionalen Vielfalt der Raumzeit. Es gibt etwas, das Energie genannt wird." Bertrand Russell, *On God and Religion* (Buffalo: Prometheus Books, 1986), 155.

Auf der anderen Seite der Maginotlinie der Philosophie begannen die Gegner des Materialismus – Männer wie Sokrates, Platon und Aristoteles – ihren Weg zu einer ganz anderen Auflösung des scheinbaren Konflikts zwischen Substanz und Prozess zu begründen. Ihre Ideen werden der wichtigste philosophische Nebenfluss für ein Weltverständnis, das in der christlichen Naturrechtstradition erblühen wird.

2

Die klassische Weltanschauung vor dem Christentum

Wir dürfen aber nicht denen folgen, die uns raten, Menschen zu sein und an menschliche Dinge zu denken und sterblich zu sein und an sterbliche Dinge zu denken, sondern wir müssen, soweit wir können, uns unsterblich machen und jeden Nerv belasten, um in Übereinstimmung mit dem Besten in uns zu leben.

Aristoteles

Ein altes chinesisches Sprichwort erklärt: „Wenn der Finger auf den Mond zeigt, blickt der Idiot auf den Finger."[1] Der moderne Mensch ist ein gelehrter Idiot. Wir wissen mehr, als wir jemals für möglich gehalten haben, über das *Wie* der physikalischen Wirklichkeit, wobei das *Warum* fast ganz aus der Sicht geraten ist. Wir verstehen die Mechanismen des Fingers der Welt, haben aber den Blick dafür verloren, wohin er zeigt. Klassische Denker, darunter Platon, Aristoteles und Thomas von Aquin, dachten, dass wir nicht behaupten können, ein Ding zu kennen, ohne seinen Zweck zu kennen, sein Ziel, sein Warum. Um die Welt und uns selbst zu verstehen, müssen wir die Richtung verstehen, in die wir zeigen.

Philosophen verwenden den Begriff *Teleologie* (vom griechischen *telos*, was so viel bedeutet wie „Ziel", „Zweck" oder „Erfüllung") für die Idee, dass Menschen, wie auch anderes in der Welt, ein bestimmtes Ziel oder eine Form der Erfüllung haben. Unser Ziel führt uns in eine bestimmte Richtung und sagt uns, wie wir leben sollen. Platon war der Vater der teleologischen Weltanschauung. Er lehrte, dass jedes Ding in der Welt eine bestimmte Form der Vollkommenheit hat, ein Ziel, auf das hin es sich

[1] Edward Feser, *Der letzte Aberglaube. Eine philosophische Kritik des Neuen Atheismus* (Heusenstamm, editiones scholasticae 2012), 338.

inhärent bemüht.[2] Aristoteles verwendet später das Wort Wesen, um die inhärente Natur eines Dinges zu beschreiben, das seine Form verkörpert und nach seinem Telos strebt.

Ein Ding zu kennen, bedeutet seine spezifische Form der Vollkommenheit zu kennen, was wiederum bedeutet, zu verstehen, was das Ding wirklich *ist*. Daher gibt es für Platon, Aristoteles und spätere klassische Denker keine radikale Trennung zwischen der Welt der Tatsachen und der Welt des Wertes. Das Gute jedes Dings ist die Entfaltung seines Wesens, und dieses Wesen ist eine Tatsache. Um den Zweck eines Dings zu verstehen, muss man verstehen, was es ist. Um es etwas poetisch auszudrücken: Teleologie bedeutet, dass das *Was* eines jeden Dings nicht von seinem *Warum* getrennt werden kann. Um zu entdecken, was irgendein bestimmtes Ding ist, muss man entdecken, „wie es am besten für dieses Ding ist, zu sein oder tätig zu sein".[3] Und um das zu entdecken, muss man die Natur oder *Form* entdecken.

Platons teleologische Weltanschauung

Platon wurde im Jahre 427 v. Chr., fast zur Zeit des Höhepunkts der kulturellen und militärischen Vorherrschaft Athens, in eine aristokratische Familie geboren. In der vorherigen Hälfte des Jahrhunderts, von der Niederlage Persiens im Jahre 479 bis zur Zeit des Perikles, war Athen das intellektuelle und kommerzielle Zentrum des Mittelmeers. Aber all dies begann sich mit dem Ausbruch des Konflikts mit Sparta, ein paar Jahre bevor Platon geboren wurde, aufzulösen. Platons Jugend war gekennzeich-

[2] Das Telos oder der Begriff eines Ziels hat zwei Aspekte: Positiv verkörpert es die besondere Form der Erfüllung, auf die hin ein Ding sich bemüht, seine Vollkommenheit zu verwirklichen. Negativ spiegelt es die Begrenzung eine Dings, jenseits der es nicht gehen kann. Wir benutzen das Wort *Ziel* (engl.: end), um dieses positive Ziel (engl.: goal) seines vollständig aktualisierten Zustandes zu bezeichnen und den ontologischen Terminus zu reflektieren. Platon wurde in dieser zweiten Hinsicht stark von Pythagoras beeinflusst, der die Tugenden der Grenze und Proportion unter den Teilen der Dinge preist. In der Tat kontrastiert Pythagoras Licht, Einheit und Grenzen, die alle gute Dinge waren, mit Dunkelheit, Pluralität und dem Unbegrenzten, die schlecht waren. Diese Ideen beeinflussten Platons Vorstellung von der Gerechtigkeit als der angemessenen Proportion unter den Teilen einer größeren Ordnung. W. K. C. Guthrie, *Die griechischen Philosophen von Thales bis Aristoteles* (New York: Harper und Row, 1950), 36.

[3] Platon, *Phaedon*, 97c7-d1.

net durch die Härte eines Krieges, der, mit einigen Intervallen, über fünfundzwanzig Jahre dauerte. Der Krieg endete 404, als Platon etwa dreiundzwanzig war, aber bis dahin war Athen wirtschaftlich und militärisch schwer geschwächt worden. Es hat sich nie wieder ganz davon erholt. Mit der athenischen Niederlage wurde die aristokratische Klasse, zu der Platons Familie gehörte, durch eine demokratischere Partei vertrieben. Durch diese Ereignisse an der Verfolgung eines Lebens in der Politik gehindert, wandte sich Plato der Philosophie zu. Als sein geliebter Lehrer Sokrates ein paar Jahre später, im Jahre 399, durch die Demokraten hingerichtet wurde , beschloss Platon, die sokratische Mission fortsetzen, indem er den Namen Sokrates nutzte, um seine eigene Philosophie in seinen Dialogen zu vertreten.

Platon gründete seine Akademie, um die jungen aristokratischen Männer von Athen in Philosophie zu unterrichten, aber er begann nicht vor seinen vierziger Jahren, seine Dialoge zu schreiben. Er meinte, dass Philosophie auch nicht studiert werden solle, bevor die Studenten im mittleren Alter seien. Während er in seinen sechziger Jahren den Versuch unternahm, den älteren und den jüngeren Dionysius, Vater und Sohn des Herrschers der Stadt Syrakus, zu seiner Philosophie zu bekehren, reiste er zwei oder drei Mal dorthin, bevor er sich mit dem jüngeren Dionysius zerstritt. Platon war anscheinend nie verheiratet und lebte bis zum Alter von einundachtzig.

Platons tiefste Interessen galten immer der Innenseite der menschlichen Gegebenheiten. Er interessierte sich mehr für die Seele als für den Körper, mehr für die Natur des Guten als für die Gesetze der physischen Welt, mehr für die Idee der Gerechtigkeit als für die Mechanismen der Regierung. Poetisch schrieb er über die Zeit als „das bewegte Bild der Ewigkeit“ und sagte, dass alle wahre Philosophie eine Vorbereitung zum Sterben sei. Während wir heute glauben, dass es keinen Mittelweg zwischen Existenz und Nichtexistenz gibt, lehrte Platon, dass es Grade des Seins gibt – dass bestimmte Dinge wirklicher sind als andere. Auf dieser Skala fallen materielle Dinge nach unten. In seinem Höhlengleichnis verglich Plato die materiellen Dinge mit Schatten und bestand darauf, dass die gewöhnliche Welt eine solche des Werdens und nicht des Seins sei.[4]

[4] Platon gab uns in seiner *Politeia* („Der Staat“) zwei unvergessliche Beschreibungen von den Graden der Wirklichkeit. In seiner Beschreibung der geteilten Linie stellt er sich eine Linie vor, die in zwei Teile geschnitten ist, die die vernünftigen und die sinnlichen Dinge repräsentieren. Jedes dieser Segmente ist weiter aufgeteilt zwischen dem, was in jedem Bereich

Ebenso wie er eine Harmonisierung einer beständigen Welt des Seins mit der offensichtlichen Tatsache, dass sich unsere Welt ändert, zurückgewiesen hat, so hat Platon auch den Atomismus entschieden zurückgewiesen. Stattdessen trennte er die Realität in die unveränderliche parmenideische Welt der Formen und die sich ständig verändernde herakliteische reale Welt der gewöhnlichen Gegenstände. Die Dinge der realen Welt sind unvollkommene Nachbildungen ihrer Formen. Während der Materialismus behauptet, dass alle Veränderungen in der Welt angetrieben werden von Ursachen und den Bedingungen, die sie notwendig machen – frühere Ursachen führen in einer deterministischen Weise zu späteren Wirkungen –, dachte Platon, dass Veränderung auftritt, wenn die Dinge der Welt durch einen Prozess angezogen werden, der sie zu ihrer größeren Vollendung hinzieht. Dies ist die Anziehung hin zu ihren eigenen Formen. Hinter diesem Prozess der Anziehung liegt etwas noch Größeres, wie wir in Kürze sehen werden.

Platon war der Erste, der fragte, wodurch alle Dinge der gleichen Klasse von Objekten – Bäume oder Dreiecke oder Instanzen von Rot – sich ähneln. Für den modernen Geist ist das eine seltsame Frage, die das Problem rückwärts anzugehen scheint. Heute sind wir hartnäckige Nominalisten: Wir leben in einer Welt von einzelnen *Dingen*, nicht Formen. Wir denken, dass es der Name ist, den wir den Dingen geben, der sie zu einer Einheit vereint (ergo: Nominalismus). Wir denken, dass wir einfach das Wort *Baum* benutzen, um zum Beispiel ein Bündel von Dingen zu verbinden, die eine oberflächliche Ähnlichkeit miteinander haben. Aber Platon fragte

---

mehr und weniger real ist. Somit hat die Linie vier Segmente AB, BC, CD und DE. Der sinnliche Bereich wird durch CD und DE dargestellt, wobei DE die am wenigsten realen Sachen, die Schatten und Reflexionen von gewöhnlichen Objekten, repräsentiert. CD stellt die Objekte selbst dar. BC umfasst das Reich des Denkens, und AB umfasst das Realste von allem, das Reich der Formen. Das Reich des Denkens (BC) ist eine Reflexion, die von den Formen (AB) geworfen wird, ebenso wie die Schatten (DE) Reflexionen sind, die von den Objekten, die sie reflektieren, geworfen werden. Platon, *Der Staat*, 509d7-e3.

In seinem Höhlengleichnis vergleicht Platon gewöhnliche Menschen mit Gefangenen, die in einer Höhle angekettet sind. Die Gefangenen verbringen ihr Leben damit, Schatten zu beobachten, die von einer hohen Mauer hinter ihnen geworfen werden, die sie nicht sehen können. Die Schatten, die sie sehen, stellen die niedrigste Klasse der Wirklichkeit dar. Die Gegenstände, die diese Schatten werfen, sind wie die gewöhnlichen materiellen Gegenstände in der sinnlichen Welt. Wenn einer der Gefangenen von den Ketten gelöst und nach draußen geschleppt würde, würde er nicht nur die wirkliche Welt der Objekte sehen, sondern auch die Sonne, die alles erleuchtet. Wenn derselbe Gefangene zur Höhle zurückkehren würde, um die anderen zu befreien, würde er verlacht werden, wenn er nicht gar getötet würde. Denn auch die Massen bevorzugen das Leben der Sinne gegenüber der wirklichen Erkenntnis, die nur der Philosoph richtig verfolgt. Plato, *Der Staat*, 514-17d.

sich, warum wir den gleichen Begriff und nur diesen verwenden, um ihn auf Gegenstände anzuwenden. Er antwortete, dass es etwas geben muss, das jenseits der vielen einzelnen Bäume ist, das sie alle gleich macht, Instanzen der Form des Baumes.[5] Unsere Sprache erfasst diese Wirklichkeit, aber erschafft sie nicht.

Die Formen (oder Universalien, wie sie später genannt wurden) erklären auch die rätselhafte Natur des Denkens und der Kommunikation. Gedanken selbst – mein Gedanke an Rot und Ihre Gedanken an Rot – sind offensichtlich verschiedene Dinge, doch gibt es dieses unausweichliche Etwas, durch das wir in der Lage sind etwas zu teilen, etwas, das unsere Gedanken „verbindet", das Ihnen und mir erlaubt, trotzdem *die gleiche Idee* in unseren Köpfen zu haben, obwohl wir zwei verschiedene Gedanken haben. Unsere Geister treffen sich sozusagen dabei, ein und dieselbe ewige Form oder Universalie zu betrachten.

Platons ewige Formen sind die Grundlagen der Wirklichkeit und der wahre Gegenstand unseres Wissens. Sie bringen vielfältige physische Dinge durch Ähnlichkeit zusammen und vereinen getrennte Gedanken im Prozess der Kommunikation. Kein Satz kann geäußert werden, der nicht eine Universalie enthält.[6] Auch scheinen wir nicht in der Lage zu sein, Beziehungen (z. B. „größer als" oder „der Sohn von") ohne den Begriff einer Form zu erklären, da die Beziehungen im Physischen als solchem oder als Ideen in jemandes Kopf nicht existieren. (Ein Stern ist größer als ein Stein, ganz gleich, ob jemand jemals darüber nachgedacht hat oder nicht. Ein

[5] Nominalisten haben eine Antwort, aber sie scheitert. Sie argumentieren, dass wir diese weiße Sache betrachten und diese weiße Sache und alle anderen Aspekte der beiden Dinge blockieren und sie durch die Qualität vergleichen, die übrig bleibt, das Weiße. Aber das erklärt nicht, warum sie ähnlich erscheinen, und auch nicht, wie wir wissen, dass beide Dinge die gleiche Qualität teilen, dass sie weiß sind, bevor wir anfangen sie zu vergleichen. Der Nominalist kann sagen, dass die beiden Dinge einander ähneln, aber das verschiebt das Problem bloß zurück auf eine andere Ebene. Nicht nur erklärt es nicht, was es für ein Ding bedeutet, einem anderen zu ähneln, ohne an eine Universalie zu appellieren, sondern Ähnlichkeit selbst ist eine Universalie, die eine Art von Beziehung zwischen zwei oder mehr Dingen bestimmt. Zwei weiße Dinge ähneln einander in einer Weise, und zwei intelligente Dinge ähneln sich in einer anderen Weise, aber es gibt eine Ähnlichkeit zwischen den beiden Ähnlichkeiten, eine Meta-Ähnlichkeit. So hat der Nominalist das Problem wieder einen Schritt zurückgesetzt, ohne sich von den Universalien zu befreien. Für einen Vergleich des platonischen Realismus mit Nominalismus und Konzeptualismus siehe Feser, *Der letzte Aberglaube*, 58ff.

[6] Obwohl Platon das Reich der Formen auf Nomen (Bäume, Dreiecke) und Adjektive (rot) beschränkte, können wir auch an alle Handlungen in der Sprache der Universalien denken. Laufen, essen, existieren – diese Tätigkeiten scheinen auch die Definition der Universalien zu treffen. Bertrand Russell, *Probleme der Philosophie* (Frankfurt, Suhrkamp, 1967), 53.

Ereignis trat vor einem anderen auf, auch wenn jeder die Ereignisse vergessen hat). In der Tat ist es unmöglich zu erklären, was die Gesetze der Wissenschaft sind, ohne Verweis auf Formen oder Universalien. So verarmt wird unsere Welt werden, wenn wir die Realität der Universalien leugnen, dass selbst mehrere moderne Materialisten zu dem Schluss gelangt sind, dass Universalien unentbehrlich sind für Philosophie und Wissenschaft.[7]

An der Spitze von Platons Hierarchie des Seins ist die Form des Guten. Er lehrte, dass das Gute die wirklichste Sache in der Welt ist und der höchste Gegenstand der Betrachtung. Platon sagt uns, „dass die die Idee des Guten die größte Einsicht ist hast du schon vielfältig gehört, durch welche erst das Gerechte und alles, was sonst Gebrauch von ihr macht, nützlich und heilsam wird. ... wenn wir auch ohne sie alles andere noch so gut wüssten, es uns doch nicht hilft, wie auch nicht, wenn wir etwas hätten, ohne das Gute.“[8] Die Form des Guten ist das einzige und anziehendste Ding in der Welt, das alles nach seiner eigenen Natur anzieht. Auch Menschen suchen natürlich das Gute, obwohl wir nur durch ein Glas, dunkel in unserem Suchen, nach dem Guten streben. Weil wir uns leicht von unserem Bedürfnis und unserem Mangel an Verständnis leiten lassen, verpassen wir immer wieder die Kennzeichen, jagen Dingen nach, von denen wir glauben, sie seien gut, aber das führt uns oft in die Irre. Alle Dinge werden bewegt von ihrer Wahrnehmung des Guten – „das also jede Seele erstrebt und um dessentwillen sie alles tut, ahnend, es gäbe so etwas, aber doch nur schwankend und es nicht recht treffen könnend“.[9]

Platons Form des Guten ist, zusammengefasst, eine Ankündigung der christlichen Idee Gottes. Als das wirklichste Seiende, der höchste Gegenstand der Kontemplation und dasjenige, das der Liebe am würdigsten ist, kündigt Platons Idee Thomas von Aquins Vorstellung Gottes als des absoluten Grundes des Seins, der Wahrheit und des Guten an.[10]

---

[7] Der Atheist Bertrand Russell verteidigte Platons Theorie der Formen mit einigen durch ihn selbst vorgenommenen Modifikationen – einer der wichtigsten und erfolgreichsten Beiträge zur Philosophie. Ebd., 63. Andere Naturalisten oder Materialisten, die Universalien akzeptiert haben, sind u. a. D. M. Armstrong und W. V. O. Quine. Feser, *Der letzte Aberglaube*, 64.

[8] Platon, *Politeia*, 505a.

[9] Platon, *Politeia*, 505e.

[10] Platon war selbst notorisch unsicher hinsichtlich des Status der Form des Guten. In der *Politeia* scheint er sie mit dem *nous* zu verbinden, dem göttlichen Agens in der universalen Ordnung. In seinem Dialog *Timaeus* macht er den Demiurgen zu der schöpferischen und geistigen Entität, die Ordnung in das Chaos bringt. Die meisten Gelehrten sind zu dem Schluss gekommen, dass Platon nicht die Absicht hatte, die Form des Guten mit Gott gleichzusetzen,

Naturalisierte Teleologie: Aristoteles

Es fiel an Aristoteles (387–322 v. Chr.), Platons Formen vom Himmel herabzurufen und sie in die Dinge dieser Welt zu implantieren. Wenn Platon der Dichter war, so war Aristoteles der Wissenschaftler. Für Aristoteles war die Wissenschaft eine Erweiterung der Philosophie, und Metaphysik ein Fundament für die Wissenschaft. Aristoteles war ein enzyklopädischer Naturwissenschaftler, der über Biologie, Zoologie, Botanik, Anatomie, Physik, Astronomie und Meteorologie schrieb. Er studierte und sezierte neue Exemplare von pflanzlichen und tierischen Lebewesen, die sein Schüler Alexander der Große von militärischen Expeditionen nach Hause schickte. Er war ohne Zweifel nicht einfach der größte Philosoph, sondern der gelehrteste Wissenschaftler seiner Zeit.

Aristoteles wurde in der thrakischen Stadt Stagira geboren. Sein Vater war Hofarzt des mazedonischen Königs, und Aristoteles soll eine thrakische Prinzessin geheiratet haben. Als Jugendlicher ging er zur Philosophie nach Athen, wo er etwa zwanzig Jahre lang zu Platons Füßen saß, bis Platon im Jahre 347 starb. In den 330er Jahren wuchs die mazedonische Macht unter Philipp II., dem Vater von Alexander dem Großen. Athen wurde im Jahre 338 in das mazedonische Reich aufgenommen und Aristoteles wurde der Tutor des jungen Alexander. Während er noch in seinen zwanziger Jahren war, eroberte Alexander große Teile der bekannten Welt im Osten, aber als er plötzlich im Alter von dreiunddreißig Jahren im Jahre 323 starb, hinterließ er ein Machtvakuum. Die Athener rebellierten gegen die mazedonische Oberhoheit, und Aristoteles fiel in Ungnade und wurde der Gottlosigkeit angeklagt – eine der beiden Anklagen, die auch gegen Sokrates gerichtet worden waren. Aristoteles floh von Athen, damit die Athener, wie er sich ausdrückte, sich nicht ein zweites Mal gegen die Philosophie versündigten. Er starb ein Jahr später durch natürliche Ursachen im Exil.

---

und dass die Funktionen Gottes zwischen der Form des Guten und dem Demiurgen liegen. Siehe z. B. J. C. B. Gosling, *Plato* (Boston: Routledge und Kegan Paul, 1973), 118; R. M. Hare, *Plato* (New York: Oxford University Press, 1982), 44–45; John P. Rowan, "Platonic and Christian Theism", in *God in Contemporary Thought: A Philosophical Perspective.* Ed. Sebastian Matczak (New York: Learned Publications, 1977), 402–3. Gegen den Strom hat David Conway vor kurzem argumentiert, dass Platon diese verschiedenen Begriffe verwende, um sich auf ein und dieselbe Entität zu beziehen, die er mit Gott gleichsetze. David Conway, *The Rediscovery of Wisdom* (New York: St. Martin's Press, 2000), 34–52.

Aristoteles' wichtigster Gesamtbeitrag zur Philosophie war es, die Teleologie naturalisiert zu haben – den teleologischen Idealismus Platons in eher natürliche, wissenschaftliche Begriffe übersetzt zu haben. Zentral für dieses Projekt war Aristoteles' Entdeckung des Begriffs der substantiellen Form. Aristoteles war kein Idealist, geschweige denn ein Mystiker. Er war ein Philosoph des gesunden Menschenverstands. Gegen Platon bestand er darauf, dass natürliche Dinge nicht bloße Schatten sind, unvollkommene Repliken von immateriellen Formen. Sie sind auch nicht eine zufällige Zusammensetzung von Atomen, die irgendwie zusammengeflogen sind, um Gegenstände zu bilden, wie die Materialisten lehrten. Die Wahrheit, charakteristisch für Aristoteles, fällt zwischen Demokrits Materialismus und Platons Idealismus. Aristoteles fand in der gewöhnlichen Welt eine Ordnung und eine Schönheit, von der Platon dachte, dass sie nur im immateriellen Bereich gefunden werden könne.

Betrachten Sie eine blühende Pflanze. Sie hat eine eigene, ganzheitliche und organische Struktur. Diese besondere Organisation und die charakteristische Form des Blühens sind der Struktur der Pflanze inhärent (sie machen die Pflanze zu dem, was sie ist), ebenso ihrer dynamischen Entwicklung (sie entfaltet und entwickelt sich in Übereinstimmung mit dem eingebauten Entwurf). Die Pflanze wächst nicht und verändert sich nicht wegen der untergeordneten Veränderungen auf der atomaren Ebene, wie die Atomisten lehrten. Vielmehr ist die Struktur der Pflanze als Ganzes tätig in einer Top-down-Art-und-Weise, die die internen Komponenten und Prozesse reguliert. Wie alle anderen natürlichen Dinge, so argumentierte Aristoteles, ist die Pflanze eine *Substanz*, eine konkrete Einheit der Wirklichkeit, die sich von anderen Substanzen durch die Tatsache unterscheidet, dass jedes einzelne Ding gleichermaßen in sich geschlossen ist. Er dachte, dass Substanzen die wahren Einheiten der Wirklichkeit sind und jedes materielle Ding seine eigene Substanz ist.

Aber was sind Substanzen genau, und wie ist Aristoteles' Ansatz vom Materialismus unterscheidbar? Aristoteles lehrte, dass alle Dinge aus Materie gemacht sind, wie uns unsere Sinne deutlich sagen; aber es gibt noch einen zweiten Grundbestandteil aller wirklichen Dinge. Hier finden wir Platons wichtigsten Beitrag zur aristotelischen Philosophie. *Substanzen sind Zusammensetzungen von Form und Materie.* Platon hatte recht, darauf zu bestehen, dass wir jedes Ding durch die Form verstehen müssen, aber er lag falsch, wenn er dachte, dass die Form unabhängig von der Materie existiere. Form und Materie sind untrennbar. Es ist die Form eines

Dinges – das Haben der Form einer Hyazinthe zum Beispiel –, die die Materie der Pflanze „organisiert". Die Form einer Sache ist das Herz ihrer Wesenheit, die jedem Ding seine intrinsische Natur gibt und dafür sorgt, dass es sich entfaltet, um seine Natur zu verwirklichen. Und da die Erkenntnis der Natur eines Dinges bedeutet, zu verstehen, was es als sein Bestes sein sollte, ist die Form jedes Dings der Schlüssel zum Verständnis seines *telos*, des Ziels, oder der Form der Vortrefflichkeit, auf die es zielt. Aristoteles unterscheidet die Substanz eines Dinges von seinen Eigenschaften. Ein bestimmter Apfel ist rund, rot, süß usw. – dies sind einige seiner Eigenschaften –; aber es gibt eine Kern-Dingheit des Apfel, die Aristoteles ihre Substanz nannte. Eigenschaften existieren nicht getrennt von den Dingen. Rot-Sein, Höhe und Intelligenz sind Qualitäten, die *in* den Dingen existieren. Eigenschaften sind *in* den Dingen. Einige Eigenschaften sind Ausdruck des Wesens einer Sache (z. B. ist die Rationalität eine wesentliche Eigenschaft des Menschseins), und andere Eigenschaften sind zufällig (z. B. die Größe, das Gewicht oder die Haarfarbe einer Person).

Eine Substanz ist der ontologische Schwerpunkt jedes Dings. Der Begriff der Substanz erklärt die Tendenz der gewöhnlichen Dinge, durch die Zeit zu bestehen, auch wenn sie sich verändern. Die Blätter des Baumes sprießen heran im Frühling, ergrünen im Sommer und vertrocknen dann im Spätherbst und werden braun, bevor sie vom Baum abfallen. Jedes Blatt ändert sich, und doch bleibt irgendetwas im Prozess der Veränderung bestehen, bis es schließlich zerfällt. Auch eine Person wächst und reift und entwickelt sich ständig weiter, doch in gewissem Sinne ist sie während ihres ganzen Lebens immer noch die gleiche Person. Aristoteles argumentierte, dass es genau die Substanz des Blattes oder des Baumes oder der Person ist, die das dauerhafte Subjekt der Veränderung ist. Der Baum oder die Person ist real, weil jedes eine Form-Materie-Zusammensetzung ist, ein echter Ort der Wirklichkeit mit einer Natur und einem eigenen *telos*. Aristoteles argumentierte, dass es die Form des Dinges ist, die es mit anderen seiner Art verbindet, während seine Materie es als ein bestimmtes physisches Ding von allen anderen Dingen unterscheidet. Dieser Begriff der Substanz wird, wie wir in Kapitel 4 sehen werden, entscheidend sein, um zu erklären, wie die Person oder das Selbst im Verlaufe der Zeit bestehen kann, auch wenn jedes Molekül in seinem Körper ständig durch neue ersetzt wird.

Aristoteles' auffallendste Abweichung vom Materialismus war seine Behauptung, dass diese Form so intrinsisch in jedem Ding ist, dass sie metaphysisch der Materie vorhergeht. Es ist nicht nur ein nichtmaterieller Aspekt, eingebettet in allen Dingen, sondern es ist dieser nichtmaterielle Aspekt, der der weit wichtigere Bestandteil jedes Dinges ist. Wenn er sagt, dass die Form der Materie vorausgeht, dann behauptet Aristoteles damit, dass die Funktion die Struktur bestimmt, anstatt andersherum, wie die Materialisten glauben. Der moderne Darwinist beharrt zum Beispiel darauf, dass die Menschheit zum Teil ihre Intelligenz dadurch entwickelt hat, dass unsere Vorfahren die Hände und einen gegenüberstellbaren Daumen entwickelten, der es ihnen erlaubte, Dinge zu manipulieren, und durch einen Prozess der natürlichen Selektion erwies sich das als wesentlich für ihr Überleben und ihren Erfolg als eine sich entwickelnde Art. Aristoteles würde darauf bestehen, dass es genau umgekehrt ist. Weil die Form vor der Materie ist, entfaltet sich die physische Struktur des Menschen als Folge der Form des Menschseins, die Aristoteles in der rationalen Animalität sah. Die Natur hat die Menschheit mit den Händen ausgestattet, weil wir geboren wurden, um die Intelligenz zu haben und diese zu benutzen; wir entwickelten nicht die Intelligenz, weil wir zuerst, gleichsam als willkürlichen Zufallstreffer, Hände entwickelten.

Es ist wichtig zu verstehen, dass der Punkt, um den es Aristoteles hier geht, metaphysisch und nicht physisch ist. Ein moderner Aristoteliker braucht nicht die Darwin'sche Evolutionschronologie zu leugnen, aber er wird darauf bestehen, dass ein zweckgerichtetes Element dem Evolutionsprozess innewohnt, durch das die Aufwärtsspirale der Evolution kraftvoll umschrieben wird. Wir haben uns durch einen physikalischen Prozess in der Zeit entwickelt, aber dieser historische, natürliche Prozess hat langsam die Form des Menschseins entfaltet, die von Anfang an in der Ordnung der Welt enthalten war.[11] Daraus sollte klar sein, dass

[11] Im Hinblick auf Darwins Entdeckungen würde Aristoteles darauf bestehen, dass unsere evolutionäre Entwicklung in teleologischen Begriffen verstanden werden muss, als ein Prozess der zweckmäßigen Entwicklung (d. h., dass Gott uns für unsere Zwecke durch den Verlauf unserer evolutionären Entwicklung angepasst hat). (Für eine ausgezeichnete Diskussion über die Implikationen einer teleologischen Darstellung der Evolution siehe Étienne Gilson, *From Aristotle to Darwin and Back Again* [San Francisco: Ignatius Press, 2009].) Natürlich kann der moderne Skeptiker fragen: Was ist der Sinn der Evolution? Warum musste Gott Dinosaurier und eine Vielzahl von anderen kleineren physischen Organismen auf dem Weg zu unserer Entwicklung erfinden? Evolution, so könnte man sagen, ist ein unglaublich ineffizienter Prozess, der sehr viel Zerstörung beinhaltet auf dem Weg zum Erreichen seines letzten Triumphs – und das sind wir. Thomas von Aquin hätte vielleicht geantwortet, dass dies selbst eine zutiefst egozentrische Perspektive ist. Er wies darauf hin, dass wir nicht der einzige Punkt der Schöpfung sind: „Da die göttliche Güte nicht durch ein Geschöpf allein reprä-

das Form-über-Materie-Prinzip uns letztlich zu einem Verständnis von Gott führen wird, da die Formen in Gottes Geist ihren Ursprung haben.

Die wichtigste logische Folge des Form-über-Materie-Prinzips ist Aristoteles' Beobachtung, dass wir die Kausalität nicht wie Materialisten erklären können, nur mit Bezug auf materielle und effiziente Ursachen. Aristoteles lehrte, dass es vier Arten von Ursachen für jedes Phänomen gibt – Material-, Wirk-, Formal- und Finalursachen.[12] Die materiellen und effizienten Ursachen beziehungsweise die internen und externen Aspekte der physischen Natur eines Dinges sind die formalen und finalen Ursachen der jeweils internen und externen Aspekte seines formalen Elements. Beispielsweise wird die Materie, aus der ein Senfkorn besteht (die materielle Ursache), bewässert und ernährt durch den Boden und die Sonne, die die effizienten Ursachen seines Wachstums sind (d. h., sie sind die äußeren, physikalischen Ursachen). Aber die Senfpflanze entwickelt sich in gewisser Weise nach ihrer intrinsischen formalen Struktur (ihrer formalen Ursache). Die Pflanze behält diese Form, wie sie auch auf ihr letztes Ziel, ihr Telos gerichtet ist: ihre voll verwirklichte Struktur als Senfpflanze. Das ist die Arbeit der Finalursache. Die Finalursache ist die wichtigste der vier Ursachen. Da jedes Ding für einen Zweck existiert, mit einem Ziel in Sicht, vereint die Finalursache die anderen Ursachen, indem sie erklärt, warum ein Ding existiert und was es in seiner vornehmsten Form ist. Aus diesem Grund nannte Thomas später die Finalursache die „Ursache der Ursachen".[13]

---

sentiert werden konnte, erschuf Gott viele und verschiedene Geschöpfe. ... Deshalb partizipiert das ganze Universum zusammen vollkommener an der göttlichen Güte und repräsentiert diese besser als irgendeine einzelne Kreatur, welche auch immer." Thomas von Aquin, *Summa Theologiae* Ia, 47, 1.

[12] Aristoteles, *Metaphysik* 1.3, 10; *Physik* 2.7. Da alles aus Materie und Form besteht, hat jede Sache sowohl formale als auch materielle Ursachen. Die formalen und Zweckursachen sind Aspekte der formalen Natur der Dinge, und die materiellen und effizienten Ursachen sind materielle Ursachen. Ursachen können auch in einer zweiten Dimension eingeteilt werden: Es gibt intrinsische Ursachen, die in einem Ding sind, und extrinsische Ursachen, die von außerhalb auf ein Ding einwirken, um eine Veränderung zu bewirken. Die materiellen und formalen Ursachen sind interne Ursachen; die effizienten und finalen Ursachen sind externe Ursachen. Siehe D. Q. McInerny, *Metaphysik* (Elmhurst, Pa.: Priesterbruderschaft St. Petrus, 2004), sowie Kapitel 13 und 14 für eine Beschreibung der Kausalität in Bezug auf diese beiden Dimensionen. Aber wir müssen uns erinnern, dass die vier Ursachen ihrer Natur nach nicht ganz verschieden, sondern unterschiedliche Weisen sind, über den Prozess der Veränderung zu denken. Jonathan Lear, *Aristotle: The Desire to Understand* (New York: Cambridge University Press, 1988), 28–42.

[13] McInerny, *Metaphysics*, 266.

Für Aristoteles ist es die Form – und nicht die Materie –, die das *aktive* Prinzip in allen Dingen repräsentiert. Die Form ist verantwortlich für die charakteristische Weise, in der ein Ding sich entfaltet und entwickelt, und es ist auch die Form, die alle Veränderungen in den Dingen hervorbringt. Die Materie hingegen funktioniert rein passiv, um den Bereich der Veränderungen zu beschränken, der durch eine Form hervorgebracht werden kann.[14] Wie wir in Teil 2 sehen werden, war der moderne Angriff auf die Teleologie zum Teil auf der Ablehnung der formalen und finalen Ursachen durch die modernen Denker gegründet.

Aristoteles' Auffassung von Form, Materie und Substanz beantwortete die erste Frage der Metaphysik, die Frage, was letztlich existiert. Aber seine zweite große Einsicht löste das Problem der Veränderung, das die Philosophie seit Parmenides' Zeiten erschwert hatte. Jeder akzeptierte Parmenides' Postulat, dass Sein nicht aus Nicht-Sein entstehen kann. Aber wie ist der Wandel möglich, da jeder Sachverhalt etwas Neues in die Existenz zu bringen scheint?

Eine der originellsten Einsichten von Aristoteles war es, dafür zu argumentieren, dass es eine dritte Kategorie zwischen Sein und Nicht-Sein, Wirklichkeit und Nicht-Wirklichkeit gibt, die er Potenz oder Potenzialität nannte. Alle Dinge in der gewöhnlichen Welt (Wasser, Samen, Männer), so argumentierte er, haben Potenzialitäten, latente Kapazitäten, die auf ihre Aktualisierung warten, wenn die richtigen äußeren Ursachen eintreten. Eine Potenz ist eine nicht realisierte Eigenschaft oder ein Vermögen, das versteckt in einer Sache liegt. Wasser kann gefroren werden, um Eis zu machen. Ein Samen kann gepflanzt werden, um zu wachsen. Menschen können entweder moralisch tugendhaft werden oder Verbotenes tun. Jedes Ding hat eine Vielzahl von bestimmten und oft wi-

[14] Aristoteles kam zu dem Schluss, dass Formen auf mindestens drei Arten übertragen werden können: biologisch, durch den Prozess der Fortpflanzung; manuell, durch künstlerische Schöpfung (z. B. wenn ein Bildhauer einen Block aus Granit bearbeitet), und sprachlich, durch den Prozess der Lehre. In jedem Fall wird eine Form übertragen (die Form des Menschseins im Falle der menschlichen Reproduktion, die Form der geformten Büste im Falle der künstlerischen Schöpfung und die Form des Wissens im Laufe des Unterrichts). Doch in jedem Fall setzt die Materie, indem sie die Form empfängt, dieser die Grenzen, die ein Ding einnimmt. Ein Bildhauer kann keine Bronzebüste aus einem Granitblock schnitzen, noch kann ein Tier in Algebra unterrichtet werden. Außerdem erlangt der Geber einen größeren Grad an Perfektion durch Übertragung einer Form. Lear, *Aristoteles*, 33. Der Künstler wird ein besserer Künstler, indem er künstlerisch tätig ist, ein Lehrer lernt das Thema besser im Prozess der Lehre und ein Mensch wird ein besserer Mensch, indem er ein Elternteil ist.

derstreitenden Potenzen. Eine Potenzialität kann sich niemals selbst realisieren. Sie ist etwas, das etwas von außen verlangt, um realisiert zu werden. Aristoteles akzeptierte dies mit Ausnahme Gottes für „alle anderen Dinge, die sich bewegen, indem sie bewegt werden".[15]

Alle Veränderung erfordert dann drei Dinge: das substanzielle Ding, das das Subjekt der Veränderung ist (der Samen), die äußere Ursache oder Ursachen der Veränderung (der Boden, das Wasser und das Sonnenlicht) und die Potenzialität, die in der Natur des Dinges eingebettet ist (seine Potenz, zu einem Baum zu wachsen). In der Tat *erfordern* Aktualität und Potenzialität einander. Sie sind verständlich nur in Beziehung zueinander. Die beiden gehen immer Hand in Hand – mit einer Ausnahme: Gott. Alle anderen Dinge haben Potenzen, Möglichkeiten zur Veränderung. Keine materielle Sache kann jemals vollständig ihre Potenzialität entfalten. Es gibt immer Aspekte einer Sache, die unerfüllt, unrealisiert bleiben müssen. Dies ist zwangsläufig wahr für endliche materielle Dinge, weil die Realisierung einer Möglichkeit für immer die Verwirklichung einer anderen Möglichkeit verhindert. Potenzialität ist das, was einem Ding erlaubt, sich zu verändern, während die Wirklichkeit das ist, was etwas verändert; es ist die aktive Kraft im Wandel. Da die Form aktiv ist und die Materie potenziell, folgt daraus, dass Materie und Form spezifische Instanzen von Potenzialität und Aktualität sind. So wie die Materie nicht ohne Form existieren kann, so kann die Potenz nicht unabhängig von einem aktualen Ding existieren.

Diese Art des Denkens über die Welt der gewöhnlichen Dinge führte später die Scholastiker zu der Beobachtung, dass die Existenz selbst zuerst und vor allem ein Akt sein muss, und nicht so sehr ein Ding. Bevor wir irgendetwas im prädikativen Sinne *sind* – ein Baum oder ein Mensch –, *sind* wir schlicht in einem existenziellen Sinne, in dem Sinne, dass jedes Ding zuerst existiert. Aristoteles' Philosophie ist, wie Étienne Gilson nahelegte, die wahre existenzialistische Philosophie.[16]

---

[15] Aristoteles, *Metaphysik*, 11.7.1072b3

[16] Étienne Gilson, *God and Philosophy*, 2nd ed. (New Haven, Conn.: Yale University Press, 2002), 67.

Aristoteles' ethische Philosophie: Teleologie und Tugendethik

Die Teleologie impliziert, dass die Menschen eine ausgeprägte Form des Gedeihens haben, was die Entfaltung unseres Wesens beinhaltet. Das ethisch Gute wird durch dieses natürliche menschliche Ziel gemessen, d. h. durch die Verwirklichung unserer verschiedenen menschlichen *teloi*. Um unsere *teloi* zu erreichen, müssen wir, wie Aristoteles beobachtete, „wie Bogenschützen ... auf eine Markierung zielen". Somit ist die teleologische Ethik eine Form des moralischen Objektivismus. Die Güte einer Handlung ist real, ein Merkmal der objektiven Realität. Doch Aristoteles sah deutlich, in einer Weise, in der dies einige moderne moralische Denker nicht tun, dass die Ethik keine exakte Wissenschaft ist. In den ersten Paragraphen seiner *Nikomachischen Ethik* sagt er, dass wir in der Ethik nicht die gleiche Präzision erreichen können wie in den Naturwissenschaften.[17] Er unterscheidet zwischen theoretischer Weisheit, oder *sophia*, der Kenntnis der festen Wahrheiten, und praktischer Weisheit, *phronesis*, die Urteile über mehr kontingente Angelegenheiten beinhaltet. Die Ethik gehört zur Sphäre der *phronesis*. Das Ziel der Ethik ist Handeln, nicht Wissen, und die Handlungssphäre beinhaltet immer eine veränderbare Wirklichkeit, nicht die feststehende Sphäre der Wesenheiten. Ethik ist, zusammengefasst, ein praktisches Streben, das Erfahrung, Urteil und, wie wir sehen werden, einen kultivierten Charakter beinhaltet.

Diese Betonung der praktischen und aktiven Natur der ethischen Untersuchung hat eine sehr wichtige Konsequenz im aristotelischen Denken (und, wie wir im nächsten Kapitel sehen werden, auch für Thomas von Aquin). Seit Sokrates haben einige Denker den übertrieben optimistischen Glauben gehegt, dass „Tugend Wissen" sei, d. h. dass der Erwerb der Tugend eine rein intellektuelle Angelegenheit sei. Manche denken, dass eine Person durch ein Argument oder durch Erziehung überredet werden könne, Gutes zu tun, und dass umgekehrt das Laster immer das Produkt von Unwissenheit sei. Aristoteles zeigt ein tieferes psychologisches Verständnis in seiner Skepsis gegenüber einem so sonnigen sokratischen Rationalismus. Der böse Mann will einfach nicht den Punkt des Gutseins sehen, weil der verarmte Zustand seines Charakters das verhindert. „Das beste Gut", bemerkt Aristoteles, „ist sichtbar nur für die gute Person, denn Laster verkehrt uns und führt zu falschen Ansichten über

---

[17] Aristoteles, *Nikomachische Ethik*, 1.2.1091b14-15.

die Prinzipien der Handlungen.“[18] Entscheidungen – ob ethische oder sonstige – werden immer durch das Prisma des eigenen Charakters gemacht und nicht einfach durch die Linse des erworbenen intellektuellen Wissens. Das erklärt, warum Aristoteles dachte, dass der gewöhnliche Mensch von gutem Charakter ein zuverlässigerer Richter des Guten sei und weit mehr geneigt, das Gute zu verfolgen, als der Philosoph, der die Feinheiten der ethischen Theorie verstehe, ohne dieses Wissen in seinen Charakter integriert zu haben.

Wie bekommt man also einen guten Charakter, wenn nicht durch das Studium der Ethik? Aristoteles lehrt, dass ein guter Charakter nur durch Handeln erreicht werden kann. Man kann das Gute nur beurteilen, indem man gut ist, und man kann gut werden nur durch gewöhnliches Handeln in einer tugendhaften Weise. Wir integrieren das Gute buchstäblich in unsere Seelen, indem wir gute Taten tun. Gutes Handeln geht dem guten Urteil voraus, obwohl das gute Urteil später unser Handeln leitet. (Für eine Diskussion über die moralische Integration der Persönlichkeit siehe das 4. Kapitel.) Aristoteles' Einsicht gewinnt eine noch tiefere spirituelle Bedeutung, wenn sie durch das Prisma der christlichen Spiritualität gelesen wird. Um das tiefste spirituelle Verständnis der Welt zu erlangen, muss man die Seele auf die stetige Ausführung guter Handlungen hin orientieren. Wie Athanasius es ausdrückte: „Wer den Geist der heiligen Schriftsteller verstehen will, der muss zuerst sein eigenes Leben reinigen und den Heiligen sich nähern, indem er ihre Taten kopiert.“[19]

Obwohl die Teleologie offensichtlich ein stark perfektionistisches Element verkörpert, ist sie letztlich eine glücksbasierte Ethik. Sie beginnt mit der zweifachen Annahme, dass alle Handlungen auf ein Ziel gerichtet sind und dass das allgemeinste Ziel, das um seiner selbst willen gewünscht wird, das Glück ist.[20] Es ist sowohl natürlich als auch gut für den Menschen, glücklich sein zu wollen. Aber was ist Glück genau?

Aristoteles' Idee des Glücks führt auf einen Mittelweg zwischen den Extremen des Hedonismus und der Askese. Aristoteles hätte sowohl die epikureische Verfolgung des Vergnügens um seiner selbst willen, als auch die stoische Ataraxie, einen Zustand des totalen Desinteresses an unserem materiellen Zustand, als gleichermaßen verzerrte Ziele beurteilt.

[18] Ibid., 4.1144a35-b1.
[19] Athanasius, *On the Incarnation*, chap. 9.
[20] Aristoteles, *Nikomachische Ethik*, 1094

Im Gegensatz zu den Stoikern lehrte er, dass wir körperliche Wesen mit materiellen Bedürfnissen sind. Obwohl man mit Geld kein Glück kaufen kann, sind äußere Güter in einem moderaten Verhältnis notwendig, um ein gutes Leben sicherzustellen.[21] Aber materielle Dinge und Lust im Besonderen sollten nicht der Gegenstand unserer Handlungen sein, im Gegensatz zur epikureischen Philosophie. Freude ist eine Nebenwirkung beim Erreichen unseres Guten. Das ungeschminkte Streben nach Lust prädisponiert die Seele zu einer kraftlosen, subhumanen Passivität. Es setzt uns herab, macht uns zu Empfängern anstatt zu Gebern, zu Verbrauchern anstatt zu vollen Akteuren in menschlichen Angelegenheiten. Der Gegenstand unseres Handelns sollte kein Zustand des passiven Fühlens sein, sondern eine Lebensweise, ein aktiver, tugendhafter Lebenszustand, der nach der höchsten Form der menschlichen Erfüllung sucht.

Aristoteles nannte diese besondere Form der menschlichen Erfüllung *eudaimonia* (Glückseligkeit). *Eudaimonia* ist nicht nur ein subjektiver Zustand des geistigen Glücks im engen Sinne des Genießens eines momentanen Vergnügens. Es ist vielmehr ein Zustand des Seins des Tugendhaften. Es ist kein kurzer Zustand, denn wahres Glück ist ein Zustand des Lebens als Ganzes, subjektiv erlebt als weiser, beständiger und kontemplativer Seinszustand.[22] Tugend ist nicht nur ein Mittel zur *eudaimonia*; sie ist selbst konstitutiv für die *eudaimonia*.[23] Mit anderen Worten, tugendhaft zu handeln bringt uns näher an unsere Erfüllung, aber unsere Erfüllung strahlt dann natürlicherweise in die Tugend aus.[24] Je näher wir dem Ziel kommen, desto mehr handeln wir naturgemäß in Übereinstimmung mit ihm und finden dabei Freude. Glück ist eine natürliche Ausstrahlung des gut gelebten Lebens. Thomas von Aquin würde hier eine Unterscheidung zwischen unvollkommenem (irdischem) Glück, das immer unvollständig sein wird, und der Glückseligkeit (*beatitudo*) hinzufügen, dem einzigen Zustand, der in der Lage ist, die menschliche Sehnsucht vollständig zu erfüllen.[25]

---

[21] Ibid., 1174a7-8

[22] Ibid., 100a4.

[23] Lear, *Aristotle*, 158.

[24] Ibid.

[25] „Endgültiges und vollständiges Glück kann in nichts anderem als der Schau des göttlichen Wesens bestehen." Thomas von Aquin, *Summa Theologiae* I-II, 3, 8c. Dieses Ziel ist darüber hinaus nur im nächsten Leben erreichbar, obwohl wir eine Art analoges Gottesverständnis auch in diesem Leben erreichen können.

Wenn das tugendhafte Leben der Weg zur *eudaimonia* ist, was ist dann Tugend genau? Wir dürfen das Wort nicht im viktorianischen Sinne verstehen als die selbstgefällige Einhaltung all dessen, was als „sozial akzeptabel“ gilt. Es gibt bei Aristoteles etwas von der älteren homerischen Idee der Tugend als Vermögen oder Fähigkeit, unser Telos zu finden. Tugend ist eine Macht, die konsequent das passende Mittel in Bezug auf uns, auf unser Handeln sucht. Platon, Aristoteles, Cicero und andere vorchristliche Denker haben konsequent daran festgehalten, dass es vier Kardinaltugenden gibt (*cardinal* bedeutet „Scharnier“, denn die Kardinaltugenden sind Scharniere, an denen das gute Leben hängt[26]). Es sind Klugheit, Tapferkeit, Mäßigkeit und Gerechtigkeit. Klugheit ist die Fähigkeit, die Angemessenheit einer Handlung unter den jeweiligen Umständen zu beurteilen. Tapferkeit oder Mut ist die Fähigkeit, seine Verpflichtungen in schwierigen Umständen zu erfüllen. Mäßigkeit ist Selbstbeherrschung und Mäßigung im Handeln. Und Gerechtigkeit gibt jeder Person das ihr Gebührende. Die christliche Tradition hat die drei theologischen Tugenden – Glauben, Hoffnung und Liebe – hinzugefügt.[27] In Kapitel 4 werden wir untersuchen, wie die Tugenden uns helfen, unseren Charakter zu integrieren und unser wahres Selbst hervorzubringen.

Die Stoa: Die Ursprünge des Naturrechts

Aristoteles starb im Jahre 322 v. Chr., und seine Akademie zersplitterte bald in konkurrierende Fraktionen. Das nächste Jahrhundert war eine Zeit der intellektuellen Gärung, die die letzte wichtige philosophische Tradition der klassischen Antike hervorbrachte: den Stoizismus.

Der Ausdruck *Stoizismus* kommt vom griechischen Wort *stoa*, „Vorhalle“, weil der erste stoische Denker, Zeno von Kition (334–262 v. Chr.), in einer Vorhalle, die für die Öffentlichkeit zugänglich war, lehrte. Zeno war ein reicher Kaufmann, der, nach einer gewissen Geschichte, sich der Philosophie zuwandte, nachdem er ein Vermögen in einem Schiffswrack verloren hatte. Als er nach Athen zurückkehrte, schlenderte er

[26] Für eine ausgezeichnete Behandlung der Tugenden siehe: Romanus Cessario, *The Moral Virtues and Theological Ethics*, 2nd ed. (Notre Dame, Ind.: Notre Dame Press, 2008); Peter Geach, *The Virtues* (Washington, D.C.: Catholic University Press, 1977).
[27] Siehe Brief an die Korinther 13:13.

durch eine Buchhandlung, wo er ein Werk von Krates dem Kyniker entdeckte, dessen Philosophie ihm für eine gewisse Zeit Trost spendete. Irgendwann gründete er seine eigene Schule und wurde von den Athenern so geliebt, dass sie in seinem Namen eine goldene Statue errichteten und die Schlüssel der Stadt bei ihm hinterlegten.[28] Geschichten über Zenos Leben gibt es im Überfluss. Es wird berichtet, dass er im Alter gestolpert und zu Boden gefallen sei. Während er den Schmutz mit der Faust schlug, rief er aus: „Ich komme aus eigener Kraft; warum rufst du mich dann?" Er starb ein paar Tage später.

Zenos Philosophie vermischte Elemente des Materialismus mit den Philosophien des Heraklit, der Sophisten, der Kyniker und des Sokrates. Er lehrte, dass das Universum lebendig, gut und weise sei, dass alle Dinge von der Vorsehung geordnet würden und das Ziel des Lebens darin bestehe, in Übereinstimmung mit dieser Ordnung zu leben, die ein und dasselbe ist wie Natur und Vernunft. Ein späterer Anhänger, Chrysippus (281–208 v. Chr.), systematisierte Zenos Lehren zu einer kohärenten Philosophie. Die Bewegung ging weiter und zog Anhänger aus der römischen Welt an, bis hinein in die ersten beiden Jahrhunderte nach Christi Geburt. Der römische Redner und Staatsmann Cicero (106–43 v. Chr.) war zutiefst vom Stoizismus beeinflusst, wie auch drei der größten römischen Denker: Seneca (4 v. Chr. - 65 n. Chr.), Epiktet (55–135 n. Chr.) und Marcus Aurelius (121–180 n. Chr.). Dies waren Männer, die einen Nutzen aus Zeugnissen aus erster Hand von den Wechselfällen der römischen Tugend und Verderbtheit zogen. Seneca war am Hof der Kaiser Caligula und Claudius. Sein Student Nero forderte, dass Seneca seine Adern öffnen solle als Antwort auf ein Attentat, an dem Seneca wahrscheinlich nicht beteiligt war. Epiktet war ein gebildeter Sklave in einem reichen römischen Haushalt, bevor er seine Freiheit gewann. Und Aurelius war ein römischer Kaiser, der die *Meditationen* schrieb, ein Buch mit nach Themen geordneten epigrammatischen Ermahnungen.

Die Stoiker waren weder echte Materialisten noch Theisten. Vielmehr waren sie Pantheisten, die glaubten, dass Gott ein und dasselbe wie der physische Kosmos sei. Alle Dinge in der natürlichen Welt sind Teil von Gott; sie emanieren aus Gott und werden zu gegebener Zeit wieder von Gott resorbiert, in einem endlosen Zyklus der kosmischen Schöpfung und Zerstörung. Jedes Ereignis, jede menschliche Handlung ist dazu bestimmt,

[28] Diogenes, *Leben und Meinungen berühmter Philosophen*, 2.113-17.

ewig wiederzukehren, was sich genau in Übereinstimmung mit den unveränderlichen Gesetzen der Natur entfaltet – eine Art von kosmischem „Murmeltier-Tag" ohne ein Happy End. (Nietzsche hat sich diese Idee zweitausend Jahre später ausgeliehen für seine eigene Theorie der ewigen Wiederkehr.)

Die Stoiker waren auf eine bestimmte Art Materialisten, weil sie dachten, dass alles in der Welt, Gott eingeschlossen, von Natur aus körperlich sei. Jedoch war ihre Philosophie nichts anderes als tief religiös. Sie stellten sich Gott als das aktive Prinzip der physischen Welt vor. Er ist in Bezug auf das physische Universum, was die Seele für den menschlichen Körper ist. Sie übernahmen Heraklits Logos und setzten ihn gleich mit dem rationalen Prinzip, das alles durchdringt und das Universum ordnet. Der Logos ist Vorsehung, Gottes Wille, wie er in den physikalischen Gesetzen der Natur und in den universellen und unveränderlichen moralischen Gesetzen ausgedrückt ist. Die Stoiker nannten diese übergreifende Menge von Gesetzen – sowohl die physikalischen Gesetze der Wissenschaft als auch das moralische Gesetz, das die Menschen leitet – das Naturgesetz (Naturrecht). Während Platon und Aristoteles klar die Unterscheidung zwischen konventioneller Moral und wahrer Gerechtigkeit und zwischen dem menschlichen Recht und dem idealen Gesetz erfasst hatten, waren es die Stoiker, denen es gelang, eine kohärente Naturrechtslehre zu entwickeln.[29]

Cicero fasste die Idee des Naturgesetzes auf diese Weise zusammen:

> Das Gesetz ist die richtige Vernunft im Einklang mit der Natur. Es verbreitet sich durch die ganze Gemeinschaft unveränderlich und ewig und ruft die Menschen zu ihrer Pflicht durch seine Befehle, und hält sie durch seine Verbote davon ab, Falsches zu tun. ... Das Gesetz kann nicht widerrufen werden, noch kann es geändert werden, noch kann es völlig aufgehoben werden. ... Es wird kein solches Gesetz in Rom und ein anderes in Athen geben, eines jetzt und ein anderes in der Zukunft, sondern alle Völker werden

[29] Platon benutzte in seinen Dialogen den Begriff Naturgesetz oder natürliche Gerechtigkeit nur ein- oder zweimal. In keinem Fall hat dieser die Bedeutung, mit der wir ihn nun verbinden. Siehe Platon, *Gorgias* 484 (wo die *natürliche Gerechtigkeit* das „Recht" des Stärkeren bedeutet, seinen Willen aufzuzwingen); *Timaeus* 83e (wo der Begriff sich auf die physikalischen Gesetze des Universums bezieht).

> zu jeder Zeit von einem einzigen, ewigen und unveränderlichen Gesetz umfasst.[30]

Wir haben teil am Logos, und zwar aufgrund unserer Vernunft und unseres Bewusstseins. Während daher alle Dinge ein Teil von Gott sind, gibt es ein echtes göttliches Element in der menschlichen Natur, denn wir nehmen an dem Prinzip teil, das die Ordnung des Universums regiert. Vernunft und Ordnung sind Teil von uns, so wie wir Teil Gottes sind.

So wie das moralische Gesetz unveränderlich ist, so sind es auch die physikalischen Gesetze der natürlichen Welt, die das Schicksal regiert. Alle Dinge entfalten sich genau so, wie sie es mit Notwendigkeit müssen. Nichts kann anders sein, als es ist. Hier finden wir die Wiederkehr des frühen stoischen materialistischen Determinismus.[31] Wo also Platon und Aristoteles den freien Willen verteidigten, bestritten die Stoiker, dass der Mensch irgendeine wirkliche Freiheit hat. Alles, was es an Freiheit gibt, ist die Anerkennung unseres an die Natur gebundenen Seins. Die Aufgabe des Weisen ist es, sich mit dieser Ordnung in Einklang zu bringen, was immerhin nicht mehr oder weniger ist als der Ausdruck des Willens Gottes. Wie Epiktet es im ersten Jahrhundert gefasst hat:

Führe mich, oh Zeus und oh Schicksal,
Wo immer deine Gebote meinen Platz fixiert haben.
Ich gehe fröhlich; und tue ich es nicht,
gottlos und erbärmlich, ich muss dennoch folgen.
Wer dem Schicksal ordnungsgemäß nachgibt,
gilt als weise unter den Menschen und kennt die Gesetze des Himmels.[32]

[30] Marcus Tullius Cicero, *Vom Staat*, 3.33
[31] Dies änderte jedoch nicht die stoische Haltung zur Strafe. Von Zeno wird berichtet, dass er einen Sklaven geschlagen habe, der gestohlen hatte. Als der Sklave darauf antwortete, dass er nach Zenos eigener Philosophie zum Stehlen bestimmt sei, antwortete Zeno: „Ja, und auch, geschlagen zu werden.“ Diogenes, *Leben und Meinungen berühmter Philosophen*, 2: 135.
[32] Epiktet, *Enchiridion*. Übersetzung aus dem Englischen T.W. Higginson (Indianapolis: Bobbs-Merrill 1955), 39.

Es gab hier natürlich eine subtile Inkonsequenz, weil in einer deterministischen Welt auch unsere Einstellungen und Dispositionen notwendig sind.[33] Aber die Stoiker dachten, dass es wenigstens in den Zwischenräumen der menschlichen Seele genügend Freiheit gäbe, um die Einstellung zur Natur der Welt anzupassen. Desillusionierung, Wut und Verzweiflung sind irrational und in jedem Fall fruchtlos, da die Dinge alle mit Notwendigkeit geschehen. Die Welt ist einfach so, wie sie ist, und wir haben nichts darüber zu sagen. Vielmehr müssen wir unsere Einstellung anpassen. Wahre Tugend, so lehrten sie, besteht darin, ein Leben frei von allen emotionalen Reaktionen zu leben, die nichts anderes als „falsche Meinungen" sind und nur die Schmerzen erhöhen, indem sie schlechte Umstände hervorbringen.[34] Das stoische Ziel war, einen Zustand der *apathia* zu erreichen, nicht ein Befinden der Apathie (wie die moderne Konnotation es verstehen würde), sondern einen ungestörten Gleichmut der Seele, in dem man in völliger Harmonie mit der Natur und der Vernunft lebt.

Der Kern der stoischen Weltanschauung bestand darin, das Beste aus Materialismus und Theismus zu kombinieren und auf eines zu reduzieren, was andere Philosophen als zwei wesentliche Bestandteile der Wirklichkeit (Geist und Körper, Form und Materie, Gott und Welt) annahmen. Die Stoiker arbeiteten mit aller Macht – und erfolglos – daran, alle diese Dualismen zu überwinden. Die späteren Stoiker versuchten den Unterschied über Fragen aufzuteilen, die keinen mittleren Weg zu ergeben schienen. Sie sagten, dass es eine Seele gibt, behaupteten jedoch, dass sie nicht unsterblich sei (obwohl einige Stoiker meinten, dass die Seele des stoischen Weisen nach dem Tod weiterlebe bis zur nächsten Feuersbrunst). Sie faselten, wie wir gesehen haben, über die Frage der Freiheit und argumentierten, dass die Notwendigkeit nicht zum inneren Heiligtum des menschlichen Willens durchdringe. Aber bei der Frage nach der Natur Gottes hatten sie die meisten Schwierigkeiten.

---

[33] Epiktet begann die gleiche Schrift mit den Worten: „Manche Dinge sind in unserer Kontrolle und andere nicht. Dinge in unserer Kontrolle sind Meinung, Strebungen, Wünsche, Abneigungen, mit einem Wort, was immer unsere eigenen Handlungen sind. Dinge, die nicht in unserer Kontrolle sind, sind der Körper, das Eigentum, die Reputation, Befehle, mit einem Wort, was nicht unser eigenes Handeln ist." Ebd., 17.

[34] Seneca sagte: „Der Schmerz ist gering, wenn die Meinung nichts hinzugefügt hat. ... Es ist entsprechend unserer Meinung, was wir leiden." Seneca, *Briefe an Lucilius* 78.13-15.

Offiziell waren die Stoiker Pantheisten: Für sie waren Gott und die physische Welt ein und dasselbe. Aber ist Gott oder der Logos eine *bewusste* Entität oder nur eine rein unpersönliche Ordnungsmacht in der Natur? Wenn der Logos unpersönlich ist, warum ist er dann gleichbedeutend mit dem Geist Gottes? Auf der anderen Seite: Wenn Gott tatsächlich eine bewusste und persönliche Entität ist, die die Welt regiert, dann muss er ein gewisses Maß an Autonomie und Unterscheidung von der Welt haben. Gottes Bewusstsein und Absichten regieren schließlich die Welt. Die Anklage der Inkonsistenz wird noch durch die quasireligiöse Natur der stoischen Philosophie verschärft. Die Stoiker behaupteten, Materialisten zu sein, aber sie verurteilten allgemein den Atheismus: Seneca lehrte, dass Gott dem Menschen, der einem Leben der Tugend verpflichtet sei, helfen werde, und spätere Stoiker scheinen entschieden zu haben, dass Gott vollkommen persönlich sein müsse: „Jede von unseren Taten", so erklärte der große Epiktet, „wird von Gott gesehen."[35] Hierin ist er vielleicht vom Christentum beeinflusst worden, wie wir sehen werden.

Das größte stoische Erbe für das moderne Denken sind die ethischen Lehren der Stoiker, zusammen mit der Idee des Naturrechts. Die stoischen Lehren ergänzen in vielerlei Hinsicht die Ethiken Platons und Aristoteles', und in anderer Weise stellen sie diesen gegenüber einen bestimmten moralischen Fortschritt dar. Im stoischen Denken gibt es zum ersten Mal eine wirkliche Betonung der inneren Dimension unseres moralischen Lebens, der Bedeutung des Willens und des Kampfes zwischen der Sünde und dem Geist, den der hl. Paulus so treffend beschrieb.[36] Die Stoiker lehrten, dass es die innere Absicht ist, mit der eine Handlung getan wird, und nicht deren Konsequenzen, die am bedeutsamsten für das Maß der Güte (oder des Bösen) ist: „Das Wesen des Guten und Bösen", schreibt Epiktet, „liegt in einer Haltung des Willens."[37]

Schließlich führte ihre Betonung der gesetzmäßigen Natur der moralischen Ordnung die Stoiker zu einer ganz neuen Idee der Ethik – zum Begriff der moralischen Pflicht.[38] Die im Logos verkörperten Gesetze

---

[35] *The Discourses of Epictetus* in *The Stoic and Epicurean Philosophers*, ed. Whitney J. Oates (New York: Random House, 1940), 229, 250.

[36] „Ich weiß, dass in mir, das ist in meinem Fleische, nichts Gutes wohnt. Denn das Wollen liegt mir nahe, aber das Vollbringen des Guten nicht. Ich tue ja nicht das Gute, das ich will, sondern das Böse, das ich nicht will, das tue ich." (Röm 7:18–19).

[37] Epiktet, *Discourses* 1.29.

[38] Die aristotelische Ethik ist im Wesentlichen eudämonistisch. Der weise Mann wird richtig handeln, weil dies dem Glück und der Selbstverwirklichung förderlich ist. Davon findet sich

zu befolgen, wie sie in der Natur ausgedrückt und durch menschliche Vernunft bekannt sind, heißt nach der Pflicht zu handeln. Das Gesetz ist mehr als bloß beaufsichtigender Führer zu unserem Glück und zu unserer Selbstverwirklichung. Es ist für uns rational und moralisch verbindlich. Die Konsequenzen unserer Handlungen liegen außerhalb unserer Kontrolle, aber die Absicht, mit der wir einen Akt ausführen, fällt genau in den Bereich des Willes. Die stoische Betonung des Willens, der Pflicht und der Vorrangigkeit der Absicht vor den Konsequenzen einer Handlung beeinflusste nicht nur Thomas von Aquins Theorie des Naturrechts, sondern in vielerlei Hinsicht auch Kants deontologische Ethik zweitausend Jahre später.

Es gehört auch zum stoischen Denken, dass wir bei ihm den Ursprung von so vielen edelsten Werten des Christentums und des säkularen Humanitarismus finden. Die Stoiker gaben uns die Vorstellung von der Brüderlichkeit des Menschen, den Werten der Menschenwürde und der moralischen Gleichheit. Gegen Aristoteles' unglückliche Behauptung, dass einige Menschen natürlicherweise Sklaven seien, verurteilten die Stoiker die Sklaverei. Epiktet, der selbst einmal Sklave war, verurteilte die Sklaverei als „das Gesetz des Todes". Die Stoiker waren die wahren kosmopolitischen Denker der Antike, indem sie lehrten, dass die Gemeinsamkeit der Menschen alle nationalen Grenzen übersteigt, dass alle Menschen moralisch gleich sind auf Grund ihrer Vernunft und Tugend. Keine geringere Autorität als der römische Kaiser Marcus Aurelius schrieb: „Insofern ich Antoninus bin, ist meine Stadt und mein Land Rom, aber insofern ich ein Mensch bin, es ist die Welt."[39] Das war auch kein rein abstrakter Kosmopolitismus, denn die Stoiker waren wahre Humanitäre, die lehrten, dass es unsere höchste Berufung sei, zu lieben und andere zu respektieren. Seneca schrieb: „Wo auch immer es einen Menschen gibt, dort ist Raum für Wohlwollen", und bei Aurelius finden wir das Echo der Anordnung Jesu, dass wir Gott mit ganzem Herzen lieben sollen und unseren Nächsten wie uns selbst, in seiner griffigen Ermahnung: „Liebe die Menschheit, folge Gott."[40]

---

auch noch etwas in der stoischen Lehre, denn die Tugendhaften waren doch nach der stoischen Lehre glücklich. Aber für die Stoiker hat dieses Glück untrennbar mit der Pflicht zu tun. Diogenes berichtet, dass Zeno der Erste war, der das Wort *Pflicht* benutzte und eine ganze Abhandlung über den Begriff der Pflicht schrieb. Diogenes, *Leben und Meinungen berühmter Philosophen*, 2: 137.

[39] Marcus Aurelius, *Meditationen*, 4.44.

[40] Ibid. 5.17.

An der Quelle der stoischen Hingabe an die Menschenwürde und Gleichheit stand das Verständnis, dass jeder Mensch am Logos teilnimmt und so einen Anteil an der Vorsehung hat. Der christliche Begriff der *imago Dei*, dass unsere Natur selbst ein Zeichen des göttlichen Bildes in der menschlichen Natur ist, hat seinen Vorläufer im stoischen Denken.[41] Diese Vorsehung bewirkt das Gute im Menschen, der seinen Willen an Gott anpasst.[42] Dass die Sorge für die Seele unendlich wichtiger ist als die äußeren Güter[43] und dass wir alle Menschen wie uns selbst lieben sollten, sind gleichermaßen stoische und christliche Themen. Vielleicht sollten wir nicht überrascht sein, dass von Seneca gemunkelt wurde, dass er eine freundliche Korrespondenz mit dem hl. Paulus unterhalten hat und dass Epiktet Christus als einen wahren moralischen Propheten geehrt haben soll.

---

[41] Zwei Jahrhunderte vor Christus schrieb Zenos Schüler Cleanthes:

„O Gott, Herrlichster, durch viele Namen genannt ...
Wir sind Deine Kinder, wir allein von allen
Auf der Erden breiten Wegen, die hin und her wandern,
Wir tragen Dein Bild, wo immer wir hingehen."

Frederick C. Copleston, *A History of Philosophy* (New York: Image Books, 1993), 1:393.

[42] „Wir wissen aber, dass denjenigen, die Gott lieben, alle Dinge zum Besten dienen" (Röm 8.28).

[43] „Aber was nützt es dem Menschen, wenn er die ganze Welt gewinnt, aber seine Seele verliert" (Mk. 8:36; siehe auch Mt. 16:26).

3

Thomas von Aquin und das Naturrecht

Das Naturrecht ist nichts anderes als das Licht der Vernunft, das Gott in uns gesetzt hat.

Thomas von Aquin

Die Grenzen der (griechischen) Philosophie

G. K. Chesterton sagte, dass die Philosophie versucht, die Welt zu erklären, indem sie uns ein Muster gibt, während das Christentum uns eine Person gibt. Auf mannigfache Weise hat das griechische Denken viele der zentralen Wahrheiten des Christentums vorweggenommen. Doch die griechische Vision war zur Unvollständigkeit und Inkonsistenz verurteilt, weil sie die Welt nur in Bezug auf Muster gesehen hat – Formen – anstatt in Bezug auf einen persönlichen Logos, durch den diese Muster sich manifestieren. Als Aristoteles erklärte, dass „die Natur ein Ziel hat", meinte er, dass die Dinge dieser Welt in Richtung auf eine bestimmte Form der Vollendung tätig sind, doch er bestritt ausdrücklich, dass die Welt als Ganzes einen göttlichen Zweck hat. Mit mehr Sympathie vielleicht könnten wir sagen, dass die Griechen, indem sie vom Nachdenken über die Grundlagen ausgingen, die wesentliche Struktur der Welt entdeckten, ohne die einzige übergreifende Vision zu erreichen, die ihr Kohärenz geben konnte. Diese Sehnsucht nach der Wahrheit, die den jungen Sokrates von der Wissenschaft zur Philosophie führte, blieb am Ende der Ära grundsätzlich unerfüllt.

Die Griechen nahmen den Gott des Christentums in verschiedenen unausgebildeten Weisen vorweg. Anaxagoras' *nous* war das göttliche, intelligente Ordnungsprinzip der Welt, aber auch Aristoteles erkannte, dass es ein „Gott der Lücken" sei, ein deistisches Mittel, an das er appellierte, wenn keine physische Erklärung für ein bestimmtes Phänomen gefunden werden konnte. Platons Form des Guten war eine letzte kosmische

Ursache, auf die hin alle Dinge bezogen wurden, aber es war kein persönlicher Gott, und sein Demiurg ordnete, aber erschuf nicht den Kosmos. Aristoteles' unbewegter Beweger – das ewige, einfache, immaterielle, unveränderliche, sich selbst denkende Denken selbst, das irgendwie die Welt aufrechterhält – kam näher heran. Aber Aristoteles' Gott hat weder die Welt geschaffen noch in die Welt eingegriffen, da er dachte, dass jeder Kontakt mit der veränderlichen Wirklichkeit die Vollkommenheit Gottes verdorben hätte.[1] Wo Aristoteles übermäßig Gott von der Welt trennte, begingen die Stoiker den entgegengesetzten Fehler, indem sie Gott und die Welt als eins behandelten.[2] Es ist ergreifend, in der Apostelgeschichte zu lesen, dass, als Paulus Athen um 60 n. Chr. besuchte, er besonders bewegt war, einen Altar zu finden, der „einem unbekannten Gott" gewidmet war.[3]

Die vorchristliche Ethik bietet auch vielversprechende Anfänge. Platon bestand darauf, dass die Sorge um die Seele die wichtigste Aufgabe im Leben sei, und nahm damit die goldene Regel vorweg. Er lehrte, dass die Seele des Übeltäters viel mehr Schaden erleide als der, dem er Unrecht getan habe. Aristoteles zeigte, wie Glück und Tugend in einen voll integrierten Charakter versöhnt werden. Die Stoiker retteten die Idee des Logos von Heraklit als das Ordnungsprinzip des Universums, sie gaben uns das Naturrecht und entdeckten die Lehre von der Brüderlichkeit des Menschen. Aber Platon konnte niemals seine Anhänger ermahnen, ihre Nächsten mit ganzem Herzen zu lieben, und Aristoteles' menschliches Ideal, seine große Seele, wäre skandalisiert worden durch die Selbstentäußerung des Kreuzes. Sogar der stoische Weise Epiktet scheint viel mehr durch die Pflicht bewegt worden zu sein als durch die Liebe. Im Ganzen

---

[1] Aristoteles' berühmtester Satz über Gott lautet, dass Gott „Denken ist, [das] sich selbst als Gegenstand denkt, wegen seiner Teilnahme an dem, was gedacht wird". Aristoteles, *Metaphysik,* 1072b19. Der Gott des Aristoteles kann die veränderliche Welt nicht erkennen, da Aristoteles dachte, dass die Natur des Denkens von der Natur seiner Gegenstände abhängt. Gott kann nicht an veränderbare materielle Dinge denken, ohne selbst veränderbar zu sein, was eben Gott nicht ist. So kann Gott nur ewige Wahrheiten denken, einschließlich der Wesenheiten der Dinge.

[2] Für die Stoiker war Gott im Verhältnis zur Welt, wie die menschliche Seele im Verhältnis zum Leib ist. Wie Alexander Pope später sagte:

Alle sind nur Teile eines großartigen Ganzen
Dessen Körper die Natur ist, und Gott ist die Seele.

Frederick C. Copleston, *A History of Philosophy* (New York: Image Books, 1993), 1:388.

[3] Apostelgeschichte 17:23.

gesehen, gaben uns die Griechen die *Arête*, aber es war das Christentum, das uns die *Agape* gab.

Es ist wenig verwunderlich, dass einige nachfolgende christliche Denker die Philosophie als Vorbereitung für das Christentum sahen, während andere die Philosophie vorsichtig betrachteten und vermuteten, dass sie ketzerisch sei und heidnische Elemente in den reinen Körper der christlichen Theologie einführe. Charakteristischerweise vertrat Thomas von Aquin eine dritte Zwischenposition: Philosophie ist weder eine Grundlage noch eine Bedrohung für das Christentum. Sie ist ein pädagogisches Werkzeug, ein heuristischer Treppenstein – eine Lampe, um den Weg für den verdunkelten Geist zu erleuchten.[4] In der allerersten Frage seines Meisterwerks, der *Summa Theologiae*, erklärte Thomas, dass die Theologie „etwas aus philosophischen Disziplinen akzeptieren kann, nicht als ob sie dies mit Notwendigkeit erfordert, aber dass sie diese Dinge, die behandelt werden, besser manifestieren kann".[5] Die Philosophie rettet die blinzelnde Seele aus Platons Höhle und zieht den nicht erleuchteten Geist in das mittägliche Sonnenlicht der Wahrheit. Um Ludwig Wittgensteins berühmte Metapher zu verwenden: Philosophie ist eine Leiter. Wer das Dach erreicht hat, kann die Leiter wegschieben und auf die Welt schauen, so wie sie ist. Der Rest von uns muss weiter klettern – niemals nach unten schauen, in der Hoffnung, dass wir auch eines Tages die Spitze erreichen.

Thomas von Aquin: Christentum trifft Aristoteles

Thomas von Aquin (1225–1274) gehörte zu der ersten Generation von Westlern seit tausend Jahren, die Aristoteles' Philosophie lesen konnten, die von muslimischen Philosophen bewahrt und im Gefolge der Kreuzzüge wiederentdeckt wurde. Aristoteles' Werk war verloren gegangen

---

[4] Wie der Apostel Paulus es ausdrückte: „Dank aber sei Gott, dass ihr, die ihr Knechte der Sünde wart, von Herzen gehorsam geworden seid gegen die Vorschriften der Lehre, in die ihr eingeführt wurdet ... Ich rede nach Menschenweise, um der Schwachheit eures Fleisches willen (Röm 6,17, 19). „Jetzt sehen wir nur wie in Rätseln, dann aber von Angesicht zu Angesicht ... Jetzt ist mein Erkennen Stückwerk; dann werde ich erkennen, wie auch ich erkannt bin" (1 Kor 13,12).

[5] Thomas von Aquin, *Summa Theologiae* I, I, 5; zitiert nach: Robert Barron, *The Priority of Christ: Toward a Postliberal Catholicism* (Grand Rapids, Mich.: Brazos Press, 2007), 148 (discussing philosophy's role in understanding God).

und mehrmals während der Jahrhunderte nach seinem Tod wiedergefunden worden, aber um das dritte Jahrhundert nach Christus aus der westlichen Welt völlig verschwunden. So war es Platon, der das Christentum während des ersten Jahrtausends philosophisch beeinflusste. So wie Augustinus Platon christianisierte, so taufte Thomas von Aquin Aristoteles.

Thomas wurde in Roccasecca in Italien als siebter von sieben Söhnen in eine mächtige und gut verbundene aristokratische Familie geboren. Als sein Vater, ein Graf und Cousin des Papstes, erkannte, dass Thomas sein Leben Gott geben wollte, versuchte er ihn über einen gut situierten Verwandten in einem Kloster unterzubringen, in der Erwartung, dass er eines Tages Kardinal oder sogar Papst werden könne. Thomas wollte davon nichts wissen. Er trat den bescheidenen Dominikanern bei, um ein Bettelmönch zu werden. Seine Familie reagierte, indem sie zwei Brüder schickte, um ihn von der Straße aufzugreifen, während er unterwegs nach Paris war. Er wurde entführt, gefesselt zu einer Festung gebracht und eingesperrt. Hier wurde er zusammen mit einer verführerischen Kurtisane, deren Aufgabe es war, den jungen Mann unter Kontrolle zu bringen, in ein Zimmer gesperrt. Wie die Geschichte oft erzählt wird, packte Thomas ein brennendes Holzscheit aus dem Kamin und jagte die erstaunte Frau davon. Schließlich gaben seine Verwandten nach.

Die andere Geschichte stammt vom Ende seines Lebens, obwohl sie erst fünfzig Jahre nach seinem Tod veröffentlicht wurde. Im Dezember 1273, während Thomas die Hl. Messe betete, machte er eine Erfahrung – eine Vision –, die abrupt seinen Dienst beendete. Tagelang wollte er nicht einmal sagen, was dort passiert war, bis er, von seinem Sekretär wiederholt unter Druck gesetzt, schlicht berichtete, Gott habe ihm einen Einblick in die letzte Wahrheit gegeben, die alles, was er geschrieben hatte, wie „einen Haufen Stroh" erscheinen lasse. Nachdem er einen Blick in eine Wirklichkeit erhalten hatte, die größer war als alles, was er intellektuell gedacht hatte, sagte er, er könne nicht mehr schreiben und sei bereit zu sterben. Und so tat er es etwa drei Monate später, im März 1274.

Obwohl Thomas als Synthetisierer von christlicher Theologie und aristotelischer Philosophie anerkannt ist, hatte er eine echte und eigenständige Weltanschauung, die auf andere Elemente zurückgriff, sich aber auch davon frei machen konnte, wenn diese Elemente mit der christlichen Lehre unvereinbar waren. Charakteristisch für einen Aristoteliker, fand er sich oft in der Mitte in Bezug auf wichtige Fragen seiner Zeit. Sein

Insistieren darauf, dass es nur eine Wahrheit geben kann, dass Wissenschaft, Theologie und Philosophie letztlich nicht verschiedene Lektionen lehren, bedeutete, dass er oft in einen Krieg an zwei Fronten verwickelt wurde: mit Konservativen, die den Einflüssen der heidnischen Philosophie misstrauten, und mit unorthodoxen Theologen, einschließlich der lateinischen Averroisten, die eher geneigt waren, der Philosophie als der Lehre der Kirche zu folgen. Der Geist des Kompromisses zeigt sich in der Vorstellung vom Glauben als der Mitte zwischen Meinung und Wissen: Glaube ist mehr als Meinung, weil er einen Akt der Zustimmung des Willens beinhaltet, aber Glaube ist weniger als Wissen, weil Wissen keinen Akt der Zustimmung erfordert (weil das, was wir wissen, evident ist). Der Aquinate akzeptiert viel von Aristoteles' System der Metaphysik. Er übernahm Aristoteles' Begriffe der substanziellen Form, seine Form- und Finalursachen und seinen moderaten Realismus, mit anderen Worten, die Ansicht, dass Universalien als die Wesenheit von bestimmten Dingen existieren. Er folgte Aristoteles, indem er die Seele als „die substanzielle Form des Körpers" bezeichnete – eine Idee, die deutlich von der platonischen Idee abweicht, wie wir im folgenden Kapitel sehen werden. Doch immer las er Aristoteles durch die Linse der christlichen Tugenden und des christlichen Gottesbegriffs.

Was wir in den nächsten Absätzen sagen müssen, mag sehr abstrakt erscheinen, aber ich hoffe, der Leser wird es tolerieren, denn für die zentrale Idee ist es sehr wichtig, die Auffassung von Thomas' Begriff von Gott und Wirklichkeit zu verstehen. Ein zentrales Prinzip von Thomas von Aquins Metaphysik ist, dass die verschiedenen Dinge der Welt Abstufungen des Seins besitzen, und zwar entsprechend ihrer Güte. Manche Dinge sind buchstäblich realer als andere, und sie sind wirklicher durch ihre Fähigkeit anzuziehen, wie es das Gute tut. Für den modernen Geist sind natürlich die Alternativen klarer: Entweder etwas existiert oder es existiert nicht. Wenn es existiert, ist es so „real" wie jede andere existierende Sache. Das Problem für uns Modernen ist es, zu entscheiden, *was* existiert. Existiert ein Schatten? Ist er so real wie das Objekt, das ihn wirft? Was ist mit der Zahl Drei? Sind Zahlen real oder Abstraktionen? Existieren vergangene Ereignisse noch auf gewisse Art und Weise, so wie die Schlacht bei den Thermophylen? Ist meine Liebe für meine Kinder tatsächlich eine existierende Sache, unabhängig von den Chemikalien in meinem Gehirn, wenn ich diese Liebe empfinde? Und was ist mit Ideen? Existiert die Idee vom Weihnachtsmann, auch wenn es den Weihnachtsmann nicht gibt?

Weil wir eine binäre Vorstellung von der Existenz haben, müssen wir drakonische Entscheidungen über jeden einzelnen dieser Fälle treffen, indem wir entscheiden, ob wir eine Entität in die Spalte der „existierenden Dinge" oder der „nicht existierenden Dinge" stellen. Aber erinnern wir uns, dass Platon lehrte, dass die verschiedenen Dinge der Welt Grade des Seins haben, dass einige Dinge realer sind als andere Dinge. Er argumentierte auch, dass alles auf das Gute zielt. Er dachte tatsächlich, dass alle Dinge Sein haben, insofern sie durch ihre Formen am Guten teilhaben. Die Form des Guten war für Platon die höchste Sache in der Wirklichkeit, die einzige, realste Sache, da sie alle anderen Dinge bewegt. Alle anderen Dinge haben teil an dieser Realität – sie haben Sein – in dem Ausmaß, dass sie andere Dinge durch ihre anziehende Fähigkeit bewegen. Der Schatten hat buchstäblich weniger Sein als das Objekt, das den Schatten wirft, und dieses Objekt hat weniger Wirklichkeit als seine besondere Form, weil diese Form das bewegende Prinzip in der Materie ist.

Der Aquinate kam zu dem Schluss, dass Platon weitgehend recht hatte, in dieser Weise die Welt zu betrachten. Manche Dinge sind realer als andere. Aber was macht die verschiedenen Dinge der Welt realer als andere? Thomas antwortete, wie es Aristoteles tat: Es ist die *aktive* Natur der Dinge, ihre Fähigkeit, Formen zu übermitteln und andere Dinge zu bewegen, was sie real macht. Entscheidend ist, dass es einen Zusammenhang zwischen der Realität eines Dinges und seiner Güte gibt. Sein und Güte sind für Thomas konvertierbare Begriffe: Sein und Gutsein sind ein und dasselbe in Bezug auf ihre Referenz, und verschieden nur im Sinn.[6] Ein „Ding ist vollkommen", erklärt er, „soweit es im Akt ist."[7] Aktual zu sein bedeutet für ein Ding, näher bei der vollen Verwirklichung seiner Form, seiner Wesenheit, seines *telos* zu sein.[8] Die Konvertibilität von Sein und Gutsein ist das, was die notwendige Verbindung zwischen der Welt der Tatsachen und der Welt des moralischen „Sollens" bereitstellt, die so zentral für die klassische Naturrechtstheorie ist.

Weil das Gutsein Sein ist, ist sein Gegenteil, das Böse, Nichtsein, eine Privation. Das Böse hat buchstäblich kein Wesen. Das größte Böse wäre gar nichts.[9] Am anderen Ende der ontologischen Skala ist das größte

---

[6] Thomas von Aquin, *Summa Theologiae* I, ad 1.
[7] Thomas von Aquin, *Summa Contra Gentiles*, I, 39.
[8] Eleonore Stump schreibt dazu: „Wenn das Sein in dieser zweiten Weise betrachtet wird, ist es richtig zu sagen, dass es in einer gewissen Hinsicht eine Erhöhung des Seins des Dinges gibt." Eleonore Stump, *Aquinas* (New York: Routledge, 2003), 67.
[9] Ibid., 68.

Gut dasjenige, das auch das wirklichste in der Welt ist. Mittelalterliche Theologen glaubten offensichtlich nicht, dass Gott einen physischen Leib besitzt, aber manche scheinen ihn als immateriellen Geist begriffen zu haben. Augustinus, der stark von Platons Vorstellung des Seins beeinflusst wurde, erkannte, dass Gott kein Geist ist, der unabhängig von der Welt existiert. Vielmehr muss Gott in gewissem Sinne „in“ allen Dingen sein.[10] Augustinus schrieb, dass Gott „*intimior intimo meo*“ ist („dass Er mir näher ist, als ich mir selbst bin“).[11]

Mit dem gleichen Gedankengang kam der Aquinate zu dem Schluss, dass Gott kein anderes Ding in der Welt ist - nicht einmal das größte Ding der Welt. Gott ist kein Seiendes unter anderen Seienden, sondern vielmehr der Grund allen Seins. Thomas von Aquin übernahm die Einsicht des Aristoteles, dass Gott das Einzige ist, dessen Existenz nicht in Aktualität und Potenzialität unterschieden ist. Allein Gott ist reine Wirklichkeit und zieht alle Dinge zu sich selbst hin, indem er sie zuerst zu ihrer eigenen größeren Vollkommenheit hinzieht. Gott ist die einzige Entität, deren Existenz nicht kontingent ist. Gottes Wesen ist seine Existenz.[12] Sein Sein und sein Gutsein sind vollkommen und ein und dasselbe.

---

[10] Thomas von Aquin, *Summa Theologiae* Ia, 8, 1, zitiert nach Robert Barron, *Thomas Aquinas: Spiritual Master* (New York: Crossroad, 2008), 90. Wie Barron erklärt, ist Gott modal, nicht räumlich von der Welt verschieden.

[11] Augustinus, Bekenntnisse 3.6.11.

[12] Die etymologische Ähnlichkeit im modernen Englisch zwischen Handlung (act) und Wirklichkeit (actuality) spiegelt eine tiefere philosophische Verbindung zwischen den beiden Ideen wider, aber sie verdeckt auch einen wichtigen Unterschied. *Handeln* ist ein Verb und *Wirklichkeit* ist ein Substantiv, das „etwas, das existiert“ bezeichnet. Es gibt hier eine Verbindung: Nach aristotelisch-thomistischer Auffassung bedeutet aktual zu sein - zu existieren - selbst den primären Akt. Metaphysisch und logisch muss ein Ding eine Form haben, bevor es existieren kann. Existenz ist der primäre Akt aller Dinge. Bei der Beschreibung der thomistischen Implikationen schreibt Robert Barron: „Eine begrenzte Sache ist eine solche, deren Akt der Existenz in eine bestimmte Form oder Struktur gegossen wird, die seine Wesenheit ist.“ Gottes Wesen und Existenz sind auf der anderen Seite nicht verschieden. Das ist es, was Theologen mit der Einfachheit Gottes meinen. Gott ist formlos. Es gibt keinen Unterschied zwischen Existenz und Wesenheit. Barron, *Thomas Aquinas*, 78–79. Das moderne Englisch verliert diese Unterscheidung, indem man ein Verb benutzt, während das Lateinische *esse*, seiend, vom Substantiv *ens* unterscheidet, was die Aktualität betont. *Ens* bezeichnet die Substanz, während *esse* den Akt des Bestehens meint, der dem Begriff der Substanz zugrunde liegt. *Esse* ist metaphysisch und logisch vor *ens*. Wie Étienne Gilson schlussfolgert: „Esse ist viel schwerer zu begreifen, weil es tiefer in der metaphysischen Struktur der Wirklichkeit verborgen liegt. ... Um das zu verstehen, muss man über die Ebene des Wesens hinausgehen, um die tiefere Ebene der Existenz zu erreichen.“ Siehe Étienne Gilson, *God and Philosophy* (New Haven, Conn.: Yale University Press, 2002), 63–64.

Dieser Begriff Gottes erlaubte es dem Aquinaten, eine machtvolle theologische Verbindung zum biblischen Gottesverständnis zu ziehen. Weil Gott nicht in Raum und Zeit ist, kann er nicht mit den Sinnen erfasst oder vom Intellekt vorgestellt werden.[13] Wir können ihn nicht fassen oder partikularisieren. Wir sollten nicht versuchen, ihn zu einem Ding zu machen. Jedoch gehört es natürlich zur menschlichen Natur, ihn zu vereinzeln. Aber dieses ist die subtilste Form der Sünde des Götzendienstes, worauf Thomas hingewiesen hat. Sogar Gott als das höchste Seiende vorzustellen bedeutet, aus ihm ein Ding zu machen, das wir kategorisieren, konzeptualisieren und festhalten können. Thomas zog hier eine bemerkenswerte Parallele zur Szene aus Exodus, in der die Juden Gott einen Namen geben wollen. Moses bittet Gott um Seinen Namen, und Gott antwortet: „ICH BIN DER ICH BIN." Er sagt zu Moses, dass er den Israeliten sagen soll, dass „ICH BIN" Moses zu ihnen geschickt hat und dass dies „mein Name für immer ist". Letztlich kann Gott nicht einmal genannt werden: Er *ist* einfach. Sein Wesen ist *zu sein* und *zu handeln*, ohne darauf zu achten.[14]

Über diesen Gott der Philosophen hinaus gibt es aber einen persönlichen Gott, dessen Bild wir teilen. Wir haben vielleicht die Tendenz zu glauben, dass wir ihm unsere eigenen Attribute zuschreiben, aber die Wahrheit ist genau umgekehrt: Er ist das Exemplar dafür, was es bedeutet, eine Person zu sein, und jeder Mensch ist nur eine Replikation der göttlichen Persönlichkeit.[15] Das letzte Ziel des Menschen ist es, zu lieben und Gott zu verherrlichen. Aber Gottes Herrlichkeit ist nicht etwas von unserem natürlichen, menschlichen Gut ganz Verschiedenes. In diesem Sinne ist das Natürliche unauslöschlich infundiert mit unserem übernatürlichen Ziel. Der Mensch erlangt sein wahres Ziel durch Betrachtung und Manifestierung der Güte Gottes. So kommen wir Gott näher, indem wir uns vervollkommnen, und indem wir dies tun, erkennen wir dieses Gut

[13] Tatsächlich dachte Thomas von Aquin, dass wir Gottes Natur nur negativ erkennen können, im Vergleich mit dem, was er nicht ist – Gott ist nicht körperlich oder aus einer Form gemacht oder in der Zeit usw.

[14] Über Ex 3: 14–15 schreibt Thomas: „Nun beabsichtigt jeder Name, die Natur oder das Wesen von etwas zu bezeichnen. ... Es bleibt übrig, dass der göttliche Akt des Seins selbst das Wesen oder die Natur Gottes ist." Thomas von Aquin, *Summa Contra Gentiles,* I, 22. In der Tat argumentierte Thomas, worauf Barron hingewiesen hat, dass Gott nicht einmal eine Form ist. Er ist jenseits der Form. Barron, *Thomas Aquinas*, 79–80.

[15] Wie Alvin Plantinga es ausdrückte: „Gott ist die oberste Person, das erste und Hauptexemplar des Personseins ... und die Eigenschaften, die für ein Verständnis unseres Personseins am wichtigsten sind." Zitiert in J. P. Moreland and Scott B. Rae, *Body and Soul: Human Nature and the Crisis in Ethics* (Downers Grove, Ill.: InterVarsity Press, 2000), 24.

subjektiv. Wenn Jesus das Wesen der Gebote Gottes durch die Ermahnung zusammenfasst, Gott mit ganzem Herzen, mit ganzem Verstand und ganzer Seele zu lieben, und unseren Nächsten wie uns selbst,[16] dann lädt er uns ein, Gottes Güte zu suchen für unser eigenes Wohlbefinden und dies nach außen hin anderen widerzuspiegeln. Somit hat die Idee der *imago Dei*, der Vorstellung, dass wir gemacht wurden nach Gottes Ebenbild, eine doppelte Implikation. Gott hat uns nach seinem Bild erschaffen, aber wir können unser Ziel wirklich nur erreichen, indem wir „klare Teiche werden, in denen Gottes Wirklichkeit gespiegelt werden kann".[17] Wir erreichen unser eigenes höchstes Gut am besten dadurch, dass wir danach streben, so weit wie möglich Gott gleich zu werden, wenn wir auch unweigerlich fallen werden.

Schließlich las Thomas Aristoteles' Theorie der Erkenntnis durch eine christologische Brille. Platon, Aristoteles und andere klassische Denker nahmen an, dass alle Erkenntnis Erkennen der Form ist und nicht der Materie. Der Verstand erkennt jedes Ding, indem er die Form eines Dinges erkennt, aber die Form wird materiell mitgeteilt, durch Empfindungen. Aristoteles glaubte, dass die Materie wahrgenommen wird, aber nicht verstanden werden kann, während die Form verstanden werden kann, aber nicht direkt wahrgenommen wird.[18] Wir nehmen den Baum wahr, indem wir die Materie wahrnehmen (sehen, fühlen), aus dem er gemacht ist, aber wir *erkennen* den Baum als Baum, indem wir seine Form erfassen. Aristoteles verwendete den Begriff Wesen, um sich auf die Form zu beziehen, wie sie durch den Intellekt erkannt ist. Das Wesen, wie wir heute sagen könnten, ist die subjektiv erfasste Seite der Form. Vielleicht die bemerkenswerteste Folge der aristotelischen und thomistischen Erkenntnistheorie besteht darin, dass in der Erkenntnis der Geist in gewissem Sinne eins mit dem Objekt wird. Oder wie Aristoteles es ausdrückte: „Der Akt in der Erkenntnis ist identisch mit dem Seienden im Akt."[19]

---

[16] Mt 22:37.

[17] Barron, *Thomas Aquinas*, 162.

[18] Aristoteles, *Physik*, 3.6.207a24-32. Wir erfassen Universalien durch sinnliche Einzeldinge. Wie Aristoteles feststellte: Obwohl man das Einzelne wahrnimmt, ist die Wahrnehmung auf Universalien gerichtet. Aristoteles, *Posterior Analytics* 2.19.100a17-b1. Aristoteles übernahm Platons Unterscheidung zwischen sinnlichen und intelligiblen Dinge, aber anstatt das Intelligible mit dem Reich der Formen zu verbinden und das Sinnliche mit gewöhnlichen Einzeldingen, wie Platon, schloss Aristoteles, dass gewöhnliche Dinge sowohl sinnliche als auch intelligible Aspekte besitzen.

[19] Aristoteles, *De Anima*, 3.5. Wie Thomas von Aquin es später ausdrückte, ist der Geist *quodammodo omnia* („in gewisser Weise alles", da er die Form von allem, was er erkennt, erfasst). Aristoteles entwickelte seine Philosophie immer mit einem Blick auf ihre Implikationen für

Aber wie ist das möglich? Warum sollte Aristoteles' ewiges Universum im Voraus geordnet werden, sodass die Tätigkeit des Geistes die ontologische Struktur der Realität widerspiegelt? Nichts anderes als eine übernatürliche Erklärung kann die Antwort geben.

Thomas erkannte, dass die Hinweise zu einem Verständnis in der ganzen Hl. Schrift verstreut sind. Das Evangelium des Johannes bezieht sich auf Jesus als den Logos, die primordiale Intelligibilität der Ordnung der Dinge, das Prinzip, durch das alle Dinge geschaffen wurden.[20] Intelligibel zu sein bedeutet eine Form zu haben, und eine Form zu haben bedeutet am Logos teilzuhaben, der vom Geist Gottes selbst ausgeht. Dass die Form vor der Materie ist und das Wesen der Existenz vorausgeht, heißt, dass Gott uns kannte, bevor wir in materieller Form existierten.[21] Erkenntnis kann mit dem Gegenstand nur identisch sein, wenn die Aktivität des Geistes die Struktur der Wirklichkeit widerspiegelt. Teilhabe (in Graden) an der Intelligibilität des Logos bedeutet, wie Paulus erklärte, so „gesinnt sein, wie auch Jesus Christus gesinnt war".[22]
Zusammengefasst: Vernunft – der Logos – ist das Licht, das gleichzeitig auf den Geist und das Objekt fällt und so den Boden bereitet für die gegenseitige Teilhabe beider in einer Ordnung, die sie transzendiert, jedoch verbindet. Platons und Aristoteles' Idee der Form war nichts anderes als die höchste menschliche Weise der Erkenntnis, wie der Erkennende und

---

die Wissenschaft. Da die Materie im Abstrakten völlig unverständlich ist, sollte sich die Wissenschaft mit dem Studium der Struktur, der Organisation, der Form beschäftigen. Aristoteles, *Physik*, 2.2. Aristoteles war eindeutig der empiristischen Ansicht des Wissenschaftlers zugeneigt, aber er bestand darauf, dass wir bei der Untersuchung von Objekten lernen, wie sie in der Natur existieren: die Beziehungen zwischen den Teilen eines Dinges, die Funktionen von jedem einzelnen und die Art, wie sie zusammenarbeiten, um die Gesamtstruktur der Sache zu produzieren. Die Untersuchung der Form führt uns sofort in zwei Richtungen: Wie wir die Gesamtform eines Dinges studieren, werden wir nach unten geführt, um seine materiellen Teile zu studieren, zum Beispiel vom Herzen bis zu den Gefäßen bis zu den Kapillaren, und wieder aufwärts von der Untersuchung eines Teils bis zur Struktur als Ganzem. Die Form eines natürlichen Dinges ist immer die Form des ganzen Organismus oder der Struktur, nicht die Teile. Die Philosophie des Aristoteles ist also ganzheitlich. Wir können das Wesen eines Dinges nur erkennen, wenn wir seine Gesamtstruktur und seinen Zweck verstehen, nicht seine Bestandteile. Aristoteles sagt uns, dass das wahre Objekt der Architektur nicht das Holz ist, sondern das Haus. Und so sind das prinzipielle Objekt der Naturphilosophie (Wissenschaft) nicht die materiellen Elemente, sondern ihre Zusammensetzung und die Gesamtheit der Substanz, unabhängig davon, dass sie keine Existenz haben. Aristotle, *Parts of Animals*, 1.5.645a, zitiert nach Jonathan Lear, *Aristotle: The Desire to Understand* (New York: Cambridge University Press, 1988), 48.

[20] Joh. 1:1–5.

[21] „Bevor ich Deinen Leib bildete, kannte ich Dich" (Jer. 1:5).

[22] Phil. 2:5.

das Erkannte in der gleichen rationalen Ordnung zusammen sind.[23] Ohne den Logos, durch den die Menschen teilhaben an der rationalen Ordnung der Welt, würde es nichts geben, das die Welt des Geistes mit der Welt der Dinge verbindet.

Thomas von Aquins ethische Theorie

Moralische Theorien werden gewöhnlich unterschieden in solche, die Moral in irgendeiner Weise für real oder objektiv halten, und solche, die dies leugnen. Moralisch-realistische Theorien vertreten die Auffassung, dass moralische Prinzipien wie „Mord ist falsch" in gewissem Sinne echte Tatsachen sind, die wahr sind und die unabhängig von dem existieren, was wir zufällig glauben oder wünschen. Weil sie wahr sind, sind sie unabhängig von dem, was wir glauben, kann eine Person oder eine Kultur falsche moralische Überzeugungen haben, ebenso wie wir falsche wissenschaftliche Überzeugungen haben können. Weil diese Tatsachen unabhängig von uns sind, halten moralische Realisten darüber hinaus daran fest, dass wir moralische Wahrheiten entdecken, anstatt dass wir sie erfinden. Weil es Wahrheiten in der Welt sind, sind sie für uns verbindlich, sowohl individuell wie kollektiv. Es ist ebenso wenig möglich, zumindest langfristig, eine moralische Wahrheit zu ignorieren, wie es nicht möglich ist, eine physikalische Wahrheit zu ignorieren.

Platon, Aristoteles und christliche Denker wie Augustinus und Thomas von Aquin haben offensichtlich Versionen des moralischen Realismus verteidigt. Der moralische Realismus ist jedoch selbst ein ziemlich großes Zelt. Moralphilosophen im Allgemeinen unterscheiden zwischen drei Arten des moralischen Realismus: Tugendethik, Konsequenzialismus und Deontologie. Tugendethische Theorien, so die Theorie des Aristoteles, betonen den moralischen Charakter der Tugenden des Handelnden

---

[23] Robert Barron sagt es sehr schön: „Zuerst muss das Licht des göttlichen Logos auf den Gegenstand der Vision fallen, und zweitens muss der Eine, der sieht, in gewissem Grade dasselbe Licht teilen. Es muss eine Korrespondenz geben auf der Grundlage der gegenseitigen Teilhabe ... Was alles durch einen göttlichen Verstand gemacht wurde und durch einen göttlichen Verstand geordnet wird, muss allen endlichen Wesen als Ganzem und jedem einzelnen Ding, das existiert, eine Form geben. Was durch den Logos ins Sein tritt, ist notwendigerweise logisch. Das beinhaltet natürlich, dass es eine unvermeidliche Korrespondenz zwischen der Tätigkeit des Geistes und der Struktur des Seins gibt; Intelligenz findet ihre Erfüllung in dieser universellen und unausweichlichen Intelligibilität." Barron, *The Priority of Christ*, 148, 154.

als den wichtigsten Bestandteil der Moral. Wenn der Tätige aus einem wohlgeformten Charakter handelt – wenn er tugendhaft handelt –, wird er ein gutes und glückliches Leben führen und wird in der Welt des Handelns gute Früchte tragen. Konsequenzialistische Theorien dagegen setzen die Bedeutung des Charakters des Handelnden herab und stellen die Konsequenzen der Handlung in den Vordergrund der Moral. Konsequenzialistische Theorien der Ethik (einschließlich des Utilitarismus) messen Moralität durch die Handlung statt durch den Charakter der Handelnden. Wenn die Konsequenzen einer Handlung von Vorteil sind, ganz gleich, wie die Theorie das bestimmt, dann ist die Handlung „gut".[24] Wenn die Konsequenzen schädlich sind, ist die Handlung „schlecht". Deontologische Theorien, wie die Ethik Immanuel Kants, konzentrieren sich weder auf den Gesamtcharakter des Handelnden noch auf die Konsequenzen des Handelns. Vielmehr sind die Handlungen richtig, wenn sie Gutes beabsichtigen oder richtig motiviert sind (wenn sie das richtige Objekt oder den richtigen Zweck haben), und sie sind falsch, wenn dies nicht der Fall ist.

Thomas von Aquins Theorie der Ethik ist komplex und besitzt Aspekte von jedem dieser drei Ansätze der Moraltheorie. Sie ist in erster Linie eine tugendbasierte Ethik, wobei er in dieser Hinsicht Aristoteles folgt. Was am Ende des Tages am meisten zählt, ist die Güte der Seele, die Tugend des ganzen Menschen. Thomas widmete in seiner *Summa* 170 Fragen den Tugenden, die die moralischen Tugenden einschließen (Klugheit, Tapferkeit, Gerechtigkeit und Mäßigkeit), den theologischen Tugenden (Glaube, Hoffnung und Liebe) und den intellektuellen Tugenden (Weisheit, Wissen und Einsicht). Weil die Tugenden für Thomas' Theorie der Integration des menschlichen Charakters von zentraler Bedeutung sind, werden wir diesen Aspekt seiner Theorie im folgenden Kapitel ausführlich betrachten.

Die Tugendethik Thomas von Aquins ist jedoch eine Hintergrundtheorie über das Gute. Was einen Handelnden schließlich tugendhaft macht, ist, dass er habituell gut handelt. Was also ist das Gute? Der

[24] Es gibt Formen des „Regelutilitarismus", nach denen wir Regeln befolgen, die allgemein die besten Konsequenzen maximieren. Aber auch hier ist die „beste" Regel diejenige, die die besten Konsequenzen insgesamt maximiert, gemessen an den spezifischen Handlungen, die nach einer Regel erforderlich sind.

Aquinate definiert das Gute, entsprechend Aristoteles, weitgehend teleologisch als das, was die Verwirklichung des menschlichen *telos* fördert.[25] In dieser Hinsicht ist Thomas' ethische Theorie konsequenzialistisch: Handlungen sind gut in dem Maße, in dem sie zur Erfüllung des menschlichen Guten führen. Aber es gibt auch eine starke deontologische Komponente in seinem Denken, die an den Stoizismus erinnert und einer Ethik gerecht wird, die auf dem Christentum beruht.[26] Thomas hat der Richtigkeit oder Falschheit der Absichten des Handelnden große Aufmerksamkeit geschenkt. Obwohl die Güte und Schlechtigkeit von verschiedenen Handlungen im Allgemeinen (Akten des Diebstahls zum Beispiel, im Gegensatz zu Handlungen von Wohltätigkeit) gemessen werden durch ihre Tendenz zur Förderung oder Vereitelung des menschlich Guten (der konsequenzialistische Aspekt), legt Thomas auch großen Wert auf die moralische Qualität der *Ziele* und *Motive* des Handelnden (der deontologische Aspekt). Die Tendenz, über einen längeren Zeitraum richtig zu handeln, gibt schließlich einen Hinweis auf den Zustand des Charakters einer Person (der tugendethische Aspekt). Um die biblische Ermahnung zu betonen, dass „ihr sie durch ihre Früchte erkennt“ [27], lehrte Thomas, dass wir den Zustand der Seele eines Menschen beurteilen können, indem wir auf seine Handlungen und seine Motivationen für diese Handlungen schauen.

Ein Aspekt dieses deontologischen Fokus ist die größere Aufmerksamkeit, die Thomas von Aquin der Freiwilligkeit menschlicher Handlungen gibt. Er unterscheidet bloßes „Verhalten“ (*actiones hominis*), was auch unwillkürliche Tätigkeiten einschließt, von menschlichen

---

[25] „Alle Substanzen suchen ihre eigene Vollkommenheit.“ Thomas von Aquin, *Summa Theologiae* I, 6, 1. Die Verwirklichung dieses menschlichen Telos ist einfach die Erreichung unserer vollständigen Vollendung.

[26] Teleologische Systeme der Ethik verbinden das Gute mit einer Vorstellung von menschlichem Gedeihen, das gegründet ist auf der Idee, dass wir ein bestimmtes menschliches Wesen mit einem Telos haben. Gute Handlungen sind diejenigen, die zum menschlichen Gedeihen führen, und schlechte Handlungen vereiteln menschliche Erfüllung. Im Unterschied dazu verbinden deontologische Ethiken, meistens mit Kant verbunden, die Richtigkeit einer Handlung mit der moralischen Absicht des Handelnden, anstatt mit den Konsequenzen der Handlung. So kann eine Handlung moralisch erforderlich sein, auch wenn sie keine bestimmte Menge von Konsequenzen produziert – Glück (wie beim utilitaristischen Konsequenzialismus) oder menschliches Erblühen (wie bei der teleologischen Ethik). Deontologie ist eine pflichtenbasierte Ethik (*deon* bedeutet „Pflicht“), die bestimmte Handlungen als moralisch obligatorisch oder moralisch anstößig betrachtet, unabhängig von den Konsequenzen, die sie hervorbringen. So wird manchmal gesagt, dass teleologische und konsequenzialistische Systeme das, was „richtig“ ist, von dem ableiten, was gut ist, während deontologische Systeme das, was gut ist, aus der grundsätzlichen Richtigkeit einer Handlung ableiten.

[27] Mt 7:16.

Handlungen im strengen Sinne (*actiones humanae*), das sind Handlungen, die aus einem absichtlichen Akt der Vernunft und des Willens hervorgehen. Nur Letztere fallen streng genommen in die Sphäre der Moral. Unfreiwillige Handlungen können Schaden zufügen, aber nur bewusste Handlungen können *moralisch* falsch oder sündhaft sein. Bei der absichtlichen Handlung ist es in erster Linie der Gegenstand unseres Willens, die Art von Handlung, die wir tun wollen, die bestimmt, ob sie gut oder schlecht ist. Handlungen wie Mord, Diebstahl oder Vergewaltigung sind im Allgemeinen falsch, weil sie das menschliche Gut vereiteln. Das ist wieder die teleologische Komponente seines Denkens. Aber der eigentliche Fokus der Moral liegt auf den Handelnden, nicht auf der Tat. Die Person, die sich zu einer schlechten Handlung entscheidet, ist falsch, weil der Gegenstand ihrer Absicht schlecht ist. Das ist der deontologische Bestandteil des ethischen Denkens von Thomas von Aquin. Was eine Handlung richtig oder falsch macht, ist unser Handeln mit einer guten oder schlechten Absicht.

Thomas anerkennt auch, dass der Umstand einer Handlung die moralische Qualität der Handlung verschlimmern oder mildern kann. Während Diebstahl grundsätzlich falsch ist, ist das Entwenden eines Brotes, um eine hungernde Familie zu ernähren, weniger falsch als der aus selbstsüchtigen Gründen motivierte Diebstahl. Umgekehrt sind gute Handlungen, wie Almosen geben, weniger gut, wenn der Handelnde dadurch motiviert wird, sich hervorzutun. Ein nicht absichtliches menschliches Handeln ist schließlich moralisch indifferent. Jede Handlung ist entweder gut oder schlecht, soweit sie dem Erreichen unseres menschlichen Ziels förderlich oder hinderlich ist.[28]

Diese vielfältige Natur von Thomas' ethischem Denken bedeutet, dass es oft sehr schwer ist, ethische Entscheidungen zu treffen. Es wird Meinungsverschiedenheiten geben – nicht deshalb, weil allgemeine moralische Standards nicht objektiv sind, sondern weil es so viele Punkte gibt, an denen auch reflektierte und moralisch fortgeschrittene Handelnde sich unterscheiden können. Thomas war daher völlig einer Meinung mit Aristoteles, dass es beim Hinabsteigen zu den Einzelheiten unvermeidlich weniger Gewissheit in unseren ethischen Schlussfolgerungen gibt. Überall in seinen Schriften finden wir die Mahnung gegen ein Den-

[28] Thomas von Aquin, *Summa Theologiae* I-II, 18, 9.

ken, das glaubt, dass wir in moralischen Angelegenheiten in rein syllogistischer Weise argumentieren könnten, ausgehend von allgemeinen Prinzipien bis zu konkreten Schlussfolgerungen.[29] Der Grund dafür ist, dass theoretische und praktische Vernunft zwei ganz verschiedene Ziele haben: „Eine theoretische oder spekulative Untersuchung ... ist darauf gerichtet, die Wahrheit zu betrachten, wie in sich selbst ist. [Praktische Weisheit] ist dagegen auf das Tun von etwas gerichtet. Der Zweck der spekulativen Untersuchung ist die Wahrheit, während der Zweck der praktischen Untersuchung das Handeln ist.“[30] Deshalb hören moralische Wahrheiten nicht auf real zu sein, weil wir manchmal über das Richtige in bestimmten Situationen nicht übereinstimmen.

Das Naturrecht

Obwohl die Naturrechtstradition tausend Jahre vor Thomas von Aquin von christlichen Denkern entwickelt wurde, hat kein anderer Denker die Idee des Naturrechts stärker destilliert, synthetisiert und verfeinert als Thomas. Der Aquinate definiert das *Gesetz* als eine Verordnung der Vernunft für das Gemeinwohl, das von dem gemacht wird, der für die Gemeinschaft zu sorgen hat und der es verkündet.[31] Aber wie die Stoiker benutzte er das Wort *Gesetz*, wie auch wir es noch verwenden, um es sowohl auf die physikalischen Gesetze des Universums, (d. h. die Gesetze der Wissenschaft) als auch auf das moralische Gesetz zu beziehen. Alle Gesetze

[29] Diese Beobachtung wiederholt sich in der Vorstellung von Thomas, wie die Grundsätze des Naturrechts an bestimmte Umstände und Bedingungen angepasst werden müssen. Thomas von Aquin, *Summa Theologiae* I-II, 91, 3, ad 3; I-II, 94, 4; *Kommentar zur Nikomachischen Ethik* I, lec. 3, Nr. 34.

[30] Thomas von Aquin, *Kommentar zum Trinitätstraktat des Boethius*, 16.5.1, zitiert in Anthony J. Lisska, *Aquinas Theory of Natural Law: An Analytic Reconstruction* (New York: Clarendon Presse, 1993), 214. Das bedeutet nicht, dass Aristoteles nicht glaubte, dass man nicht in Übereinstimmung mit dem handeln sollte, was richtig ist. Er verteidigt ausdrücklich zum Beispiel die Güte des Sich-Opferns für einen Freund. *Nikomachische Ethik* 9.8.1169a18-26. Aber er hatte keine klare Vorstellung von der moralischen *Pflicht*, d. h. davon, etwas moralisch (nicht nur aus Klugheit) tun zu müssen.

[31] Thomas von Aquin, *Summa Theologiae* I-II, 90-94 So gibt es im Wesentlichen vier Anforderungen des Gesetzes: dass es der Vernunft entspricht, dass es auf das Gemeinwohl gerichtet ist (statt z. B. auf das individuelle Eigeninteresse), dass es von dem politischen oder moralischen Führer der Gemeinschaft herausgegeben wird und dass es öffentlich bekanntgemacht wird.

binden, wie die Etymologie des Begriffs selbst zeigt (vom lateinischen *ligare*, „binden"), aber das moralische Gesetz bindet in einer anderen Weise als die physikalischen Gesetze.[32] Die Gesetze der Wissenschaft binden durch physische Notwendigkeit, und das moralische Gesetz bindet durch die Kraft der Vernunft und des Gewissens.

Thomas unterscheidet vier Arten von Gesetz: ewiges Gesetz, göttliches Gesetz, Naturgesetz und menschliches Recht.[33] Das ewige Gesetz ist Gesetz im weitesten Sinne, das Gesetz in dem Sinne, wie die Stoiker den Begriff verwendet haben, um sich auf Gottes mehrstufige physische und moralische Ordnung der Welt zu beziehen. Das ewige Gesetz bindet jede Ebene in der Hierarchie der Schöpfung auf ihre eigene Weise. Wenn wir in dieser Hierarchie aufsteigen, bewegen und reagieren die Dinge nicht nur in einer komplexeren Weise, sondern in einer Weise, die ihre Teilhabe an der göttlichen Ordnung zunehmend zu unserer eigenen macht.[34] Anorganische Dinge – etwa die Planeten und die Chemikalien in ihren Wechselwirkungen – werden von außen durch physische Notwendigkeit bewegt, wie nach Auffassung der Materialisten alle Dinge bewegt werden. Auch sie werden von letzten Zielen beherrscht, aber diese Ziele sind in Gottes Geist. Die organische Welt der Pflanzen und niedrigeren Tiere auf der anderen Seite ist zum Teil aus Prinzipien innerhalb dieser Kreaturen tätig, aus ihren eigenen internen „*entelechies*", wie Aristoteles sie nannte. Pflanzen wachsen in Richtung des Sonnenlichts; Tiere verfolgen Beute als Reaktion auf Hunger und so weiter. An der Spitze der natürlichen Hierarchie haben Menschen in einer direkteren Weise teil an der göttlichen Ordnung, indem sie gezielt für ihre eigenen Zwecke handeln. Wenn wir unsere Ziele nach den Zielen Gottes richten, wie wir sie durch die Vernunft und unser Verständnis der Natur verstehen, dann folgen wir dem Naturrecht.

---

[32] Ibid., 91, 1. John Finnis argumentiert, dass das Gesetz im moralischen Sinne der grundlegendere der beiden Sinne ist. Wahres Gesetz bindet nicht durch Zwang, sondern durch einen Appell an die Vernunft und an die Tugend. Finnis sagt: „Thomas besteht nachdrücklich darauf, dass das Gesetz von einem Verstand und einem Willen gegenüber Anderen angesprochen wird – durch eine frei entscheidende Person gegenüber anderen frei entscheidenden Personen. ... Der zentrale Punkt ist ein Appell an den Verstand, die Wahl, die moralische Stärke (*virtus*) und die Liebe zu denen, die dem Gesetz unterworfen sind." John Finnis, *Aquinas: Moral and Legal Theory* (New York: Oxford University Press, 1998), 307.

[33] Thomas von Aquin, *Summa Theologiae*, I-II, 91.

[34] Heinrich Rommen, *The Natural Law: A Study in Legal and Social History and Philosophy* (Indianapolis: Liberty Fund, 1998), 40–41.

Die zweite Art des Gesetzes – das Naturrecht – ist einfach unsere Teilhabe am ewigen Gesetz. Es ist die Art und Weise, wie wir an der göttlichen Vorsehung teilnehmen. Wir nehmen an Gottes Vorsehung in zweierlei Hinsicht teil: vernünftig und durch natürliche Neigung (durch unsere Bedürfnisse und Wünsche). Wir wissen, was richtig ist, „durch das Licht der Vernunft" und durch unsere natürlichen Neigungen. Wir verstehen unseren Weg zum Guten, aber es gibt etwas Tieferes – ein Vermögen, das Gott auf den Grund der menschlichen Seele gelegt hat. Wir sind fest programmiert, unsere Fähigkeit zur Unterscheidung guter von schlechten Handlungen zu entwickeln: dies ist buchstäblich in unsere Herzen geschrieben, wie der heilige Paulus sagt.[35]

Das ist kein grober ethischer Innatismus. Thomas dachte nicht, dass wir mit der vollen Kenntnis der ethischen Wahrheit geboren werden, aber er dachte auch nicht, dass wir „*tabulae rasae*" (leere Tafeln) seien, wie Locke und die Empiristen später behaupteten. Vielmehr besitzen wir eine angeborene Neigung, grundlegende ethische Grundsätze zu begreifen, eine Neigung, die der Aquinate „*Synderesis*" nannte. Durch Erziehung, Reflexion und Gewöhnung zum richtigen Verhalten verwirklichen wir die *Synderesis*, mit anderen Worten, wir entwickeln ein voll ausgebildetes Gewissen.[36] Dieser Prozess der moralischen Entwicklung kann frustriert werden durch unkontrollierte, bösartige Dispositionen, schlechte Gewohnheiten oder eine korrupte Kultur, die unser Gewissen verformt und unser ethisches Verständnis abstumpft oder verzerrt.

Aber das Naturrecht ist auch in einer anderen Weise „in uns": es ist eingebaut in unsere natürlichen Neigungen. „Die Ordnung der Gebote des Naturrechts", schreibt Thomas, „stimmt mit der Ordnung der natürlichen Neigungen überein."[37] Das bedeutet, dass die Moral nicht gegen unsere ordnungsgemäß geordneten Neigungen ist, wie einige spätere Denker, einschließlich Kant, dachten. Im Gegenteil, unsere natürlichen Neigungen sind auf unser menschliches Gut gerichtet – auf unser Telos –, so

[35] Röm 2:15; 2 Kor. 3:2–3. Für eine lebendige Diskussion des Naturrechts in der gegenwärtigen Ethik siehe J. Budziszewski, *What We Can't Not Know: A Guide* (San Francisco: Ignatius Press, 2007).

[36] Thomas betrachtet die *Synderesis* als eine dispositionale Fähigkeit, das Gute und das Böse zu erkennen. Er vergleicht die *Synderesis* mit unserer dispositionalen Fähigkeit zu spekulativem Verstehen, z. B. dazu, dass das Ganze größer ist als das Teil. In jedem Fall sind wir geboren mit einer Veranlagung zu verstehen, aber nur Erfahrung und Ausbildung können die Disposition aktualisieren, damit wir das ethische oder spekulative Prinzip vollkommen verstehen können. Thomas von Aquin, *Commentary on the Sentences of Peter Lombard*, 24.2.3c.

[37] Thomas von Aquin, *Summa Theologiae* I-II, 94, 2c.

dass wir, indem wir unseren Neigungen rational folgen, zu unserem Guten geführt werden.[38] Dies ist eine andere Weise, durch die wir eine musterhafte Entsprechung finden zwischen dem, was außerhalb von uns, und dem, was in uns liegt. Das ewige Gesetz ist in den Stoff der menschlichen Natur eingebaut. Daher ist das Naturrecht in uns nicht nur in dem Sinne, dass Gott uns die Fähigkeit gegeben hat, zu erkennen, was gut ist, sondern in der Weise, in der er uns eine natürliche Neigung gegeben hat, es zu verfolgen.[39]

Die dritte Art des Gesetzes, das göttliche Gesetz, war Thomas' Begriff für die Offenbarung. Während alle Menschen, als rationale Geschöpfe, am natürlichen Gesetz durch Vernunft und Gewissen teilnehmen, ist das göttliche Gesetz verkündet worden, um unserem schwankenden menschlichen Urteil zu helfen und uns innerlich in einer Weise zu binden, die man nicht von einem äußeren Standpunkt aus beurteilen kann.[40]

Die menschlichen Gesetze nehmen schließlich an dem ewigen Gesetz teil, soweit sie an der Vernunft teilhaben und das Gemeinwohl zum Gegenstand haben.[41] Das menschliche Recht ist in Wahrheit Gesetz nur dann, wenn es der moralischen Ordnung entspricht, die auch die Ordnung der Natur ist. Menschliche Statuten, der der moralischen Ordnung zuwiderhandeln oder diese verletzen, sind keine Gesetze im vollsten Sinne des Wortes. Wie der hl. Augustinus sagte: „Ein ungerechtes Gesetz ist überhaupt kein Gesetz."

---

[38] Thomas von Aquin glaubte offensichtlich nicht, dass jede Neigung zu unserem Guten führt. Neigungen können uns dazu führen, dass wir gefräßig essen, Unmengen Alkohol trinken, dass wir uns promiskuitiven sexuellen Ausschweifungen hingeben oder habgierig sind. Hier ist, wie immer, die entscheidende Qualifikation, dass die Neigungen rational geordnet und erzogen werden müssen. In der Tat dachte Aquinas, dass das menschliche Leben von einem „Gesetz der Sünde" beeinflusst werde, das uns dazu führt, in einer Weise zu handeln, die im Gegensatz steht zu unseren höchsten Zielen. Ibid., I-II, 91, 6. Das Gesetz der Sünde führt uns dazu, die augenblickliche Verfolgung der Freude mit der wahren menschlichen Erfüllung zu verwechseln.

[39] Robert Pasnau and Christopher Shields, *The Philosophy of Aquinas* (Boulder: Westview Press, 2004), 222. Unsere natürlichen Neigungen sind Dispositionen, die uns zu unseren natürlichen und übernatürlichen Zielen führen. In aristotelische Sprache übersetzt, sind unsere Dispositionen die formalen Ursachen, die uns zu unserer Zielursache führen. Oder wie Anthony Lisska es ausdrückt: „Das Naturrecht ist im Denken Thomas von Aquins nichts weiter als die Bestimmung der natürlichen Ziele – der Formursachen – der menschlichen Person." Lisska, *Aquinas's Theory of Natural Law*, 124.

[40] Thomas von Aquin, *Summa Theologiae* I-II, 91, 4 und 5.

[41] Ibid., 93,3

In welchem Sinne ist nun das Naturrecht *natürlich*? Seit dem achtzehnten Jahrhundert setzt das moderne Denken die Natur und das Gesetz in Gegensatz zueinander. Wir denken Gesetze als sozial konstruiert, artifiziell, von Menschen gemacht. Während Thomas und die Scholastiker Vernunft und Natur gleichgesetzt haben, haben spätere Denker – am deutlichsten Kant – ihnen eine diametral entgegengesetzte Bedeutung gegeben. Für uns Moderne ist das Gesetz verbunden mit der *Überwindung* der Natur, während für Aristoteles und Thomas das Gesetz (auch im menschlichen Sinne) der Ausdruck der Natur ist. Da die Bedeutungen von Natur und Recht in den letzten zwei Jahrhunderten zunehmend voneinander getrennt wurden, hat *Natur-Recht* heute für uns einen oxymoronischen Klang. Die Natur ist das, was wir instinktiv tun: die Natur – wie in „tu, was natürlich kommt" – steht für uns im Gegensatz zu sozialen Pflichten und erlegt Verpflichtungen auf. Sie ist alles andere als gesetzlich.

Aber für Thomas von Aquin war das „Natürliche" das, was wir tun sollen, was wir auch normalerweise, bei nichtkorrumpierten natürlichen Impulsen, tun würden. Die Unterscheidung zwischen Vernunft und Natur und zwischen unseren Pflichten und unserem ultimativen Glück war für ihn viel weniger deutlich, als es dies für moderne Denker ist. Weil Gott die Welt geordnet hat, sollten wir nicht erwarten, dass jede Entscheidung ein Nullsummenspiel ist. Natürlich zu handeln bedeutet, unser Telos, unser wahres Ziel zu verfolgen. Die Natur ist in diesem Sinne eminent vernünftig. Und sie ist gesetzmäßig in ihrer Bindung durch die Macht des Gewissens.

Ein letzter Punkt sei noch angezeigt, aber er ist von entscheidender Bedeutung, weil eine Betonung des Gesetzes dazu führen kann, unserer Sicht der Natur und der Moral einen zu starren, drakonischen Charakter zu geben. In der Philosophie Thomas von Aquins ist die Schöpfung von außen durch das Gesetz gebunden, aber es ist innerlich durch die Liebe gebunden. Liebe zieht uns an, bewegt uns zu unserem vollsten menschlichen Ausdruck, zu unserem Telos. Diese Liebe ist motiviert durch den Wunsch. Der höchste Ausdruck dieser Liebe ist der Wunsch, das Gute zu erkennen, und das Verlangen nach der Vereinigung mit Gott. Daher ist Gott die ultimative Quelle aller Liebe und ihr letztes Telos. Durch diese Liebe, die wieder die innere Seite des Gesetzes ist, wird die gesamte Schöpfung auf ihr letztes Ziel hinbewegt.

Naturrecht und das Dilemma der moralischen Verpflichtung

Ein letztes Problem bleibt noch zu besprechen. Teleologische Theorien der Ethik, wie die des Aristoteles, werden manchmal wegen einer fehlenden Theorie der moralischen Verpflichtung kritisiert. Auch wo wir uns darauf einigen können, was in einer bestimmten Situation das Gute ist, stellt sich die Frage, warum wir das Gute tun sollten? Was motiviert den guten Menschen, seine Selbstverwirklichung zum Vorteil eines anderen zu opfern? Warum soll man gut sein, wenn dies im Gegensatz zu unserem Eigeninteresse steht? Darüber hinaus kann man fragen, was den bösen Menschen – oder auch den marginal guten Menschen – dazu motiviert, besser zu werden. Schlechte Menschen bezweifeln, dass Tugend ihre eigene Belohnung ist, und selbst marginal gute Menschen können eine schwierige Zeit haben, sich selbst zu motivieren, um die notwendigen Schritte zu unternehmen, um sich zur nächsten Stufe der moralischen Entwicklung zu bewegen. Bei allen seinen Ermahnungen zur Vorzüglichkeit kann man sich wohl Aristoteles' Schock vorstellen bei der biblischen Anordnung, das Auge auszureißen, das einen straucheln lässt.[42] Aristoteles' Theorie sagt uns, dass das tugendhafte Leben uns glücklich machen wird, aber es scheint nicht die Verfolgung des Guten moralisch *verpflichtend* zu machen.

Die Frage der moralischen Verpflichtung, warum wir das Gute verfolgen sollen, ist die menschliche Seite dieser Frage, aber sie entpuppt sich als eng verbunden mit dem auf die Seite Gottes bezogenen Fragenkomplex. Die Fragen können so gestellt werden: Was macht bestimmte Handlungen gut oder böse? Was ist die Quelle der Richtigkeit oder des Unrechts einer Handlung? Sind gewisse Taten gut oder schlecht, weil Gott gewollt hat, dass sie es sind, oder will Gott sie, weil sie gut oder schlecht in sich selbst sind? Thomas von Aquins Ansatz für das Naturrecht hilft uns zur Lösung dieses Dilemmas und ergänzt Aristoteles' mangelhafte Theorie der moralischen Verpflichtung.

Platon hat dieses Problem in seinem Dialog *Euthyphron* aufgeworfen. Ist zum Beispiel Mord falsch, weil Gott ihn verboten hat, oder hat Gott ihn verboten, weil er intrinsisch falsch ist? Von Seiten Gottes geht es um die Quelle unserer moralischen Werte (ob Gottes Dekrete Gut und Böse *bestimmen* oder einfach *ratifizieren*). Von Seiten des Menschen handelt es

[42] Mt. 18:9.

sich um das Problem der Quelle unserer Verpflichtungen. Sind wir verpflichtet, das Gute zu verfolgen und das Böse zu vermeiden, weil Gott es geboten hat, oder gibt es einen unabhängigen Grund?

Philosophen benutzen den Begriff des *moralischen Voluntarismus*, um die Position zu beschreiben, die behauptet, dass bestimmte Handlungen gut oder schlecht sind, weil Gott gewollt habe, dass sie es sind. Von Seiten Gottes behauptet der Voluntarismus, dass moralische Werte durch einen Akt des Willens Gottes verliehen werden, mit anderen Worten, durch Gottes Wahl. Von der menschlichen Seite aus betrachtet, behauptet der Voluntarismus, dass wir verpflichtet sind, den Geboten Gottes zu folgen, weil Gott sie so gewollt hat und weil wir eine Strafe erleiden werden, wenn wir nicht dem Willen Gottes entsprechen. In beiden Hinsichten legt der moralische Voluntarismus den Schwerpunkt auf den Willen und nicht auf die Vernunft. Gottes Wille schafft moralischen Wert, und die Menschen sind gezwungen zu gehorchen, nicht weil es vernünftig ist, sondern weil Gott es befohlen hat. Wie wir in Kapitel 5 sehen werden, waren Wilhelm von Ockham, Johannes Calvin, John Locke und andere moralische Voluntaristen.

Der moralische Voluntarismus ist aus vielen Gründen eine unattraktive Auffassung. Er impliziert zunächst einmal, dass moralische Standards nicht festgelegt seien (dass sie von Gott geändert werden könnten, wenn er seine Meinung ändern würde – dass zum Beispiel Ehebruch eine „gute" Sache wäre und Wohltätigkeit „schlecht"). Die moralische Qualität der gleichen Handlung könnte „gut" in einem Moment sein und „schlecht" an einem anderen, je nach Gottes Orientierung in Bezug auf eine Handlung zu einem bestimmten Zeitpunkt.

Zweitens scheint der Voluntarismus zu beinhalten, dass wir Moral nicht begründen können, ohne Gottes Willen zu kennen, da es nur Gottes Wille ist, wonach die Richtigkeit oder Falschheit einer Handlung bemessen wird. Der Voluntarismus geht also in Richtung eines biblischen Fundamentalismus, da die Dinge „nur" richtig oder falsch sind auf Grund der Verordnungen Gottes und da er unterstellt, dass die menschliche Vernunft für die Aufgabe der moralischen Untersuchung unzureichend ist. Drittens scheint der Voluntarismus nur ungenau zu sein. Wir wissen, dass Mord falsch ist, und wir wissen es unabhängig davon, ob wir Gottes Willen kennen. Auch diejenigen, die nicht an Gott glauben, haben die Ungerechtigkeit des Mordes erkannt und dass die Werte Wohltätigkeit und Selbstaufopferung gut sind. Aus diesen Gründen haben viele Denker – Platon ist einer von ihnen – den Voluntarismus abgelehnt.

Warum also sind so viele vom Voluntarismus angezogen worden? Im Wesentlichen aus zwei Gründe: Von Seiten Gottes: der voluntaristische Glaube, dass dies der einzige Weg sei, um Gottes Souveränität und Freiheit zu bewahren. Wenn moralische Standards nicht von Gott geschaffen werden – wenn sie in irgendeiner Weise vor oder unabhängig von Gott sind – , dann müssen sie Gott ebenso begrenzen, wie sie uns binden. Voluntaristen wollen, dass die Moral unter Gottes Kontrolle steht, nicht Gott unter der Moral. Gott muss in der Lage sein, alles zu wollen, was auch immer er will – sogar seine Meinung zu ändern, wenn er es will. Wenn man sagt, dass Gottes Urteil und sein Wille durch moralische Prinzipien gebunden sind, die außerhalb von ihm liegen, dann sagt man, dass Gott nicht allmächtig und nicht wirklich frei sei.

Der zweite Grund, warum der Voluntarismus einige Anhänger angezogen hat, ist, dass er eine einfache Antwort auf die Frage gibt: Warum ist etwas gut, wenn es nicht im eigenen Interesse ist? Die Antwort lautet: *Weil Gott es so sagt*. Gott hat angeordnet, dass wir uns in einer bestimmten Weise verhalten sollen und bestimmte Arten von Handlungen ausführen und andere vermeiden sollen, und er unterstützt dies durch die Androhung einer göttlichen Bestrafung. Was dem Voluntarismus an Subtilität fehlt, das ersetzt er durch Einfachheit. Von der Seite des Menschen und von Gottes Seite gibt der moralische Voluntarismus dem Willen den Vorrang, nicht der Vernunft: Wir sind nicht verpflichtet, weil wir unseren Weg zur Wahrheit begründet haben, sondern weil uns befohlen wurde, in einer bestimmten Weise zu handeln.

Die Alternative zum Voluntarismus ist der moralische Rationalismus. Der moralische Rationalismus hält das Gute und das Böse für Qualitäten, die den Handlungen innewohnen, mit anderen Worten, dieser Mord ist falsch und er wird immer falsch sein, und er wäre auch dann falsch, wenn Gott nicht existierte. Aus all diesen Gründen, die wir diskutiert haben, nahm Platon in seinem Dialog *Euthyphron* die Seite der moralischen Rationalisten ein. Gute und schlechte Handlungen sind dies auf Grund ihrer Natur. Sie sind für alle Zeit festgelegt, und wir können über sie, auch ohne Gottes Willen zu jedem einzelnen Thema zu kennen, vernünftig denken. Gott befiehlt uns, gute Taten zu tun, nicht weil er sie für gut erklärt, sondern weil sie gut sind. Gottes Befehle sind Ratifikationen von Gut und Böse; sie bestimmen nicht selbst die Richtigkeit oder Falschheit der Handlung.

Trotz seiner offensichtlichen Vorteile hat der moralische Rationalismus aber auch seine eigenen Mängel. Von Gottes Seite gibt es das Problem, das wir gerade diskutiert haben, anders gesagt, dass dies seine Souveränität zu begrenzen scheint. Es gibt aber auch ein zweites Problem: Woher kommen moralische Standards, wenn nicht von Gott? Wenn die Standards von Richtig und Falsch von einer anderen Quelle als Gott kommen, was ist diese andere Quelle? Unterliegt Gott irgendwie diesen Standards in etwa der gleichen Weise wie wir? Das Problem wird noch schlimmer für eine Naturrechtsethik. Wenn das Gute an der menschlichen Natur gemessen wird und unabhängig von Gottes Willen existiert, dann ist Gott letztlich durch die impliziten Normen der menschlichen Natur begrenzt – die Gott selbst geschaffen hat. Das scheint Gott von seiner eigenen Schöpfung abhängig zu machen, und nicht seine Schöpfung von ihm. Und von menschlicher Seite stellt sich die Frage: Wie kann ein reiner Appell an die Vernunft das uneigennützige Gute motivieren? Warum sollte der böse Mensch (oder der marginal gute Mensch) sich anders verhalten, wenn er nicht der Bedrohung durch eine Strafe unterworfen ist? Der Rationalist kann weder die Quelle der Moral noch die Quellen der moralischen Verpflichtung erklären.

Thomas von Aquins Theorie des Naturrechts beseitigt oder – vielleicht etwas genauer gesagt – löst das Dilemma auf.[43] Seine Vorstellung von der Natur Gottes und der Moral impliziert, dass das *Euthyphron*-Problem ein falsches Dilemma ist: Von Gottes Seite sind moralische Standards nicht unabhängig von Gott (wie die rationalistische Behauptung meint) und sie basieren nicht einfach auf seinem Willen (wie die Voluntaristen behaupten). Vielmehr sind moralische Maßstäbe eine endliche Widerspiegelung von Gottes Wesen. Gott hat die Natur und die menschliche Natur als Widerspiegelung seiner eigenen Natur geschaffen. Er will das Gute für uns als Widerspiegelung seiner Natur, weil er sich selbst liebt und weil er nicht inkonsequent in Bezug auf seine Natur handeln kann. Moral ist ein Spiegelbild des göttlichen Wesens, das selbst unveränderlich ist. Daher kann Gott sein Wesen (und unseres) nicht willkürlich ändern, worauf die Rationalisten bestehen, aber er ist auch nicht durch Normen begrenzt,

[43] Thomas bezieht sich nirgendwo namentlich auf das *Euthyphron*-Problem, aber seine Gesamttheorie liefert die Antwort auf das Dilemma. Thomas von Aquin, *Summa Theologiae* I, 63, 1.

die unabhängig von ihm existieren, wie die Voluntaristen befürchten. Moral ist buchstäblich ein zentraler Teil der Natur Gottes. Sie geht von Gott aus, so dass moralische Standards nicht vor oder unabhängig von Gott sind, wie die Voluntaristen fürchten, aber sie geben sich auch nicht als göttliche Befehle aus, wie die Rationalisten befürchten.

Das ist die Antwort von Thomas auf die *Euthyphron*-Frage von Seiten Gottes. Aber was verpflichtet uns, diesen Diktaten von menschlicher Seite zu folgen? Der Aquinate antwortet, dass es unsere Teilhabe am Logos ist, an Gottes Vernunft. Da Gott vor allem vernünftig ist und da wir teilhaben an dieser Vernunft durch das Naturrecht, können wir die Moral durch den Verstand erkennen. Und es ist die Vernunft, die uns verpflichtet. Wenn wir diese Prinzipien durch die Vernunft entdecken, entdecken wir sie durch die Teilhabe am ewigen Gesetz, das, mit der Kraft des Gesetzes, uns als rationale Kreaturen bindet.

Auf diese Weise geht die Naturrechtslehre weit über die kluge Ethik des Aristoteles hinaus und beantwortet gleichzeitig die verwickelte Frage nach der Quelle der moralischen Werte, die zuerst von Platon im *Euthyphron* aufgeworfen wurden.

Drei Einwände gegen das Naturrecht

Unter den verschiedenen Einwänden gegen die Naturrechtstheorie sind drei Einwände Standard und werden in verschiedenen Formen so häufig wiederholt, dass jeder Ansatz des Naturrechts sie ansprechen muss. Wir werden diese Einwände den anthropologischen Einwand, den metaphysischen Einwand und den liberalen Einspruch nennen.

Der anthropologische Einwand: Wenn das Naturrecht existierte, gäbe es einen viel höheren Grad an Gleichförmigkeit zwischen den moralischen Praktiken der verschiedenen Kulturen im Laufe der Zeit. Auch die einzelnen Personen würden leichter einig sein über das, was richtig und was falsch ist. Stattdessen finden wir, wenn wir auf die verschiedenen Kulturen und die verschiedenen historischen Epochen blicken, eine schwindelerregende moralische Vielfalt. Kindermord und seine religiöse Form des Opferns von kleinen Kindern war eine gängige Praxis in der heidnischen antiken Welt. Kindstötung wird noch in Asien geübt und gewinnt jetzt Boden im modernen Westen, wo das Christentum aufgegeben wird. Prostitution wird an vielen Orten als unmoralisch betrachtet und auf jeden Fall als antithetisch zur Praxis der Religion. Doch in der Vergangenheit wurde die Kultprostitution zu gewissen religiösen Anlässen in Indien, in Teilen des Nahen Ostens und an anderen Orten praktiziert. Soziale Dispositionen zu einer Vielzahl von anderen Praktiken und Einstellungen – Eheschließung zwischen verschiedenen Rassen, Abtreibung, Euthanasie, Homosexualität und selbst das Verbrennen von Frauen – haben zu unterschiedlichen Zeiten und an verschiedenen Orten so stark variiert, dass wir nur schwerlich annehmen können, dass es einen einheitlichen Standard in den Urteilen der Menschen über die Moral gibt.

Selbst wenn es Übereinstimmung in den Prinzipien gibt, gibt es eine Vielzahl von Individuen und kulturellen Reaktionen darauf, wie diese Prinzipien anzuwenden sind. Zum Beispiel können wir zustimmen, dass das Töten in der Regel falsch ist, aber die Menschen, die dieses Prinzip teilen, werden nicht zustimmen über Fragen wie, wann Selbstverteidigung gerechtfertigt ist, oder ob die Todesstrafe zugelassen werden soll, oder wann es legitim ist, im Krieg zu töten. Diese Vielfalt der Urteile ist ein starker Beweis, dass der Einwand gegen die Existenz einer natürlichen moralischen Ordnung, an der alle Menschen teilhaben, gültig ist.

Thomas von Aquin und andere Naturrechtsdenker waren sich dieser historischen und kulturellen Vielfalt moralischer Urteile bewusst. Thomas selbst bezog sich oft auf die germanischen Stämme, die die Tugenden des Diebstahls hochhielten (zumindest, wenn sie gegen andere Stämme angewandt wurde), und er war sich sicherlich der deutlich stärkeren permissiven vorchristlichen Einstellungen zur Prostitution, zur Homosexualität und der Aussetzung von Säuglingen und anderem bewusst. Aber er hatte drei Antworten auf diese offensichtliche Vielfalt, denn „obwohl in den allgemeinen Grundsätzen [der praktischen Vernunft] eine Notwendigkeit besteht, begegnen wir Fehlern, je mehr wir hinabsteigen zu den Einzelheiten".[44]

Erstens ist der flexible Charakter des Naturrechts, wie wir bereits gesehen haben, eine Funktion des praktischen anstatt des theoretischen Gegenstandes der ethischen Wahrheit: ethische Urteile beziehen sich auf das Tun, nicht auf das Wissen. Folglich führen ethische Argumente nicht immer zu einer klar bestimmten richtigen Antwort. Praktische Weisheit, *Phronesis*, ist eine Kunst, keine Wissenschaft. „Während die spekulative Vernunft hauptsächlich mit den notwendigen Dingen beschäftigt ist, die

[44] Ibid., I-II, 94, 4.

nicht anders sein können, als sie sind ..., beschäftigt sich die praktische Vernunft mit kontingenten Angelegenheiten."[45] Zwei Personen mit gleichem Urteil und gleicher Rechtschaffenheit können in der gleichen Situation zu unterschiedlichen Schlussfolgerungen kommen.[46]

Ein verwandter Grund für diese Kontingenz des moralischen Denkens ist, dass Thomas Aristoteles im Glauben an die Rolle der Gerechtigkeit in der Verbesserung der manchmal drakonischen Konsequenzen der strikten Regeln folgte. Zum Beispiel kann das Recht auf Privatbesitz in echten Härtefällen gelockert werden. Nichts davon bedeutet moralischen Relativismus. Bei einer Reihe von möglichen Antworten auf ein moralisches Problem sind einige Optionen affirmativ falsch. Dennoch kann es mehr als eine passende Antwort im Bereich der zulässigen Antworten geben. Auf jeden Fall erfordert die Gerechtigkeit in einigen Fällen, dass Regeln in praktischen Angelegenheiten gelockert werden.

Ein zweiter Grund für die Vielfalt der ethischen Praktiken ist, dass das Naturrecht immer an unterschiedliche soziale oder kulturelle Umstände angepasst werden muss. Eine nomadische Kultur wird andere konkrete Praktiken in Bezug auf das Privateigentum entwickeln als beispielsweise eine Agrarkultur. Eine Gesellschaft, die sich ständig vor Angriffen von außen verteidigen muss, wird eine timokratische soziale Struktur entwickeln, im Unterschied zu einer Gesellschaft ohne diese Bedrohungen. Eine wohlhabende Kultur wird andere sekundäre Regeln der Verteilungsgerechtigkeit entwickeln als eine arme Kultur. „Die Wahrheit oder praktische Richtigkeit ist nicht die gleiche für alle in detaillierten Angelegenheiten, sondern nur hinsichtlich der allgemeinen Grundsätze."[47] Diese Flexibilität ist auch eine Tugend der Naturrechtstheorie und kein Laster.

---

[45] Ibid.

[46] John Finnis hat einen besonders überzeugenden Fall für die „Natürlichkeit" dieser Vielfalt der Urteile angesichts der Komplexität der praktischen Vernunft vorgestellt. In seiner Arbeit an der Entwicklung der „Neuen Naturrechtstheorie" argumentiert er, dass es sieben grundlegende Güter gibt – Leben, Wissen, Spielen, ästhetische Erfahrungen, Freundschaft, praktische Vernunft (oder Klugheit) und Religion – und acht methodische Voraussetzungen der ethischen Entscheidungsfindung (einschließlich der Vermeidung von willkürlichen Präferenzen unter den Grundwerten, unter den Personen, der begrenzten Bedeutung der Konsequenzen und nach dem Folgen des Gewissens). John Finnis, *Natural Law and Natural Right* (Oxford: Oxford University Press, 1980), Kap. 4 und 5. Finnis kommt zu dem Schluss: Bei der Anzahl der Werte und der Komplexität dieser Anforderungen „können wir sehen, wie ‚natürlich' die Vielfalt der moralischen Meinungen ist, von denen der Skeptiker so viel Aufhebens macht." Ibid., 127.

[47] Ibid.

Ein dritter Grund für die Vielfalt der Praktiken und Urteile folgt aus der Unfähigkeit und Bestechlichkeit menschlicher Urteile. Thomas schloss, dass beide Aspekte des Naturrechts in uns – unsere Vernunft und unsere natürlichen Neigungen – auf verschiedene Weisen durch eine lasterhafte Kultur beschädigt werden können, durch schlechte Argumente oder durch einen pervertierten Charakter: „Beide Wege ... sind in den Sündern unvollkommen und zu einem gewissen Grade zerstört, weil in ihnen die natürliche Neigung zur Tugend durch schlechte Gewohnheiten verdorben und darüber hinaus das natürliche Wissen des Guten durch Leidenschaften und Gewohnheiten der Sünde verdunkelt ist."[48] Während die *Synderesis* die unausrottbare Quelle des moralischen Urteils ist, die in uns liegt – das Gewissen –, kann unser alltägliches Bewusstsein von Recht und Unrecht durch Brauch, Gewöhnung oder Argumente verzerrt werden. Das erklärt, warum es so wichtig für die gesellschaftlichen und rechtlichen Strukturen einer Gesellschaft war, die Entwicklung von guten Charakteren unter den Bürgern zu fördern. Gute Gesetze unterstützen die Blüte der *Synderesis* zu einem wohlgeformten Gewissen.

Alles in allem sollten wir eine Vielfalt von moralischen Praktiken erwarten, wegen des veränderlichen Charakters der moralischen Urteile, der Vielfalt der sozialen Verhältnisse und der Verderblichkeit des menschlichen Charakters. Wie Leo Strauss sagte: Die Vielfalt der moralischen Meinungen ist kein Hindernis für das Naturrecht; sie ist die Voraussetzung für die Entstehung der Naturrechtstheorie.[49]

Der metaphysische Einwand: Ein theoretischer Einwand gegen das Naturrecht ist, dass das Naturrecht von der Teleologie abhängt, von der Existenz der Formal- und Finalursachen, vom Begriff der Wesenheit und dem Konzept eines menschlichen Telos. Aber wenn die Welt nicht nach teleologischen Prinzipien arbeitet, verliert die Naturrechtstheorie ihr Fundament: Wenn es keine Wesenheiten und keine letzten Ziele gibt, dann gibt es kein klares menschliches Telos, und wenn es kein klares menschliches Telos gibt, dann gibt es auch keine besondere Form des menschlichen Erblühens. Auch können die Begriffe der Tugend und des Glücks nicht leicht miteinander harmonisiert werden, wenn die Natur nicht zielgerichtet im menschlichen Verhalten tätig ist.

---

[48] Thomas von Aquin, *Summa Theologiae* I-II, 93, 6.

[49] Leo Strauss, *Natural Right and History* (Chicago: University of Chicago Press, 1953), 10, cited in Finnis, *Natural Law and Natural Right*, 29. Deutsch: *Naturrecht und Geschichte, Frankfurt* ³1989: Suhrkamp.

Das Problem geht tatsächlich viel tiefer. Als das moderne Denken begann, die teleologische Weltanschauung aus dem Gewebe der Welt herauszureißen (siehe Kapitel 5), führte dies unweigerlich zu einer Abtrennung des Reiches der Tatsachen vom Reich der Werte. Nur wenn die Teleologie wahr ist – nur wenn das humane moralische Gut in den Tatsachen der menschlichen Natur gegründet ist –, kann die menschliche Natur als Grund moralischer Urteile dienen. Um es in den allgemeinsten Begriffen auszudrücken, nur wenn die Natur auf das menschliche Glück hingeordnet ist, macht es Sinn, moralische Schlussfolgerungen aus unserem natürlichen Zustand ziehen. Wenn die Natur zufällig und akzidentell ist, wie die Materialisten behaupten, können wir die Natur ignorieren oder sogar ändern. Daher folgt aus David Humes berühmtem Einwand, dass man nicht logisch ein „Sollen" aus einem „Ist" ableiten kann – dass man in keiner Weise aus den Fakten über Natur (Ist-Aussagen) moralische Schlussfolgerungen (Sollens-Aussagen) ziehen kann –, die moderne Skepsis gegenüber der Teleologie.[50]

Das ist in der Tat ein Blockbuster-Einwand. Verteidiger der Naturrechtstradition haben darauf in zweierlei Hinsicht geantwortet. Eine Antwort besteht darin, dass man zustimmt, dass das Naturrecht von der Teleologie abhängt, und dann die teleologische Weltanschauung verteidigt. Es gab mehrere neuere Verteidigungen der Teleologie und des Naturrechts in dieser Richtung.[51] Der Zweck auch dieses Buches ist es, eine Art von *reductio ad absurdum*-Argument für die Teleologie zu liefern – also zu zeigen, dass, wenn wir die Teleologie ablehnen, mehrere machtvolle,

---

[50] Oder wie Hume es ausdrückt:
„Bei jedem System der Moral, das mir bislang begegnet ist, habe ich stets festgestellt, dass der Autor eine gewisse Zeit in der üblichen Argumentationsweise fortschreitet und begründet, dass es einen Gott gibt, oder Beobachtungen über menschliches Verhalten anstellt; dann plötzlich stelle ich überrascht fest, dass anstatt der üblichen Satzverknüpfungen, nämlich ‚ist' und ‚ist nicht', ich nur auf Sätze stoße, welche mit ‚soll' oder ‚soll nicht' verbunden sind. Diese Änderung geschieht unmerklich. Sie ist jedoch sehr wichtig. Dieses ‚soll' oder ‚soll nicht' drückt eine neue Verknüpfung oder Behauptung aus. Darum muss sie notwendigerweise beobachtet und erklärt werden. Zugleich muss notwendigerweise ein Grund angegeben werden für dies, was vollständig unbegreiflich erscheint: wie nämlich diese neue Verknüpfung eine logische Folgerung sein kann von anderen, davon ganz verschiedenen Verknüpfungen ... Ich bin der Überzeugung, dass eine solche geringfügige Aufmerksamkeit alle gewohnten Moralsysteme umwerfen würde. Sie würde uns außerdem zeigen, dass die Unterscheidung von Laster und Tugend nicht nur auf den Verhältnissen von Objekten gründet und auch nicht mit der Vernunft wahrgenommen wird." David Hume, *A Treatise of Human Nature* 3, 1, 1. Deutsch: *Eine Untersuchung über die menschliche Natur*, Hamburg 2015 (F. Meiner).

[51] Vgl. Lisska, *Aquinas's Theory of Natural Law*; David Oderberg, *Real Essentialism* (New York: Routledge, 2007); Russell Hittinger, *The First Grace: Rediscovering the Natural Law in a Post-Christian World* (Wilmington, Del.: ISI Books, 2003).

unangenehme und kontraintuitive Schlussfolgerungen über die menschliche Natur und die Moral sich ergeben. Wenn die Teleologie verteidigt werden kann, verliert Humes Einwand seine Kraft. Oder zumindest geht er an der Frage nach der Wahrheit der Teleologie vorbei. Mit anderen Worten, nur wenn die Teleologie nicht wahr ist, folgen moralische Schlüsse nicht aus faktischen Aussagen. Aber wenn die Teleologie wahr ist, dann folgen Sollens-Aussagen aus Ist-Aussagen in einem sehr machtvollen Sinne.

Auf diese Weise können wir diesen zeitgenössischen philosophischen Standpunkt verstehen: Erstens, niemand, einschließlich des Aquinaten, glaubte, dass es eine strikt logische Beziehung zwischen Tatsachen und Werten gebe. Werte folgen nicht in deduktiver Weise aus Tatsachen, etwa in der Weise, wie „Sokrates ist sterblich" aus den beiden Sätzen „Alle Menschen sind sterblich" und „Sokrates ist ein Mensch" folgt. Der Gedanke an eine strikt logische Relation ist eines der charakteristischen modernen Missverständnisse der Sein-Sollens-Kontroverse.

Ein besserer Weg, die Beziehung zwischen dem „Ist" und dem „Sollen" zu denken, besteht in der Erkenntnis, dass das menschliche Wesen einfach eine Menge angeborener dispositionaler Eigenschaften ist – von Tendenzen in der menschlichen Natur, die beobachtet und gemessen werden können, die sich entfalten und zur Selbstverwirklichung führen (oder zur *eudaimonia*). Diese dispositionalen Eigenschaften – die Bedürfnisse und Antriebe einschließen wie unsere körperlichen Bedürfnisse nach Nahrung, Schutz und Sexualität; emotionale Bedürfnisse wie den Wunsch nach Liebe; und intellektuelle Bedürfnisse, um zu versuchen, die Welt zu verstehen – sind Tatsachen unserer Natur. Die Verwirklichung oder Erfüllung dieser Dispositionen ist schlicht das, was Thomas unser Gut nannte. Ein Zustand oder eine Tätigkeit ist „schlecht", wenn er oder sie, in einem allgemeinen Sinne, die Entwicklung und Verwirklichung dieser angeborenen Tendenzen frustriert. Es muss hier nichts „Mystisches" geben: Moderne psychologische Vorstellungen von Selbstverwirklichung, etwa in der Entfaltung menschlicher Potenziale, sind einfach eine moderne Art, die *eudaimonia* zu denken (obwohl es einige wichtige Punkte der Unterscheidung gibt).[52] Der Punkt ist der: Wenn wir uns in einer bestimmten Weise entfalten wollen, dann ist dieser Zustand der progressi-

[52] Lisska, *Aquinas's Theory of Natural Law*, 103–9.

ven Erfüllung schlicht unser Gutes. Moderne Denker sind skeptisch gegenüber dieser Idee des Guten nur deshalb, weil ihre Skepsis hinsichtlich der Annahme, dass die Welt ein geordneter Ort ist, gewachsen ist. Hinter dieser Skepsis steht natürlich oft die Skepsis gegenüber der Existenz Gottes.

Die eine Möglichkeit, auf den metaphysischen Einwand zu antworten, besteht somit in der Verteidigung der Teleologie in dieser Richtung und sie zeigt im Wesentlichen, dass der Sein-Sollens-Einwand schlicht unangebracht ist. Aber es gab von Naturrechtsdenkern in den vergangenen vierzig Jahren eine zweite Antwort. Das Neue Naturrechtsdenken (New Natural Law Theory) – am bekanntesten sind Germain Grisez, John Finnis und Joseph Boyle – hat eine Denkweise zum Naturrecht vorgeschlagen, die die Teleologie völlig vermeidet.[53] John Finnis' bahnbrechende Arbeit *Natural Law and Natural Rights* ist die am meisten entwickelte Theorie. Finnis schlägt hier einen postkantianischen Ansatz des Naturrechts vor, der jede metaphysische Behauptung über Wesenheiten und letzte Ziele und Zwecke vermeidet und nicht von teleologischen Annahmen abhängt.

Der größte Unterschied zwischen der älteren und der neueren Naturrechtstheorie lässt sich wie folgt zusammenfassen: Die ältere Naturrechtslehre von Thomas von Aquin und anderen scholastischen Denkern hing von einer komplexen Konzeption der Metaphysik ab, einschließlich eines Verständnisses von Wesenheiten, Zielen und Finalursachen usw. Ethik ist für diese Denker letztlich begründet durch die Metaphysik. Seit Kant aber ist die moderne Philosophie gegenüber der Idee, dass metaphysische Wahrheiten überhaupt erkennbar sind, höchst skeptisch. Dies ist eine von vielen Entwicklungen, die zur modernen Aufgabe der Naturrechtstheorie führten. Das neue Naturrecht von Grisez, Finnis und anderen nimmt die Metaphysik vollständig aus dem Bild heraus. Finnis argumentiert, dass es sieben „Grundgüter" (basic goods) gibt, die wir intuitiv kennen und auf deren Grundlage wir handeln, ohne die Notwendigkeit irgendeiner komplexen metaphysischen Theorie. Jedes dieser Güter ist im

[53] Germain Grisez wird in der Regel die erste Verteidigung einer Interpretation von Thomas von Aquin zugeschrieben, die jetzt mit dem neuen Naturrecht verbunden wird. Germain Grisez, "The First Principle of Practical Reason: A Commentary on the *Summa Theologiae*, 1–2, Question 94, Article 2", *Natural Law Forum* 10 (1965): 168–201. Siehe auch Finnis, *Natural Law and Natural Rights*.

gleichen Sinne grundlegend insofern, als es nicht von anderen Gütern abgeleitet ist (es sind die grundlegenden Dinge, die wir von Hause aus suchen), und sie sind untereinander inkommensurabel (keines kann auf ein anderes reduziert werden, es gibt keinen kleinsten gemeinsamen Nenner der Ethik).
Die sieben Grundgüter sind (1) Leben (Leben, Gesundheit und Fortpflanzung), (2) Wissen, (3) Spielen, (4) ästhetische Erfahrung, (5) Freundschaft oder, allgemeiner, Geselligkeit, (6) praktische Vernünftigkeit (was für Finnis bedeutet, einen kohärenten und gut integrierten Plan des Lebens zu haben, der mit dem moralischen Gut übereinstimmt) und (7) Religion oder Heiligkeit. Diese Güter sind konstitutiv für ein menschliches Erblühen. Mit anderen Worten, es sind Aspekte der menschlichen Erfüllung, die menschliches Handeln motivieren und verständlich machen. Die Verwirklichung dieser Grundgüter trägt zur integralen menschlichen Erfüllung bei, zur aristotelischen *eudaimonia* in modernen Begriffen. Handlungen und Sachverhalte sind in dem Maße gut, in dem sie zur Erreichung dieser Güter beitragen, und sie sind insofern schlecht, als sie die Verwirklichung dieser Ziele vereiteln. Finnis' Rekonstruktion vermeidet schließlich die Hume'sche Anklage, dass wir nicht von einem „Sein" zu einem „Sollen" übergehen können, indem er argumentiert, dass wir diese Güter intuitiv erkennen, ohne Rückgriff auf das „Sein" von komplexen Tatsachen über Wesenheiten, Ziele und Zwecke und die menschliche Natur. Wir kennen diese Güter einfach, indem wir leben und erleben, was uns Glück und Sinn gibt.

Während Naturrechtsdenker über die Verteidigungsfähigkeit des „Neuen Naturrechts" von Grisez und Finnis zerstritten sind[54], hat ihre Arbeit das Naturrecht selbst revitalisiert und sie bleibt eine Antwort auf den metaphysischen Einwand.

Der liberale Einwand: Ein dritter Einwand gegen die naturrechtliche Theorie behauptet, dass das Naturrecht letztlich zu einer antiliberalen Vorstellung des Lebens und der Gesellschaft führen werde. Weil die Naturrechtstheorie die Hauptfunktion des Gesetzes darin sieht, den Menschen zu helfen, tugendhaft zu werden,[55] führe sie zu einer übermäßig interventionistischen, ja sogar bedrückenden Rolle für die Regierung. Und

[54] Vgl. Russell Hittinger, *A Critique of the New Natural Law Theory* (Notre Dame, Ind.: University of Notre Dame Press, 1987).
[55] Vgl. Robert P. George, *Making Men Moral: Civil Liberties and Public Morality* (New York: Oxford University Press, 1995).

weil sie davon ausgeht, dass es eine begrenzte Menge von menschlichen Zielen gibt, sei sie *Anathema* zu einer liberalen, pluralistischen Gesellschaft, in der alle frei sind, ihre eigenen Ziele zu wählen und so zu leben, wie sie wollen, im Einklang mit den gleichen Rechten für alle anderen.

Wir sollten von Anfang an klarstellen, dass der liberale Einwand nicht sagt, dass die Naturrechtstheorie als solche falsch sei, sondern einfach, dass ihre Anerkennung zu gewissen Schlussfolgerungen führe, die manche politisch ungenießbar finden könnten. Dennoch kann das schon für einige genug sein, um die Theorie zurückzuweisen. In der Praxis wird natürlich der liberale Einwand in der Regel kombiniert mit dem metaphysischen Einwand, weil die liberale Theorie in der Orientierung fast von Anfang an antiessentialistisch ist.

Es gibt zwei Arten von Problemen mit dem liberalen Einwand. Zunächst sind Liberale inkonsistent in ihrer Anklage. Wie immer wieder gezeigt wurde, ist keine politische Theorie moralisch neutral. Die liberale Theorie stimmt ihre Moral typischerweise in Bezug auf eine Gleichheit der Rechte ab, anstatt in Bezug auf die Ausrichtung von Einzelpersonen auf bestimmte Lebensentscheidungen, aber die liberale Theorie ist in diesem Sinne so „moralistisch" wie die Naturrechtstheorie. Jede Theorie bestätigt bestimmte Arten von Aktivitäten als gültig, während sie andere Aktivitäten ausgrenzt. Die Modi und die Gründe für die Intervention können verschieden sein, aber die progressive liberale Regierung kann genauso interventionistisch sein wie eine auf dem Naturgesetz basierende Regierung.

Die zweite Antwort (und die beiden schließen sich nicht gegenseitig aus) ist, dass Thomas von Aquin und andere Naturrechtsdenker konsistent darauf hingewiesen haben, dass, während die Funktion der Gesetze darin besteht, Menschen zu helfen, gute Bürger und Personen zu schaffen, es zwecklos und sogar gefährlich ist, zu versuchen, zu hart gegen die Tendenzen der menschlichen Natur vorzugehen. Der Aquinate erkannte, dass „menschliche Gesetze nicht alle Laster verbieten können ..., sondern nur die schweren Laster, bei denen es der Mehrheit der Menschen möglich ist, sich zurückzuhalten, und hauptsächlich solche Laster, die anderen Schaden zufügen".[56] Diese letzte und weitere Bedingung macht deutlich, dass er gesehen hat, dass es manchmal wenig Sinn macht, opferlose Verbrechen zu kriminalisieren, Verbrechen, die „nicht andere

[56] Thomas von Aquin, *Summa Theologiae* I-II, 96, 2.

verletzen". Andernfalls wäre es die Einladung zur Rebellion und zu einer generellen Abwertung aller Gesetze.

Zusammengenommen geht die Naturrechtslehre nicht in die Richtung einer erdrückenden politischen Ethik. In der Tat, wenn sie das richtige Verständnis der Wirklichkeit ist, sollte die Annahme des Naturrechts zu einer viel glücklicheren menschlichen Existenz führen als das, was durch neuere politische Theorien, die auf amoralistischen Annahmen gegründet sind, hervorgerufen wird.

Schlussfolgerung

Dies vervollständigt unsere Diskussion über die „externe" Seite der klassischen Weltanschauung bezüglich der moralischen und physischen Ordnung der Welt. Aber das klassische Denken hatte eine profunde Vorstellung von der inneren Person – eine Konzeption, die bis heute unsere moralischen und politischen Werte fortführt. Wir wenden uns im nächstes Kapitel der klassischen Vorstellung der Person zu.

4

Die klassische Konzeption der Person

[I]ch bin ein Selbst; ein Selbst zu sein, ist das größte Zugeständnis an den Menschen, aber gleichzeitig ist es die Forderung der Ewigkeit an ihn.[1]

Søren Kierkegaard

Einleitung: Die Signifikanz des Selbst

Keine Idee ist fundamentaler für unsere tiefsten moralischen, politischen und rechtlichen Werte als die Begriffe der Seele, des Selbst oder der menschlichen Person. *Alles* hängt davon ab, wer wir sind, wie wir gemacht sind, ob wir wirklich frei und verantwortlich sind und ob es eine Grundlage für Menschenwürde und Gleichheit gibt, die die Talente und Fähigkeiten jedes Einzelnen übersteigt.

Was wir unter „dem Selbst" verstehen, ist eine philosophisch höchst umstrittene Frage, aber minimal scheint die Idee eines Kerns, eines Selbst mindestens drei Dinge zu erfordern: erstens, dass das Selbst eine *reale Sache* ist, dass es nicht nur eine Metapher ist, eine Verdinglichung oder ein soziales Konstrukt, sondern dass es in einem realen Sinne existiert; zweitens, dass das Selbst in einem philosophisch bedeutsamen Sinne, der in Kürze untersucht wird, *aktiv* ist; und drittens, dass es etwas moralisch Bedeutsames über Selbstheit, Persönlichkeit oder Menschlichkeit gibt, das jeden Menschen einer besonderen Behandlung würdig macht und uns von anderen Lebewesen unterscheidet.

Damit das Selbst real sein kann – denn man kann auf mehr als eine Art vom Selbst sprechen –, muss es eine eigene Einheit besitzen und durch die Zeit bestehen bleiben. Wenn man sagt, dass das Selbst eine Einheit ist, dann bedeutet das, dass die menschliche Persönlichkeit nicht hoffnungslos fragmentiert ist, dass es nicht „plurale Selbste" gibt, dass es einen zentralisierten Ort der Identität, der Entscheidungsfindung und der

[1] Sören Kierkegaard, *Die Krankheit zum Tode*, Übersetzung Gisela Perlet, Ditzingen 1997 (Reclam).

Handlung gibt, der dazu dient, die Person in eine Ganzheit einzubinden. Es bedeutet, dass es eine integrierte Grundlage gibt, die den Spannungen zugrunde liegt, die wir häufig zwischen widersprüchlichen Gründen, Wünschen und Emotionen erleben. Es bedeutet, auf einen moralischen, psychologischen und ontologischen Schwerpunkt in der Person hinzuweisen, der uns unsere Identität gibt und uns verantwortlich für unser Handeln macht.

Diese Einheit muss auch durch die Zeit bestehen bleiben. Das Selbst ist der psychologische oder ontologische Faden, der durch unser Leben läuft und die Person, die ich heute bin, mit der Person, die ich gestern war und wieder morgen sein werde, verbindet. In welchem Sinne bin ich die gleiche Person, die ich vor zwanzig Jahren war, wenn auch jede Zelle meines Körpers ersetzt wurde und wenn viele meiner Interessen, Geschmäcke und Dispositionen vollständig gewechselt haben? Wie kann ich für die Handlungen der Person verantwortlich gemacht werden, die ich vor zehn Jahren oder vor fünf Minuten war? Für vergangene Handlungen verantwortlich sein und bewusst für die Zukunft vorzusorgen bedeutet, dass wir in irgendeinem moralisch und ontologisch bedeutsamen Sinn durch die Zeit hindurch die gleiche Person sind.

Die Position, die man bezüglich dieser ersten Frage über die Realität des Selbst einnimmt, hat entscheidende Implikationen für eine zweite Gruppe von Fragen in Bezug auf die aktiven Kräfte und Fähigkeiten des Selbst. Um aktiv zu sein, muss das Selbst die Quelle seiner eigenen Entscheidungen und Handlungen sein. Unsere Entscheidungen und Handlungen dürfen nicht einfach Produkte irgendwelcher äußeren Konstellationen sein – Einflüsse aus Biologie, Umwelt und so weiter –, die uns so tätig sein lassen, wie wir tätig sind. Vielmehr müssen sie von etwas Innerem ausgehen. Die Durchführung einer solchen Aufgabe, wenn sie Sinn machen soll, bedeutet eine Abtrennung der authentischen oder intrinsischen Aspekte der menschlichen Individualität von den äußeren Einflüssen, die sich formen, und war keine leichte Sache für moderne Philosophen und Psychologen. Aktiv Handelnde in dem Sinne zu sein, von dem wir sprechen, bedeutet in einem minimalen Sinne aber, dass es ein Selbst geben muss, aus dem unsere Entscheidungen und Handlungen erfließen. Diese aktive Vorstellung der menschlichen Persönlichkeit hat tiefgründige Konsequenzen für unsere tiefsten moralischen und politischen Werte, für unsere Begriffe von Freiheit und Verantwortung, Lob und Schuld, Verdienst und Bestrafung.

Die dritte wichtige Dimension des Selbst oder der Person betrifft den moralischen Status des Menschen. Der klassische Ansatz lehrt, dass die Linie zwischen Menschen und niedrigeren Lebewesen nicht ein Grad ist, sondern eine absolute Unterscheidung. Es gibt eine ontologische Kluft – einen Unterschied der Art, nicht bloß der Komplexität – zwischen Mensch und Tier. Die klassische Konzeption der Person ist die einzig mögliche Grundlage für Gleichheit, Menschenwürde und die Heiligkeit des menschlichen Lebens. Diese Werte können nur auf dem, was wir eine „substanzielle" Konzeption der Menschlichkeit nennen, gegründet werden, einer Konzeption, die grundsätzlich im Widerspruch zur modernen „funktionalen" Sicht der Persönlichkeit steht.

In den folgenden Abschnitten werden wir weiterhin die Begriffe *Selbst* und *Seele* verwenden, aber sie sind nicht austauschbar. Der Begriff *Selbst* wird sich auf die psychologischen Aspekte der menschlichen Identität und Persönlichkeit beziehen, während die *Seele* sich auf die metaphysische Grundlage für das Selbst bezieht. Eine zentrale Frage, die wir erforschen werden, ist, wie Körper und Seele miteinander verbunden sind. Der folgende Abschnitt erläutert die Gegenüberstellungen von Materialismus und platonischem Dualismus. Der Abschnitt danach wird das Verständnis der Seele durch Aristoteles und Thomas entwickeln – eine Theorie, die die gegensätzlichen Extreme des Materialismus und Dualismus vermeidet.

Die materialistischen und platonischen Theorien der Seele

Vor Platon haben die Griechen das Selbst oder die Seele nicht so gedacht wie wir heute, als eine Art von Ding, eine Substanz, oder als psychologischen Ort der personalen Identität. Sie haben dem Selbst keinen bestimmten oder unbestimmten Artikel beigefügt; sie sprachen von einem Selbst oder *dem* Selbst. Homer, der um 800 v. Chr. lebte, gebrauchte keine Worte, die einfach in unsere Begriffe für Geist oder Seele übersetzt werden könnten, die ein psychologisches Zentrum innerhalb der menschlichen Persönlichkeit bestimmen. Wenn wir den Begriff *psyche* in der *Ilias* und der *Odyssee* finden, bedeutet er nicht das Denken, das Gefühl, den Geist, geschweige denn die geistige Seele, sondern die Lebenskraft, die die Griechen eng mit dem Atem verbanden.[2] Psyche war das, was das Lebendige animiert, belebt, und was den Leib beim Tod verlässt.[3] Die homerischen

[2] Charles Taylor, *Sources of the Self: The Making of the Modern Identity* (Cambridge, Mass.: Harvard University Press, 1989), 113.

[3] Obwohl moderne Übersetzer oft *psyche* mit „Seele" übersetzen, hatte sie keine eigene moderne Konnotation als spirituelle oder geistige Substanz. In der *Ilias* zum Beispiel sagt Achilles, dass er ständig seine Seele in der Schlacht riskiere, und Agenor sagt, dass auch Achilles nur eine Seele habe, die er im Krieg geben könne. Homer, *Ilias* 9.322, 11.569. Vgl. auch Bruno Snell, *The Discovery of the Mind: The Greek Origins of European Thought* (Oxford: Blackwell, 1953), chap. 1.

Griechen dachten, dass die Schatten der Unterwelt in einer kläglichen, schattenhaften Existenz, die von aller Vitalität abgelöst ist, verweilen – lebendig, aber buchstäblich seelenlos, weil die Lebenskraft sie verlassen hat.

Als Platon und Demokrit die Szene betraten, etwa vier Jahrhunderte später, hatten die Philosophen damit begonnen, die Seele mit bedeutend mehr zu verbinden als nur der Lebenskraft. Die Seele wurde jetzt als der personale und intrinsische Aspekt der individuellen Persönlichkeit betrachtet. Als Anaxagoras (+ 427) zuerst zwischen *nous* (Geist) und *hyle* (Materie) unterschied, indem er den menschlichen Geist mit dem Göttlichen verband und die Möglichkeit der Unsterblichkeit des Menschen eröffnete, bereitete er die Bühne für die ständige philosophische Debatte zwischen Materialismus und Dualismus. Die Materialisten argumentierten, dass die Seele aus einem hauchdünnen Netz von Atomen bestehe, das sich im Tode auflöse, wie wenn das Bouquet des Weins entschwebe oder der Atem des Parfums im Wind entschwinde.[4]

Wie wir später sehen werden, gehen die modernen Materialisten viel weiter als ihre alten Vorläufer. Die Modernen leugnen die Existenz der Seele vollständig, und viele leugnen, dass das Bewusstsein irgendeine echte metaphysische Realität hat. Nicht nur gebe es keine Seele, die den Tod des Körpers überlebt, sondern auch die Vorstellung, dass der Mensch frei sei, müsse ernsthaft überarbeitet, wenn nicht gar ganz abgelehnt werden. Die alten Materialisten wie Demokrit und Epikur wären durch diese moderne Ablehnung der Seele brüskiert gewesen. Obwohl sie bestritten haben, dass die Seele ein Ausdruck des göttlichen und unsterblichen *Nous* ist, verehrten sie die Seele nicht weniger, als Platon es getan hat. Demokrit betrachtete den Körper als ein Schiff für die Seele und glaubte, dass die Seele der Sitz der Vernunft sei, die Quelle des wahren Glücks und die Quelle der Tugend. Epikur ging so weit, dass er argumentierte, dass es einen unaussprechlichen Aspekt der Seele gebe, der nicht in rein physikalischer Hinsicht beschrieben werden könne.[5] In dieser Hinsicht verfolgten

---

[4] Lukrez, *Über die Natur der Dinge*, 2.221-22.

[5] Epikur schrieb, dass die Seele ein Körper von feinen Teilchen ist, die im ganzen Organismus verstreut sind, dessen Natur eine Mischung aus Hitze und Wind ist. Dennoch gibt es einen Teil der Seele, der auch davon sehr verschieden ist und der daher interaktiver ist oder mehr teilhat am Rest des Organismus. All dies wird durch die Kräfte des Geistes, seine Gefühle, seine Mobilität und jene Vermögen bewiesen, deren wir beraubt werden, wenn wir sterben. Epikur, "Letter to Herodotus", in: *The Essential Epicurus: Letters, Principal Doctrines, Vatican Sayings and Fragments*, trans. Eugene O'Connor (Amherst, N.Y.: Prometheus Books, 1993), 32–33. Auch Lukrez erklärte, dass die Atome des Geistes und der Seele aus Luft, Hitze und Wärme zusammengesetzt seien, aber es gebe noch ein viertes Element, das „beweglicher oder zarter“ sei und das er nicht nennen konnte:

die Alten die entscheidenden Konsequenzen des Materialismus nicht in einer solchen Weise weiter, wie dies ihre modernen Anhänger tun.

Auf der anderen Seite hat Platon die Seele als immaterielle Anwesenheit konzipiert, die den Körper bewohnt. Im *Phaidon* argumentierte er, dass die Seelen von den Tieren zu den Menschen hinüberwandern und wieder zurück, je nach dem moralischen Verhalten der Person während des Lebens (z. B. kehren die Gefräßigen und Egoisten zurück als Esel, die Gesetzlosen als Wölfe usw.)[6]. In anderer Weise umreißt seine Beschreibung auffallend die christliche Auffassung des Fegefeuers und des Himmels. Die gute Seele geht in ein Reich über, das „rein und ewig und unsterblich und unveränderlich" ist, wo sie mit anderen Seelen existiert, die so wie sie selbst sich in „der Gegenwart des guten und weisen Gottes" befinden.[7]

Platon lehrte, dass die Seele absolut einfach sei, da alle zusammengesetzten Dinge zum Zerfall bestimmt seien. Obwohl sie „göttlich und unsterblich", intelligibel, einheitlich und unauflöslich ist, kann sie sich „vom Körper zurückziehen in das Reich des Veränderlichen", so dass sie „ihren Weg verliert und verwirrt und schwindelig wird".[8] Platon hat sogar angenommen, dass die Seelen im Tod von einem Wächtergeist zu einem Ort geführt werden, „wo sich alle versammeln müssen und an dem, nachdem die verschiedenen Fälle zum Urteil eingereicht wurden", sie sich auf den Weg zu einem dem Fegefeuer ähnlichen Ort machen, wo sie sich „den notwendigen Erfahrungen" unterziehen und wo sie „so lange bleiben, wie es nötig ist". Platons Sokrates erklärt sogar das Auftreten von Geistern als Seelen, die durch ihre Verbindung mit dem Körper gewogen wurden, wodurch sie sichtbar werden und über Friedhöfen schweben.[9]

Platon beobachtete, dass die Seele aus drei Elementen besteht: dem Verstand, den Leidenschaften, (die er mit dem temperamentvollen

---

Wir finden daher, dass diese Seele eine dreifache Natur hat
Und doch können alle drei keine Empfindungen schaffen,
denn keine von diesen kann als Ursache von
sinntragenden Bewegungen gedacht werden.

Lukrez, *Über die Natur der Dinge*, 2.237-43. Es war die Fähigkeit zur Empfindung, der „Gefühlsaspekt", auf den sich zeitgenössische Philosophen mit dem Begriff der „Qualia" bezogen, der qualitative Aspekt des Selbstbewusstseins – wie auch die aktiven Vermögen der Vernunft, die diese frühen Materialisten nicht in der groben Sprache der Atome und der Leere beschreiben konnten.

[6] Platon, *Phaedon*, 76-77, 79d.

[7] Ibid. 79d, 80d.

[8] Ibid., 80b.

[9] Ibid., 107d, e, 81e.

und ehrenliebenden Aspekt der Persönlichkeit verband) und dem Bedürfnis (für Nahrung, Sexualität usw.). Doch manchmal sprach er von der Seele als dem, was über diese drei Elemente hinaus liegt: „Und wie, scheint sie uns nun nicht doch ganz das Gegenteil zu tun, alles jenes zu regieren, woraus man doch sagt, dass sie bestehe, und dem fast überall das ganze Leben hindurch zu widerstreben und es zu beherrschen auf alle Weise."[10] Aber oft verbindet er einfach den leitenden Aspekt der menschlichen Persönlichkeit mit der Vernunft, indem er die Vernunft mit dem Fahrer eines menschlichen Streitwagens vergleicht, während die Leidenschaften und die Bedürfnisse die Pferde sind, mit anderen Worten, die Bewegungskräfte in der menschlichen Persönlichkeit.[11] Nur die Vernunft kann Einheit, Gleichmut und Selbstbesitz bieten, die die Zeichen der integrierten Seele sind.[12] Wenn die Persönlichkeit hingegen unter der Herrschaft der Leidenschaften und der Bedürfnisse steht, lebt die Person eine turbulente, ungeordnete und gespaltene Existenz. Platon verglich die bedürfnisgetriebene Persönlichkeit mit einer vom Bürgerkrieg zerrissenen Nation. Aber die Seele, in der die Vernunft regiert, spiegelt ihre eigene innere Gerechtigkeit wider. Der Gerechte ist voll integriert; er hat „alle drei Elemente zusammengebunden und aus sich selbst eine Einheit gemacht, einen Menschen anstatt vieler, selbstkontrolliert und im Einklang mit sich selbst". Die daraus resultierende Ordnung führt zur Tugend, „was eine Art von Gesundheit und Schönheit ist und ein guter Zustand der Seele".[13]

Platons Theorie ist die erste *streng dualistische* Auffassung der Person in der westlichen Philosophie. Sie ist *dualistisch* in dem Sinne, dass die Seele und der Körper zwei deutlich verschiedene Prinzipien sind, mit anderen Worten, der Geist ist nicht auf Materie reduzierbar, wie er es für Materialisten ist. Dies ist eine *starke* Form des Dualismus, indem er die Kluft zwischen Geist und Körper in einer Weise übertreibt, die schwere Probleme für die Verteidiger des starken Dualismus hervorgebracht hat. Ein Problem, das unter Philosophen als Problem des Interaktionismus bekannt ist, besagt, dass es nicht genau klar ist, wie Geist und Körper (die zwei völlig verschiedene Substanzen sind) interagieren: Wie verursacht ein immaterieller Gedanke eine physische Bewegung des Körpers? Und wie verursachen Veränderungen des physischen Körpers (zum Beispiel ein Rausch) Veränderungen im immateriellen Geist oder der Seele? Wir

---

[10] Ibid., 94c.
[11] Platon, *Phaidros* 246b
[12] Taylor, *Sources of the Self*, 116
[13] Platon, *Politeia* 4.443e, 444e.

werden die modernen Antworten auf dieses Problem im 6. Kapitel untersuchen, wenn wir Descartes' Rückkehr zum starken Dualismus besprechen.

Das zweite Problem ist, dass der starke Dualismus dazu neigt, den Körper zu einer Art Sekundärstatus herabzustufen. Streng dualistische Vorstellungen von der Seele werten den Geist gegenüber dem Körper auf, stellen die Vernunft über die Emotionen und die anderen nichtrationalen Aspekte des Geistes. Der starke Dualismus sieht die menschliche Person als „Geist in der Maschine", als eine Seele, die den Körper gebraucht. Die Beziehung zwischen Geist und Körper ist eher die eines Kontrolleurs über das Kontrollierte als eine ganzheitliche, synergistische Wechselwirkung zwischen Seele und Körper. Die wirkliche Person wird mit dem Geist (bzw. der Seele oder der Vernunft) identifiziert und der Körper ist sein Instrument. Diese „Schiffskapitän-Theorie" der Person führt ihre Anhänger oft zu einem asketischen Blick auf die menschliche Existenz, zu einer Sichtweise, die nicht die Schönheit der Körper feiern kann und die Wunder unserer leiblichen Existenz. Der Körper wird zu einer Last, zu etwas, das unterworfen werden muss, und die Emotionen sind der Vernunft unterzuordnen. So zum Beispiel definiert Augustinus, der stark von Platon beeinflusst war, die Seele als „eine Substanz, ausgestattet mit Vernunft und dazu geeignet, den Körper zu regieren", und die menschliche Person bestimmt er als „eine rationale Seele mit einem sterblichen und materiellen Körper".[14]

Aristoteles und Thomas von Aquin legten eine dritte Konzeption der Seele vor und damit einen mittleren Weg zwischen den Extremen des Materialismus und des strengen platonischen Dualismus.

Die hylemorphistische Theorie der Person

Wie wir in Kapitel 2 gesehen haben, lehrt Aristoteles, dass alle Dinge Substanzen sind, Zusammensetzungen aus Materie (*hyle*) und Form (*morphe*). Gemäß dieser hylemorphistischen Theorie der Welt präfiguriert die Form die Materie: sie ist das organisierende Prinzip, das jedes Ding zu dem macht, was es im Wesentlichen ist. Substanzen existieren in sich selbst in der Welt, mit anderen Worten, sie sind in sich geschlossene Einheiten der

---

[14] Augustinus, *De Quantitate Animae* 13, 22; *De Moribus Ecclesiae Catholicae* 1, 227, 52. Aber Augustinus hat sich gelegentlich dem hylemorphistischen Ideal angenähert, das wir als Nächstes diskutieren werden. Zum Beispiel schrieb er in *De Civitate Dei*, dass der Mensch eine „animierte Erde" sei. Augustinus, *Vom Gottesstaat/De Civitate Dei*, übersetzt von Wilhelm Thimme (dtv Verlagsgesellschaft 2017).

Wirklichkeit, die durch sich selbst in der Zeit bestehen bleiben. Wie ein neuerer Philosoph es zusammengefasst hat, besteht die Idee der Substanz aus vier Eigenschaften: (1) sie hat die Fähigkeit, in sich zu existieren, und nicht als Teil einer anderen Sache; (2) sie ist der vereinheitlichende ontologische Schwerpunkt, der die verschiedenen Eigenschaften und Fähigkeiten eines Dinges zu irgendeinem gegebenen Zeitpunkt miteinander verbindet; (3) sie ist das, was ein Ding durch die Zeit vereint, das ontologische Fundament, das sich gleich bleibt, während die Eigenschaften eines Dinges und seine Attribute sich ändern; und (4) die Substanz hat „eine intrinsische dynamische Orientierung" zur Selbstentwicklung und zum Selbstausdruck, mit anderen Worten, Substanzen entfalten sich progressiv durch die Zeit.[15]

Der Begriff der Substanz erweist sich als entscheidend für Aristoteles' und Thomas' hylemorphistische Theorie der menschlichen Person. Aristoteles dachte, dass die Seele die substanzielle Form des Körpers ist. Die Seele ist für den Körper, was die Form für alle anderen Dinge ist. Die Seele präfiguriert, informiert, und belebt den Körper. Sie ist wesentlich mehr als der Geist und seine Fähigkeiten, wie dies für Platon der Fall war (und wie es wieder bei Descartes sein wird). Um eine zeitgenössische Metapher zu benutzen, ist die Seele gestaltete Information – die Software, die aktive Blaupause, die spirituelle DNA –, die das körperliche Wachstum und die geistige Entwicklung der ganzen Person regelt. Sie ist sowohl ein Prinzip des Lebens (der lateinische Begriff für Seele, *anima*, ist die Wurzel unseres Begriffs *animiert*, *belebt*) und der Träger unserer physischen und intellektuellen Fähigkeiten.

Eine menschliche Person ist also ein integrierter Verbund von Seele und Körper. Die Seele und der Körper sind nicht zwei verschiedene Substanzen, die miteinander interagieren. Vielmehr ist die ganze Person eine Substanz, zusammengesetzt aus Form (Seele) und Materie (Körper). Aristoteles und der Aquinate lehren, dass Tiere und Pflanzen auch Seelen haben. Die Funktion der Seele einer Pflanze ist vorwiegend die Ernährung; sie sucht Nahrung aus dem Boden und der Sonne und entfaltet die Struktur der Pflanze. Die tierische Seele hat eine sinnliche Funktion, die die niedrigeren vegetativen Funktionen der Pflanzen umfasst, aber eine andere Schicht der Existenz hinzufügt: die Fähigkeit der Tiere, sich zu bewegen und auf die Umwelt zu reagieren. Die menschliche Seele besitzt

[15] W. Norris Clarke, *Explorations in Metaphysics* (Notre Dame, Ind.: University of Notre Dame Press, 1994), 105, cited in Francis J. Beckwith, *Defending Life: A Moral and Legal Case against Abortion Choice* (New York: Cambridge University Press, 2007), 132.

diese beiden Elemente und fügt ein Drittes hinzu, den intellektuellen Aspekt. Aristoteles argumentierte, dass die Seele vorwärtsschreitend durch das ernährende und sinnliche Stadium hindurchgeht und endlich in der intellektuellen Seele gipfelt. Jede höhere Form der Seele ersetzt die unteren Formen in einer Weise, die fast eine evolutionäre Konzeption der menschlichen Entwicklung antizipiert – ontogenetisch, wenn nicht sogar phylogenetisch (d. h. im Individuum, wenn nicht über die Spezies).[16]

Entscheidend ist, dass Thomas Aristoteles folgte, indem er ein wichtiges Zugeständnis an den starken Dualismus machte. Beide argumentierten, dass nur der intellektuelle Teil der Seele unsterblich sei, da dies der einzige Teil der Seele ist, von dem sie dachten, dass er immateriell sein könne.[17]

Die hylemorphistische Konzeption der Seele liefert eine solide Antwort auf die materialistischen und platonischen Extreme. Im Gegensatz zur Ansicht der Materialisten sind wir nicht einfach aus Materie zusammengesetzt. Und anders als für den starken Dualismus von Platon und Descartes, ist die Seele nicht „im" Körper, wie der Seemann in einem Schiff ist. Auch interagiert die Seele nicht kausal mit dem Körper wie zwei verschiedene Dinge, wie Descartes dies später gelehrt hat. Seele und Körper sind überhaupt nicht zwei verschiedene Substanzen; sie sind komplementär, miteinander verknüpfte Komponenten der menschlichen Person: die Seele in*form*iert den Körper.

Thomas von Aquin fand im hylemorphistischen Ideal nicht nur eine Antwort auf die philosophischen Probleme, die durch Platons Theorie der Seele aufgeworfen wurden, sondern einen Weg, um das zu lösen, was die Bibel als Spannung zwischen Materialismus und Dualismus zu vertreten schien. Die Genesis scheint einen materialistischen Ansatz zu unterstützen, wenn Gott zum gefallenen Adam sagt: „Du bist Staub und zu Staub wirst du zurückkehren."[18] Auch andere Passagen scheinen den Dualismus zu unterstützen. In *Ekklesiastes* steht geschrieben, dass im Tode

---

[16] Aristoteles, *De Anima/Über die Seele* 3.

[17] Wenn die intellektuelle Seele von ihrer Natur her physikalisch wäre, würde sie mit dem Körper verschwinden. Aber dies bedeutet, dass sich die intellektuelle Seele nicht als Nachfolger der ernährenden (vegetativen) und sinnlichen (tierischen) Seele entwickelte. Obwohl sie die ernährende und sensible Seele vervollständigt und ersetzt, wird sie direkt von Gott „am Ende der menschlichen Entwicklung" gegeben. Thomas von Aquin, *Summa Theologica* I, 118, 2. Wir müssen darauf achten, den intellektuellen Teil der menschlichen Seele nicht mit der bloßen Rationalität im modernen Sinne zu vermischen, d. h. mit der kalkulierenden Funktion des Denkens oder der Fähigkeit, die Mittel auszuwählen, die zum gewünschten Ziel führen. Das intellektive Prinzip umfasst unsere Fähigkeit zum Selbstbewusstsein und alle Kräfte, die mit der Kognition verbunden sind – das Denken, Fühlen, Wünschen, Hoffen, Sich-Vorstellen, Beabsichtigen etc.

[18] Gen. 3:19.

„der Staub auf die Erde zurückkehrt, wie er war, und der Geist kehrt zu Gott zurück, der ihn gab"; und das Johannes-Evangelium erklärt: „Das, was aus dem Fleisch geboren ist, ist Fleisch, und was aus dem Geist geboren wird, ist Geist."[19] Thomas von Aquin dachte, dass diese Passagen durch die hylemorphistische Vorstellung der Person von Aristoteles harmonisiert werden könnten.[20] Es gibt zwei Prinzipien in der Wirklichkeit, aber die ganze Person ist aus beiden zusammengesetzt.

Die hylemorphistische Konzeption der Person stellt eine notwendige Korrektur sowohl der asketischen, platonischen Idee der Seele, als auch der materialistischen Auflösung der Seele bereit. Gegen die platonische Idee folgert der Aquinate, dass der Körper für die Seele kein Hindernis ist; er ist die physische Manifestation der Seele und damit etwas affirmativ Gutes und Schönes mit seinem eigenen Recht. Thomas von Aquin verstand, dass Gott die materielle Welt und unsere Körper gemacht hat: „Die Substanz unseres Körpers ist nicht aus einem bösen Prinzip entstanden, wie die Manichäer es sich vorstellen, sondern von Gott. Und deshalb sollten wir den Körper durch die Freundschaft der Liebe schätzen, mit der wir Gott lieben."[21] Insbesondere sexuelle Bedürfnisse sind keine Last der Seele, sondern innerhalb der Grenzen der Ehe ein guter und vollkommen natürlicher Teil des menschlichen Lebens.[22] Sie drücken nicht nur die Natur jedes Ehepartners aus, sondern wie alle teleologischen Prozesse führen sie die Teile zu einer stärker integrierten Ganzheit, die sich in der Zwei-in-eins-Union des Fleisches ausdrückt.[23]

Tatsächlich argumentiert Thomas, dass die Seele und der Körper sich gegenseitig *brauchen*. Der Körper braucht die Seele, um sich menschlich zu machen, aber die Seele braucht ebenfalls den Körper, um sich in der physischen Welt zu verwirklichen. Im Gegensatz zu der platonischen Idee ist die Seele keine eigene Substanz.[24] Nur der Körper und die Seele zusammen sind eine Substanz. Thomas sieht hier wieder eine ausdrückliche Unterstützung seiner Vorstellung durch die Bibel, die lehrt, dass wir

[19] Ekkl. 12:7, Joh. 3:6.

[20] Eleonore Stump, *Aquinas* (New York: Routledge, 2003), 192.

[21] Thomas von Aquin, *Summa Theologica* I-II, 25, 5, zitiert nach Robert Barron, *The Priority of Christ: Toward a Postliberal Catholicism* (Grand Rapids, Mich.: Brazos Press, 2007), 152.

[22] „Natürliche Neigungen sind gegenwärtig in Gott, der alle Dinge bewegt. Also ist es unmöglich für die natürlichen Neigungen einer Art, auf etwas gerichtet zu sein, das in sich selbst böse ist. Aber es gibt in allen vollkommenen Lebewesen eine natürliche Neigung zur fleischlichen Vereinigung. Deshalb ist es für die fleischliche Vereinigung unmöglich, dass sie in sich selbst böse ist." Thomas von Aquin, *Summa Contra Gentiles* III, 126.

[23] Für eine ausgezeichnete Diskussion der Implikationen der hylemorphistischen Idee der Sexualität und der Ehe siehe Patrick Lee and Robert P. George, *Body-Self Dualism in Contemporary Ethics and Politics* (New York: Cambridge University Press, 2009), 176–217.

[24] Thomas von Aquin, *Summa Theologiae* I, 1, 29, Antwort auf Einwand 5.

nicht einfach als Seelen im Jenseits existieren, sondern dass die Auferstehung der Person eine wahre Auferstehung des materiellen Körpers ist.[25] Die Seele ohne Körper ist unvollständig. Thomas von Aquin vermutet, dass die Seele in der Zeit zwischen dem Tod und der leiblichen Auferstehung sich nach dem Körper sehnt. Körper und Seele sind so eng miteinander verflochten, dass sie zusammen ins Sein kommen:

> Wenn aber die Seele dem Leibe als dessen Form verbunden ist und somit naturhaft ein Teil der menschlichen Natur ist, ist das ganz unmöglich [für die Seele, vor dem Leib geschaffen zu sein]. ... Die Menschenseele als Teil der Menschennatur hat ihre naturhafte Vollendung nur durch ihre Verbindung mit dem Leibe. Es wäre also nicht sinnvoll gewesen, die Seele ohne den Leib zu erschaffen.[26]

Gegenüber dem Materialismus liefert die hylemorphistische Idee eine Erklärung unseres Sinnes von uns selbst als einheitliche Person – als freies, durch die Zeit dauerndes Selbst. Das Konzept der Substanz, auf dem es basiert, hilft uns die Frage zu beantworten, was es mit unserem Sinn für personale Identität, die sich durch die Zeit gleichbleibt, auf sich hat, auch wenn viele unserer physischen Attribute und Qualitäten sich ändern. Es erklärt, warum ich heute die gleiche Person bin, die ich als ein Kind war, ungeachtet der Tatsache, dass nicht ein einziges Molekül in meinem Körper das gleiche ist wie damals. Daher wurde das Problem der personalen Identität erst dann ein Problem, als die modernen Philosophen, beginnend mit John Locke, auf die Idee der Substanz verzichteten (siehe Kapitel 5). Ebenso wenig steht der Materialismus im Einklang mit der menschlichen Freiheit, wie wir in Kapitel 6 sehen werden. Der hylemorphistische Ansatz bedeutet, dass wir tatsächlich durch unsere physischen Körper leben – dass unsere Seele kein Geist in der Maschine ist, der von jenseits des Schleiers der Körperlichkeit aus operiert. Was die hylemorphistische Idee zur materialistischen Erklärung hinzufügt, ist, dass der Mensch ein aktives, integriertes Ganzes ist, dass unsere Rationalität und unser Wille in einer ganzheitlichen, holistischen Art und Weise tätig sind, und nicht deterministisch, wie die Materialisten glauben.

Die hylemorphistische Vorstellung von der menschlichen Person vermeidet auch eine weitere Gefahr moderner Vorstellungen von Persön-

---

[25] Josef Kardinal Ratzinger, *Einführung in das Christentum* (dtv 1984).

[26] Thomas von Aquin, *Summa Theologiae* I, 90, 4.

lichkeit. Weil wir menschliche Substanzen sind, hängt unsere Menschlichkeit und die moralische Achtung, die mit unserer Menschlichkeit verbunden ist, nicht davon ab, dass wir gewisse funktionale Fähigkeiten wie eine fortgeschrittene Rationalität haben. Da das moderne Denken den Begriff der Substanz aufgegeben hat, sind wir intellektuell dazu geführt worden, bei den Dingen nur an ihre Eigenschaften zu denken. Diese „Eigenschaftsauffassung“ der Welt hat unsere Ontologie abgeflacht und unsere moralischen Empfindungen verarmt. Wie wir später sehen werden, argumentieren heute zeitgenössische Ethiker häufig so, als ob der menschliche Fötus moralisch weniger wert sei als ein ausgewachsener Mensch.[27] Diese radikale moralische Umkehrung ist nur möglich, weil die modernen Denker jedes Ding in der Welt – das Kind und den Hund – auf seine gegenwärtigen, aktualen Fähigkeiten reduzieren, während sie die wesentlichen Unterschiede zwischen den Arten ignorieren. Ohne den Begriff der Substanz sehen viele moderne Philosophen die Welt fast genauso wie Heraklit vor fünfundzwanzig Jahrhunderten – als das Entstehen und Vergehen eines dahinschwindenden, substanzlosen Prozesses nach dem anderen.

Die hylemorphistische Vorstellung von der menschlichen Person ist dem modernen Denken weitgehend verloren gegangen. In der Tat ist es seltsam, dass die meisten gebildeten Menschen heute nicht einmal diese Vorstellung von der Person kennen, obwohl sie die platonischen und materialistischen Alternativen kennen. Moderne Verteidiger der hylemorphistischen Idee können mit Gleichmut die Erkenntnisse der modernen Neurowissenschaft annehmen, die zeigen, wie körperliche Einflüsse unser geistiges Leben prägen. Was der hylemorphistische Ansatz der materialistischen Interpretation dieser Befunde hinzufügt, ist, dass die Gehirnprozesse nicht vollständig deterministisch und ausschließlich aus physischen Ursachen funktionieren. Die Seele informiert den Körper und gibt

---

[27] Bentham erklärte, dass ein ausgewachsenes Pferd oder ein Hund weitaus rationaler sei als ein Kind, und dachte, dass sie auch in der gleichen Weise geschützt werden sollten, wie die Menschen geschützt sind. Jeremy Bentham, *Introduction to a Theory of Morals and Legislation* (1789), chap. 7, sec. 1. (1789). Seine modernen Anhänger - der berüchtigtste ist Peter Singer – haben argumentiert, dass Kinder kein Recht auf Leben hätten, bis sie das Stadium erreichten, in dem sie fähig seien, das „Subjekt eines Lebens“ zu sein. In jüngster Zeit hat Singer seine Ansicht revidiert und behauptet, dass Säuglinge nur geschützt werden sollten, nachdem sie ein Alter von achtundzwanzig Tagen erreicht haben. Peter Singer, *Praktische Ethik*, 3. Aufl. (Reclam 2013); Peter Singer, *Leben und Tod. Der Zusammenbruch der traditionellen Ethik* (Erlangen, Harald Fischer Verlag 1998).
Ein Kleinkind hat weniger moralischen Wert als ein erwachsenes Pferd. Benthams moderne Anhänger, wie Peter Singer, geben heute ähnliche Argumente. Helga Kuhse und Peter Singer, *Muß dieses Kind am Leben bleiben? Das Problem schwerstgeschädigter Neugeborener* (Erlangen, Harald Fischer Verlag 1993).

damit auch die organisatorische Vorlage für unsere dynamische moralische und spirituelle Entwicklung im Verlauf des Lebens. Sie gibt auch den Ansatz für den wichtigsten Aspekt der menschlichen Personalität – die Freiheit.

Augustinus und der freie Wille

Das praktisch entscheidende Kriterium, ein Selbst zu haben und eine menschliche Person zu sein, ist die Fähigkeit, Entscheidungen zu treffen und aus ihnen zu handeln. Wie Thomas schrieb, sind Männer rationale Substanzen, die „über ihre eigenen Handlungen herrschen und die nicht nur handeln wie andere Lebewesen, sondern die aus sich selbst handeln können".[28] Unsere Entscheidungen und Handlungen müssen aus dem Selbst in einem metaphysisch bedeutsamen Sinne fließen – in einem Sinne, der die Kausalität des menschlichen Handelns unterscheidet von dem Netzwerk aus Ursachen und Wirkungen, das den Rest der natürlichen Welt regelt. Aber wie ist das möglich?

Wie wir in Kapitel 1 kurz gesehen haben, halten die Materialisten daran fest, dass alle menschlichen Handlungen in der gleichen Ursache-Wirkungs-Weise vor sich gehen wie alle anderen natürlichen Ursachen in der Welt. Die Ursachen und Bedingungen, die unsere Handlungen auslösen, können komplexer sein als andere natürliche Ursachen, aber menschliche Handlungen folgen aus demselben Netzwerk von Ursachen und Zuständen und mit der gleichen Notwendigkeit wie alle anderen Dinge im Universum. Wenn dies wahr ist, ist es schwer zu sehen, wie es eine Freiheit des Willens geben kann. Was der Traditionalist einen Akt des „Willens" nennt, ist für den Materialisten einfach die Art und Weise, wie die Hintergrundursachen menschlichen Verhaltens – Biologie, Umwelt, Erziehung und Konditionierung – in ein bestimmtes Verhalten übersetzt werden. Die Philosophen benutzen den Begriff *Determinismus*, um diese Ursache-Wirkungs-Auffassung der Welt zu beschreiben. Der Determinismus ist so alt wie der Materialismus. Demokrit selbst erklärte, dass alles aus Notwendigkeit geschehe und dass die menschliche Wahl eine Illusion sei.

Wie sich jetzt herausstellt, ist das Problem der Freiheit und des Determinismus damit verbunden, wie wir über das Selbst denken. Was es bedeutet, im vollsten, metaphysischen Sinn frei zu sein, ist, dass unser

[28] Thomas von Aquin, *Summa Theologiae* I, 29, 1.

Handeln aus den inneren Quellen des Selbst und nicht aus solchen äußeren Ursachen wie unserem biologischen Hintergrund und der Umwelt erfließt. Diese biologischen und ökologischen Bedingungen konstituieren uns in einem bestimmten Sinn. Sie sind Teil unseres Hintergrundes und dessen, wer wir sind. Dennoch sind sie äußerlich in dem Sinne, dass sie jedem Einzelnen als Teil seines Hintergrundes gegeben werden. Sie sind nicht gewählt. Aber der Materialist behauptet, dass dies *alles* sei, was jeder von uns ist. Mit anderen Worten, dass wir zusammengefasst werden können, indem wir diese Hintergrundbedingungen betrachten. Was bleibt übrig, fragt der Materialist, nachdem wir für all diese Hintergrundursachen verantwortlich sind, die jeden von uns zu dem machen, der er ist? Nichts. In Summe geht der Angriff des Materialisten auf die Freiheit des Willens mit einem Angriff auf den Begriff des metaphysischen Selbst einher. In der Behauptung, dass es in der Kernidentität einer Person nichts mehr gibt, nachdem wir diese Hintergrundursachen berücksichtigt haben, behauptet der Materialist, dass diese Bedingungen die menschliche Persönlichkeit vollkommen konstituieren. Es gibt kein Selbst im metaphysisch robusten Sinne, wie wir es behauptet haben, in welchem Fall die Freiheit des Willens eine metaphysische Unmöglichkeit ist.[29]

Platon und Aristoteles lehnten den Determinismus ab. Sie waren metaphysisch Libertäre. Jeder glaubte in seiner je eigenen Weise, dass es eine Seele gibt, die nicht auf die Materie des Körpers reduzierbar ist. Beide erkannten, dass es eine gewisse Kraft oder innere Fähigkeit geben muss, die menschliches Verhalten bewegt. Platon näherte sich der Wahrheit, als er zu dem Schluss kam, dass diese Fähigkeit über dem Fluss der Wünsche, Leidenschaften und Bedürfnisse stehen muss, die oft das Verhalten antreiben. Es war der Begriff des Willens, an den er sich herantastete, als er sagte, dass es einen Aspekt des Selbst gibt, der „alles jenes zu regieren [scheint], woraus man doch sagt, dass es bestehe, und dem fast überall das ganze Leben hindurch zu widerstreben und [den] es zu beherrschen [scheint] auf alle Weise".[30] Aristoteles stimmte zu, dass dieses „Etwas" nicht die Vernunft sein könne, da der Intellekt allein „nichts bewegt".[31] Aber er hat sich von Platons Auffassung etwas zurückgezogen, indem er dieses willentliche Merkmal der menschlichen Persönlichkeit „desidera-

[29] Für eine moderne Version der libertären Auffassung des freien Willens und des Selbst siehe C.A. Campbell, "Has the Self Free Will?", in *On Selfhood and Godhood: The Gifford Lectures Delivered at the University of St. Andrews during Sessions 1953–54 and 1954–55* (New York: Macmillan, 1957).

[30] Platon, *Phaidon*, 94c.

[31] Aristoteles, *Nikomachische Ethik*, 6.2.1139a31, 35.

tive Vernunft" oder „vernünftig schließende Begierde", wünschende Vernunft oder vernünftiges Verlangen nannte, mit anderen Worten eine Mischung aus Vernunft und Begierde.[32]

Aber es war der heilige Augustinus, der unsere Vorstellung vom freien Willen als ein eigenständiges, von Vernunft und Begierde getrenntes Vermögen aufdeckte. Augustinus (354–430) wurde in der römischen Provinz Numidien (heute Algerien) von einer christlichen Mutter (hl. Monika) und einem heidnischen Vater geboren, der kurz vor seinem Tod zum Christentum übertrat. Der junge Augustinus war brillant und leidenschaftlich, fühlte sich aber nach seinen eigenen Angaben zu intellektuellem Prestige, Ruhm und den begleitenden weltlichen Belohnungen hingezogen. Mit sechzehn Jahren ging er nach Karthago, um Rhetorik zu studieren, und dort nahm er sich bald eine Geliebte, die ihm einen Sohn, Adeodatus (Geschenk Gottes), schenkte.

Zu gegebener Zeit führte Augustins Suche nach der Wahrheit ihn zum Manichäismus, damals der Hauptkonkurrent des Christentums in der nachheidnischen Welt. Die Manichäer lehrten, dass die Welt das Feld eines ewigen Konflikts zwischen zwei entgegengesetzten Mächten sei – ein Prinzip des Guten, des Lichts und der Ordnung und das andere ein Prinzip des Bösen, der Dunkelheit und des Chaos. Dieser umstürzende Konflikt zwischen Gut und Böse schneidet direkt in das Zentrum der menschlichen Persönlichkeit ein: Die Seele wurde aus dem Prinzip des Lichts geboren, während der Körper aus dem Prinzip der Dunkelheit kam. Das Ziel des Lebens war, der Knechtschaft des Körpers zu entgehen. Asketische Praktiken, einschließlich Zölibat und Vegetarismus, wurden für die Auserwählten vorgeschrieben. Für Augustinus hatte der Manichäismus hauptsächlich einen intellektuellen Vorteil gegenüber dem Christentum: Das Christentum konnte nicht, wie er damals dachte, einen allmächtigen, allwissenden und höchst guten Gott mit der Existenz von so viel Schmerz und Bösem in der Welt versöhnen, während die Manichäer das Böse in Begriffen einer der beiden Grundkräfte in der Welt erklärten.

Im Alter von zwanzig Jahren eröffnete Augustinus eine Rhetorikschule in Karthago, aber sein Streben nach Ruhm als Autor, Dichter und Rhetoriker, zusammen mit seinem wachsenden Abscheu über die Widerspenstigkeit seiner Schüler, führte ihn zu grüneren Weiden – zuerst nach Rom und dann nach Mailand. Sein Glaube an den Manichäismus hatte bereits begonnen, einem allgemeinen Skeptizismus zu weichen, als er in Mailand Bischof Ambrosius traf, dessen Brillanz, Gelehrsamkeit und Güte

[32] Ibid., 1139b4-5.

ihn weit mehr beeindruckten als die manichäischen Lehrer, die er in Karthago gekannt hatte. Als Augustinus in den späten Zwanzigern war, führten ihn seine intellektuellen Wanderungen zum Neuplatonismus, der als eine Art philosophisches Dynamit diente und die verbliebenen intellektuellen Hindernisse für seine Akzeptanz des Christentums beseitigte. Von den neuplatonischen Autoren lernte er, wie man sich die immaterielle Wirklichkeit vorstellen konnte, und das bereitete den Weg für sein Verständnis der Seele. Er griff auch das neuplatonische Verständnis des Bösen als einer Privation auf, was ihm erlaubte, die Güte und Allmacht Gottes mit dem Bösen in der Welt zu versöhnen. Das Böse war überhaupt nicht wirklich; es war stattdessen die Abwesenheit des Seins.

Mit dieser Beseitigung der intellektuellen Hindernisse des Christentums wurde Augustinus akut auf einen tieferen moralischen Konflikt in sich selbst aufmerksam. Es war sein Wille, nicht sein Intellekt, der ihn daran hinderte, die Wahrheit zu akzeptieren, die er so leidenschaftlich gesucht hatte. In diesem Stadium seiner spirituellen Entwicklung *verstand* er, konnte sich aber nicht ohne völlige Bekehrung in Übereinstimmung mit diesem Verständnis bringen. Wie er es ausdrückte, musste es eine „Umkehr" der Seele geben, weg von den Dingen der Welt hin zu den Dingen Gottes. Es war in seinem Garten in Mailand im Sommer 386, als er ein Kind auf der anderen Seite einer Mauer hörte: „Tolle Lege! Tolle Lege!" („Nimm und lies es!"). Er öffnete seine Bibel und fand eine Stelle in den Römerbriefen und blickte auf die ersten Worte, die er sah: „Wie am Tage lasst uns ehrbar wandeln, nicht in Schmausereien und Trinkgelagen, nicht in Ausschweifung und Unzucht, nicht in Streit und Eifersucht. Ziehet vielmehr den Herrn Jesus Christus an und pfleget den Leib nicht so, dass dessen Begierden geweckt werden."[33] Die Passage ging in das Herz dessen, was ihn daran gehindert hatte, die christlichen Lehren zu akzeptieren, die er bereits begonnen hatte zu ergreifen, wenn auch nur in einer intellektuellen Weise. Das hatte seine Bekehrung bislang verhindert. Er war einunddreißig.

Augustins persönlicher Kampf führte zu der Erkenntnis, dass es nichtrationale Hindernisse für Wissen, Glauben und das gute Leben gibt, eine fundamentale Tendenz, die sich in jeder Persönlichkeit findet und diese in eine von zwei Richtungen zieht. Er poetisierte diese Einsicht und erfasste die moralische Orientierung jeder Seele als das „Gewicht" der eigenen Liebe. In einer der berühmtesten Passagen seiner *Bekenntnisse* schrieb er: „Mein Gewicht ist meine Liebe; durch sie werde ich getrieben,

---

[33] Röm 13:13–14; Augustinus, *Confessiones/Bekenntnisse* 8.8–12.

wohin ich immer getrieben werde.“[34] Dieses Gewicht zieht den Liebenden in die Richtung seiner Ziele und Wünsche – entweder zurück zu sich selbst und zu einer selbstzentrierten Umklammerung der Dinge der Welt, oder zu einer Orientierung hin auf die anderen und auf Gott.[35] Dieses Gewicht (und die Richtung, in die es uns führt) ist ganz in unserer Macht. In der Tat ist es die primäre Kraft des Selbst, eine Macht, die Augustinus als den Willen identifiziert hat.

Obwohl Augustinus zweifellos die Vernunft mit der Intensität liebte, die jeder hat, der nach der Wahrheit sucht, argumentierte er, dass der wahre Kapitän des Schiffes der Seele nicht die Vernunft sei, wie Platon und Aristoteles dachten, sondern der Wille. Der Wille ist eine Macht, die über dem Fluss der Wünsche, Leidenschaften und Bedürfnisse steht und die leitet und von der Vernunft geleitet wird. Die Macht des Willens, des *liberum arbitrium,* oder die Freiheit der Entscheidung ist eine echte, sich selbst bewegende menschliche Fähigkeit, das Gute oder das Böse zu wählen. Aber wie ist das möglich? Wie kann der Wille selbst wollen, wenn alle anderen Dinge durch frühere Ereignisse und Bedingungen in der Natur verursacht werden?

Augustinus, der mehr als irgendjemand in der Geschichte dafür getan hat, die Seele mit der inneren Orientierung des Selbst zu verbinden, erkannte, dass die Kraft der Vernunft und des Willens reflexiv wirken: sie können sowohl auf sich selbst als auch auf äußere Dinge hin tätig sein. Der Intellekt erkennt sich selbst in einem direkten Akt des Erfassens. Über die Existenz des Selbst können wir nicht irren. Es ist die eine wesentliche Erkenntnis, die Gott uns mit Gewissheit gegeben hat. Wir wissen, dass wir existieren, und zwar in einem Akt der Befragung unserer Existenz. Zwölfhundert Jahre bevor Descartes erklärte: „Ich denke, also bin ich“, sagte Augustinus zuerst: „Selbst wenn ich getäuscht werde, *bin ich.* Denn wer nicht existiert, kann nicht getäuscht werden.“[36]

So wie die Seele sich im Akt des Denkens selbst erkennt, so will auch der Wille sich selbst: „Sei also nicht überrascht, dass wir, obwohl wir andere Dinge mit freiem Willen benutzen, auch den freien Willen selbst als Mittel des freien Willens nutzen, so dass der Wille, der andere Dinge

---

[34] Augustinus, *Confessiones/Bekenntnisse* 13.9.

[35] Bei Aristoteles findet sich diese Einsicht auch schon angedeutet. Sie ist wesentlich für unsere Freiheit, denn „gutes Handeln und sein Gegenteil kann nicht ohne eine Kombination von Intellekt und Charakter existieren“. Aristoteles, *Nikomachische Ethik,* 6.2.1139a30-35.

[36] Augustinus, *De Civitate Dei/Gottesstaat* 11,26

nutzt, sich selbst nutzt, ebenso wie der Verstand, der andere Dinge erkennt, sich auch selbst erkennt."[37] Im Gegensatz zu allen natürlichen Dingen, die durch vorhergehende Ursachen hervorgerufen werden, ist der Wille sich selbst bewegend. Er verursacht seine eigenen Handlungen. Menschen teilen mit Gott allein diese nichtnatürliche Macht, um ihre eigenen Handlungen herbeizuführen, die nicht durch vorhergehende Ursachen verursacht werden. Hier liegt das Wesen der menschlichen Freiheit.

Unser Wille bewegt uns. Er ist der Motor des menschlichen Handelns. Aber er ist auch eine fundamentale Orientierung des eigenen Selbst, die alles andere einfärbt, einschließlich unseres Wissens und unserer Erkenntnis. Im Gegensatz zu rationalistischen Philosophien, die den Willen für ein bloßes Instrument der Vernunft halten, (d. h., dass wir zuerst erkennen und dann in Übereinstimmung mit unseren Überzeugungen wollen), hat Augustinus gelehrt, dass der Wille dem Intellekt in einer bedeutenden Weise *vorausgeht.* Das wahre Verständnis erfordert einen Einsatz – in der Tat eine Investition –, den die, die auf der Suche nach der Wahrheit sind, in gewissem Sinne „im Voraus bezahlen" müssen, indem sie einen vorhergehenden Einsatz eingehen, der möglicherweise nicht vollständig von den Beweisen unterstützt wird, wie sie gegenwärtig erscheinen. „Wenn du nicht glaubst", schrieb Augustinus, „wirst du nicht verstehen."[38] Wissen und Verständnis ersetzen bloßen Glauben, aber *Glaube*, eine Disposition zur Verpflichtung, ist eine Voraussetzung für das wahre Verständnis.

Augustinus erkannte, dass Wille und Intellekt im Prozess der menschlichen Entscheidungsfindung in einer wechselseitigen Relation zueinander stehen. Jeder hat einen gewissen Einfluss auf den anderen. Unsere Entscheidungen und Handlungen gehen von der synergistischen Beziehung von Willen und Vernunft aus. Dennoch war es Thomas von Aquin, der die Auffassung des Augustinus vom Willen verschmolzen hat mit Aristoteles' teleologischem Verständnis des menschlichen Handelns, um das komplexeste Verständnis der menschlichen Entscheidungsfindung zu schaffen, das jemals von der Philosophie erreicht wurde.

---

[37] Augustinus, *Über die freie Wahl des Willens,* 2.19. Ferner erreichen wir im Akt des Wollens des Guten eine gewisse Glückseligkeit, die das direkte Resultat unseres Wollens ist: „Es folgt, dass alle, die ein aufrechtes und ehrliches Leben wollen, wenn sie dies mehr wollen, als sie vorübergehende Güter wollen, ein so großes Gut so leicht erlangen, dass sie es durch den Akt des Wollens selbst haben". Ibid., 1.13

[38] Ibid., cf Is 7:9.

Thomas von Aquins Theorie der Entscheidung

Kein Denker zuvor oder seither hat so sorgfältig eine Rekonstruktion des Mechanismus der menschlichen Wahl entwickelt wie Thomas von Aquin. Seine moralische Psychologie ist eine Meisterleistung der philosophischen Synthese und Introspektion. Weil die Welt teleologisch und nicht deterministisch tätig ist, handeln Menschen nach Finalursachen. Wir sind durch Wünsche bewegt und lieben aus uns, nicht gedrängt von hinten durch eine Fülle von deterministischen Ursachen. Menschliche Handlungen müssen im Rahmen der vier Ursachen von Aristoteles verstanden werden – der materiellen, effizienten, formalen und Zielursachen.

Aristoteles lehrte, dass eine Person, die eine Wahl bewusst durch eine willentliche Entscheidung ausführt, als die effiziente Ursache ihres Handelns fungiert.[39] Die Wirkursache ist nichts anderes als die Wahl, die Handlung ist die Ausführung der Entscheidung. Aber alle Handlungen sind auf ein Ziel gerichtet, einen Zweck - die Finalursache, die die Handlung motiviert. Wir essen, weil wir hungrig sind, oder lesen Platon, um Weisheit zu erlangen. Aber menschliches Handeln wird auch durch formale Ursachen vermittelt. Im menschlichen Verhalten sind die formalen Ursachen, die uns motivieren, nichts anderes als unser Bedarf und unsere Wünsche, Bedürfnisse und Dispositionen, die von unserer essentiellen Konstitution (unserer ersten Natur) ausgehen und uns zur Erreichung unseres Telos oder unseres letzten Ziels antreiben. Unsere Bedürfnisse und Dispositionen sind geprägt von unserer Kultur und Umwelt (unserer zweiten Natur) und von unseren bisherigen Entscheidungen, die unseren Charakter bilden. Die Materialursachen schließlich sind die physischen Mittel, um unsere Ziele zu erreichen.

Stellen Sie sich einen einfachen Fall vor, die Zubereitung einer Mahlzeit. Hunger (die formale Ursache, die als Appetit oder Bedürfnis vorhanden ist) veranlasst einen Handelnden, sich etwas zu essen (die Zielursache) vorzustellen, was ihn motiviert, eine Mahlzeit (die Wirkursache) aus den Speisen zuzubereiten, die er zur Hand hat (die Materialursache). Natürlich können kurze Handlungen Teil von ausgedehnten Handlungen sein. Zum Beispiel kann eine besondere Handlung des Studiums unter dem Aspekt aller vier Ursachen beschrieben werden, aber sie kann auch Teil eines größeren Gutes sein – zum Beispiel, einen medizinischen Titel

[39] „Der Ursprung der Handlung - ihre effiziente, nicht ihre Finalursache - ist die Wahl." Aristoteles, *Nikomachische Ethik*, 6.2.1139a32.

zu erwerben (Zielursachen), um die Suche nach Wissen oder Erfolg zu befriedigen oder Reichtum zu erlangen (die Formalursachen), was den Schüler dazu veranlasst, weitere bestimmte Entscheidungen zu treffen bei der Wahl materieller Mittel, um den Titel zu erhalten (die materiellen und effizienten Ursachen). Insbesondere die Zielursache stellt den Grund für unsere Handlungen dar. Was den deterministischen Ansatz des menschlichen Verhaltens (denn es kann nur Verhalten sein und kein echtes Handeln) so unplausibel macht, ist, dass dieser Ansatz entweder die Gründe als Ursachen des menschlichen Handelns nicht in Betracht zieht (wir essen wegen der physischen Bedingungen in unserem Gehirn, und nicht weil wir hungrig sind) oder die Gründe als effiziente Ursachen neu interpretieren muss, was eine Vielzahl anderer Probleme aufwirft.

Aus einer internen Perspektive ist die menschliche Entscheidungsfindung eine Funktion des Zusammenwirkens der formalen und effizienten Ursachen (die Art und Weise, wie sich unsere Bedürfnisse und Wünsche in unserer Wahl ausdrücken). Thomas integriert Augustins Einsicht, dass der Wille den Intellekt färbt, mäßigt sie jedoch ab. Tatsächlich beeinflussen Wille und Intellekt einander durch eine fünfstufige Abfolge von Interaktionen, die in die Handlungsentscheidung eingehen. Bei jedem Schritt des Weges gibt es nach Augustins Einsicht eine paarweise Antwort zwischen Intellekt und Willen.

Der erste Schritt beinhaltet eine einfache Bestimmung durch den Intellekt, dass ein bestimmtes Ziel jetzt wünschenswert ist, gefolgt von der entsprechenden Willenskraft des Willens zu diesem Zweck. Dieser Wille kann als eine bloße Begierde nach dem Ziel bezeichnet werden – eine Begierde, die jeder Erwägung vorausgeht, wie (oder ob) sie erreicht werden kann. Die zweite bis vierte Stufe beinhalten die Auswahl der Mittel, um das Ziel zu erreichen. Strenggenommen *beabsichtigen* wir, nach der Theorie Thomas von Aquins, das Ziel, aber wir *wählen* die Mittel, um unser Ziel zu erreichen.[40] In der zweiten Phase muss der Intellekt entscheiden, dass es innerhalb der Macht des Handelnden liegt, das Ziel zu erreichen. Wenn der Intellekt zu dem Schluss kommt, dass das Ziel erreicht werden kann, dann bildet der Wille die Intention, zu versuchen, das Ziel zu erreichen. Dieser Akt des Willens spornt den Intellekt zur dritten Stufe der Überlegung an, wenn der Intellekt verschiedene Alternativen zur Erreichung des Ziels aussucht (Thomas nennt diesen Akt des Intellekts „Ratschlag“). Aber die ausgesuchten Mittel müssen wieder vom Willen akzeptiert werden (Thomas nennt dies die „Zustimmung“ des Willens). Wenn

[40] Steven A. Long, *The Teleological Grammar of the Moral Act* (Naples, Fla.: Sapientia Press, 2007), 1.

einige der Mittel unerwünscht sind, werden sie ausgeschlossen. In der vierten Stufe wählt der Intellekt aus den Alternativen die einzigen und bestmöglichen Mittel aus, um das Ziel zu erreichen; und wenn der Wille diese Alternative akzeptiert, wählt er diese Option (*electio*). Nun, da die Ziele und Mittel gewählt wurden, bleibt nur noch die fünfte Stufe übrig, um die Handlung auszuführen: Der Intellekt befiehlt die Handlung und der Wille führt sie aus (Thomas nennt diese Paarung der Handlungen durch den Intellekt und den Willen „Befehl" und „Gebrauch").[41]

Mehrere Dinge müssen zu Thomas von Aquins Ansatz betont werden. Zunächst treten diese Stufen selbstverständlich häufig augenblicklich auf, und in einigen Fällen fallen verschiedene Schritte aus (z. B. entfallen, wo es nur ein mögliches Mittel gibt, um ein Ziel zu erreichen, der dritte und vierte Schritt). Zweitens hat der Wille, während der Intellekt der funktionale „Direktor" des menschlichen Handelns ist, eine Art Vetorecht, sodass er die Ziele und Mittel, die an jedem Punkt auf dem Weg gewählt werden, akzeptieren muss. Der Wille kann auch den Intellekt kontrollieren, indem er seinen Fokus auf andere Dinge umleitet. So fällt Thomas' Auffassung des menschlichen Handelns in die Mitte zwischen Humes bedürfnisgetriebener Psychologie („die Vernunft ist ein Sklave der Leidenschaften") und Kants Auffassung (dass unsere freiesten Handlungen diejenigen sind, die von jeder Leidenschaft ungefärbt sind). Schließlich sehen wir hier, wie die Orientierung des Willens in den deliberativen Prozess hereinkommt. Der moralische Zustand des Akteurs ist bei der Auswahl sowohl der Ziele (durch Einfärbung des Sinnes des Handelnden für das, was wünschenswert ist) als auch der Mittel (weil ein bestimmtes Mittel zum Ziel für einen bösen Menschen akzeptierbar sein kann, aber nicht für einen guten) relevant. So beeinflussen unsere Charaktere, Emotionen und moralischen Zustände unsere Entscheidungen und werden von ihnen beeinflusst.

Was wir „Freiheit des Willens" nennen, ist die Entfaltung der gesamten fünfstufigen Sequenz: das Intendieren der Ziele, die Wahl der Mittel und die Festlegung, die in die Handlung ausstrahlt. Der freie Wille ist eine Eigenschaft der zwei Kräfte des Selbst, des Willens und des Intellekts, da sie zusammen funktionieren. Freiheit ist tatsächlich eine Macht der ganzen Person als integriertes Ganzes: Es ist nicht der Wille, sondern die ganze menschliche Person, die frei ist.[42] Thomas legt jedoch besonderen Wert auf die Kraft der *electio*, der vierten seiner fünf Stufen. *Electio* ist die

---

[41] Thomas' Darstellung des menschlichen Handelns findet sich in der *Summa Theologica* I-II, 6-21. Stumpf gibt einen Überblick über die fünf Stufen des Handelns. Stump, *Aquinas*, 287–90.

[42] Stump, Aquinas, 297.

endgültige Wahl des Willens, die Handlung zu tun, weiterzugehen, was der Ausführung der Handlung vorausgeht. „Das Wollen geht auf das Ziel, aber die Wahl geht auf die Mittel."[43] Weil *electio* die Bejahung unseres Willens für eine besondere Handlung ist (Mittel und Ziel), ist sie der Dreh- und Angelpunkt unserer moralischen Verantwortung für unser Handeln.

Es ist wirklich auffällig, wie viel davon in modernen Ansätzen der Entscheidungsfindung verloren gegangen ist, da sie beeinflusst sind von materialistischen Annahmen. Durch die Leugnung des Selbst, des Willens und der Zielursachen hat der Materialismus unsere moralische Psychologie schwerwiegend verarmen lassen, und indem wir unsere moralische Psychologie haben verarmen lassen, konnte eine Theorie plausibel gemacht werden, dass nichts anderes ernst genommen werden könne als die Behauptung, dass wir nicht wirklich frei wählen.

Die Sorge des Selbst: Moralische Tugend und die psychologische Integration der Person

Ein letztes wesentliches Element der klassischen Konzeption der Person bleibt für uns zu diskutieren, aber es könnte in praktischer Hinsicht der wichtigste Teil sein. Das moderne Denken hat unsere Moral von unserer Psychologie weitgehend getrennt. Nach den meisten modernen Ansichten ist es eine Sache, psychologisch gesund zu sein; moralisch gut und sozial verantwortlich zu sein, ist eine ganz andere Sache. In der Tat, für einige moderne Denker kann gesund zu sein erfordern, dass wir unsere moralischen Empfindungen überwinden.

Die Quellen dieser eigenartigen modernen Haltung sind so zahlreich, dass sie schwer zu katalogisieren sind, aber eine kurze repräsentative Stichprobe kann uns vielleicht helfen. Die modernen Denker haben behauptet, dass die Menschen unweigerlich aus Egoismus und Eigeninteresse arbeiten, so dass der Altruismus eine metaphysische Unmöglichkeit sei (Mandeville, Hobbes), dass der Mensch im Naturzustand inhärent wohltätig sei und dass die Gesellschaft uns bösartig und grausam mache (Rousseau), dass die Pflicht und der Wunsch regelmäßig in Konflikt gerieten (Kant), dass die Verfolgung der wahren Liebe die Verengung der sozi-

---

[43] Thomas von Aquin, *Summa Theologica* I-II, 13, 3. Intention und Wollen sind in der thomistischen Theorie in erster Linie mit den Zielen beschäftigt. Aber die Intention ist das letzte Ziel, der Gegenstand der Handlung, der die Wahl der Mittel motiviert, während das Wollen die effiziente Ursache ist, die die bestimmten Mittel, die gewählt werden, ausführt, um das Ziel zu erreichen.

alen Bindung bedrohe (Romantik), dass die Gesellschaft unsere Individualität unterminiere (Mill), dass eher der Wille zur Macht das Zeichen von psychologischer Gesundheit sei als die Größe der Versenkung in sich selbst (Nietzsche), und dass die Seele der Heiligen oft krank sei (Freud).

Von dieser modernen Unsensibilität könnte nichts weiter entfernt sein als die klassische Sicht der menschlichen Natur. Platon, Aristoteles, Augustinus, Thomas von Aquin und viele andere behaupten immer wieder, dass das moralische und seelische Wohlergehen der Person, ihre Fähigkeit, eine echte Glückseligkeit zu erreichen, von der Selbstintegration abhängt, und dass eine echte Selbstintegration unmöglich ist für den Selbstsüchtigen, den Lasterhaften und für den eindeutig Bösen.[44] In einer Welt, die teleologisch geordnet ist, sollten Güte und Gesundheit Hand in Hand gehen. In einfachen christlichen Begriffen gesagt, kann sich das wahre Selbst nur auf dem Boden des Guten entwickeln – einem Boden, dem nur Gott Wasser und Nahrung spenden kann.

Einige wenige Schulen des modernen Denkens halten sich noch an Aspekte dieser essentiellen menschlichen Einsicht. Die humanistische Psychologie lehrt zum Beispiel, dass die Selbstverwirklichung die volle Integration der menschlichen Persönlichkeit erfordert.[45] Aber was der moderne Gedanke auslässt ist, dass diese Integration mehr sein muss als die Erreichung einer rein *inneren Konsistenz* zwischen unseren Gedanken, Überzeugungen, Wünschen und Handlungen. Wir können uns einen innerlich konsistenten Nazi oder Massenmörder oder Heroinsüchtigen vorstellen – jemand, der sein System von Glauben und Wünschen sorgfältig in ein kohärentes, aber böses und selbstzerstörerisches Lebensmuster integriert hat. Diese Person könnte *authentisch* in dem Sinne handeln, dass ihre spontanen Reaktionen auf die Welt die innere Konsistenz ihres Systems von Glauben und Wünschen widerspiegeln, und ihr gewähltes Muster könnte sogar einen gewissen inneren Konflikt verhindern, aber innere Konsistenz reicht nicht für ein wahres menschliches Gedeihen. Die wahre Integration erfordert mehr als die innere Kohärenz.[46] Sie erfordert ein Le-

[44] Diese Sicht bildet das Herz von Platons und Aristoteles' Moralpsychologie. Platon, *Der Staat*, 9.571-80; Aristoteles, *Nikomachische Ethik*, 9.4.

[45] Vgl. z. B. Rollo May, *Love and Will* (New York: Norton, 1968); Abraham Maslow, *Toward a Psychology of Being* (New York: Van Nostrand Reinhold, 1968).

[46] Tatsächlich würden klassische Denker von Platon bis zu Thomas darauf hinweisen, dass die volle innere Konsistenz nicht einmal möglich ist, wenn man nicht in Übereinstimmung mit seiner wahren Natur lebt. Der Grund dafür ist, dass das böse oder nicht tugendhafte Leben eine Person daran hindert, ihre wahre Natur oder Identität zu erreichen. Die böse Person lebt im Konflikt nicht nur mit anderen, sondern letztlich mit sich selbst. Eine innere Konsistenz ungesunder oder positiv böser Wünsche und Überzeugungen wird immer gegen

ben, das tugendhaft in Übereinstimmung mit unserem menschlichen Telos gelebt wird, das inhärent relational ist, verbunden mit dem Gut der Anderen.

Wir können das klassische Verständnis unserer Moralpsychologie in drei Thesen zusammenfassen.

Gewissen und die Realität der moralischen Erkenntnis: Erstens und grundsätzlich besitzen Menschen eine inhärente noetische Fähigkeit, den Unterschied zwischen richtig und falsch zu erkennen. Wir wissen intuitiv, dass der Mord falsch ist, genau wie wir intuitiv wissen, dass zwei plus zwei gleich vier ist, obwohl beide Wissensformen durch Erfahrung aktualisiert werden müssen (d. h., wir sind nicht mit mathematischer oder moralischer Erkenntnis geboren worden, sondern wir gewinnen Wissen durch die Tatsachen, die sich uns präsentieren). Im Falle der moralischen Erkenntnis kann unser Verständnis durch dysfunktionale Umstände oder durch einen schlechten Charakter vereitelt werden (ein weiteres Beispiel für die Einsicht von Augustinus, dass die Orientierung unseres Charakters unser moralisches Verständnis färbt). Dennoch ist ein wahres Verständnis des Guten in latenter Form vorhanden und wartet darauf, in jeder menschlichen Person aktualisiert zu werden.

Üblicherweise nennen wir dieses Vermögen „Gewissen". Die Etymologie des Begriffs ist bedeutsam, denn das Gewissen ist buchstäblich Ge-Wissen (Mit-Wissen): Wir erkennen mit anderen und mit Gott die Unterscheidung zwischen Gut und Böse.[47] Thomas von Aquin benutzte den Begriff *Synderesis*, um sich auf die angeborene, unrealisierte Potenzialität zu beziehen, durch die wir erkennen und das Gute tun.[48] Das Gewissen ist dagegen die Art und Weise, in der die *Synderesis* (mehr oder weniger gut)

den Ruf der unrealisierten Natur gerichtet sein. So wird es immer etwas Unvollständiges, Unvollendetes im konsistent bösen Individuum geben. Ein Grund für die Unmöglichkeit einer voll integrierten bösen Persönlichkeit hat mit der zentralen Bedeutung der Tugend der Klugheit zu tun. Klugheit oder praktische Weisheit ist eine mächtige Integrationskraft der menschlichen Persönlichkeit, aber die Entwicklung der Klugheit hängt davon ab, dass man in Übereinstimmung mit dieser Tugend lebt.

[47] „So sollt auch ihr gesinnt sein, wie auch Jesus Christus gesinnt war" (Phil 2:5).

[48] Thomas dachte die Synderesis als eine „natürliche Gewohnheit", die uns zum Guten neigt. Da sowohl die Vernunft als auch der Wille zum Guten neigen, da die Vernunft das Gute versteht, ist die Synderesis nicht nur die Erkenntnis. Sie ist eine Neigung zum Guten, die in unserer praktischen Vernunft implantiert ist. Sie neigt den Willen ebenso wie den Intellekt hin zum Guten. So ist die Güte konnatural mit unseren Wünschen, eine natürliche Neigung, zu erkennen und das Gute zu tun. Thomas von Aquin, *Summa Theologiae* I, 79, 12. Vgl. Aristoteles, *Ethik* 6.6.

in bestimmten Individuen ausgedrückt wird.[49] Das Gewissen kann durch schlechte Kultur oder Charakter deformiert werden, und das erklärt, warum Menschen authentisch widersprüchliche Meinungen auf der Grundlage des Gewissens haben können. Daher kann die Synderesis nicht irren, aber das Gewissen kann irren. Es ist die Synderesis, die das Naturrecht als eine universale Proposition praktischer Grundregeln zum Handeln begreift.[50] Trotzdem lehrte Thomas, dass selbst das irrige Gewissen uns bindet, dass wir ihm so gut wie möglich unter allen Umständen folgen müssen.[51]

Nur diese Auffassung des Gewissens kann die modernen Ideen der Gewissensfreiheit rechtfertigen: Wenn das, was wir jetzt das Gewissen nennen, einfach das individualisierte Wiederauftreten der Sozialisation ist, wie es die meisten Schulen der modernen Psychologie lehren, ist es schwer zu verstehen, warum die Freiheit des Gewissens so wichtig sein sollte. Wenn moralisches Wissen durch unsere kulturellen Einflüsse in uns hineingelegt wird (etwas besser als andere), ist es überhaupt nicht klar, warum etwas Besonderes daran sein sollte, im Gegensatz zu anderen Formen sozialer Einflüsse auf unser Verhalten.

Die Wahl und die Konstitution unseres Charakters: Der zweite Grundsatz des klassischen Verständnisses unserer moralischen Psychologie ist, dass unsere Entscheidungen buchstäblich selbstkonstituierend sind. Entscheidungen sind nicht einfach getrennte und klare Punkte im Verlaufe der Lebensbahn. Sie legen einen gewissen Weg für die Zukunft fest, nicht einfach deshalb, weil sie uns zu gewissen Handlungen verpflichten, sondern grundsätzlich durch das Hinterlegen einer Art moralischen Nachlasses, einer Neigung zum Guten oder zum Bösen im Willen des Wählenden. Darum ging es Aristoteles, wenn er sagte, dass wir gut oder schlecht werden, indem wir gute oder schlechte Handlungen wählen.[52] Wenn wir diese

---

[49] Streng genommen ist die Synderesis keine Macht, sondern eine Handlung. Thomas von Aquin, *Summa Theologiae* I, 79, 13. Es ist die Art und Weise, in der die Synderesis in der Erkenntnis eines bestimmten Individuums ausgedrückt wird, mehr oder weniger durch Kultur, Charakter und Umstände verzerrt.

[50] William E. May, "Contemporary Perspectives on Natural Law", in *St. Thomas Aquinas and the Natural Law Tradition: Contemporary Perspectives* (Washington, D.C.: Catholic University of America Press, 2014), 133.

[51] Thomas von Aquin, *Quaestiones disputatae de veritate*, qq. 16 und 17.

[52] Aristoteles, *Nikomachische Ethik*, 5.3.5.1114a1-25. Robert George stellt das wunderschön dar: „Die Entscheidungen [für das Gute oder Böse] prägen den Charakter der wählenden Personen, indem sie das moralisch Gute oder Böse dieser Wahl in ihrem Willen integrieren. In diesem Sinne sind moralisch bedeutende Entscheidungen selbstkonstituierend: sie bestehen in dem Charakter und der Person des Wählenden über das Verhalten hinaus, das sie ausführt." Robert George, *Making Men Moral: Civil Liberties und Public Morality* (New York: Oxford University Press, 1995), 18.

Entscheidungen treffen, wie Augustinus sagen würde, erschaffen wir die Neigung unseres Willens. Wir sind also für unseren Charakter und für die Art von Person, die wir werden, verantwortlich. Aristoteles bestritt ausdrücklich, dass eine Person für Handlungen, die aus einem ungebildeten Charakter fließen, entschuldigt werden könne, da „die Menschen sich dafür verantwortlich machen, ungerecht oder selbstsüchtig zu sein", indem sie habituell in einer ungerechten und in einer gegen sich selbst nachsichtigen Weise handeln.[53]

Jede Wahl und jede Handlung verschmelzen zu unserem Charakter. Diese Beobachtung ist die Quelle der oft wiederholten Weisheit, dass gute Gedanken gute Entscheidungen hervorbringen, dass gute Entscheidungen in guten Handlungen ausgehen, dass gute Handlungen zu fruchtbaren Gewohnheiten wachsen, dass fruchtbare Gewohnheiten die Tugenden hervorbringen und dass die Tugenden im edlen Charakter erblühen.[54] Aber es gibt auch eine dunkle Kehrseite: Schlechte Entscheidungen und Handlungen metastasieren zu Lastern, die im Laufe der Zeit zerstörerische und oft zwanghafte Charakterzüge erzeugen. Böse Entscheidungen und Handlungen werden nicht einfach Teil unserer Geschichte, *sondern ein Teil dessen, wie wir weiterleben.*[55] Es ist ein weiteres Zeugnis für den Zustand der menschlichen Bedingung, dass, wie beim Hinauf- und Hinabsteigen eines Hügels, es einfacher ist, die tugendhafte Veranlagung rückgängig zu machen, als das Böse zu berichtigen.

Dieses Bild der menschlichen Verantwortung mag für moderne Ohren hart klingen, besonders angesichts unseres Verständnisses der formalen Auswirkungen der sozialen Bedingungen auf die menschliche Psyche. Personen, die in schlechten Umgebungen aufwachsen, deren Optionen begrenzt sind oder deren biologische Begabung sie zu ungesunden

---

[53] Nicht zu wissen, dass unser Charakter die Qualität unserer Entscheidungen annimmt, ist „das Zeichen einer vollkommen unvernünftigen Person". Der Mensch, der sich ungerecht oder unmoralisch gemacht hat, ist wie der Mensch, der sich durch ein zügelloses Leben krank gemacht hat. Beide hatten „es zuvor [zwar] in der Hand, nicht krank zu werden, wenn er sich aber hat gehen lassen, nicht mehr, so wie es auch nicht mehr möglich ist, einen losgelassenen Stein wieder zurückzuholen. ... So hatte es auch der Ungerechte oder Zügellose am Anfang in der Hand, nicht derart zu werden; insofern sind sie es freiwillig. Wenn sie es aber einmal geworden sind, haben sie es nicht mehr in der Hand." Aristoteles, *Nikomachische Ethik*, 3.5.1114a1-25.

[54] „Aber nicht allein dies, sondern wir rühmen uns auch ob der Trübsale, da wir wissen, dass Trübsal Geduld wirkt, die Geduld Bewährung, die Bewährung aber Hoffnung" (Röm. 5:3–4).

[55] In diesem Sinne schrieb der heilige Augustinus: „Die Wahrheit ist, dass die ungeordnete Lust aus einem erblichen Willen entspringt; wenn die Lust angestrebt wird, wird eine Gewohnheit gebildet, wenn die Gewohnheit nicht kontrolliert wird, verhärtet sie sich in Zwang." Augustinus, *Bekenntnisse*, 8.5.

oder schlechten Verhaltensweisen (z. B. Alkoholismus) prädisponiert, stehen vor größeren Herausforderungen als jene aus glücklicheren Umständen. Und obwohl es wahr ist, dass wir in vielerlei Hinsicht von unserem Hintergrund und der Umwelt betroffen sind, kann niemand behaupten, dass es eine kosmische Gleichheit gebe, dass jeder die gleichen Belastungen im Leben habe. Dies ist jedoch genau der Punkt, an dem mehrere christliche und humanistische Lehren die (potenziell) drakonische Natur der zweiten Kernwahrheit der Moralpsychologie abschwächen.

Dass wir Einflüssen unterworfen sind, die unsere Perspektive prägen, dass wir in Umstände versetzt werden können, die nicht von uns selbst gemacht wurden, dass nur Gott weiß, was in unseren Herzen ist, wenn wir handeln, dass Gerechtigkeit ohne Gnade blind ist – jede dieser Einsichten dient dazu, unser Verständnis der rätselhaften Wechselbeziehung zwischen dem Selbst, der Welt und der Gnade Gottes zu vertiefen. Sogar Aristoteles erkannte, dass Billigkeit zur Abmilderung der unnachgiebigen Regeln der Gerechtigkeit wesentlich ist. Alles in allem bedeutet, dass wir unseren Charakter durch Entscheidungen gestalten, nicht, dass wir die Art und Weise ignorieren sollten, in der die Welt jeden von uns zu dem macht, der er ist. Aber trotz unseres Bewusstseins für die Art und Weise, in der die Verantwortung durch Umstände gemindert werden kann, darf dies nicht bedeuten, dass wir in den Zwängen, die durch unsere Bedingung in die Welt gesetzt werden, nicht frei wählen und frei handeln können.

Am Ende seines Lebens war sogar Platon versucht zu schreiben, dass es oft scheine, dass „jede von uns Kreaturen eine Marionette sei, die von den Göttern gemacht wird, möglicherweise als Spielzeug oder vielleicht auch zu einem etwas ernsteren Zweck". Wir werden auf diese und jene Weise bewegt durch die Schnüre unserer Gefühle, die vielleicht von den Göttern manipuliert sind. Aber es gibt auch noch eine andere Schnur – die „goldene Schnur" der Vernunft, die „weicher und flexibler" ist als die anderen. Die Freiheit liegt darin, nur den Spannungen dieser Schnur nachzugeben, „wenn das Gold in uns über die anderen Stoffe herrschen soll".[56]

Die Tugenden als integrative Kraft in der menschlichen Personalität: Der dritte Grundsatz des klassischen Verständnisses der Moralpsychologie hat mit der Wichtigkeit der Tugenden bei der Leitung des menschlichen Verhaltens und unserer Entwicklung zu tun. Die menschliche Persönlichkeit wird durch ein konsistentes Muster von Entscheidungen im

[56] Platon, *Gesetze*, I,644e, 7.803d.

Laufe der Zeit integriert. Diese Entscheidungen verschmelzen zu mehr oder weniger dauerhaften Charaktermerkmalen. Es ist also ganz im wörtlichen Sinne wahr, dass wir *werden*, was wir *tun*. Je nachdem, ob diese Entscheidungen gut oder schlecht sind, werden die daraus resultierenden Charaktermerkmale Tugenden oder Laster verkörpern. Aristoteles beobachtete, dass Tugenden *Kräfte* sind – Vermögen der Seele, die durch Gewohnheiten (habitas) gebildet werden. Mit *Gewohnheiten* meinen wir darüber hinaus deutlich mehr als ein gelerntes Handlungsmuster. Wenn eine Gewohnheit gebildet wird, so spiegelt sie eine Veränderung des Selbst wider – eine Umwandlung in der Orientierung des Willens und der Disposition der Seele.[57]

Die Tugenden haben drei Funktionen für die Feinabstimmung des menschlichen Handelns auf das Gute. Sie erlauben uns zunächst, im Laufe der Zeit konsequent zu handeln und unsere singulären Handlungen in ein kohärentes Verhaltensmuster zu integrieren.[58] Zweitens erlauben sie uns, *leicht und spontan* zu handeln – ohne übermäßige Überlegung oder Verzögerungen.[59] Drittens *machen Tugenden tugendhaftes Handeln angenehmer* und sogar zu einer Freude.[60] Daher ist echt tugendhaftes Verhalten alles andere als Konformität mit von außen auferlegten Standards und Sitten. Einmal etabliert, ist die Tugend die wahre Quelle der menschlichen Authentizität. Obwohl Aristoteles oder Thomas es nicht ganz so sagen würden, sind die Konsistenz, die Spontaneität und die Freude an unseren Handlungen die wahren Zeichen der Authentizität, eines Verhaltens, das aus dem Selbst hervorgeht und nicht aus einer von außen auferlegten

---

[57] Romanus Cessario, *The Moral Virtues and Theological Ethics*, 2nd ed. (Notre Dame, Ind.: University of Notre Dame Press, 2009). Die *Habitas* beeinflusst die ganze Person. Sie beeinflusst die Vernunft und das Bedürfnis, und sie beeinflusst die Orientierung des Willens (und wird von dieser beeinflusst). Ibid., 43.

[58] „Denn was allein auf der Handlung beruht, ändert sich leicht, wenn es nicht durch eine dispositionale Neigung stabilisiert worden ist." Thomas Aquinas, *Quaestiones disputatae de veritate* Ic, zitiert nach Robert Pasnau und Christopher Shields, *The Philosophy of Aquinas* (Boulder: Westview Press, 2004), 230.

[59] „Denn wenn es keine Disposition gibt, die die rationale Kraft in eine Richtung neigt, müssen wir, wann immer wir handeln, zuerst eine Untersuchung über die Handlung anstellen." Thomas von Aquin, *Quaestiones disputatae de veritate* Ic. Um es in Augustins Begriffen auszudrücken, verändern Tugenden die Orientierung des Willens hin zu angemesseneren Gegenständen des Handelns.

[60] Tugenden erlauben uns, „unsere vollkommene Handlung angenehm zu vervollständigen, etwas, das durch eine Disposition geschieht". Thomas von Aquin, *Quaestiones disputatae de veritate* Ic. Einer der auffälligen Kontraste zwischen Thomas und Kant ist, dass Thomas glaubte, dass gute Taten, die aus dem Wunsch entspringen, sie zu tun, besser bzw. tugendhafter sind als tugendhafte Handlungen, die allein aufgrund der Pflicht ausgeführt werden. Kant dagegen dachte, dass jede emotionale Anregung zum Handeln die moralische Autonomie des Handelnden und die Güte der Handlung unterlaufe.

Quelle der Autorität. Auf diese Weise ist die Tugend konstitutiv (und nicht nur instrumentell) für unser Wohlergehen.

Platon, Aristoteles und spätere christliche Denker anerkannten vier Kardinaltugenden: Klugheit (oder praktische Weisheit), Tapferkeit (die Fähigkeit, in schwierigen Situationen auszuharren), Mäßigung (Mäßigkeit in den Bedürfnissen, Wünschen und Haltungen) und Gerechtigkeit (grundlegende Fairness gegenüber anderen).[61] Zu diesen hat das christliche Denken die drei theologischen Tugenden des Glaubens, der Hoffnung und der Liebe hinzugefügt.[62] Tugenden werden durch menschliche Anstrengung, aber auch durch göttliche Gnade erlangt. Wie Thomas sagte, „bindet Gott uns durch das Gesetz und unterstützt uns durch die Gnade".[63]

Von den vier moralischen Tugenden ist die Klugheit die wichtigste. In der Tat ist sie der Schlüssel zur Erreichung aller anderen Tugenden. Klugheit hat eine rationale, eine willentliche und eine allgemein psychologische Funktion. Sofern sie die Vernunft betrifft, ist Klugheit nicht bloß vorausschauend oder scharfsinnig. Ihre wirkliche Funktion ist es, das moralische Verständnis der Person auf die objektive moralische Wahrheit auszurichten.[64] Sofern es sich um den Willen handelt, ist die Klugheit eine praktische Kraft, die es ermöglicht, ethische Erkenntnis *in die Tat* umzusetzen, unter den gegebenen Umständen die richtige Handlung zu wählen. Klugheit verhindert, dass die Leidenschaften unsere moralischen Verpflichtungen entführen. Aber Klugheit hat auch eine reflexive, psychologische Komponente. Indem wir unsere Vernunft und den Willen der objektiven moralischen Ordnung anpassen, durch Erkenntnis und das Bestreben, das Gute zu tun, erleichtert die Klugheit unsere genuine Selbstintegration. Hier liegt die wahre Bedeutung der Authentizität, von der die Romantiker nur ein partielles Verständnis hatten. Echte Authentizität bedeutet nicht einfach nur, spontan aus unserem etablierten Muster der Persönlichkeit zu handeln. Es heißt, spontan und nach unserer individuellen Weise zu handeln, aus einem voll integrierten Selbst, dem Selbst, das in Übereinstimmung mit der objektiven moralischen Ordnung tätig ist.

Wir haben die Fähigkeit, das Gute zu erkennen. Wir bilden unseren Charakter und auch unser Selbst durch unsere Entscheidungen. Wir

---

[61] Platon, *Der Staat*, 6.6.

[62] „[D]as Größte aber ist die Liebe" (1Kor. 13:33).

[63] Thomas von Aquin, *Summa Theologiae* I-II, 90, Prolog.

[64] Wie ein einflussreicher Kommentator es kürzlich ausdrückte, ist die Aufgabe der Klugheit, „sicherzustellen, dass es zwischen der Intelligenz des moralisch Handelnden und der Wahrheit des moralischen Gesetzes eine authentische und intrinsische Konformität gibt". Cessario, *Moral Virtues and Theological Ethics*, 9.

werden voll integriert, authentisch und psychisch gesund, indem wir uns in Übereinstimmung mit der moralischen Ordnung bringen. In modernen Worten ausgedrückt, führt das tugendhafte Leben zu einer wahren Selbstverwirklichung. Hier sehen wir, dass unsere edelsten modernen personalen und politischen Werte – Freiheit, Verantwortlichkeit, Leistung, Gewissensfreiheit, Authentizität, Selbstausdruck und Selbstverwirklichung und andere – bei der Abwesenheit eines wirklichen, metaphysischen Selbst keine Grundlage haben.

Aber das metaphysische Selbst macht nur im Zusammenhang mit einer weitgehend teleologischen Weltanschauung Sinn. Als die frühen neuzeitlichen Denker im vierzehnten Jahrhundert begannen, dieses zweitausendjährige Gebäude zu entfernen, brachten sie damit das Selbst und die mit ihm verbundenen sozialen Ideale in Gefahr.

Teil II

Die moralischen und politischen Konsequenzen des Verfalls der klassischen Weltanschauung

5

Die Geburt der Neuzeit: Vier bahnbrechende Denker

Wir sollten es nicht auf uns nehmen, zu glauben, dass Gott uns in seine Beratung aufnehmen könnte.

René Descartes

Innerhalb von ein oder zwei Generationen nach Thomas von Aquins Tod wurde die klassische Weltanschauung von christlichen Denkern, die skeptisch gegen Platons Universalien und Aristoteles' Wesenheiten waren, angegriffen. Die protestantische Reformation des sechzehnten Jahrhunderts beschleunigte die Reaktion gegen die römisch-katholische Theologie und das aristotelische philosophische System, mit dem es verbunden war. Luther, Calvin und andere führende protestantische Denker arbeiteten machtvoll an der Verurteilung dessen, was sie als heidnische und rationalistische Einflüsse im christlichen Denken betrachteten. Im späten siebzehnten Jahrhundert taumelte das teleologische Verständnis der Welt an den Rand der Auflösung, das Ziel der Angriffe durch protestantische Theologen auf der einen Seite und skeptische Philosophen auf der anderen Seite.

Innerhalb eines Jahrhunderts wurden protestantische Theologen und skeptische Philosophen, einst Verbündete in Opposition zur Teleologie, zu erbitterten Feinden. Diejenigen, die eine wissenschaftlichere und zunehmend materialistische Weltanschauung vertraten, griffen die theologischen Annahmen des Christentums an, und das christliche Denken selbst schien in der Mitte zerrieben zu werden. Eine Gruppe reagierte gegen die Wissenschaft, die typischerweise zu einer wörtlichen Interpretation der Bibel zurückkehrte. Die zweite Gruppe wurde vom Deismus angezogen, einer Philosophie, die im Wesentlichen die wissenschaftliche Weltanschauung *in toto* akzeptierte und die Offenbarung, die Wunder und die Gottheit Christi ablehnte, während sie Gott die Rolle des entfernten

Designers der Welt überließ. Ohne das teleologische System, das einst die Kluft zwischen den Bereichen Theologie und Wissenschaft überbrückt hatte, trieben die beiden Welten zunehmend auseinander.

Dieses Kapitel untersucht das Denken der vier Denker, die mehr als alle anderen zu Türöffnern der Neuzeit wurden: William von Ockham, René Descartes, John Locke und Thomas Hobbes.

William von Ockham und der Aufstieg des Nominalismus

Weniger als fünfzig Jahre nach Thomas von Aquin forderte William von Ockham (1287–1347) die aristotelischen Grundlagen der thomistischen Auffassung des Naturrechts heraus. Ockham, ein englischer Franziskaner, der in Oxford studierte, wurde in eine Kontroverse mit Papst Johannes XXII. über die Bedeutung der apostolischen Armut verwickelt.[1] Ockham und einige andere wurden vor ein päpstliches Konzil nach Avignon gerufen. Da sie die Inhaftierung und mögliche Hinrichtung fürchteten, flohen sie im Jahre 1328 und fanden Zuflucht bei dem Kaiser des Heiligen Römischen Reiches Ludwig IV., jemandem, der in einen eigenen Disput mit dem Papst verwickelt war. Ockham wurde ein paar Tage nach der Flucht exkommuniziert (obwohl er kurz nach seinem Tod rehabilitiert wurde).

Vielleicht als Reaktion auf seine Exkommunikation schrieb Ockham eine Reihe von Werken, in denen er behauptete, dass kirchliche und weltliche Macht auf verschiedene Weise aus Gott erfließen, und dass weltliche Herrscher in keiner Weise der Autorität des Papstes unterworfen seien. Ockhams politische Theorie, wenn auch nicht ganz neu, war vielleicht die am besten entwickelte philosophische Verteidigung des politischen Säkularismus zu der damaligen Zeit. Sie beinhaltete eine neuartige Verteidigung des Naturrechts, einschließlich des Eigentumsrechts und des Rechtes auf Revolution. In seinen erkenntnistheoretischen Ansichten und seiner politischen Theorie war Ockham ein Vorläufer John Lockes.

[1] Ockham verteidigte die franziskanische Position, dass Christus und die Jünger alles Eigentum aufgegeben hatten. Er argumentierte, dass der Papst irrtümlich behauptet habe, dass sie das Eigentum behalten hätten und dass das Eigentumsrecht nicht mit der Jüngerschaft unvereinbar sei. Paul Vincent Spade, *Introduction to The Cambridge Companion to Ockham*, ed. Paul Vincent Spade (New York: Cambridge University Press, 1999), 3; Frederick C. Copleston, *A History of Philosophy* (New York: Image Books, 1993), 2:44.

Ockham ist bekannt für seinen Angriff auf das aristotelische System, auf das Thomas seine Theorie des Naturrechts gründete. Er war vor allem ein Logiker mit Leidenschaft für ontologische Sparsamkeit. *Ockhams Rasiermesser* ist der Begriff für sein Prinzip, dass zwischen zwei alternativen Erklärungen eines bestimmten Phänomens das einfachere oder elegantere vorzuziehen ist. Er bestand darauf, dass „das, was durch weniger [Prinzipien] geschehen kann, durch mehr vergeblich geschieht".[2] Teilweise auf dieser Grundlage reduzierte Ockham die zehn Kategorien des Seins (d. h. die zehn Arten von Dingen, von denen die Existenz ausgesagt werden kann)[3] auf zwei: Alles, was in einem absoluten Sinn existiert, so schlussfolgerte er, seien die einzelnen Dinge (dieser Baum oder diese Person) und die Qualitäten (Rötung, Größe, Intelligenz usw.). Er argumentierte darüber hinaus, dass sogar Qualitäten als einzelne Dinge existieren. Mit anderen Worten, es gibt keine abstrakte „Rötung", nur diese oder jene Instanz der Rötung.[4] Was „existiert", ist das, was mit einem Namen (einem Subjekt oder einem Prädikat) bezeichnet werden kann.

Alle anderen Kategorien des Seins, die Aristoteles und Thomas als reale Teile der Wirklichkeit angenommen hatten – Raum, Zeit, Zahlen und Beziehungen –, waren nach Ockham nur „konnotativ" in der Natur. Es sind schlicht Arten und Weisen, über das zu reden, was wirklich existiert. So ist weder der Raum noch die Zeit wirklich vorhanden. Sie sind einfach Konstrukte, die wir verwenden, um zwei oder mehr konkrete Einzelheiten zu verbinden, die existieren. Es gibt diesen Felsen und jenen Felsen, aber der Begriff, dass es zwei dieser Dinge gibt, fügt nichts zu der Existenz der Dinge selbst hinzu. Daher existieren mathematische Einheiten nicht

---

[2] In ähnlicher Weise schrieb er: „Mehrheit ist nicht ohne Notwendigkeit zu setzen", und: „Wenn eine Aussage von den Dingen verifiziert wird, sind mehr Dinge überflüssig, wenn weniger genügen." Diese Zitate und Referenzen wurden von Paul Vincent Spade zusammengestellt, "Ockham's Nominalist Metaphysics: Some Main Themes", in *The Cambridge Companion to Ockham*, 101.

[3] Die zehn Kategorien umfassen Substanz, Quantität, Qualität, Relation (z. B. größer als, oder der Bruder von), Ort, Zeit, Position (d. h., wo ein Ding relativ zu anderen Dingen sich befindet), Zustand oder Anhaben, Tätigkeit (d. h., auf etwas anderes hin zu handeln) und Tun oder Leiden (d. h. „Leiden" zu ändern durch Tätigsein). Aristoteles, *Kategorien,* 1.4.

[4] Während Aristoteles oder Thomas gesagt hätten, dass die gleiche Qualität, „Rot", in jeder Instanz roter Dinge existiert (d. h. dass das „Rot" im Feuerwehrauto und im Apfel das gleiche Rot sind), dachte Ockham, dass es sich um so viele Fälle von Rot handele, wie es rote Dinge gibt. Ockhams Ontologie hat die Welt auf der Ebene der Kategorien abgeflacht, aber die Realität mit einer fast unendlichen Fülle von individuellen Dingen überschwemmt.

wirklich. Ähnlich waren John Kennedy und Robert Kennedy echte Personen, aber die Beziehung „der Bruder von“ ist nicht eine wirkliche Entität, wie Aristoteles dachte. Es gibt nur Dinge, nicht die Beziehungen zwischen und unter ihnen.

Vielleicht war das wichtigste Ergebnis von Ockhams Theorie seine Leugnung der Universalien. Es gibt einzelne Bäume, aber nicht die Form des Baumes, die alle einzelnen Bäume vereint und bestimmt. Ähnliches gilt bezüglich der Qualitäten der Dinge: Es gibt keine Universalie „Rot“, die allen roten Dingen inhäriert, sondern nur eine Vielzahl einzelner Vorkommnisse von Rot. Ockham wird so als der Vater des modernen Nominalismus geehrt, der Lehre, dass nur einzelne Dinge existieren.[5]

Ockhams Reduktion der Welt konfrontierte ihn mit einigen ernsten Schwierigkeiten. Er musste zugeben, dass die Dinge im Raum positioniert und in der Zeit geordnet sind, aber er bestritt, dass Raum und Zeit existieren. Er erkannte, dass eine Sache eine andere verursacht, bestritt jedoch, dass Kausalität selbst real sei. Er erkannte, dass Cäsar vor Jesus lebte, obwohl er nicht zugegeben hätte, dass das relationale Prädikat „lebte früher“ real sei.

---

[5] Wenn der Nominalismus nur die Verleugnung von Universalien bedeutet, war Ockham ein Nominalist im weiteren Sinne des Begriffs. Tatsächlich aber nahm Ockham eine mittlere Position ein, die als Konzeptualismus bekannt ist, eine Position zwischen dem moderaten Realismus von Thomas und dem wahren Nominalismus der späteren Denker wie Thomas Hobbes. Moderate Realisten, darunter Aristoteles und Thomas, hielten die Arten für real, dass sie also Realitäten in der Welt widerspiegeln. Dies beinhaltet unter anderem, dass es echte Naturen gibt, dass die Dinge der gleichen Art wesensmäßige Ähnlichkeiten haben. Im entgegengesetzten Extrem ist der Nominalismus die Ansicht, dass Namen durch Sprache entstehen (d.h. dass wir willkürlich Etiketten auf Dinge kleben und sie in Kategorien klassifizieren, so dass jede Klasse einfach eine artifizielle Konstruktion der Sprache ist). Der Konzeptualismus ist eine Zwischenposition. Er behauptet, dass Begriffe weder in der Welt noch bloße Funktionen der Sprache sind. Vielmehr entstehen sie durch eine Betätigung des Geistes. Ockham war in dieser Hinsicht ein Konzeptualist. In der Tat ist Thomas' Ansicht näher an Ockham, als man manchmal denkt, denn Thomas glaubte nicht an Universalien in der Welt. Er dachte, dass sie aus einer Abstraktion des Geistes stammen, aber er war dem aristotelischen Realismus näher, weil er glaubte, dass die Universalien die objektiven Wahrheiten in der Welt widerspiegelten. Robert Pasnau und Christopher Shields, *The Philosophy of Aquinas* (Boulder: Westview Press, 2004), 73–75. Im weiteren Sinne aber war der Nominalismus eine Bewegung, die einen „Keil trieb ... zwischen Philosophie und Theologie, und die die im dreizehnten Jahrhundert erreichte Synthese zerbrochen hat. Der nominalistische Geist ... war eher der Analyse als der Synthese und der Kritik statt der Spekulation zugeneigt. Durch ihre kritische Analyse der metaphysischen Vorstellungen und Argumente ihrer Vorgänger ließen die Nominalisten den Glauben in der Luft hängen, ohne (soweit es die Philosophie betrifft) jede rationale Grundlage.“ Copleston, *A History of Philosophy*, 3:11.

Das Problem mit Ockhams Position ist, dass in jedem Fall der Wahrheitswert der Propositionen vom Wahrheitswert der Entitäten abhängt, von denen er glaubte, dass sie nicht real seien. Es ist wahr, dass Cäsar vor Jesus lebte, und es ist falsch, dass er nach Jesus lebte. „Leben vor" und „leben nach" sind das, was die Philosophen „wahrheitsfunktional bedeutsam" nennen – die Wahrheit dieser Aussagen hängt von ihnen ab. In welchem Sinne also könnten Beziehungen und Zahlen nicht real sein? Ockham hatte keine befriedigende Antwort auf diese Frage. Er war nur dadurch in der Lage, seine Ontologie zu retten, dass er diesen anderen Entitäten einen zweitklassigen Status gab, der die wirklichen Dinge und die konnotativen Begriffe auszeichnete, die sich für die Sprache als unentbehrlich erweisen.[6]

Seine Verleugnung der Universalien hat noch tiefere metaphysische und theologische Konsequenzen. Sie bedeutet, dass wir nicht von Wesenheiten im traditionellen Sinne sprechen können: Es gibt zum Beispiel keine menschliche Natur, sondern nur einzelne Menschen und ihre Qualitäten. Dies wiederum macht es schwieriger zu verstehen, wie Menschen ein gemeinsames *telos* teilen können. Da es keine gemeinsame menschliche Natur gibt, wird die Idee eines gemeinsamen menschlichen Zieles dunkel. Ockham behielt viel von der früheren Sprache der Formen und Ziele bei, aber sie fingen an, ihre Bedeutung als Unterstützung für den teleologischen Rahmen zu verlieren. Ein zunehmend mechanistisches Verständnis der Wirklichkeit kroch in sein Denken, als Zielursachen in seiner Philosophie zu reinen Wirkursachen wurden: Er dachte zum Beispiel notorisch darüber nach, ob Zielursachen überhaupt notwendig seien, um natürliche Phänomene zu erklären.[7] Auch im Bereich des menschlichen Handelns scheint er manchmal Zielursachen als rational bestimmte effiziente Verursachung zu verstehen – eine sehr moderne

---

[6] Spade, „Ockham's Nominalist Metaphysics", 108.

[7] An einer Stelle (*Quodlibetal Quaestiones* 4.1.297, 299–300) lehnt Ockham das teleologische Denken in der Natur als „Kategorienfehler" ab und argumentiert, dass alle Naturphänomene allein durch eine effiziente Kausalität erklärt werden können – dass wir keine teleologischen Ziele setzen müssen, um die Phänomene der Natur zu erklären. Aber an einer anderen Stelle (*Expositio in Libros Physicorum* 2.12.11-12, 2.13.7) schließt er, vielleicht mit etwas mehr Zurückhaltung, dass die Realität der Zielursachen in der Natur „wahr, aber nicht offensichtlich" sei. Siehe Marilyn McCord Adams, "Ockham on Will, Nature, and Morality", in *The Cambridge Companion to Ockham*, 249–50.

Idee in der Philosophie.[8] Er behielt Aristoteles' hylemorphistisches Verständnis der Natur als aus Form und Materie zusammengesetzt bei, aber da er eine gemeinsame Natur, die allen Dingen einer Art gemeinsam ist, ablehnte, bestritt er, dass es sich um zwei separate Prinzipien handelte, die voneinander getrennt existieren können.[9]

Eine Hauptwirkung von Ockhams Metaphysik war die Behauptung, die für die Metaphysik seit Platons Zeit von zentraler Bedeutung war, dass es keine *Grade* des Seins gebe, keine größeren und kleineren Abstufungen der Wirklichkeit in den Dingen. Für Thomas wie für Platon sind einige Dinge buchstäblich *realer* als andere Dinge. Substanzen haben größere Wirklichkeit als ihre Eigenschaften, weil Eigenschaften von Substanzen in ihrer Existenz abhängig sind: Die Rötung eines Apfels kann z. B. nicht unabhängig vom Apfel existieren. Menschen sind Substanzen, aber da sie ihr Sein in und durch Gott haben, haben sie einen geringeren Grad an Wirklichkeit als Gott, der die einzige notwendig existierende und rein aktuale Sache der Welt ist.

Ockhams Leugnung der Universalien machte es ihm unmöglich, die Vorstellung zu verstehen, dass es Grade des Seins gibt. Er gab zu, dass es eine Hierarchie der *Exzellenz* zwischen den Dingen gibt, von den natürlichen Dingen über den Menschen bis hin zu Gott, aber er bestritt, dass irgendeine existierende Sache realer sein könne als irgendein anderes vorhandenes Ding. Existenz selbst wurde zu einem binären Begriff: entweder eine Sache existiert oder sie existiert nicht, und alles, was existiert, ist so real wie alles andere, was existiert. So ist Gott selbst nicht realer als die Dinge der erschaffenen Welt – ein Wesen unter den Wesen, und nicht der Grund des ganzen Seins (obwohl Ockham sorgfältig darauf bedacht war hinzuzufügen, dass Gott das einzige unendliche und notwendige Sein ist). Diese völlige Abflachung der metaphysischen Landschaft führte den Weg zurück zum Anthropomorphismus eines einfacheren Gottesbegriffs. Wenn Gott nur ein anderes Ding ist (wenn auch ein unendliches und notwendiges Ding), anstatt der Grund des Seins, muss er als ein bestimmtes

---

[8] Wir sind nicht schlicht von unseren natürlichen menschlichen Zielen „vorangetrieben" (da diese gar nicht existieren), sondern vielmehr aus Gründen in einer effizienten Weise durch die Vernunft bewegt. Adams, "Ockham on Will, Nature, and Morality", 249–51.

[9] André Goddu, "Ockham's Philosophy of Nature", in The Cambridge Companion to Ockham, 147–49. Goddu kommt zu dem Schluss, dass Ockham ein Aristoteliker geblieben ist, aber dass Aristoteles „zu Ockhams eigenen Zwecken verbogen wird". Ibid., 155.

geistiges *Ding* konzipiert werden. Es war nur ein kleiner Schritt von Ockhams Nominalisierung Gottes zu Hobbes' Streitthese drei Jahrhunderte später, dass, wenn Gott existiere, er physisch sein und sich im Raum erstrecken müsse.[10]

Auf lange Sicht hat der Nominalismus ähnliche Konsequenzen in Bezug darauf, wie wir über die Seele denken. Während Aristoteles und Thomas die anspruchsvolle Vorstellung verteidigten, dass die Seele die Wesensform des Körpers ist (Ockham selbst verteidigte eine bestimmte Version davon), führte der latente Schub des Nominalismus den Weg zurück zu Platons einfacherer Sicht auf die Seele als einen Geist in der Maschine, die mit dem Körper interagiert. Dies führte bei den Philosophen Descartes und Locke, wie wir in Kürze sehen werden, zu einer dualistischen Vorstellung von der Person – eine Konzeption, die bei Hobbes und späteren Denkern des achtzehnten Jahrhunderts schnell in den Materialismus hinein kollabierte.[11]

Jenseits seiner ontologischen Sparsamkeit hatte Ockham auch einen theologischen Einwand gegen den teleologischen Rahmen von Aristoteles und Thomas. Er fand in der Lehre von feststehenden Formen und Wesenheiten eine heidnische Verzerrung der christlichen Theologie. Das Problem war, dass die Wesenheiten die Freiheit Gottes beeinträchtigen, so zu schaffen, wie er will. Gottes Allmacht kann nicht durch feste Naturen und spezifische Zwecke festgelegt werden. Seine Freiheit und Allmacht beinhalten, dass er in jeder beliebigen Weise, die er wählt, schaffen kann und dass er nicht durch die Arten der Dinge begrenzt werden kann, die durch die menschliche Vernunft an die aristotelischen Wesenheiten

[10] „[Ein] Mensch kann keinen Gedanken haben, der irgendetwas repräsentiert, wenn er nicht den Sinnen unterliegt. Kein Mensch kann irgendetwas vorstellen, wenn er zugleich einen Ort, und zwar mit einer bestimmten Größe, vorstellt." So sagt er denn ein paar Zeilen vorher, dass „der Name Gottes nicht gebraucht [wird], um ihn uns begreiflich zu machen [denn er ist unbegreiflich], sondern um ihn zu ehren". Thomas Hobbes, *Leviathan*, (Reclams Universal-Bibliothek 1986).

[11] Sobald behauptet wird, dass nur einzelne „Dinge" existieren, ist es schwer einzusehen, wie etwas ein „Ding" sein kann, ohne ein materielles Ding zu sein. Zu existieren bedeutet gewöhnlich, dass etwas eine räumliche und zeitliche Lage hat, d. h. dass es in Raum und Zeit existiert. Aber alles, was in Raum und Zeit existiert, ist materiell. Gedanken müssen zum Beispiel entweder physikalische Prozesse im Gehirn sein oder ganz aus der Ontologie des Materialisten verbannt werden. Auf der anderen Seite stellt sich, wenn man behauptet, dass ein nichtmaterieller Gedanke ein „Ding" sei, die Frage, ob andere nichtmaterielle Dinge – Zahlen, Beziehungen, Naturgesetze – existieren. Aber diese Fragen sind notorisch schwer zu beantworten, ohne zu Vorstellungen von Universalien zurückzukehren. Siehe z. B. Bertrand Russell, *Probleme der Philosophie* (Frankfurt a. M. 1967: Suhrkamp), 63–76.

gebunden sind (wie Ockham dachte). Gottes Souveränität verlangt nach Ockham, dass wir die Lehre aufgeben, dass alle Dinge feststehende Naturen haben.

Diese Betonung der göttlichen Souveränität, Allmacht und absoluten Freiheit führte Ockham schließlich zu der Behauptung, dass die Moral nur von Gottes Willen abhänge, nicht von der Verwirklichung unseres menschlichen Telos. Erinnern Sie sich, dass Platon im *Euthyphron* gefragt hatte (Kapitel 3), ob etwas „gut" sei, weil Gott es dazu erklärt habe, oder ob Gott es als „gut" erklärt habe, weil es gut sei. Ist Mord falsch, weil Gott uns geboten hat, nicht zu morden, oder hat Er uns geboten, nicht zu morden, weil es (intrinsisch) falsch ist? Platon antwortete, dass Gott Dinge, die falsch sind, verbietet und mit Gefallen auf Dinge schaut, die recht sind, weil sie falsch oder richtig sind. Handlungen wie Mord sind in sich selbst falsch, falsch „von Natur aus".

Aber Ockham war misstrauisch im Hinblick darauf, Gottes Befehle abhängig zu machen von moralischen Prinzipien, die unabhängig von Gottes Souveränität und Freiheit sind. Platons ethischer Naturalismus scheint Gottes Willen von unabhängigen moralischen Standards abhängen zu lassen, anstatt diese Standards von Gottes Willen abhängig zu machen. Ockham dachte, dass dies die Allmacht Gottes beeinträchtige. In der Tat bestand Ockham darauf, dass Gott Handlungen befehlen könnte, die normalerweise für falsch gehalten würden (z. B. Mord), oder Handlungen verbieten könnte, die normalerweise für geboten gehalten werden (z. B. könnte er befehlen, dass wir ihn hassen sollen).[12] So gründen alle moralischen Standards auf Gottes Willen, nicht auf Gottes Vernunft – eine Lehre, die als moralischer Voluntarismus bekannt ist.[13]

Ockhams moralischer Voluntarismus betonte auch die Bedeutung des Willens auf der menschlichen Seite. Besondere Handlungen (z. B. Mord oder Diebstahl einerseits, Selbstaufopferung auf der anderen Seite) sind moralisch neutral, argumentierte er. Ockham wies darauf hin,

---

[12] William von Ockham, *Commentary on the Sentences of Peter Lombard,* 4.16.352. Gott kann nach Ockham alles wollen, außer logisch Kontradiktorisches. Adams, "Ockham on Will, Nature, and Morality", 259.

[13] Erinnern Sie sich, dass für Thomas von Aquin „Gut" und „Böse" Widerspiegelungen der ewigen Natur Gottes sind. Die moralische Güte und die Bosheit hängt also nicht von einem bestimmten Akt des Willens Gottes ab, und Gott würde seine Natur oder Vernunft verletzen, indem er im Widerspruch zum Guten stünde. Das natürliche Gut ist ein Spiegelbild der ewigen Güte Gottes – einer Güte, die nicht dem Wandel unterworfen ist. Siehe Kapitel 3 für eine Diskussion dazu.

dass eine körperliche Bewegung gut oder schlecht sein kann, je nach der Absicht, mit der sie durchgeführt wird (z. B. ist das Stoßen eine alten Dame ein edler Akt, wenn der Akteur sie vor einem ankommenden Bus wegstößt, aber es ist eine böse Handlung, wenn er sie vor den Bus stößt).[14] So ist es nicht die Natur des Aktes, sondern der Charakter unseres Wollens – die Motive und Ziele, aus denen und für die wir handeln –, der nach Ockham die moralische Qualität eines Aktes definiert. (Thomas hätte zugestimmt, hätte aber darauf bestanden, dass die Absicht Teil der Handlung ist, dass es eine andere Handlung ist, eine alte Dame aus dem Weg zu schubsen, als sie in den Fahrweg des Busses zu stoßen.) Auf jeden Fall ist das, was eine Handlung für Ockham „gut" macht, nicht, dass die Tat selbst gut ist, sondern, dass wir in einer Weise handeln, die dem Willen Gottes entspricht – weil es der Wille Gottes ist. Die höchste der menschlichen moralischen Motivationen ist, Gott über alles zu lieben, und „Gott zu lieben über alles andere, ist das: zu lieben, wie Gott geliebt werden will".[15] Gott zu lieben bedeutet, seinem Willen zu folgen, und seinem Willen zu folgen bedeutet, seinen Geboten zu folgen.[16]

Das war ein schicksalhafter Schritt in der Moraltheorie. Durch die Verlagerung des Fokus der Moral, weg von der Natur unseres Handelns hin zum Willen (Gottes Willen und unserem eigenen), begann Ockham, einen Keil

---

[14] Erinnern Sie sich, dass Thomas dieses Merkmal des menschlichen Handelns erkannte und *Handeln* in einer Weise definierte, die den Gegenstand der Handlung einschloss. Eine Handlung ist mit anderen Worten die körperliche Tätigkeit zusammen mit der spezifischen Absicht, die den Akt motiviert. Dies hat den zusätzlichen Vorteil, dass es mit der hylemorphistischen Theorie übereinstimmt, dass die Person nicht zwischen zwei Substanzen aufgeteilt ist, zwischen physisch und geistig. Eine Handlung ist nicht einfach eine physische Bewegung. Sie ist eine körperliche Bewegung, die durch eine bestimmte Absicht motiviert ist. Zwei hervorragende Erörterungen dieser Themen finden sich bei Steven A. Long, *The Teleological Grammar of the Moral Act* (Naples, Fla.: Sapientia Press, 2007) und Romanus Cessario, *The Moral Virtues and Theological Ethics* (Notre Dame, Ind.: University of Notre Dame Press, 2008).

[15] Siehe Peter King, "Ockham's Ethical Theory", in *The Cambridge Companion to Ockham*, 137

[16] Voluntaristische Vorstellungen von Moral haben also einen moralisch deontologischen Fokus. Sie neigen dazu, die grundlegenden moralischen Kategorien mit „richtig" und „falsch" zu bezeichnen, anstatt mit „gut" und „böse". Die „Richtigkeit" einer Handlung ist eine Frage der Angleichung der eigenen Handlung oder des eigenen Willens an das Gesetz oder an einen Befehl, während der moralische Naturalismus besagt, dass Güte und Schlechtigkeit gewissen Handlungen innewohnen und selbst mit der Verwirklichung eines menschlichen Gutes verbunden sind. Erinnern Sie sich, dass Thomas argumentiert hatte, dass nach Gottes Willen zu handeln und das Verfolgen eines menschlichen Gutes konsistent sind. Aber da Ockham dachte, dass moralische Handlungen selbst neutral seien, musste sein Fokus bezüglich der Moral auf dem Willen liegen, nicht auf der Handlung und auf der Richtigkeit und nicht auf der Güte unserer Handlungen.

zwischen Natur und Moral zu treiben. Es war der innere Charakter unseres Willens, der am meisten zählte, und hier finden wir etwas von Augustins alter Vorstellung wieder, dass der Wille entweder zu den Dingen Gottes oder zu den Dingen der Welt hinneigt. Das Problem ist aus einer naturrechtlichen Perspektive, dass, weit genug getrieben, der Voluntarismus die natürlichen Quellen unserer moralischen Erkenntnis – vor allem unsere Vernunft und *Synderesis* – von allen Kräften austrocknet, die uns dabei helfen, Recht von Unrecht zu unterscheiden. Naturrechtliche Denker von Cicero bis Thomas wiesen darauf hin, dass selbst der Heide weiß, dass Mord falsch ist, unabhängig davon, ob er irgendetwas über Gottes Willen weiß. Wenn aber unsere Erkenntnis von Recht und Unrecht von unserer Erkenntnis des Willens Gottes abhängt, wird es schwer zu verstehen, wie wir ohne diese theologische Erkenntnis moralisches Wissen besitzen können.

All dies hatte eine tiefgreifende Wirkung auf das nachklassische Verständnis der Quellen des moralischen Wissens. Glaube und Offenbarung ersetzten langsam Vernunft und *Synderesis* als Leitungen der moralischen Erkenntnis: „Nur der Glaube gibt uns Zugang zu theologischen Wahrheiten“, erklärte Ockham. „Die Wege Gottes sind nicht offen für die Vernunft, da Gott frei gewählt hat, eine Welt zu erschaffen und einen Weg des Heils in ihr, frei von jeglichen notwendigen Gesetzen, die die menschliche Logik oder Rationalität aufdecken kann.“[17] Ockham war also der Erste, der das moralische Gesetz aus der natürlichen Ordnung entfernte. In dieser Hinsicht ist er der intellektuelle Ahne von Hume und Kant, wie auch seine Theologie spätere protestantische Denker wie Luther und Calvin vorausahnen lässt.

All dies hat sich als unermesslich zerstörerisch für die Naturrechtstradition erwiesen. Zum einen: Wenn Gottes moralische Ordnung nur eine Frage dessen ist, was er will - und wenn Gott tatsächlich seinen Geist und seinen Willen so ändern kann, dass beispielsweise Mord oder Raub gut werden –, dann wird die Moral zu einer Angelegenheit der wechselnden Launen des göttlichen Gesetzgebers. Die Vernunft ist in einer Welt von solchen veränderlichen Wahrheiten wehrlos. Wenn Gott Mord moralisch gut machen kann, nur indem er es will, gibt es nichts, was uns einen direkten Zugang zu seinem Willen für jede moralische Frage und zu

[17] Dale T. Irwin and Scott W. Sunquist, *History of the World Christian Movement* (Maryknoll, N.Y.: Orbis Books, 2001), 1, 434.

irgendeinem gegebenen Punkt geben kann (da er immer seinen Verstand ändern kann) und was uns sagt, was unsere Verpflichtungen sind. Damit wir in der Lage sein können, über die Sittlichkeit zu reden, muss es Prinzipien von Gut und Böse geben, die den moralischen Handlungen selbst intrinsisch eigen sind, Prinzipien, die auch der Atheist durch die Ordnung der Dinge in der Welt herausfinden kann.

Nicht nur, dass der Voluntarismus jeden menschlichen Anspruch aushöhlt, die moralische Wahrheit ohne direkte Offenbarung kennen und begründen zu können; er zerstört auch, was es bedeuten könnte, das Gute zu tun. Er kann weg von einer Ethik der Liebe und Tugend und hin zu einem engen Legalismus führen, zu einer Sittlichkeit der Regeln.[18] Paradoxerweise – paradox für einen Denker wie Ockham, dessen Fokus immer intensiv auf die Richtigkeit des Willens gerichtet war – kann der Voluntarismus für weniger subtile Köpfe zu einem flachen Pharisäismus führen. Ockham hat aus der Ablehnung von Wesenheiten und Universalien keine radikalen Schlüsse gezogen, aber andere, von ähnlichen Annahmen ausgehend, haben dies getan. Mit Ockhams Bestreitung der Universalien begann eine radikale Verwandlung der Metaphysik, die auch die nachfolgenden Theorien der Moral und des Gesetzes stark beeinflusst hat.[19]

---

[18] Romanus Cessario, *The Moral Virtues and Theological Ethics*, 3. Eine Ethik der Regeln wiederum verändert die Natur des Denkens darüber, was es bedeutet, dass die Moral objektiv erkennbar ist: Wenn es darum geht, dass das Gute zu tun darin besteht, Regeln zu folgen, anstatt aus unseren inneren Quellen der Tugend und der Güte zu handeln, dann bedeutet das Gute zu kennen ein System von bestimmten Regeln und Schlussfolgerungen zu haben. Ironischerweise trieb dies das moderne moralische Denken zu gleichen, aber entgegengesetzten Extremen – dem moralischen Rigorismus (der es erfordert, dass „objektiv" bedeutet, dass moralische Schlussfolgerungen mit deduktiver Präzision aus einem System moralischer Regeln folgen) und dem moralischen Skeptizismus (der zu dem Schluss kommt, dass Moral nicht objektiv sein könne, weil es kein solches deduktives System von Regeln und Schlussfolgerungen gebe).

[19] Die voluntaristische Besetzung des modernen Rechtsdenkens zeigt sich auch in der modernen Einstellung zur Gültigkeit der Rechtsvorschriften (d. h., „gültig" zu sein bedeutet, dass eine gesetzliche Regel vom Willen des Souveräns ausgehen muss). Der Rechtspositivismus war der Nachfolger der Naturrechtstheorie im 19. Jahrhundert. Rechtspositivisten denken über das Gesetz als ein System von Regeln. Diese Regeln müssen wiederum nicht vernünftig oder moralisch vertretbar sein, um rechtsgültig zu sein. Vielmehr war das Wesen des Gesetzes, wie John Austin es ausdrückte, „ein Befehl des Souveräns, der durch Drohungen unterstützt wurde". John Austin, *The Province of Jurisprudence Determined* (London: John Murray, 1832; Indianapolis: Hackett, 1998). Das Gesetz ist eine Funktion des politischen Willens, nicht der Vernunft oder des Guten. Wenn der Voluntarismus säkularisiert wird, „wird der Staat gut und sein positiver Wille wird die oberste Norm der Gerechtigkeit, die keine Beschwerde zulässt". Heinrich Albert Rommen, *The Natural Law: A Study in Legal and Social History and Philosophy* (Indianapolis: Liberty Fund, 1998), 77.

Descartes: Zwischen zwei Welten

Manche sehen die Geburt der modernen Philosophie in der Nacht vom 10. November 1619. Es war jener Abend, als in einem winzigen ofenbeheizten Raum der dreiundzwanzigjährige französische Mathematiker René Descartes (1596–1650) drei schreckliche Träume hatte. Die Nacht war die Vigil des Festes des hl. Martin von Tours, und Descartes, ein frommer Katholik, war kurz nach dem Beginn des Dreißigjährigen Krieges auf dem militärischen Feldzug in Norddeutschland. Descartes war ein kränkliches Kind gewesen und sah vermutlich keine Kämpfe, sondern half als Militäringenieur aus und schrieb zwischen seinen militärischen Verpflichtungen mathematische und philosophische Papiere. Seit einigen Tagen beklagte er die „Uneinheitlichkeit und Ungewissheit" des Erkenntniszustandes und er litt an dem, was er als einen eskalierenden Zustand intensiver Erregung und einen „stetigen Temperaturanstieg" in seinem Kopf bezeichnete. Er schloss sich in den Raum ein, um sich zu wärmen und zu meditieren, aber nach einer Zeit intensiver Konzentration schlief er ein und hatte drei Träume in rascher Folge.

Zuerst wurde er von Phantomen angegriffen, die von einem Wirbelwind heftig umhergeworfen wurden. Er war durch den Abgrund des unendlichen Raumes gestürzt, ohne einen Platz zur Landung zu finden, als ob er von allen seinen Fundamenten abgeschnitten worden wäre. Plötzlich befand er sich auf festem Boden in einem exotischen Land und wurde von diesem Land mit einer seltsamen Melone beschenkt. Der Wind hörte auf und der Traum endete. War die Melone das Angebot einer Frucht der modernen Wissenschaft, oder war sie stattdessen die Gabe der religiösen Errettung? Descartes konnte sich nicht sicher sein.

Im zweiten Traum fand er sich wieder in seinem Zimmer, umgeben von Donnerschlägen mit elektrischen Funken, die um ihn herumflogen. Er fand keinen Frieden, hatte aber ein Hochgefühl, auch wenn er sich fürchtete. Im dritten und am meisten provozierenden allegorischen Traum befand er sich wieder in seinem Zimmer, diesmal in einer ruhigen und kontemplativen Stimmung. Zwei Bücher waren vor ihm geöffnet: ein Wörterbuch und ein Kompendium der Poesie. Seine Augen blickten auf einen Vers im zweiten Buch und auf die Frage: „*Quod vitae sectabor iter?*" („Welchen Weg soll ich im Leben nehmen?") Das Wörterbuch schien die gesammelten Tatsachen der Wissenschaft zu repräsentieren, die in einer kalten, aber geordneten Weise vor ihm lagen, während das Buch der Poesie das Streben nach Weisheit und Inspiration, ein Leben des Geistes statt der Materie darstellte. Ein Fremder erschien und rezitierte noch einen anderen Vers: „Est et non" („ja oder nein"). Descartes versuchte, dem Fremden die andere Frage zu zeigen, aber das Buch verschwand und erschien nicht wieder, bis er aufwachte. Aufgeregter als zuvor begann er zu beten und versprach, eine Pilgerfahrt nach Notre-Dame de Lorette in Italien zu machen – eine Reise, die er vier Jahre später unternahm.

Descartes interpretierte seine drei Träume als eine erleuchtete Vorhersage, als eine göttliche Aufforderung. Die Funken und Donnerschläge des zweiten Traumes repräsentierten Intuition und Inspiration, den Stoff der Dichter, Mystiker und religiösen Visionäre. Aber das war nicht genug, um ihm wahres Wissen über die tiefsten Geheimnisse des menschlichen Lebens zu geben. Was nötig war, war eine vereinheitlichende Philosophie, die zu seiner damaligen Zeit die tiefe Kluft zwischen Wissenschaft und Religion überbrücken konnte. Er war überzeugt, wie es auch Thomas von Aquin war, dass die beiden Welten unter rational erkennbaren philosophischen Prinzipien vereint werden könnten. Er entschied, dass ihm die drei Träume geschickt worden seien, um ihn zu drängen, sein Leben der Aufgabe zu widmen, ein neues, vereinheitlichendes Paradigma zu erarbeiten.[20]

Descartes lebte während der größten Periode der „Uneinigkeit und Ungewissheit" in zweitausend Jahren. Er war noch ein Jugendlicher, als Galilei im Jahre 1610 seine Verteidigung der heliozentrischen Auffassung des Sonnensystems auf der Grundlage seiner Beobachtungen mit dem neu erfundenen Teleskop veröffentlichte.[21] Dies widersprach der seit

---

[20] Desmond M. Clarke, *Descartes: A Biography* (New York: Cambridge University Press, 2006), 58–59.

[21] Kopernikus hatte die Spekulation im späten sechzehnten Jahrhundert begonnen. Er nahm an, dass die Welt in teleologischer Weise tätig sei, aber er stimmte damit überein, dass das aristotelisch-ptolemäische System viel zu kompliziert sei, um richtig sein zu können. Im Jahre 1609 veröffentlichte Johannes Kepler seine ersten beiden Gesetze der Planetenbewegungen, womit er die geozentrische Theorie des Aristoteles ablehnte und die kopernikanische heliozentrische Theorie unterstützte. Ironischerweise griff Kepler die aristotelische Theorie an, nicht weil er auf die Teleologie verzichten wollte, sondern weil er davon ausgegangen war, dass Gottes Anordnung eine einfachere Erklärung haben müsse. Dazu zitierte er Platon, dass Gott ein Geometer sei, und argumentierte, dass ein heliozentrisches Verständnis des Sonnensystems eine weitaus elegantere Erklärung der Bewegung der Sonne und der Planeten liefere. Galilei bestätigte dies mit Beobachtungen, die mit seinem Teleskop ein Jahr später gemacht wurden. Edwin A. Burtt, *The Metaphysical Foundations of Modern Physical Science* (New York: Harcourt Brace, 1927), 53–54.

der Zeit des Aristoteles herrschenden geozentrischen Weltanschauung. Aber schlimmer, es schien die gesamte teleologische Theorie des Universums zu gefährden.

Aristoteles war zu dem Schluss gekommen, dass alle Dinge im Universum zu ihrem „natürlichen Ort" hingezogen würden, dass feste Körper auf den Boden gezogen und die Gase nach oben bewegt würden. So begründete er, dass die Erde im Mittelpunkt des Universums sein müsse, da sich die Gegenstände natürlich nach unten auf die Erde bewegten, während sich die Planeten und Sterne in einer Reihe konzentrischer Kreise um sie herumdrehten. Seine geozentrische Theorie des Universums schien damals mit den astronomischen Schlussfolgerungen in Einklang zu stehen, aber die nachfolgenden Astronomen, darunter auch die ägyptischen Ptolemäer des zweiten Jahrhunderts, waren gezwungen, die aristotelische Theorie mit zunehmend schwerfälligeren Ad-hoc-Sätzen über „Epizyklen" so zu verändern, dass sie neueren Beobachtungen entsprach. Im sechzehnten Jahrhundert war die geozentrische Theorie dann mit zunehmend unwahrscheinlicheren Änderungen und Annahmen belastet. Galileis Entdeckungen, die auf den Spekulationen von Kopernikus und Kepler aufbauten, beendeten diese Versuche, das erdzentrierte Universum zu retten.[22]

Aber die Ablehnung der geozentrischen Theorie hatte tiefe philosophische, theologische und wissenschaftliche Konsequenzen. Dass die Erde nicht im Mittelpunkt der Schöpfung stand, schien die Vorstellung herauszufordern, dass der Mensch einen zentralen Platz in der geschaffenen Ordnung hatte und dass die Menschheit die bestimmende Errungenschaft im Plane Gottes sei. Die unmittelbare Wirkung von Galileis Beobachtungen bestand jedoch darin, die ganze Theorie der Welt von Aristoteles in Frage zu stellen. Wenn dessen Physik falsch war, warum sollten wir dann sein metaphysisches System behalten, das doch auf denselben teleologischen Annahmen beruhte?

Natürlich hing die teleologische Sicht der Welt nicht von der aristotelischen Physik oder dem geozentrischen Bild des Universums ab. Gott

[22] Der ägyptische Astronom Ptolemäus hatte im zweiten Jahrhundert sogenannte „Epizyklen" eingeführt, nach denen die Himmelskörper, wie Aristoteles dachte, um die Erde kreisten, aber auch in kleineren Zyklen um die Kurve ihrer größeren Umlaufbahnen – Kreise in Kreisen –, was die geozentrische Theorie mit astronomischen Beobachtungen harmonisierte.

kann durch Finalursachen operieren, ohne dass die Erde in der physischen Mitte des Universums ist. Die Annahme, dass die Menschheit nur dann im Zentrum der Schöpfung stehen könne, wenn die Erde im physischen Zentrum des Universums sei, war das Produkt nicht nur von Unwissenheit, sondern von Hybris.[23] In der Tat bezweifelte Thomas das aristotelisch-ptolemäische Modell und bestand darauf, dass es „einem überzeugenden Beweis nicht standhält, denn vielleicht könnte das Phänomen durch eine andere Annahme erklärt werden".[24]

Dennoch trugen der Nominalismus und die Entdeckung, dass die Erde nicht im Mittelpunkt der Ordnung Gottes stand, zu einer wachsenden Skepsis hinsichtlich des teleologischen Bildes der Welt bei. Die besten Denker der Zeit – Kepler, Galilei und der Vater der wissenschaftlichen Methode, Francis Bacon – hielten weiterhin an dem spirituellen Kern des teleologischen Modells fest, behandelten aber seine Annahmen als Postulate der Metaphysik und nicht der Wissenschaft. Bacon räumte dem älteren Modell ein, dass „wahres Wissen Wissen der Ursachen ist" und dass die Ursachen „nicht unpassend in vier Arten verteilt werden: das Material, die Form, die Wirkung und das Ziel".[25] Aber er bestand auch darauf, dass sie aus der wissenschaftlichen Untersuchung ausgeklammert werden müssten, weil die formalen und finalen Ursachen nicht direkt empirisch beobachtet werden konnten. Descartes akzeptierte ebenfalls die Wirklichkeit der finalen Ursachen, wies aber ihre empirische Relevanz ab. „Wir sollten es nicht auf uns nehmen, zu glauben, dass Gott uns in seine Beratung aufnehmen könnte."[26]

Es ist kein Wunder, dass Descartes' Suche nach der Wahrheit mit einem allumfassenden Zweifel begann. Die physikalischen Wissenschaften er-

---

[23] Wie der Psalmist es ausdrückt:

Wenn ich Deinen Himmel anschaue, das Werk Deiner Finger,
den Mond und die Sterne, die Du bereitet hast,
was ist der Mensch, dass Du seiner gedenkst,
und das Menschenkind, dass Du nach ihm schaust?

Psalm 8,3-4.

[24] Thomas von Aquin, *De Coelo*, II, 17. Für eine Diskussion der Auffassung Thomas von Aquins zum Ansatz des Aristoteles siehe Edward Feser, *Der letzte Aberglaube* (Heusenstamm, editiones scholasticae, 2012), 226.

[25] Francis Bacon, *Neues Organon* (Hamburg: Meiner Verlag 1990), Sek. 2.2.

[26] René Descartes, *The Philosophical Works of Descartes*, trans. Elizabeth S. Haldane (Cambridge: Cambridge University Press, 1912), 1:230. Vgl. „Denn welcher Mensch kann Gottes Plan erkennen, / oder wer begreift, was der Herr will?" (Buch der Weisheit, 9:13).

lebten den größten Paradigmenwechsel in der Geschichte, und die Philosophie konnte dazu nichts beitragen, da sie, wie Descartes beklagte, „seit vielen Jahrhunderten von den bedeutendsten Köpfen studiert worden ist, ohne etwas hervorgebracht zu haben, was nicht umstritten ist“.[27] Eine Art revolutionärer Konservatismus ergriff den jungen Geist. Nicht die Erlangung der Wahrheit, sondern die Vermeidung von Irrtum, schrieb er in den *Meditationen*, „umfasst die größte und wichtigste Vollkommenheit des Menschen“.[28] Wir sollten nichts als wahr akzeptieren, das bezweifelt werden kann. Nur die Sätze, von denen wir eine „klare und deutliche Idee“ haben, sollen die Grundlage unseres Wissens bilden. Nur aus diesen unzweifelhaften Fundamenten können wir unsere Welt der Überzeugungen aufbauen. Alle Sätze müssen in ihre einfachsten Formen zerlegt, analysiert und dann als Teil unseres Systems des akzeptierten Wissens wieder zusammengesetzt werden.[29] Die Suche nach Wissen, sagte er, sei, wie durch ein Fass von Äpfeln zu gehen, eines nach dem anderen anzusehen und die verfaulten zu verwerfen, damit sie die anderen nicht verderben.

Und jener unberührte Apfel, von dem alle Hoffnung auf echtes Wissen ausgeht, so argumentierte Descartes, sei kein anderer als die alte Einsicht Augustins. In Descartes' Worten: „Cogito ergo sum“ („Ich denke, also bin ich“).[30] Ich kann an der Existenz der ganzen physischen Welt zweifeln, aber in diesem Akt des radikalen Zweifels kann es nicht falsch sein, dass ich existiere. Damit begann Descartes mit der modernen Philosophie und kehrte das klassische Verständnis der Beziehung zwischen der Metaphysik und der Erkenntnistheorie um. Aristoteles und Thomas dachten, dass wir zunächst erkennen müssen, wie die Welt aufgebaut ist, bevor wir den Mechanismus des menschlichen Erkennens verstehen können. Descartes begann von genau der entgegengesetzten Richtung: Wir müssen klare Kriterien für Wahrheit und Wissen haben, bevor wir uns in die Welt der Tatsachen wagen können. Hier war der definitive Bruch mit der

---

[27] *Discours de la Méthode: Im Anhang: Brief an Picot; Adrien Baillet: Olympica* (Philosophische Bibliothek, Hamburg: F. Meiner), 8.

[28] René Descartes, *Meditationen über die erste Philosophie* (Hamburg: F. Meiner 2009).

[29] Descartes' Methode bestand aus vier Regeln: Erstens akzeptiere niemals etwas als wahr, es sei denn, es ist „gewiss“ und „evident“ wahr. Zweitens zerlege alle Probleme in ihre Bestandteile. Drittens: mit dem Einfachsten beginnen und durch dieses sich zum Schwierigeren hinarbeiten. Viertens: Mache Aufzählungen so allgemein und vollständig, dass nichts weggelassen wird. Descartes, *Discours de la Méthode*, 15.

[30] Descartes, *Discours de la Méthode*.

klassischen Philosophie: Erkenntnistheorie ist vor der Metaphysik, so argumentierte Descartes praktisch. Vor allem anderen müssen wir eine Methode haben, einen zuverlässigen Prozess für die Sammlung von Wahrheit. Wir müssen erkennen, *wie* wir erkennen, bevor wir erkennen können, *was* wir erkennen.

Descartes gilt als Vater des modernen Rationalismus, einer von zwei Ansätzen der Erkenntnistheorie, die auf die scholastische Theorie der Erkenntnis folgten. Der andere Ansatz, der Empirismus, wurde von John Locke verteidigt, wie wir im nächsten Abschnitt sehen werden. Das Wesen des Rationalismus ist die Überzeugung, dass es gewisse Wahrheiten gibt, die durch die Vernunft allein erkannt werden können, unabhängig von der Sinneserfahrung (die uns immer täuschen kann). Diese Wahrheiten sind eingebildet in den Intellekt selbst. Die Mathematik war für Descartes das Paradigma für Wissen, da jede mathematische Wahrheit mit Sicherheit bekannt und mit jeder anderen mathematischen Wahrheit durch eine Operation der Logik verbunden ist. Descartes' Methode war der Versuch, sich dem gleichen Grad an Präzision anzunähern, wie ihn Euklid in seinem System der Geometrie erreicht hatte. Und dies führte Descartes zu einigen der atemberaubendsten intellektuellen Errungenschaften seit den Zeiten Euklids.

Mit seinem Essay über die *Optik*, der dem *Discours de la Méthode* anhängt, war Descartes der Erste, der die Wellentheorie des Lichts vorangebracht hat, eine theoretische Darstellung der Weit- und Kurzsichtigkeit, eine Theorie der Linsen und eine Theorie der Lichtsammlungskraft des Teleskops. Er war ebenso der Erste, der eine empirisch genaue Darstellung der Raumwahrnehmung vorstellte. In einem anderen Anhang zum *Discours*, der Meteorologie, stellte er den ersten wissenschaftlichen Überblick über die meteorologische Wissenschaft vor und erweiterte die kinetische Theorie der Hitze. In der Geometrie erfand er allein die analytische Geometrie, die bedeutendste mathematische Entdeckung seit den alten Griechen.[31] All dies waren Anhänge zu seinem *Diskurs über die Methode*.

Doch der Rationalismus hatte im Verlauf der Zeit ein dunkleres Erbe. Er förderte in leichtsinnigeren Köpfen einen intellektuellen Subjektivismus, eine Abkehr von der Erfahrung zugunsten einer Welt der selbst erzeugten Wahrheiten. Dass der Philosoph in seinem Sessel sitzen kann

---

[31] Laurence J. LaFleur, Introduction to Descartes, *Discourse on Method and Meditations*, xiv–xvi.

und so die Systeme der Metaphysik und der Politik entwickelt, ohne empirische Erfahrungen zu nutzen, vor allem die akkumulierte Erfahrung von Tradition und Brauch, hätten Aristoteles und Thomas nicht nur als absurd, sondern auch als gefährlich zurückgewiesen. Der Rationalismus trennte den Verstand von dem Rest der menschlichen Persönlichkeit und löste den Geist vom Körper. Wo die Scholastiker den Verstand als ein Vermögen der ganzen Person sahen, die durch die gemeinsame Handlung von Sinnlichkeit und Vernunft, Körper und Geist entwickelt wurde, wurde sie für Descartes zur Provinz des rationalen Geistes. In dieser Hinsicht war Descartes' Theorie eine mächtige Quelle des Individualismus für die kommende moderne Zeit.[32]

Descartes' zweiter großer Bruch mit der älteren scholastischen Tradition war im Bereich der Metaphysik. Mit Bacon bestand er darauf, dass Aristoteles' formale und finale Ursachen im Namen der Wissenschaft ausgeklammert werden müssten. Wo Ockham sich leicht profilierte, drängte Descartes kühn vor. Die Natur musste mechanistisch verstanden werden – als ein System von Ursache- und Wirkungsereignissen, in denen alles, was geschieht, mit Notwendigkeit geschieht. Demokrits alter Determinismus war in die Welt zurückgekehrt, aber er kollidierte unweigerlich mit dem christlichen Paradigma des freien Willens und der Verantwortung, die Descartes ausdrücklich akzeptierte. Konfrontiert mit diesem Konflikt der Paradigmen, versuchte Descartes, den Unterschied aufzuteilen. Er akzeptierte die mechanistische Erklärung der physikalischen Phänomene für die Natur, zog aber eine metaphysische Linie und trennte die Welt der Natur von der Welt des Geistes.

---

[32] Tatsächlich nahmen Descartes' Rationalismus und Lockes Empirismus (wie wir als Nächstes sehen werden) erkenntnistheoretisch jeweils eine Hälfte des älteren scholastischen Ganzen. Das Verstehen war für Aristoteles und Thomas von Aquin eine Macht der ganzen Person, die durch die gemeinsame Tätigkeit von Sinnlichkeit und Vernunft vollbracht wurde. In der Tat waren es Aristoteles und Thomas, und nicht John Locke, die darauf bestanden, dass das Wissen über die Sinne zum Intellekt gelangt. Die Lehre von angeborenen Ideen schien die Wahrheit in den Geist und nicht in die Welt zu verlegen. Rationalismus und Empirismus stellen also eine Spaltung des Mechanismus der menschlichen Erkenntnis dar, wie er von den Scholastikern konzipiert wurde. Rationalisten, darunter Descartes, Spinoza und Leibniz, und Empiristen wie Locke, Berkeley und Hume nahmen jeweils eine Hälfte der älteren Einheit – die Rationalisten, weil sie darauf bestanden, dass Erkenntnis nur ein Merkmal der Vernunft sei, und die Empiristen, indem sie darauf bestanden, dass sie ein Merkmal der Sinneserfahrung sei. Rommen, *The Natural Law*, 77, 143–45.

Descartes' Lösung war der Dualismus. Er teilte die Welt in zwei verschiedene Substanzen – in die *res extensa* der materiellen Welt, die mechanistisch operiert, und die *res cogitans* des freien Denkens. Dies war eine bedeutsame Abkehr von Aristoteles' und Thomas' Konzeption, dass jedes materielle Ding eine eigenständige und verschiedene Substanz darstellt, die aus Form und Materie zusammengesetzt ist. Descartes behielt das Wort Substanz bei, veränderte aber grundsätzlich dessen Bedeutung. Der Mensch ist nicht eine einheitliche Substanz aus Form und Materie, Seele und Körper, sondern zwei verschiedene Substanzen – die Substanz des Geistes und die Substanz der Materie –, die irgendwie miteinander interagieren müssen. Descartes' Leib-Seele-Dualismus führte zu einer Fülle von philosophischen Problemen. Er konnte nicht wirklich erklären, wie der nichtmaterielle Geist Handlungen im physischen Körper verursachen kann. In der Gleichsetzung des Physischen mit der Ausdehnung im Raum und der Unterscheidung dieses Physischen vom Geistigen impliziert Descartes' Theorie, dass der Geist und sein Inhalt überhaupt nicht im Raum existieren. Wie könnte also ein Gedanke oder eine Absicht zu einer Veränderung des physischen Körpers führen? Es gab auch noch andere Probleme. Descartes' Dualismus schien den Körper im Vergleich mit dem Verstand zu einer Art Zweiter-Klasse-Status zu degradieren, so wie Platons Theorie in der Antike ebenfalls. Wir werden den Zerfall des kartesischen Dualismus im nächsten Kapitel untersuchen.

Aber es gab noch größere Probleme – theologische Probleme –, denn der Dualismus schien Gott von der Welt zu isolieren, in gleicher Weise wie er den Geist vom Körper isolierte. Der zunehmend mechanistische Ansatz erklärte alle Naturphänomene als Ergebnis von Ursachen- und Wirkungsgesetzen der Natur. Je mehr auf diese Weise erklärt werden konnte, desto weniger gab es für Gott etwas zu tun. Da Gott nicht mehr nötig war, um die unmittelbaren physischen Ursachen der Welt zu erklären, drängte die Philosophie zum Deismus des achtzehnten Jahrhunderts.

Der Deismus trat in verschiedenen Formen auf. Einige seiner Vertreter, darunter auch einige der Gründer der Vereinigten Staaten, fuhren fort, in spezifisch christlichen Begriffen zu denken.[33] Für andere war Gott einfach der Schöpfer und die erste effiziente Ursache der Welt und nichts weiter. Der „göttliche Uhrmacher" stellte die Dominosteine auf und warf

---

[33] Für eine neuere Diskussion siehe David L. Holmes, *The Faiths of the Founding Fathers* (New York: Oxford University Press, 2006), 39–52.

den ersten um, aber er hatte keinen Grund, danach weiter einzugreifen. Er erhört keine Gebete und vollbringt keine Wunder. In zunehmendem Maße wurde selbst das zentrale Dogma der christlichen Religion – die Auferstehung Christi – in Frage gestellt. Gott wurde als der entfernte erste Designer der Welt beibehalten, aber die Substanz des Christentums wurde rein ethisch – es wurde zu einer Religion von guten Taten, aber mit wenig echtem religiösen Inhalt.

Blaise Pascal verhöhnte Descartes mit der Anklage, ein geheimer Deist zu sein: „Descartes konnte nicht vermeiden, Gott zu veranlassen, mit einem Schnippen seines herrschaftlichen Fingers die Welt in Bewegung zu setzen. Danach brauchte er Gott nicht mehr." Vielleicht kompensierte Descartes dies zum Teil aus diesem Grund, indem er Gott für die Selbstgewissheit einsetzte, die weit über alles hinausging, was Thomas hätte sagen können. Er schrieb: „Es gibt sicher nichts, was ich früher oder leichter weiß, als Tatsachen über Gott." Während Thomas vorsichtig behauptete, dass unsere Gotteserkenntnis von unserer *a posteriori*-Erkenntnis der Welt abgeleitet werden müsse, dass wir Gottes Existenz nur aus der Ordnung der Welt ableiten könnten, bestand Descartes darauf, dass Gotteserkenntnis angeboren sei, dass sie ein erstes Prinzip des Wissens sei. „Dass es die Existenz Gottes in meinem Geist wenigstens so sicher geben sollte, wie ich bisher alle Wahrheiten der Mathematik in Betracht gezogen habe."[34] Auf diese Weise gelangte diese eigenartige moderne Mischung aus zurückhaltender Skepsis und gewagter intellektueller Kühnheit in den Strom des modernen Denkens.

John Locke und der Untergang des Naturrechts

Es gibt zwei kontrastierende Ansichten über John Lockes (1632–1704) Platz in der Geistesgeschichte. Die erste hält fest, dass Locke der letzte der vormodernen Denker sei, ein Philosoph, für den Gott und das Naturrecht noch eine maßgebliche Rolle im moralischen und politischen Denken spielten. Die zweite meint, dass er mit Thomas Hobbes der erste echt moderne politische Denker gewesen sei.

[34] Descartes, *Meditationen über die erste Philosophie,* 5.

Die Wahrheit ist jedoch, dass Locke beides war. Die *Zweite Abhandlung über die Regierung*, die die Regierung, den Sozialvertrag und die individuellen Rechte verteidigt, ist das erste echte Beispiel für die moderne liberale politische Tradition. Doch Locke setzte seinen Liberalismus im Rahmen des Theismus und des Naturrechts ein. Sein *Essay über den menschlichen Verstand*, sein wichtigstes philosophisches Werk, ist die Quelle des modernen Empirismus, doch während des ganzen *Essays* dienen sein Glaube und sein gesunder Menschenverstand als Gegengewicht zu einigen radikaleren Schlussfolgerungen des Empirismus.[35] Im Allgemeinen aber läuft der Geist seines *Essays* so ganz gegen die Annahmen des Naturrechts seiner *Zweiten Abhandlung über die Regierung*, dass die beiden Schriften kaum in Einklang gebracht werden können.[36] In der Tat wurde Locke wütend, als ein enger Freund die Unstimmigkeiten betonte, und er antwortete, dass die beiden Werke einfach voneinander getrennt werden müssten.[37]

Warum sollte ein so brillanter Denker so notorisch ambivalent sein? Die Spannungen können nicht wegerklärt werden, indem man darauf hinweist, dass Locke im Verlauf der Zeit seine Meinung geändert hat, da er gleichzeitig während der 1680er Jahre sowohl an der *Abhandlung* als auch an dem *Essay* arbeitete, wobei die beiden innerhalb eines Jahres veröffentlicht wurden. Die einzige plausible Antwort ist, dass Locke sich in einer Konfliktsituation befand. Die *Zweite Abhandlung über die Regierung*, wohl die Gründungsurkunde des Liberalismus, erforderte für Locke, sich auf einen Strang der natürlichen Rechte zu berufen, der auf einer bestimmten Konzeption des Naturrechts beruhte. Aber weil Locke Protestant war, konnte es nicht das alte Naturrecht sein, das verwendet wurde,

[35] Richard Ashcraft, *Locke's Two Treatises of Government* (Boston: Allen and Unwin, 1987). Für die Ansicht, dass Locke zu den ersten Modernen gehöre und in der Tat ein radikaler Denker sei, siehe Julian H. Franklin, *John Locke and the Theory of Sovereignty: Mixed Monarchy and the Right of Resistance in the Political Thought of the English Revolution* (New York: Cambridge University Press, 1978). Und für die entgegengesetzte Ansicht, dass er als der letzte der klassischen Denker gesehen werden müsse, siehe James Tully, *A Discourse on Property: John Locke and His Adversaries* (New York: Cambridge University Press, 1980).

[36] Wie einer der bedeutendsten zeitgenössischen Locke-Forscher bemerkt: „Es ist sinnlos, seine Arbeit als einen integrierten Körper von Spekulation und Verallgemeinerung zu betrachten, mit einer allgemeinen Philosophie im Zentrum und einem dazu passenden architektonischen Rahmen." Peter Laslett, "Locke and Hobbes", in *John Locke, The Two Treatises of Government*, ed. Peter Laslett (New York: Cambridge University Press, 2009), 87.

[37] Laskett, "Locke and Hobbes", 79–83.

um das göttliche Recht der Könige und die Autorität der Kirche zu unterstützen. Ein moderates Lösungsmittel war erforderlich. Gott und *etwas* vom Naturrecht mussten bewahrt werden, aber der Appell an die Teleologie und Descartes' angeborene Ideen mussten abtreten.

Descartes hatte dennoch einen deutlichen Einfluss auf Lockes Denken. Locke wurde mit der Philosophie Descartes' vertraut, während er in den späten 1670er Jahren in Frankreich im Exil war. Er schrieb in seiner Zeitschrift, dass es Descartes war, der ihm zuerst die Liebe zur Philosophie beibrachte, und in vielerlei Hinsicht folgte er Descartes' metaphysischen Positionen, vielleicht am deutlichsten in Bezug auf den Leib-Seele-Dualismus.[38] Aber Lockes Hauptunterschied zu Descartes betraf ihr unterschiedliches Verständnis der Mechanismen der menschlichen Erkenntnis – ein Unterschied, der religiöse und politische Konsequenzen hatte. Descartes, der Katholik, war der Vater des modernen Rationalismus, und Locke, der Protestant, der Vater des Empirismus. Wie Locke und die Empiristen es sahen, behielt Descartes' Lehre von den angeborenen Ideen die übriggebliebenen Spuren der älteren Scholastik bei, während sie behaupteten, dass gewisse metaphysische oder theologische Wahrheiten selbstevident, unwiderlegbar und nicht der Widerlegung durch die Sinne unterworfen seien.

Lockes Empirismus war jedoch eine Überreaktion gegen Descartes' Überreaktion. Aristoteles und Thomas hätten mit Locke vereinbart, dass „nichts im Verstand ist, was nicht zuerst in den Sinnen war" – die zentrale Annahme eines moderaten Empirismus. Aber Locke ging über Thomas' moderaten Empirismus hinaus in die eine Richtung, genau wie Descartes darüber hinaus in die entgegengesetzte Richtung ging. In seinem *Essay* behauptete Locke nicht nur, dass wir alle Erkenntnisse durch die Sinne erlangen, sondern auch, dass es keine angeborenen Strukturen

[38] Die Einzelheiten von Lockes Leib-Seele-Dualismus können sich von Descartes unterscheiden. Einige haben argumentiert, dass er nicht glaubte, dass Geist und Körper zwei verschiedene Substanzen seien, wie Descartes es tat, da er skeptisch war gegenüber der Idee der Substanz im Allgemeinen. Aber mindestens glaubte er, dass mentale und physikalische Eigenschaften verschiedene Arten von Eigenschaften sind, wodurch Locke zu dem wurde, was man heute als einen „Eigenschaftsdualisten" bezeichnet. Edward Feser, *Locke* (Oxford: Oneworld Publication 2007). Im nächsten Kapitel werden wir Lockes Auffassung von der Substanz besprechen, und wie er sich auf den Begriff der Person bezieht.

des menschlichen Verstandes gibt, die unserer Welterfahrung vorausgehen und diese vermitteln. Der Mensch ist als eine *tabula rasa* geboren, „wie ein Stück Papier“, auf dem die Welt schreibt.[39]

Lockes *tabula rasa*-Theorie der menschlichen Persönlichkeit war eine Ablehnung nicht nur von Descartes' angeborenen Ideen, sondern auch von Thomas von Aquins *Synderesis*. Es gibt keine angeborenen moralischen Vorlagen, die unter den richtigen Bedingungen zum Gewissen heranreifen. An den Punkten in der *Zweiten Abhandlung*, wo er die Bedeutung des Naturrechts hervorheben wollte, kehrte Locke zu der Vorstellung zurück, dass das moralische Gesetz „in das Herz geschrieben“ sei.[40] Aber diese Passagen sind die Ausnahme. In dem *Essay* versuchte Locke systematisch, die *Synderesis* und ihre logischen Folgen zu demontieren, zum Beispiel, dass die Erkenntnis des Naturrechts durch eine schlechte Erziehung verdorben oder zerstört werden kann.[41] Er bestritt ebenso, dass das Naturrecht uns in unseren nichtrationalen Dispositionen zum Guten hinneigt. „Tatsächlich wohnen die Prinzipien der Handlung in den Neigungen der Menschen, aber diese sind so weit davon entfernt, angeborene moralische Grundsätze zu sein, dass sie, wenn sie dem vollen Schwung überlassen würden, Menschen zum Umsturz aller Sittlichkeit bringen würden.“[42]

---

[39] John Locke, *Versuch über den menschlichen Verstand*, 1.2.1.

[40] Er schrieb zum Beispiel, dass „Kain so überzeugt war, dass jeder ein Recht hätte, [ihn] zu zerstören, dass nach dem Mord an seinem Bruder jeder, der [ihn] finde, [ihn] töten [werde] – so klar sei es in den Herzen von allen Menschen geschrieben“. John Locke, *Zweite Abhandlung über die Regierung*, 11.

[41] Seine Argumente wendeten sich häufig gegen Missverständnisse des scholastischen Verständnisses von *Synderesis* und Gewissen. Zum Beispiel behauptet Locke, dass es keine Verteidigung der *Synderesis* sei, zu argumentieren, dass unser natürliches Wissen verloren gehen oder verderben könne. Er behauptete, dass, wenn dies wahr wäre, wir die reinsten Ausdrücke der *Synderesis* bei Kindern und den Ungebildeten finden müssten, deren Gewissen nicht durch schlechte Bildung verformt wurden. Locke, *Versuch über den menschlichen Verstand*, 1.3.20. Aber Thomas und andere Verteidiger der *Synderesis* waren kaum so naiv, dass sie davon ausgingen, dass ein Kind oder ein Mensch im Naturzustand zwangsläufig wohltätig sei. *Synderesis* ist wie die Fähigkeit, Mathematik zu betreiben, sagt Thomas. Wie die Fähigkeit, komplexe Mathematik zu betreiben, muss das moralische Denken durch Bildung geschliffen werden, um seiner Funktion zu dienen.

[42] Locke, *Versuch über den menschlichen Verstand*, 1.3.3. Dies steht wieder in Spannung zu Lockes eher friedlichem Blick auf den Menschen im Zustand der Natur, wie er dies in der *Zweiten Abhandlung über die Regierung* darstellt. Dort ist Locke kaum so pessimistisch wie Hobbes in seinem Bericht über den Zustand der Natur als „einsam, arm, böse, brutal und kurz angebunden“. Der Mensch im Zustand der Natur war für Locke selbstinteressiert, aber gesellig und letztlich vernünftig.

Auch wenn wir uns die Praktiken der Menschen anschauen, gibt es keine universelle Tendenz zum menschlichen Anstand, die offensichtlich sein sollte, wenn das Naturrecht in die Herzen der Menschen geschrieben wäre. Ganz im Gegenteil:

> Allein man sehe nur ein Heer, das eine Stadt plündert, und suche nach der Beobachtung jener Moral-Grundsätze, nach dem Gefühl für solche, oder nach den Gewissensbissen für alle dabei verübten Gräuelthaten. Raub, Mord, Nothzucht wird die Lust derer, die vor Strafe und Tadel gesichert sind. Hat es nicht ganze Völker, selbst in den gebildetsten Erdtheilen gegeben, bei denen das Aussetzen der Kinder, die man auf dem Felde dem Hungertode oder wilden Thieren überliess, eine Sitte war, die so wenig verdammt oder verdächtigt wurde, wie die Erzeugung derselben? Wird nicht in manchen Ländern das neugeborene Kind in dasselbe Grab mit der Mutter gelegt, wenn sie bei der Niederkunft gestorben ist? Und schafft man es nicht auf die Seite, wenn ein vermeintlicher Sterndeuter erklärt, dass die Sterne ihm ungünstig seien? Giebt es nicht Gegenden, wo die Eltern, wenn sie alt geworden, ohne alle Gewissensbisse ausgesetzt oder getödtet werden?[43]

Für Locke, den Puritaner, gibt es wenig Anzeichen irgendeiner angeborenen Moral im natürlichen Menschen. Gesetz und menschliche Natur stehen gegeneinander. Das Naturrecht ist nicht mehr „in uns“, als ein positives Prinzip, das uns durch die Liebe zu unserem natürlichen Ziel bewegt, wie es dies noch für Thomas war. Für Locke ist das Naturrecht rein äußerlich und weitgehend prohibitiv. Es wird von außen auferlegt, in den Geboten Gottes geerdet und durch Gottes natürliche Sanktionen, Schmerz und Lust, gestützt.[44]

---

[43] John Locke, *Ein Versuch über den menschlichen Verstand* (1.3.9. Übersetzung durch Julius Heinrich von Kirchmann von 1872/73. Permalink: http://www.zeno.org/nid/20009207872).

[44] „Aber was Pflicht ist, kann nicht ohne Gesetz verstanden werden“, schrieb Locke, auch ist kein Gesetz bekannt, das ohne Gesetzgeber oder ohne Belohnung und Strafe auskommt.“ Locke, *Ein Versuch über den menschlichen Verstand,* 3.3.12. Lockes Voluntarismus und sein Empirismus verstärkten sich in dieser Hinsicht. Da es keine angeborenen Quellen der moralischen Erkenntnis gibt und da alle moralischen Erkenntnisse allein aus der Erfahrung kommen (wie der Empirismus lehrt), müssen alle moralischen Verpflichtungen aus äußeren Quellen hervorgehen, die gewöhnlich in zwingender Form als Befehle des göttlichen Willens

All dies bedeutet, dass Locke einen Mittelweg absteckte zwischen den Scholastikern, Descartes und anderen, die glaubten, dass das moralische Gesetz angeboren sei, und denjenigen, wie Hobbes und anderen Materialisten, die das moralische Gesetz insgesamt leugneten.

> Es ist ein grosser Unterschied zwischen angebornen und natürlichen Gesetzen; zwischen dem, was in Urschrift in unsere Seele eingeprägt sein soll, und dem, was wir zwar nicht kennen, aber durch Gebrauch und die rechte Anwendung unserer natürlichen Fähigkeiten lernen können. Dagegen scheint mir, dass man in beiden Fällen die Wahrheit einbüsst, mag man ein angeborenes Gesetz behaupten oder mag man leugnen, dass ein Gesetz durch das natürliche Licht, d. h. ohne die Hülfe einer wirklichen Offenbarung, erkannt werden könne.[45]

Das Naturrecht ist real, aber es ist „da draußen" und nicht „hier". Es ist etwas zu Lernendes – durch „rechte Anwendung unserer natürlichen Fähigkeiten"[46], durch Vernunft und Erfahrung, geleitet von den natürlichen Sanktionen des Schmerzes und der Lust.

Aber dann finden wir die gleiche Ambivalenz bei der Vernunft, wie wir sie in Lockes schwankendem Engagement für das menschliche Gewissen gesehen haben. In der *Zweiten Abhandlung* war die Vernunft „die gemeinsame Regel und das Maß, das Gott der Menschheit gegeben hat", während Locke in seiner Schrift *Reasonableness of Christianity* beklagte, dass „die menschliche Vernunft ohne Unterstützung bei den Menschen in ihrem großen und richtigen Geschäft der Moral versagte. Niemals wurde aus unbestreitbaren Grundsätzen, durch klare Deduktion ein ganzer Körper des ‚Naturrechts' ausgemacht."[47] Vergnügen und Schmerz sind die wirklichen Sporen für menschliches Handeln und sie sind auch die einzigen weltlichen Kriterien, mit denen wir Gut und Schlecht beurteilen können.[48] Hätte Locke seine moralische Theorie vollständig ausgearbeitet,

---

ausgedrückt werden (wie der Voluntarismus lehrt) und die vermittelt werden durch lustvolle und schmerzhafte Sanktionen (wie sowohl Empirismus als auch Voluntarismus konsequent behaupten können).

[45] Locke, *Ein Versuch über den menschlichen Verstand*, 1.3.13.

[46] Ibid., 1,3,13.

[47] John Locke, *The Reasonableness of Christianity as Delivered in the Scriptures* 7.139–40, zitiert bei Peter Laslett, "Locke and Hobbes", 88–89.

[48] John Locke, *Ein Versuch über den menschlichen Verstand*, 1.3.13.

wäre sie im Grunde und im Wesentlichen utilitaristisch gewesen, mit einer Kulisse der göttlichen Befehlstheorie (*divine command theory*). „Tugend ist bewährt ..., weil es gewinnbringend ist" – aber er beeilte sich hinzuzufügen, dass die letzte Grundlage für Gut und Böse Gottes Wille ist.[49]

Lockes verheerende Revision der Naturrechtstradition war jedoch das Ergebnis seines Individualismus. Mit Hobbes, Rousseau und anderen Sozialvertragsdenkern half Locke, das klassische Verständnis der Beziehung zwischen Individuum und Staat umzukehren. Die ganze klassische politische Tradition von Aristoteles lehrte, dass „der Staat von Natur aus vor dem Individuum ist".[50] Damit meinte Aristoteles, dass der Staat formal vor dem Individuum ist, wie die Form vor der Materie ist. Es ist der Staat, gedacht als Gesellschaft mit all ihren Institutionen, der uns unsere Menschlichkeit gibt. Aber diese Priorität bedeutet auch, dass der Staat ein natürliches Ziel des Individuums ist, eine natürliche Folge unseres menschlichen Wesens. Die Gesellschaft und ihre politischen Institutionen sind ein organischer Ausdruck des menschlichen *telos*. Für Locke und die Sozialvertragstheoretiker war dagegen der Staat künstlich, das Produkt eines im Selbstinteresse verankerten Vertrages. Wo klassische politische Denker immer davon ausgegangen waren, dass das Hauptziel des Staates die Vervollkommnung des Menschen ist, erklärte Locke, dass das Hauptziel der Regierung der Schutz des „Eigentums" sei – ein Begriff, mit dem er sich nicht nur auf seine Güter und Besitztümer bezog, sondern auf die Gesamtheit der individuellen Rechte.

Diese Entwicklungen stellten eine Verhärtung der Trennung zwischen Individuum und Staat dar. Der Staat sollte in der nachfolgenden liberalen Theorie ein „öffentliches" Gebiet sein, das von der „privaten"

---

[49] Ibid., 1.3.6.

[50] Aristoteles, *Politik*, 1.2. Aristoteles war natürlich kein Kollektivist im modernen Sinne. Er dachte, dass der Staat zugunsten der Schaffung der Bedingungen des guten Lebens für den Einzelnen existiert, aber er lehrte auch, dass der Staat dem Individuum im formalen Sinne vorausgegangen sei, dass das Individuum außerhalb des Staates nicht wirklich menschlich sei. Aristoteles lehrte die eminent sinnvolle These, dass unser gesellschaftliches Leben buchstäblich *konstitutiv* für unsere Menschlichkeit ist. Der Mensch im Naturzustand ist nicht im vollen Sinne menschlich. In modernen Worten ausgedrückt, werden wir Individuen, indem wir sozialisiert werden. Locke fand im Naturzustand die Art von Individuum, an die Aristoteles dachte, nur in der zivilisierten Gesellschaft – ein rationales Individuum, das moralisch an seine Verpflichtungen und Versprechen gebunden werden kann.

Sphäre des Individuums, der Familie und den unmittelbaren sozialen Beziehungen getrennt wurde. Die Rechte erhielten eine defensive und isolierende Funktion gegenüber der Gesellschaft und vor allem gegen den Staat. Locke und andere Sozialvertragstheoretiker haben die Beziehung zwischen sozialen Gütern und individuellen Rechten umgekehrt. Das Gute war für die Scholastiker vor den individuellen Rechten: Ein Recht war für sie einfach ein individueller Anspruch, der aus dem Gemeinwohl ableitbar ist. Thomas nutzte den Begriff *ius*, übersetzt als „was gerecht ist" oder „richtig", um auf diese Ansprüche zu verweisen. *Ius* war keine moralische Macht der Person, geschweige denn ein individueller „Trumpf" gegen das kollektive Wohlergehen, wie die Rechte dann später im liberalen Denken gedacht wurden. Es war schlicht ein Anspruch, der aus der gesamtgesellschaftlichen Ordnung folgte. Weil es falsch war, eine unschuldige Person zu ermorden, verbot das *ius*, anderen Menschen zu schaden. Die Rechte waren einfach abgeleitet aus der „richtigen Ordnung". Scholastische Denker hätten die moderne Idee, ein „Recht zu haben, das Falsche zu tun", unglaublich selbstwidersprüchlich gefunden.

Diese Auffassung vom *ius* begann im späteren scholastischen und frühneuzeitlichen Denken der Aufklärung zusammenzubrechen.[51] Obwohl Locke immer noch Rechte, die als göttliche Befehle rekonstruiert wurden, auf das Naturrecht gründete, waren sie für ihn *vor* dem allgemeinen moralischen Guten, anstatt dass sich das Gute aus dem Ganzen ergab. Sie wurden negativ als Grenzen der Macht der Regierung konzipiert. Der Inhalt der individuellen Rechte floss darüber hinaus nicht aus dem menschlich Guten, sondern aus einem Prinzip des Selbstbesitzes. Weil wir von Natur aus vernünftig sind, sind wir moralisch souverän über uns. Je-

[51] Spätscholastische Denker des sechzehnten Jahrhunderts, besonders Vitorio, Suarez und Vasquez, begannen damit, Rechte als moralische Kräfte des Individuums zu denken. Elemente von Ockhams Voluntarismus sind offensichtlich, z. B., dass die Erbsünde das natürliche Sittengesetz zerstört hat und moralische Spekulationen aus der Natur unmöglich machen. Rommen, *The Natural Law*, 51–61. Frühe Denker der Aufklärung folgten durch die Trennung der moralischen Wahrheit von der Metaphysik. Für einige, wie Hugo Grotius, nahm die Vernunft eine fast autonome Funktion an: Die moralische Wahrheit ist ein Merkmal der Vernunft, nicht der Welt. Die moralische Wahrheit wäre genau dieselbe, „auch wenn wir das einräumen sollten, was nicht ohne äußerste Schlechtigkeit zugegeben werden kann, dass es keinen Gott gibt oder dass die Angelegenheiten der Menschen für ihn nicht von Belang sind". Hugo Grotius, *Drei Bücher über das Recht des Krieges und Friedens*, Prolegomena 11 (Adamant Media Corporation 2003). Rommen liefert eine hervorragende Beschreibung des Zusammenbruchs der älteren Naturrechtstradition von Grotius in *The Natural Law*, 62–96.

der Einzelne besitzt ein Recht auf Selbstbesitz und eine allgemeine Freiheit, aus seinem Willen zu handeln, ein Recht, das jede andere Person daran hindert, ihn in Verletzung seiner Naturrechte zu zwingen oder zu nötigen.[52]

Der Wille – Gottes Wille zur Gestaltung des Naturrechts und der Wille des Menschen in der Zustimmung zu seinen gesellschaftlichen und politischen Verpflichtungen – ersetzt jetzt Vernunft und Natur als Quelle aller moralischen Verpflichtungen. Individuelle Einwilligung, die Selbstbindung des Willens durch Versprechen, und nicht das Gute des einzelnen Menschen oder der Gesellschaft, wurden zum Prüfstein für politische Legitimität. Die ausdrückliche oder stillschweigende Zustimmung des Einzelnen wurde zum Zement, durch den alle sozialen und politischen Institutionen, von der Familie bis zum Staat, zusammengebaut und zusammengehalten wurden, nur der Beschränkung unterworfen, dass das Individuum sein eigenes Recht auf Selbstbesitz nicht veräußern kann. Lockes politisches Denken ist ein Erbe von Ockhams Voluntarismus und der Vorbote des neueren Liberalismus, der die persönliche Wahl zum entscheidenden Fundament für Moral und Politik macht.

Thomas Hobbes: Die Wiedergeburt des Materialismus

Wie Locke, lebte auch Thomas Hobbes (1588–1679) während des englischen Bürgerkrieges, aber die Schlüsse, die Hobbes aus dieser Erfahrung zog, unterschieden sich radikal von denen des viel jüngeren Locke.[53] Hobbes wurde 1588 geboren, in dem Jahr, in dem die Engländer die spanische Armada verbrannten. Obwohl er aus bescheidenen Verhältnissen kam – sein Vater war der Pfarrer von Westport –, wurde sein Genie früh von anderen erkannt. Ein reicher Onkel schickte ihn im Alter von vierzehn Jahren nach Oxford, wo er die nächsten fünf oder sechs Jahre verbrachte. Nach dem Studium wurde er Tutor des Sohnes von William Cavendish,

[52] Locke schrieb: „Wir sind frei geboren, so wie wir vernünftig geboren sind." Locke, *Zweite Abhandlung über die Regierung*, 61.

[53] Hobbes war schon vierundvierzig, als der englische Bürgerkrieg ausbrach. Seine politischen Meinungen, besonders seine Begeisterung für eine zentralisierte Autorität, hatte er sich zu diesem Zeitpunkt längst gebildet. Der Dreißigjährige Krieg auf dem Kontinent und der Frieden, der vom hugenottischen französischen König Heinrich von Navarra gewaltsam auferlegt wurde, waren wohl für seinen Glauben an die Bedeutung eines starken Souveräns wichtiger. Stephen Priest, *The British Empiricists* (London: Penguin Books, 1990), 17–18.

dem Earl of Devonshire und einem führenden selbständigen Wissenschaftler. Später war er Mathematiklehrer für den zukünftigen Karl II. Überall, wo er hinging, fand Hobbes seinen Weg in die einflussreichsten intellektuellen Kreise. Er reiste nach Italien, wo er Galilei traf, und als er nach England zurückkehrte, freundete er sich mit Francis Bacon an. In den 1640er Jahren traf er Descartes, zwei Jahre vor dessen Tod.

Im Gegensatz zu Locke war Hobbes royalistisch. Im Jahr 1640, kurz vor dem Ausbruch des englischen Bürgerkrieges, floh er nach Frankreich, wo er für ein Jahrzehnt blieb. Es war gegen Ende seines Frankreichaufenthaltes, als er Descartes traf. Obwohl Hobbes ein Werk geschrieben hatte, das den kartesischen *Meditationen* widersprach, verlief das Treffen anscheinend herzlich. Trotzdem dachte Descartes, dass Hobbes' Blick auf den Naturzustand viel zu pessimistisch sei, und Hobbes hielt Descartes für einen Heuchler, der die religiösen Lehren verteidigte, die er heimlich bezweifelte. Hobbes veröffentlichte sein bekanntestes Werk, den *Leviathan*, im Jahre 1651, nachdem er nach England zurückgekehrt war und seinen Frieden mit dem Commonwealth gemacht hatte.

Als ein metaphysisch Radikaler und doch politisch Konservativer war Hobbes ein Monarchist, der die Lehre vom göttlichen Recht der Könige bestritt. Sein Materialismus und seine Unterstützung für eine starke, zentralistische Autorität entstanden aus einer gemeinsamen Wurzel. Der menschliche Zustand ist für Hobbes ein „Krieg von jedem gegen jeden", in dem eigennützige Individuen, angetrieben von der Angst vor dem Tod und dem Streben nach Sicherheit und Macht, in einer Welt von begrenzten Ressourcen zusammenstoßen. Das menschliche Verhalten wird von Leidenschaft getrieben, nicht von Vernunft. Mit Hobbes begann die Vernunft ihren allmählichen Niedergang zu einem Instrument der Leidenschaften. Hobbes verstand alle Handlungen als Ausdruck des eigennützigen Verlangens. Sogar offensichtliche Handlungen des Altruismus waren verschleierte Äußerungen des Egoismus.[54] In diesem Zusammenhang

[54] Tatsächlich war der Altruismus eine metaphysische Unmöglichkeit für Hobbes, da alle Handlungen durch egoistische Wünsche hervorgerufen werden. Ein nichteigennütziger Akt war praktisch ein Widerspruch, da alle Handlungen von Wünschen motiviert sind und alle Wünsche in ihrem Fokus einen Aspekt des Wohlbefindens des Individuums haben. Im *Leviathan* beschreibt Hobbes alle motivierenden Faktoren der menschlichen Natur als Funktionen von selbstsüchtigen Bedürfnissen und Aversionen. Hobbes, *Leviathan*, 19. Ein Biograph erzählt die Geschichte, wie ein Pfarrer Hobbes ertappte, als dieser einem Bettler Almosen gab, und ihn der Inkonsequenz beschuldigte. Hobbes antwortete, dass er das Geld dem Mann gegeben habe, weil er (Hobbes) sich dadurch besser fühle. John Aubrey, *Brief Lives*, ed. John Buchanan-Brown (New York: Penguin Classics, 2000).

konnte nur ein starker zentraler Staat den Zentrifugalkräften der menschlichen Natur entgegenwirken. Hobbes war also der erste von mehreren modernen Denkern, die die (potenziell) totalitären Konsequenzen aus dem Materialismus zogen.[55]

Hobbes lehnte die teleologische Weltanschauung ab. Philosophie, sagte er, betrifft nur die beobachtbare physische Welt und „schließt die Theologie aus, ich meine die Lehre von Gott, Ewigkeit, Unerschaffenheit, Unbegreiflichkeit".[56] Er leugnete, im Unterschied zu Ockham, Descartes und Bacon, die Realität von Finalursachen, indem er diese auf effiziente und materielle Ursachen reduzierte.[57] Er verhehlte nicht seine Verachtung für alle aristotelischen Dinge, indem er Formen, Wesenheiten und Substanzen als reine Fiktionen verwarf, die durch einen ungenauen und sogar selbstwidersprüchlichen Sprachgebrauch hervorgebracht worden seien.[58] Platons Universalien wurden einfach durch die Tendenz der Sprache, Dinge zu vergegenständlichen, hervorgebracht, Adjektive in Substantive zu verwandeln. Während selbst Ockham die Existenz von Qualitäten (z. B. diese Erscheinung von Rot, den Geruch einer Rose, das Geräusch einer Glocke) zuließ, bestritt Hobbes diese „sekundären Qualitäten" als Projektionen des Geistes, die nicht wirklich „in den Dingen selbst sind".[59] Er leugnete die Existenz von Beziehungen (z. B. „größer als") und verwarf Raum und Zeit als „Phantasmen" des Geistes.[60] Das alles war eine zusätzliche Erweiterung des Nominalismus von Ockham.

---

[55] Aus Fairness gegenüber Hobbes muss man hinzufügen, dass er im wahrsten Sinne des Wortes nicht wirklich totalitär war, da er erkannte, dass es Bereiche der Gesellschaft geben würde, die vom Staat relativ unberührt blieben. Auf der anderen Seite trägt sein Beharren darauf, dass der Souverän der einzige Richter über Recht und Unrecht und religiöse Orthodoxie sein solle, das Zeichen der späteren totalitären Denker. Noch vor dem dialektischen Materialismus von Marx suchten die Agnostiker immer wieder Zuflucht vor den Wechselfällen der menschlichen Natur im Schoß eines starken, zentralisierten Staates.

[56] Thomas Hobbes, *The English Works of Thomas Hobbes of Malmesbury*, ed. William Molesworth (London: J. Bohn, 1839), 1:10.

[57] „Eine Finalursache hat keinen Platz außer in solchen Dingen, die Sinn und Willen haben; und dies werde ich auch später als eine Wirkursache beweisen. Hobbes, "Concerning Body", 2.9.5 in Thomas Hobbes, *Works* 1.123, cited in Copleston, *A History of Philosophy*, 5:22.

[58] Diese Namen, die „von den Schulen wörtlich genommen und gelernt werden, wie Hypostase [Substanz], Transsubstantiation, consubstantial, ewiges Jetzt und dergleichen: Schrägheiten der Schulen." Hobbes, *Leviathan*, 115.

[59] Hobbes, *Leviathan*, 107. Locke nannte diese „sekundären Qualitäten", und Hobbes stimmte Locke zu, dass sie in ihrer Natur subjektiv sind, verglichen mit primären Qualitäten wie der Länge oder Ausdehnung eines Dinges. Es gibt eine ausgezeichnete Diskussion über diese Unterscheidung in Edward Feser, *Locke* (Oxford: Oneworld, 2007), 48–51.

[60] Hobbes, *Leviathan*, 102–3.

Hobbes war der erste wichtige Materialist seit Epikur. Alles, was existiert, argumentierte er, sind Körper – körperliche Dinge, die eine physische Ausdehnung im Raum haben. Der Begriff der „geistigen Substanz", wie bei der kartesischen oder platonischen Seele, ist ein Oxymoron; er ist nicht nur falsch, sondern geradezu sinnlos. Sogar Gott, wenn er überhaupt existiert – und Hobbes bezieht sich häufig auf ihn, wenn auch aus keinem anderen Grund als aus Vorsicht –, ist ein physischer Gegenstand, ein materieller Körper, der im Raum existiert.[61] Was klassische Denker als objektiv und real akzeptierten, verbannte Hobbes insgesamt aus der Ontologie oder verlegte es in das Bewusstsein des Subjekts. Der Formen und Wesenheiten verlustig, durch die die menschliche Vernunft an der objektiven Welt teilnimmt, brach der Begriff der Wahrheit zusammen. Wahrheit und Falschheit sind für Hobbes, wie für seine vielen modernen Anhänger, kein Maßstab für die Entsprechung zwischen unseren subjektiven Urteilen und den objektiven Tatsachen in der Welt. „Wahr und Falsch sind Attribute der Rede", schrieb er, „und nicht von Dingen."[62]

Hobbes' Materialismus war eine harte Rüge für das klassische Verständnis der Person. Das menschliche Bewusstsein war für ihn nichts anderes als Materie in Bewegung. Wie die Materialisten der Antike war auch Hobbes Determinist. Alles, was geschieht, folgt notwendigerweise

---

[61] Hobbes wurde sicherlich in seiner eigenen Zeit des Atheismus angeklagt. In einer Korrespondenz mit Bischof Bramhall aber beschrieb er Gott als „den reinsten und einfachsten körperlichen Geist" und als „einen dünnen, flüssigen, durchsichtigen, unsichtbaren Körper". Copleston, *A History of Philosophy*, 5:8. Hobbes' Gott erinnert uns an die Ansicht der alten Materialisten, dass die Götter aus den feinsten und zartesten Atomen gemacht worden seien (siehe Kapitel 1). Ob nun Hobbes ein vorsichtiger Atheist oder einfach ein sehr unorthodoxer Theist war, ist weniger wichtig als die Konsequenzen seines Arguments. Da die Idee einer immateriellen Substanz für ihn unmöglich ist, scheint es, dass es keine menschliche Seele im platonischen oder kartesischen Sinne geben kann. Und da Hobbes die ganze aristotelische Philosophie ablehnte, konnte er sich nicht für Aristoteles' oder Thomas' Idee der Seele als der substantiellen Form des Körpers aussprechen.

[62] Diese Auffassung von der Wahrheit macht es schwierig, die Erkenntnis mit der realen Welt zu verbinden. Die Wahrheit war für Aristoteles, Thomas von Aquin und die Scholastik eine Übereinstimmung zwischen dem subjektiven Urteil und der objektiven Tatsache. Für Hobbes verbindet die Wahrheit nur Worte miteinander. Ohne den Begriff der Form und des Wesens, die das (subjektive) Urteil mit der (objektiven) Tatsache verknüpfen, war alles, was Hobbes von der Wahrheit übrigließ, die „richtige Ordnung" der Worte. „Die Wahrheit besteht in der richtigen Reihenfolge der Namen." Hobbes, *Leviathan*, 105. Das Problem ist, dass er damit alle wahren Aussagen zu Tautologien macht. Noch wichtiger ist, dass die Verbindung zwischen dem subjektiven Urteil und der objektiven Tatsache verloren geht. Zu sagen: „Es regnet draußen", bedeutet eine Aussage über die objektive Tatsache zu machen, deren Wahrheit nicht nur von der Ordnung der Worte, sondern von den Tatsachen abhängt, wie sie in der Welt sind.

aus früheren Ursachen. Bei bestimmten gegebenen Ursachen kann nichts anderes passieren als das Ereignis, das tatsächlich auch geschieht. Sein Determinismus ließ also keinen Raum für Descartes' Freiheit des Willens. Auch hatte Hobbes, als Empirist, keinerlei Sympathie für irgendwelche okkulten Fähigkeiten wie das Vermögen des Willens, über dem Fluss der Leidenschaften und Wünsche zu stehen. Was frühere Denker den „Willen" nannten, war schlicht das letzte Bedürfnis oder die Aversion, die sich unmittelbar an die Handlung oder die Unterlassung anschließt. Überlegungen waren nichts anderes als der Zusammenstoß von Wünschen und Aversionen, die „andauern, bis die Sache getan ist oder als unmöglich gedacht wird".[63] Nach Thomas von Aquins höchst nuancierter fünfstufiger Analyse der Entscheidungsfindung stellt Hobbes' Erklärung des Mechanismus der menschlichen Wahl eine katastrophale Deflation der aktiven Dimension der menschlichen Persönlichkeit dar.

Nach Hobbes' Moraltheorie ist alles, wie bei Epikur zweitausend Jahre zuvor, eine Frage des rationalen Eigennutzes. Es gibt keine ewigen moralischen Wahrheiten. Im Zustand der Natur „hat jeder Mensch ein Recht auf alles, sogar auf den anderen Körper".[64] Alle Sittlichkeit entsteht mit der Schaffung des Sozialvertrages, weil „dort, wo es kein Gemeinwesen gibt, es kein Unrecht gibt".[65] Die Grundlage aller Sittlichkeit ist übrigens die Herstellung des Vertrages selbst – die Bindung seiner selbst durch ein Versprechen. Dieses Versprechen kann auch moralische Wirkung haben, wenn es jemanden gibt, der es durchsetzt. Als radikaler Voluntarist konnte Hobbes sich nicht einmal die *Existenz* eines moralischen Prinzips in der Abwesenheit seiner Vollstreckbarkeit vorstellen. „Darum muss es eine zwingende Macht geben, bevor die Namen Gerecht und Ungerecht einen Platz haben, um die Menschen gleichermaßen zur Durchführung unserer Abkommen zu zwingen."[66]

Hobbes säkularisierte also den Voluntarismus von Ockham und Locke. Mit diesen beiden Denkern stimmte er überein, dass es keine Pflichten ohne Gesetz, kein Gesetz ohne Gesetzgeber und keinen Gesetz-

[63] Hobbes, *Leviathan*, 127.
[64] Ibid., 190.
[65] Ibid., 202.
[66] Ibid.

geber ohne die Befugnis gibt, Verstöße gegen diese Pflichten zu bestrafen.[67] Wo aber Ockham und Locke an ein von Gott gemachtes Gesetz glaubten, glaubt Hobbes dies nicht. Moralische Verpflichtungen entstehen durch einen Willensakt, das Versprechen eines Menschen gegenüber einem anderen, und sie werden durch einen anderen Willensakt, durch die Bereitschaft des Souveräns, das Versprechen der Strafe durchzusetzen, bewirkt. Der Staat ist jetzt die Quelle und die Unterstützung für alle Sittlichkeit. Es ist kein Wunder, dass Hobbes sich auf den Souverän als „den sterblichen Gott" bezieht.

Hobbes schrieb über das Naturrecht, aber er meinte nichts, was Locke, geschweige denn Thomas, mit dem Begriff gemeint hatten. Das *Naturrecht* bezieht sich auf die Verhaltensregeln, die wir künstlich konstruieren, um den „Krieg jedes gegen jeden" zu unterdrücken. Es ist nicht mehr und nicht weniger als die rational abgeleiteten, von Menschen gemachten Verhaltensregeln, die notwendig sind, um, unter Hobbes' Voraussetzung der bösartigen und eigennützigen Bedingungen der menschlichen Natur, die gesellschaftliche Ordnung und den Frieden zu bewahren.[68] In krassem Gegensatz zu Thomas oder sogar Locke gab Hobbes den Ideen von Recht und Gesetz entgegengesetzte Bedeutungen. Ein Recht ist einfach die natürliche Freiheit, zu tun, was man tun will, solange man dazu in der Lage ist. So „gibt es nichts, zu dem nicht jeder Mensch durch die Natur gekommen ist". Ein Mensch hat ein „Recht", die ganze Welt zu nehmen, wenn er nur die Kraft besitzt, es zu tun. Das Gesetz ist das, was ihn zurückhält: Es ist das System der Regeln, die der Souverän gemacht hat, um die Ausübung unserer „Rechte" zu beschränken.[69]

---

[67] Locke, *Versuch über den menschlichen Verstand*, 3.3.12, mit Hobbes: „Die Wünsche und Leidenschaften eines Menschen sind selbst keine Sünde. Nicht mehr sind es die Handlungen, die von diesen Handlungen ausgehen, bis sie ein Gesetz kennen, das sie ihnen verbietet; bis die Gesetze gemacht sind, können sie es nicht wissen, noch kann ein Gesetz gemacht werden, bis die Personen zugestimmt haben, die es machen wollen." Hobbes, *Leviathan*, 202.

[68] Ein Gesetz der Natur ist einfach „eine Vorschrift oder eine allgemeine Regel, die von der Vernunft herausgefunden wurde, durch die es einem Menschen verboten ist, das zu tun, was sein Leben zerstört oder die Mittel zur Erhaltung desselben mitzunehmen". Hobbes, *Leviathan*, 189. Nicht nur diese Regeln sind keine objektiven Aspekte der Wirklichkeit – „natürlich" in einem ursprünglichen Sinn des Wortes –, sondern sie gelten nur für das Individuum und nicht für das Gemeinwohl. Hobbes' Individualismus und sein psychologischer Egoismus durchdringen sogar seinen Begriff des Naturrechts.

[69] „Recht und Gesetz ... sollten unterschieden werden, denn das Recht besteht darin, in Freiheit zu tun oder zu fordern, während das Gesetz bestimmt und bindet ..., so dass das Gesetz und das Recht sich so sehr unterscheiden wie die Verpflichtung und die Freiheit." Hobbes, *Leviathan*, 189.

Mit Hobbes kam das westliche Denken der Materialisten der Antike vollkommen zurück. Er stimmte Demokrit zu, dass die ganze Welt Materie in Bewegung sei. Es gibt keine absoluten moralischen Wahrheiten – so hatten es die Sophisten gelehrt. Und nach Epikur waren alle moralischen und rechtlichen Regeln Ausdruck von Nutzen und schlichtem Eigeninteresse. Anders als die Materialisten der Antike aber glaubten die Materialisten, die Hobbes folgten, weder an die Götter noch an die Seele noch an die Freiheit des Willens. Die moralischen, psychologischen und politischen Konsequenzen der Theorien derjenigen, die Hobbes folgten, würden viel verheerender sein als die seiner Vorgänger.

6

Das Problem des verschwindenden Selbst

Die Unsterblichkeit der Seele ist für uns etwas von so großer Bedeutung, etwas, das uns so tief berührt, dass man jedes Gefühl verloren haben muss, um sich nicht um die Tatsachen dieser Angelegenheit zu kümmern.
Blaise Pascal

Eine der größten Ironien unserer Zeit ist, dass das Selbst genau zu dem Zeitpunkt der Geschichte, wo die meisten Philosophen und Psychologen seine Existenz leugnen, zur bestimmenden Parole für viele der höchsten spirituellen Bestrebungen der Moderne geworden ist. Wir schätzen die Selbstverwirklichung, die Selbstentdeckung, die Selbstdarstellung, die Authentizität (d. h. in Übereinstimmung mit dem „wahren Selbst" zu handeln) und die Autonomie (aus den inneren Quellen der Freiheit und nicht aus rein äußeren Einflüssen zu handeln), während zugleich der Begriff des inneren Selbst fundamental bestritten wird.

Wir haben in Kapitel 4 gesehen, dass die klassische Konzeption der Person aus drei wesentlichen Merkmalen besteht: erstens einem substantiellen Kern, einer ontologischen Grundlage, die im Zentrum der menschlichen Persönlichkeit steht; zweitens den Fähigkeiten der Freiheit und der Rationalität; drittens der moralischen Bedeutsamkeit, die Menschen von niederen Lebewesen unterscheidet. Gemeinsam haben diese Merkmale, dass die Persönlichkeit real ist, dass wir für das verantwortlich sind, was wir tun, und dafür, wer wir sind, und dass es eine Würde gibt, die der menschlichen Person innewohnt, die der moralischen Heiligkeit jedes menschlichen Lebens zugrunde liegt.

Aristoteles' und Thomas' hylemorphistisches Verständnis der menschlichen Person erklärt jedes dieser drei Merkmale in einer Weise, wie es der Materialismus und der Substanzdualismus nicht können. Die hylemorphistische Vorstellung von der Seele besagt, dass die gesamte menschliche Person eine integrierte Substanz ist, die aus einer Seele und einem Körper besteht. Seele und Körper interagieren nicht miteinander wie zwei unterschiedliche Substanzen, sondern sind vielmehr jeweils das Äquivalent der formalen und der materiellen Aspekte, die zusammen die gesamte menschliche Person darstellen. Zweitens ist die Seele die Wesensform des Körpers. Die Seele ist mit anderen Worten nicht gleichbedeutend mit dem immateriellen Geist, wie sie es für Platon und Descartes zu sein schien. Vielmehr in*form*iert die Seele den Körper. Sie ist die Vorlage für die Entfaltung des ganzen Menschen, des Körpers und des Geistes. Drittens besitzt die Seele die Zwillingsvermögen der Vernunft und des freien Willens, die zusammengenommen uns moralisch für unser Handeln verantwortlich machen.

Unter dem Einfluss des herrschenden Materialismus unserer Zeit lehnt die große Mehrheit der modernen Philosophen – und, vielleicht noch überraschender, der Psychologen – jede dieser drei Lehren ab. Die moderne Philosophie verwirft vor allem die Seele, dann ihr säkulares Analogon, das Selbst, und schließlich die Vorstellung des Geistes. Einige Psychologen benutzen weiterhin den Begriff des Selbst, aber diese geheimnisvolle Entität ist für viele von ihnen einfach eine Metapher, eine Verdinglichung – eine bestimmte Art zu reden. Dieses Kapitel verfolgt den Zerfall der Begriffe der Seele und des Selbst in der modernen Philosophie und Psychologie, beginnend mit Descartes.

Der Dualismus und sein Unbehagen: Descartes und die rationalistische Tradition

Wie wir im vorigen Kapitel gesehen haben, hatte Descartes keinen Zweifel daran, dass es ein substantielles Selbst gibt. Aber im Gegensatz zur hylemorphistischen Idee der Person kam er zu dem Schluss, dass der Geist eine ganz eigene Substanz gegenüber dem Körper sei. Descartes' *res cogitans*, der denkende Geist, war nicht materiell und nicht räumlich (sie musste raumlos sein, damit er den Geist von den mechanistischen Gesetzen der Physik befreien konnte.) Die *res extensa* der physischen Welt umfasste den Körper, der ganz wie eine Maschine funktioniert, die auf mechanistischen Prinzipien beruht, während die *res cogitans* oder der denkende Geist unsere willentlichen Handlungen kontrolliert.[1] Während wir

[1] „Ich betrachte den menschlichen Körper als eine Maschine aus Knochen, Nerven, Muskeln, Venen, Blut und Haut, so dass er auch ohne Geist genau das tun würde, was er jetzt

die Existenz sogar unseres Körpers bezweifeln können, ist die Existenz des Geistes selbstevident. In seinem *Diskurs über die Methode* schrieb Descartes: „Dieses Ego, dieser Geist, durch den ich bin, was ich bin, ist ganz verschieden vom Körper und ist leichter zu erkennen als der letztere, und auch dann, wenn der Körper nicht wäre, würde die Seele nicht aufhören, alles zu sein, was sie jetzt ist."[2]

In einer Hinsicht war Descartes' Vorstellung von der Seele eine Rückkehr zum starken Dualismus Platons. Im Gegensatz zur thomistischen Annahme, dass die ganze Person eine Zusammensetzung aus Körper und Seele ist, identifizierte Descartes die Person mit ihren geistigen Eigenschaften. Die Seele ist wie der Kapitän eines Schiffes, etwas, das lebt, aber auch den materiellen Körper kontrolliert. Descartes war einer der ersten Denker, der den Begriff *Geist* benutzte und die Seele ausschließlich mit dem Geist oder dem Selbst assoziierte.[3] Dies war nicht nur ein Rückzug von der hylemorphistischen Vorstellung der Person als Zusammensetzung von Körper und Seele; Descartes' Auffassung des Geistes war noch extremer als die von Platon, der manchmal von der Seele sprach als von etwas, das mehr ist als die menschliche Persönlichkeit.

Descartes' Dualismus führte zu zwei bedeutenden Problemen. Zunächst neigt der kartesische Dualismus dazu, die materiellen Aspekte unserer Natur unterzuordnen. Menschen sind keine rationalen Sinneswesen, wie sie es für Aristoteles und Thomas von Aquin waren, sondern „denkende Dinge". Das bedeutet, dass der Körper etwas Geringeres als der Geist ist, eine Sache, die „besessen" und vom Geist unterjocht wird. Obwohl Descartes dies zu erkennen schien und versuchte, dieses Bild der Beziehung zwischen Geist und Körper zu mildern,[4] ist es richtig zu sagen,

---

tut (außer Dinge, die einen Geist benötigen, weil sie vom Willen kontrolliert werden)." René Descartes, *Meditationen über die erste Philosophie* 6.

[2] Descartes, *Discours de la Méthode*, 25.

[3] Raymond Martin und John Barresi, *The Rise and Fall of Soul and Self* (New York: Columbia University Press, 2006), 126. Descartes assoziierte natürlich noch den Geist mit der Seele, aber es war bedeutsam, dass er begann, die Seele mit dem Inhalt unseres Bewusstseins zu verbinden, anstatt mit der substantiellen Form des Leibes, wie Thomas und die Scholastiker die Seele verstanden hatten. Der Änderung war schicksalhaft, denn sie führte spätere Denker, beginnend mit Locke und den Empiristen dazu, den Geist selbst mit seinem Inhalt zu verbinden – mit den Gedanken, den Gefühlen usw. Da diese Denker die Seele in rein empirischen oder phänomenalen Begriffen verstehen wollten, entwickelte sich eine zunehmende Verengung der modernen Konzeption von Seele und Geist. Wie wir in diesem Kapitel sehen werden, führte dies schließlich zur Bestreitung der Seele, des Selbst und sogar des Geistes.

[4] Um fair zu bleiben: Descartes erkannte manchmal, dass Körper und Geist verbunden sind, in einer Weise, die an die scholastische Sicht erinnert:

dass der kartesische Dualismus zur intellektuellen Objektivierung des Körpers beigetragen hat. Aber er führte auch zur Entthronung der Seele. Spätere Denker wie Locke begannen, den Geist mit dem Inhalt unseres Bewusstseins zu verbinden (d. h. mit unseren bestimmten Gedanken, Gefühlen und Gegenständen des Bewusstseins). Als *Gegenstände* des Bewusstseins können diese Gedanken und Gefühle nicht zentral für die Seele sein: sie sind einfach das, was die Seele erlebt. Um es in postkantischen Begriffen zu fassen, sind unsere Gedanken und Gefühle Gegenstände, nicht das Subjekt. Aber das lässt nichts für das Subjekt übrig. Wenn die Seele schlicht der Verstand ist und der Verstand einfach die Objekte des Bewusstseins und diese Objekte selbst nicht Teil der Seele sind, ist es schwer zu verstehen, was von der Seele übrigbleibt. Dies war die Linie der Argumentation, die von den Denkern nach Descartes verfolgt wurde. Das moderne Denken nach Descartes wurde auf zwei inkonsistente Wege geführt: einen, der den Körper ganz in den Dienst des Verstandes setzte, und einen, der die Seele und den Verstand vollständig dekonstruierte und nur den Körper übrigließ.[5]

Das zweite und noch greifbarere Problem des kartesischen Dualismus ist das Problem des Interaktionismus. Descartes spaltete die Realität zwischen der *res extensa,* der materiellen Welt, und der *res cogitans,* dem denkenden Verstand. Die materielle Welt ist im Raum ausgedehnt, aber der Geist existiert überhaupt nicht im Raum. Wie kommen also nichtphysikalische Gedanken und Absichten mit dem physischen Körper zusammen? Wie kann zum Beispiel eine nichträumliche Absicht die neuronalen Prozesse des Gehirns auslösen, die wiederum den Körper bewe-

---

Die Natur lehrt mich auch durch die Gefühle von Hunger, Schmerz und Durst und so weiter, dass ich nicht nur in meinem Körper wohne, wie ein Lotse in seinem Schiff, sondern dass ich damit eng verbunden bin und dass die Mischung so gemischt ist, dass so etwas wie ein einziges Ganzes hervorgebracht wird. Denn wenn das nicht der Fall wäre, würde mein Körper bei einer Verwundung keine Schmerzen empfinden. Ich, der ich nur ein denkendes Wesen bin, würde aber diese Wunde allein durch den Verstand wahrnehmen, wie ein Lotse beim Sehen wahrnimmt, wenn etwas in seinem Schiff gebrochen ist.

Descartes, *Meditationen über die erste Philosophie* 4.

[5] Es gibt eine gute Diskussion der im Zusammenhang mit dem Dualismus stehenden Probleme in: Edward Feser, *Der letzte Aberglaube: Eine Widerlegung des Neuen Atheismus* (Heusenstamm: editiones scholasticae 2012), 240ff. Siehe auch Patrick Lee and Robert P. George, *Body- Self Dualism in Contemporary Ethics and Politics* (New York: Cambridge University Press, 2008).

gen? Und wie können Veränderungen im physischen Körper, wie bei einer Intoxikation oder Krankheit, Veränderungen im nichtphysischen Verstand bewirken?

Das Problem ist tatsächlich noch komplizierter. Weil Descartes eine teleologische Darstellung der Welt abgelehnt hat, konnte er nicht wirklich erklären, welche Rolle unsere Gedanken und Absichten haben, um unser Handeln herbeizuführen. Wenn sie nicht formale und finale Ursachen waren, was waren sie dann? Er konnte nur vermuten, dass unsere mentalen Absichten als effiziente Ursachen funktionieren müssen, die vorhergehen und physische Bewegung verursachen, so wie eine Billardkugel eine andere bewegt, indem sie sie berührt. Aber wie geschieht diese Interaktion? Und wie kann ein nichtphysikalischer Gedanke eine physische Bewegung bewirken? Und wo ist der physische Ort dieser Wechselwirkung zwischen Seele und Körper? Descartes vermutete, dass alles in der Zirbeldrüse, an der Basis der beiden Hemisphären des Gehirns, stattfinde.

Es dauerte nicht lange, bis der kartesische Dualismus angegriffen wurde, und wie alle guten Versuche, die sich bemühen, einen mittleren Weg zwischen zwei zusammenstoßenden Weltanschauungen zu schaffen, wurde er gnadenlos von beiden Seiten angegriffen. Theologen griffen seine Zugeständnisse an den Mechanismus an, während die wissenschaftlich Orientierteren argumentierten, dass Descartes ein halbherziger Materialist sei. Dennoch versuchten einige Philosophen, besonders die mit der rationalistischen Tradition verbundenen, den Dualismus zu retten. Eine Gruppe, die dem Erbe Descartes' treu war, argumentierte, dass Gott die Kluft zwischen Geist und Materie fülle. Diese „Okkasionalisten" schlugen vor, dass Gott bei jeder Gelegenheit, bei der jemand eine Handlung wolle, die physische Bewegung des Körpers in Gang setze.[6]

---

[6] Vielleicht der berühmteste von ihnen war der französische Priester, Physiologe und Philosoph Nicolas de Malebranche (1638–1715). Malebranche argumentierte, dass der Geist die Materie nicht bewegen könne und dass Geist und Körper deshalb nicht interagierten. Gott verursache alles im Universum, einschließlich jeder menschlichen Bewegung, aber die Menschen seien immer noch frei und verantwortlich, da Gott unsere Glieder in Übereinstimmung mit unseren freien Entscheidungen bewege. Pater Copleston beschreibt die Ansicht von Malebranche als eine Form des Leib-Seele-Parallelismus, obwohl dieser Begriff besser für Spinoza und Leibniz reserviert werden sollte, weil Malebranche nicht lehrte, dass Geist und Körper sich gleichzeitig zusammen bewegten, sondern dass Gott körperliche Bewegungen in Übereinstimmung mit dem menschlichen Willen verursache. Frederick C. Copleston, *A History of Philosophy* (New York: Image Books, 1993), 4:188–96.

Eine zweite Gruppe versuchte, den Dualismus zu bewahren und gleichzeitig das Problem des Interaktionismus zu vermeiden. Aber diese Lösung führte die Denker metaphysisch noch weiter weg. Der niederländische jüdische Philosoph Baruch Spinoza (1632–1677) argumentierte, dass es nur eine große Substanz gebe, die er „Gott" nannte, die aber einfach die Welt in ihrer Gesamtheit sei. Geist und Materie sind nur zwei der zahllosen „Modi" dieser unendlichen Substanz, die sich parallel zueinander entfalten. Gedanken *verursachen* keine körperlichen Handlungen, sondern treten gleichzeitig mit ihnen auf. Jeder der beiden Modi sei, so argumentierte Spinoza, eine andere Manifestation der einen allumfassenden Substanz, von der wir alle ein Teil seien.

Obwohl Spinoza kein Materialist war (da er nicht darauf bestand, dass die Materie der Grundbestandteil der Wirklichkeit war), hatte seine Philosophie viele der gleichen praktischen moralischen Konsequenzen wie der Materialismus: Er bestritt den freien Willen, lehnte die Existenz einer immateriellen Seele ab und setzte Gott, wie die stoischen Pantheisten es getan hatten, mit der Welt als Ganzem in eins. Die Menschen sind Teil der natürlichen Welt und sind als solche ebenso von den Gesetzen der Notwendigkeit bestimmt wie jede andere natürliche Sache in der Welt. Bei diesem Punkt erklärte er, dass, wenn

> ein Stein, während er in Bewegung bleibt, in der Lage wäre zu denken und zu erkennen, dass er sich bemüht, so weit wie er kann, sich weiter zu bewegen ..., [er] von sich glauben [würde], völlig frei zu sein, und denken [würde], dass er seine eigene Bewegung allein wegen seines eigenen Wunsches fortsetzte. Das ist die menschliche Freiheit, die alle rühmen, dass sie sie besitzen.[7]

Spinoza dachte, unsere Freiheit sei nichts anderes ist, als sich bewusst zu sein, dass die Ursachen uns bewegen, und dies zu akzeptieren – eine Version der alten stoischen Idee der menschlichen Freiheit.

Der rationalistische deutsche Philosoph und Mathematiker Gottfried Wilhelm Leibniz (1646–1716), der das Kalkül gleichzeitig mit Newton entdeckte, schlug ebenfalls eine parallelistische Lösung für das Leib-

[7] Baruch Spinoza, *Die Ethik, Schriften und Briefe* (Kröner Verlag 1982), Brief 58. Dementsprechend ähnelt Spinozas Freiheitsidee dem stoischen Ideal. Wir sind determiniert, so zu handeln, wie wir es tun, aber indem wir verstehen, dass die Welt deterministisch tätig ist, können wir sie rational akzeptieren und sogar annehmen.

Seele-Problem vor. Während Spinoza vorschlug, dass Geist und Materie verschiedene Attribute des Ganzen seien, kam Leibniz zu dem Schluss, dass jedes elementare Ding im Universum sowohl einen materiellen als auch einen mentalen Aspekt habe. Alles in der Welt hat in gewissem Sinne Bewusstsein, zumindest in einer rudimentären Weise. Leibniz nannte diese grundlegendsten Einheiten der Wirklichkeit „Monaden", die er als einfache, nichträumliche, nichtmaterielle Substanzen bezeichnete. Jeder Mensch ist eine Monade, aber ebenso gibt es andere Substanzen in der Welt. Monaden folgen einer Schablone, die Gott am Anfang der Zeit festgelegt hat. Die Natur als Ganzes ist das *horologium Dei*, die „Uhr Gottes", so Leibniz, und jede Monade entfaltet sich nach dem göttlichen Plan. Während die Parallelität Spinoza zum Pantheismus führte, führte sie Leibniz zum Panpsychismus, der noch seltsameren Vorstellung, dass die grundlegendsten Wirklichkeitsbestandteile (einschließlich der nichtlebenden Dinge) eine Art Grundbewusstsein und eine Kenntnis der vorherbestimmten Ordnung, die sie treu zu befolgen haben, besitzen.[8]

Diese Theorien erscheinen uns bizarr, aber ihre Verteidiger gehörten zu den brillantesten Denkern ihrer Zeit – Männer, die die Wissenschaft und Mathematik voranbrachten, genauso wie sie versuchten, eine post-teleologische Philosophie zu entwickeln. Dass sie auf solche Bahnen gerieten, um das Problem des Interaktionismus zu vermeiden, macht deutlich, wie verheerend das Problem ist. Die modernen Philosophen hatten recht, den kartesischen Dualismus abzulehnen, aber anstatt sich der klassischen, teleologischen Konzeption der Welt zuzuwenden, wurden die meisten von ihnen von dem gut gemeinten halben Haus des kartesischen Dualismus zur Straße des Materialismus gezogen.

Auflösung der Substanz der Person: Locke, Hume und die empiristische Tradition

Über das Problem des Interaktionismus hinaus trug ein zweiter Trend zur Erosion der klassischen Konzeption der Person bei. Es war John Locke, der Vater des modernen Empirismus, der den nächsten Schritt unternahm

[8] Eine hervorragende Abhandlung über Leibniz' Leben und Denken findet man in Robert Merrihew Adams, *Leibniz: Determinist, Theist, Idealist* (New York: Oxford University Press, 1994).

und Zweifel an der Idee der Substanz aufwarf, auf der die klassische Idee der Person beruhte.

Erinnern Sie sich daran, dass Aristoteles gezeigt hatte, wie der Begriff der Substanz der Metaphysik einen Mittelweg bietet zwischen der Behauptung von Idealisten wie Platon, der die Wirklichkeit der materiellen Dinge verleugnete, und den Behauptungen der Materialisten, die meinten, dass die Dinge nichts anderes seien als die Summe ihrer Atome. Die Idee der Substanz ist entscheidend für das Verständnis der Einheit eines Dinges über seine Teile und Eigenschaften und für die Darlegung, wie bestimmte Dinge ihre Identität durch die Zeit beibehalten können, ungeachtet der Veränderungen in ihren zufälligen Eigenschaften. Thomas von Aquin übernahm Aristoteles' hylemorphistische Vorstellung von der Person als einer einheitlichen Substanz aus Form und Materie, Seele und Körper. Descartes, wie wir gerade gesehen haben, destillierte die Person in zwei verschiedene Substanzen, Geist und Körper, von denen er dachte, dass sie interagieren müssten. Aber Lockes Empirismus machte es schwierig, die Idee der Substanz überhaupt zu verstehen.

Im Gegensatz zu Rationalisten wie Descartes, Spinoza und Leibniz, die behaupteten, dass wir angeborene Ideen haben, die uns Erkenntnis unabhängig von unserer Sinneserfahrung geben, kam Locke zu dem Schluss, dass alle Erkenntnisse aus einfachen Ideen bestehen, die wir aus den Sinnen gewinnen. Wir sehen den Apfel und spüren seine Rötung, schmecken seine Süße, fühlen seine Rundheit und so weiter. Jeder dieser Eindrücke ist eine einfache Idee, die wir aus der Empfindung ableiten.[9] Alle Erkenntnisse werden aus diesen Ideen aufgebaut. Entscheidend ist, dass Locke feststellte, dass der Geist „nichts anderes als seine eigenen Ideen wahrnimmt".[10] Während die Scholastiker gelehrt hatten, dass wir die Welt direkt durch die Sinne und den Intellekt erkennen, der die Form jedes Objekts erfasst, ist die moderne Erkenntnistheorie Locke weitgehend darin gefolgt, dass das, was wir erkennen, letztlich nur „im Kopf" sei.[11]

---

[9] Eine einfache Idee ist eine solche, „die nichts anderes enthält als eine einheitliche Erscheinung oder eine Vorstellung des Geistes". John Locke, *Essay* 2.2.1. Einfache Ideen sind für die Erkenntnis, was Atome in der materiellen Welt sind, wie Locke dachte – die einfachsten Bausteine, aus denen alle komplexen Ideen aufgebaut sind.

[10] Wir können die Außenwelt „nicht ... unmittelbar, sondern nur durch die Intervention [unserer] Ideen" erkennen. Locke, *Essay* 4.4.3.

[11] Dieser erkenntnistheoretische Trend ist nur eine der Quellen unseres modernen Subjektivismus und der Skepsis. Nach Aristoteles' Ansatz können wir objektive Erkenntnis erhalten,

Lockes Empirismus machte es ihm schwer, den Begriff der Substanz zu rechtfertigen. Wir können die phänomenalen Eigenschaften oder Qualitäten der Dinge erkennen – die Rötung, die Rundheit, die Süße, die Solidität des Apfels –, aber was nennt man die „Substanz" des Apfels? Wie wird sie erkannt? Locke dachte die Substanz fälschlicherweise als eine Art zugrundeliegendes „Substrat" eines Dinges, ein ontologisches Nadelkissen, in dem die Eigenschaften eines Dinges drinstecken.[12] Er beschrieb die Idee der Substanz als „etwas ... wir wissen nicht, was", doch konnte er sich nicht dazu durchringen, die Substanz ganz aus seiner Philosophie zu verbannen. Er fuhr fort, die Substanz zu denken, wie es die Scholastiker getan hatten, als ein ontologisches Gravitationszentrum, das die Qualitäten eines Dinges zu einem einheitlichen Ganzen vereint, das durch die Zeit fortbesteht.[13]

Dennoch war Locke nicht ganz mit dem Konzept der Substanz zufrieden. Während einer Diskussion in seinem *Essay über den menschlichen Verstand* zeigt sich eine deutliche Schwankung, wenn sein Empirismus mit

---

weil die Form des Gegenstandes mit der Form identisch ist, wie sie im Geist existiert. Nach dem modernen Ansatz hingegen haben wir keinen direkten Zugang zur Welt selbst, weil wir nur unsere Ideen erkennen können. Das menschliche Wissen wird immer durch unsere Ideen vermittelt, wie Locke dachte. Dennoch war Locke ein „repräsentationalistischer Realist". Er glaubte, dass unsere Ideen mehr oder weniger genau die Dinge der realen Welt repräsentieren. Wie Edward Feser bemerkt, gibt es jedoch mindestens zwei Probleme mit diesem Ansatz. Zunächst ist nicht klar, wie unsere Ideen etwas völlig Externes und Unerkennbares „repräsentieren" können. Zweitens gibt es keine Möglichkeit zu erkennen – auch nicht im Prinzip –, dass unsere Ideen das äußere Objekt widerspiegeln, da wir niemals wirklich zu diesem Objekt selbst gelangen können. Edward Feser, *Der letzte Aberglaube*, 257. Zudem waren andere Denker, die von ähnlichen Prämissen ausgingen, eher skeptisch, dass wir die Welt selbst erkennen können. Einige, wie Berkeley, bezweifelten die Existenz der Außenwelt, während Kant dachte, dass wir das „Ding an sich" niemals erkennen können – die Welt, wie sie in einem ungeschminkten, objektiven Sinne ist.

[12] Locke hatte kein völlig zutreffendes Verständnis von Aristoteles' Begriff der Substanz. Er dachte an die Substanz als eine Art Substrat, einen zugrundeliegenden Aspekt eines Dinges, in dem die Eigenschaften inhärieren – fast wie ein Nadelkissen seine Nadeln hält. Er stellte fest, dass „die wahre Bedeutung" der Substanz das „*Unterstehen oder Tragen*" ist. Locke, *Essay* 2.23.2 (meine Hervorhebung). Ein Problem dabei ist, dass eine Substanz nicht ganz von allen Eigenschaften eines Dinges verschieden ist. Einige Eigenschaften sind innerlich mit der Substanz verbunden und andere sind zufällig. Aristoteles unterscheidet wesentliche und zufällige Eigenschaften. Die Rötung eines Apfels ist zufällig, da der gleiche Apfel vielleicht schon grün war. Aber die Festigkeit eines Apfels ist Teil seiner intrinsischen Natur. Ein Apfel kann keine Flüssigkeit und kein Gas sein. Der Punkt ist, dass Substanzen logisch, aber nicht metaphysisch von ihren wesentlichen Eigenschaften verschieden sind. Für eine ausgezeichnete Diskussion darüber siehe D. Q. McInerny, *Metaphysics* (Elmhurst, Pa.: Priestly Fraternity of St. Peter, 2004), chap. 9.

[13] Locke, *Essay* 2.23.2.

seinem Christentum und mit seinen eher praktischeren Empfindungen kollidiert. Er bemerkte skeptisch, dass „*unsere spezifischen Vorstellungen von Substanzen nichts anderes sind als eine Sammlung von einfachen Ideen, die als einheitlich in einer Sache betrachtet werden*", und er kam zu dem Schluss, dass der Begriff der Substanz ein Beispiel dafür sei, „wo wir Wörter benutzen, ohne klare und distinkte Ideen zu haben".[14] Dennoch erkannte er, dass es nicht einfach nur freischwebende Eigenschaften geben kann, die unabhängig von einem bestimmten Ding existieren. Er hat schließlich widerwillig erkannt, dass wir nicht in der Lage sind, auf den Begriff der Substanz in der Metaphysik zu verzichten, und schließt, dass es sowohl physische als auch spirituelle Substanzen geben muss, denn „wir haben eine so klare Vorstellung von der Substanz des Geistes, wie wir eine des Körper haben".[15]

Locke musste den Begriff der Substanz auch aus einem zweiten Grund beibehalten: um zu verhindern, dass sein Empirismus in die Art von extremem Idealismus umschlug, in die George Berkeley später fiel. Locke nahm natürlich an, dass materielle Gegenstände wirklich „da draußen" in der Welt existieren, doch sein Empirismus machte es schwierig zu verstehen, wie wir uns dessen gewiss sein können, weil wir nur unsere *Ideen* der Welt erkennen, nicht die Welt selbst. Wenn wir Gegenstände wahrnehmen, so argumentierte Locke, so nehmen wir ihre Qualitäten wahr – primäre Qualitäten wie Form, Größe und Solidität und sekundäre Qualitäten wie Farbe, Gefühl und Geschmack. Aber damit wir eine Qualität wie die Süße oder Rötung eines Apfels wahrnehmen können, muss es eine inhärente „Kraft" im Apfel selbst geben. Diese Kraft, die Locke annahm, werde durch die chemische Struktur des Apfels verursacht, die die Süße oder die Empfindung der Röte hervorbringe, wie das Licht unsere Augen trifft. Aber da es so eine inhärente Kraft gibt, muss es ein *zugrundeliegendes Etwas* in der Welt geben, das diese Kraft hat, unsere Ideen zu verursachen. Damit also physische Gegenstände unabhängig von unserem Bewusstsein

[14] Ibid., 2.23.14, 2.23.2 (kursiv in Original). Der Gedanke, dem wir den Namen „Substanz" geben, schreibt er, „ist nichts anderes als die vermeintliche, aber unbekannte Unterstützung jener Qualitäten, die wir als existierend entdecken, von denen wir uns nicht vorstellen können, dass sie *sine re substante* bestehen, ohne etwas, das sie unterstützt". Ibid., 2.23.2.

[15] Ibid., 2.23.5. Locke dachte auch, dass die Dinge Wesenheiten haben, die durch empirische Untersuchungen entdeckt werden können. Für eine ausgezeichnete Diskussion dieser Fragen siehe Edward Feser, *Locke* (Oxford: Oneworld, 2007), 56–66, 79–87.

existieren können, muss es etwas Tieferes geben, in dem die Qualitäten sich befinden, und dieses *tiefere Etwas* ist die Substanz eines Dinges.[16]

Am wichtigsten für unsere Zwecke ist hier, dass der Begriff der Substanz notwendig ist, um die klassische Konzeption der Person als einer dauerhaften Einheit durch die Zeit zu verstehen. Doch auch hier wurde Locke zwischen seinem Empirismus, seinen Verpflichtungen zum gesunden Menschenverstand und zum Christentum hin und her gerissen. So wie sein Empirismus ihn in seinen skeptischen Momenten dazu veranlasste, die materielle Substanz auf eine bloße Sammlung von Eigenschaften eines Dinges zu reduzieren, so erklärte er bei der Besprechung des Problems der personalen Identität, dass der Begriff einer „Person" nur ein „forensischer Begriff sei, der Handlungen und ihr Verdienst zuschreibt".[17] Der Begriff der Person ist mit anderen Worten ein Begriff, den wir konventionell verwenden, um die disparaten Gedanken und Handlungen eines bestimmten Menschen zu vereinheitlichen. Dies beinhaltet, dass es nichts Tieferes gibt, das die Person vereint. Lockes Antwort hier nimmt auffallend die Ansichten der zeitgenössischen Agnostiker vorweg, die die Existenz einer tieferen persönlichen Einheit bestreiten.[18] Diese Auffassung hat sich aber offensichtlich nicht gut mit seinen christlichen Empfindungen vertragen. Es ist kaum möglich, an die persönliche Unsterblichkeit und das Jüngste Gericht zu glauben, wenn es nichts tiefer

---

[16] Einige Gelehrte haben argumentiert, dass Locke später in seinem *Essay* eine zweite Position zur Substanz bevorzugt habe. Bei der Erörterung des Begriffs des Wesens unterscheidet Locke das nominale Wesen von dem realen Wesen. Das nominale Wesen ist einfach eine Sammlung von einfachen Ideen, die wir mit einer Sache verbinden; z. B. ist das nominale Wesen des Apfels seine Farbe, Rundheit, Süße etc. – alle Eigenschaften, durch die wir nominell Äpfel klassifizieren. Die nominale Wesenheit ist eine menschliche Konstruktion. Sie ist der Name, den wir einer Klasse von Objekten aufgrund ihrer gemeinsamen Eigenschaften geben. Wir unterscheiden Äpfel von Orangen aufgrund ihrer unterschiedlichen Geschmäcke, Formen, Farben usw., aber diese Unterscheidung ist nicht angeboren, sondern nur eine Frage der menschlichen Klassifikation. Das „reale Wesen" eines Dinges ist dagegen die „echte, innere ... Konstitution eines Dinges". Diese wahre Wesenheit ist im Wesentlichen die atomare Struktur eines Dinges, „von welcher alle Eigenschaften der Art abhängen". Locke, *Essay* 3.5.14, 15. Locke zeichnete eine korpuskulare Theorie der Materie analog zum Atomismus, und er nahm an, dass das, was einen Apfel zu einem Apfel in einem tieferen, bedeutungsvolleren Sinn macht, schlicht seine atomare Struktur sei – die wissenschaftlich untersucht werden könne. Für eine Diskussion über diese Unterscheidung siehe Feser, *Locke*, 56–66. Das tiefste Problem bei der Verbindung einer Substanz mit seiner atomaren Struktur ist jedoch, dass die atomare Struktur auch in Bezug auf die quantifizierbaren Eigenschaften des Dinges entpackt werden kann.

[17] Locke, *Essay* 2.27.26.

[18] Ein gutes zeitgenössisches Beispiel für diese skeptische Sicht auf die Person ist Derek Parfit, *Reasons and Persons* (Oxford: Oxford University Press, 1984).

Vereinigendes in einem Menschen während seines ganzen Lebens gibt, das ihn mit der auferstandenen Person, die Gott richten wird, verbindet.

Wie hat Locke diesen Konflikt gelöst? Er deutete die empiristischen Linien des Dualismus, den er von Descartes erbte, neu. So wie es Körper und Geist gibt, so gibt es eine Unterscheidung zwischen der Frage, was jemanden zu dem gleichen Menschen macht, und der Frage, was ihn zu der gleichen Person im Verlauf der Zeit macht.[19] Ein Mensch ist im Verlaufe der Zeit durch die gleiche materielle Struktur vereinigt, auch wenn alle besonderen Atome, aus denen der Körper besteht, sich im Laufe der Zeit verändert haben.[20] Aber die Einheit der Personalität besteht in der Einheit unseres Bewusstseins, die durch unsere Erinnerung in uns bewahrt wird. Es ist unsere Erinnerung an uns selbst, „die jeden zu dem macht, was er Selbst nennt. ... Die personale Identität [existiert], soweit dieses Bewusstsein zurückreicht zu irgendeinem früheren Handeln oder Denken."[21]

Aber gibt es nicht etwas von der Person jenseits der Erinnerung und Materie? Locke konnte nicht sagen, dass es irgendetwas „Tieferes" im Einklang mit seinem Empirismus gebe, doch schloss er am Ende, dass es eine spirituelle Substanz geben müsse, ein zugrundeliegendes Selbst oder eine Seele. Die Erfahrung des Sehens und Hörens zeigt nicht nur, dass es in der Welt materielle Dinge „draußen gibt", sondern auch, „dass es ein geistiges Wesen in mir gibt, das sieht und hört. Das, so muss ich überzeugt sein, kann nicht die Handlung der nackten, unempfindlichen Materie sein; noch kann es ein immaterielles Denken sein."[22] Schließlich gewann Lockes Christentum über seinen Empirismus, aber das stellte spätere Empiristen nicht zufrieden, die Locke der Inkonsistenz beschuldigten.

Der nächste bedeutende Empirist, George Berkeley (1685–1753), ein irischer, anglikanischer Bischof, dachte, er könne die Philosophie vor der religiösen Skepsis bewahren, indem er das Problem des Interaktionismus löste und Lockes Empirismus reinigte – alles mit einem Schlag. Locke hatte seinen Empirismus nicht weit genug getrieben. „Die gleichen Prinzipien, die auf den ersten Blick zur Skepsis führen", schrieb Berkeley,

---

[19] Es ist „eine Sache, die gleiche Substanz zu sein, eine andere, derselbe Mensch zu sein, und eine dritte, dieselbe Person zu sein". Locke, *Essay*, 2.27.7.
[20] Ibid., 2.27.9.
[21] Ibid.
[22] Ibid., 2.23.15.

„verfolgt man sie zu einem Punkt, bringen Menschen wieder zum gesunden Menschenverstand."

Berkeley war der erste moderne Verteidiger des philosophischen Idealismus, der am entgegengesetzten Ende des Spektrums dem Materialismus gegenübersteht. Während die Materialisten hofften, den Geist auf die Materie zu reduzieren, wollte Berkeley die Materie auf den Geist reduzieren: Er akzeptierte grundsätzlich Lockes Ansatz, dass alle Erkenntnisse durch die Sinne entstehen und dass wir nur unsere eigenen Ideen direkt erkennen. Wenn Locke den Mut seiner empiristischen Überzeugungen gehabt hätte, hätte er zugegeben, dass der Empirismus uns daran hindert, irgendetwas über die Substanz zu sagen. Noch deutlicher hätte er erkannt, dass er uns daran hindert, uns an irgendeinen Glauben an die objektive materielle Welt als an etwas Ganzes zu halten! Berkeley konstruierte einige ziemlich geniale Argumente, um zu beweisen, dass die „objektive" materielle Welt schlicht eine Projektion des Bewusstseins sei. Er erklärte: „*Esse est percipi*" („Sein ist wahrnehmen"). Nichts existiert, außer dem, was wahrgenommen wird (entweder von uns oder von Gott). Die Vorstellung von einer äußeren physischen Welt, die unabhängig vom Geist existiert und die vom Geist entdeckt werden muss, ist eine Illusion.

Doch Berkeley bestand darauf, dass die Seele existiert, und er argumentierte in Begriffen, die an Descartes erinnern, dass es keinen Gedanken ohne Denker geben kann, keine Wahrnehmung ohne einen Wahrnehmenden. „Wenn ich sagen sollte, dass ich nichts war, oder dass ich eine Idee war, könnte nichts absurder sein als jeder dieser Sätze." Die Begriffe Seele, Geist und Substanz haben echte Referenten. Sie „sind weder eine Idee noch wie eine Idee, sondern das, was Ideen und Wollen und Gründe über sie wahrnimmt".[23] Berkeleys Idealismus besagt, dass geistige Substanzen existieren, aber physikalische Substanzen nicht. Die materielle Welt ist eine Illusion des Geistes. So radikal diese Lösung offensichtlich war, erlaubte sie es Berkeley zu behaupten, Descartes' altes Problem des Interaktionismus gelöst zu haben: Es gibt einen Geist, aber es gibt schlicht keinen Körper, mit dem der Geist interagieren müsste. Alles, was existiert, ist das Bewusstsein. Alle physischen Dinge, einschließlich des

---

[23] George Berkeley, *Eine Abhandlung über die Prinzipien der menschlichen Erkenntnis*: Neuübersetzung (Reclams Universal-Bibliothek).

Körpers, sind nicht vorhanden.[24] Berkeleys System war philosophisch genial und völlig unglaublich. Dr. Johnson hat einen Felsen gestoßen und erklärt: „Ich widerlege es somit."

Spätere Empiristen folgten der Logik von Lockes Empirismus, aber nicht behindert durch Lockes Christentum (und seinen gesunden Menschenverstand), zogen sie immer radikalere Schlüsse. Es war der schottische Skeptiker David Hume (1712–1776), der die empiristische Tradition zu ihrer bestürzenden Auflösung brachte. Hume griff Berkeley an, wo Berkeley Locke angegriffen hatte, und beschuldigte ihn, dass der Bischof ebenso inkonsistent sei, weil er am Begriff einer mentalen Substanz festhalte, wie Locke am Begriff der Substanz im Allgemeinen festgehalten habe. Während alle diese früheren Denker – Descartes, Locke und Berkeley – Theisten waren, die motiviert waren, Gott, die Seele und den freien Willen zu retten, war Hume ein Agnostiker, der die Absolution auf seinem Sterbebett notorisch verweigerte. Ohne die Religion gab es nichts mehr, was ihn davon abhalten konnte, den Empirismus zu einem krachenden Crescendo zu machen.

Hume argumentierte, dass wir eine echte Erkenntnis von nur einer Sache haben – unseren unmittelbaren Wahrnehmungen (er nannte sie „Eindrücke", [*impressions*]), die von unseren Sinnen erfahren werden. Es konnte nichts mehr von einer „tieferen" Realität gesagt werden. Er nannte die Idee der materiellen Substanz eine „unverständliche Chimäre".[25] Und wenn materielle Substanzen verschwinden müssen, dann auch geistige Substanzen. Wo Descartes und Berkeley davon ausgingen, dass es keinen Gedanken ohne Denker geben kann – dass das „Ich denke" impliziert, dass es wirklich ein „Ich" gibt, das denkt –, antwortete Hume, dass es keinen Grund gebe, die Existenz eines denkenden Subjekts anzunehmen. Wir haben schlicht keinen empirischen Grund zu glauben, dass es einen Wahrnehmenden gibt, denn alles, was wir direkt spüren können, ist die Wahrnehmung selbst.

Was frühere Philosophen „das Selbst" nannten, nennt Hume ein flüchtiges „Bündel von Wahrnehmungen". Das Selbst ist nichts als der Strom des Bewusstseins, wie er in unserem Bewusstsein sich entfaltet. Wir

---

[24] „Kurz gesagt, wenn es externe Körper gäbe, wäre es unmöglich, dass wir sie jemals kennenlernen könnten; und wenn es keine gäbe, könnten wir die gleichen Gründe haben zu denken, dass sie wären, was sie jetzt sind". George Berkeley, *Philosophical Writings* (Cambridge: Cambridge University Press, 2008), 90.

[25] David Hume, *Eine Untersuchung über den menschlichen Verstand*, 1.4.3.

können nicht einmal sagen, dass es sich „im Kopf" entfaltet, denn das führt den substantiellen Gedanken des Geistes wieder ein. So wie es keine Substanz gibt, die den phänomenalen Eigenschaften der materiellen Gegenstände zugrunde liegt, so – behauptet Hume – gibt es kein geistiges Substrat, kein substantielles Selbst, das diesem Bewusstseinsstrom zugrunde liegt und ihn verbindet. In einer von Humes berühmtesten Passagen erklärt er:

> Für meinen Teil, wenn ich ganz gründlich in das hineingehe, was ich mein Selbst nenne, stolpere ich immer über die eine oder andere Wahrnehmung von Hitze oder Kälte, Licht oder Schatten, Liebe oder Hass, Schmerz oder Lust. Ich erwische mich zu keiner Zeit ohne eine Wahrnehmung und kann niemals etwas anderes als die Wahrnehmung beobachten.[26]

Alles, wovon wir wirklich sagen können, dass es existiert, sind die gleichen Ideen oder Eindrücke, mit denen Locke begann. Humes Position wurde später als „neutraler Monismus" bezeichnet, weil sie beinhaltet, dass das, was existiert, ein Ding ist, und dass dieses eine Ding weder geistig noch physisch ist: Es gibt keine Subjekte und es gibt keine Objekte. Alles, was von der Wirklichkeit übrigblieb, wenn die Empiristen durch waren, war die *Erfahrung selbst.*

Von der geistigen Seele zum säkularen Selbst

Im späten achtzehnten Jahrhundert führten der Angriff auf die Substanz und der wachsende Materialismus des Zeitalters zu einer tiefgreifenden Verschiebung des Fokus von der Metaphysik zur Psychologie und von der Seele zu dem beobachtbaren Inhalt des Bewusstseins. Descartes gehörte schon zu den Ersten, die damit begannen, den Begriff *Bewusstsein* als Synonym für die Seele zu gebrauchen und den Menschen als denkende Maschine vorzustellen. Zwei neuere Traditionen konvergierten nun, um die metaphysische Seele durch eine glänzendere, wenn auch weniger substantielle Vorstellung des Selbst zu ersetzen.

[26] Ibid., 1.4.6

Immanuel Kant (1724–1804), ein deutscher Gelehrter schottischer Abstammung, war vielleicht der letzte große Philosoph, der sich weigerte, Gott, Freiheit und Unsterblichkeit aufzugeben, doch als Philosoph war er der Skepsis der Zeit höchst zugeneigt. Er erklärte, dass Hume ihn aus seinem „dogmatischen Schlummer erweckt" habe, und in der Einleitung zur zweiten Auflage seiner *Kritik der reinen Vernunft* schrieb er, dass es notwendig sei, Erkenntnis zu bestreiten, um Platz für den Glauben zu schaffen.[27] Kants Gedanken stellen den Kulminationspunkt (und vielleicht die Vollendung) der von Locke begonnenen Ära dar, in der die Religion noch als Ballast für die Philosophie fungierte und in der die Philosophie uns mehr über die Grenzen unseres Wissens als über die Grenzen des Seins gelehrt hat.

Kant fand Humes Behauptung sympathisch, dass wir das wahre Selbst nicht direkt erkennen können, aber im Gegensatz zu Hume bestand er darauf, dass es im Mittelpunkt der menschlichen Identität etwas Wirkliches gibt. Von Descartes und den Rationalisten übernahm er die Idee, dass alle Erfahrungen selbstreflexiv sind, dass bei jedem Gedanken oder Gefühl ein „Ich denke" das logische Subjekt des Denkens oder Erlebens ist. Von Leibniz entlehnte er den Begriff der „transzendentalen Einheit der Apperzeption", um diesen beständigen Sinn des Selbst zu beschreiben. Er nennt diesen Kern der menschlichen Identität das „noumenale" Selbst und unterscheidet es von den „phänomenalen" Inhalten unseres Bewusstseins (d. h. Gedanken, Gefühlen und anderen Bewusstseinsgegenständen, die nach Hume den Inhalt des Selbst erschöpfen). Wir können das noumenale Selbst nicht direkt erkennen, da wir, wie Hume betonte, nur auf unsere phänomenalen Eindrücke, Gedanken und Gefühle zugreifen können, aber wir sehen durch das Selbst den Inhalt unseres Bewusstseins. Das Selbst ist wie ein Filmprojektor, durch den die Daten der Welt (der Film unserer rohen Erfahrung) auf den Bildschirm des Bewusstseins projiziert wird. Wir können die Existenz des Selbst nur durch eine „transzendentale Deduktion" aus unserer empirischen Erfahrung ableiten. Daher, so Kant, müssen wir die Existenz des Selbst als eine „regulative Idee", als einen Begriff verstehen, der notwendig ist, um unsere Erfahrung von uns selbst als autonom Handelnden, die durch die Zeit existieren, zu verstehen.[28]

---

[27] Immanuel Kant, *Kritik der reinen Vernunft*, Einleitung.
[28] Ibid. Kap. 34.

Alles in allem hatte Kant den Glauben, dass die Seele existiert, aber er dachte, dass das noumenale Selbst die größte Annäherung an die Erkenntnis, dass die Seele existiert, darstelle. Die Seele steht vollständig hinter dem Reich der Erkenntnis. Unsere Vernunft und unsere Autonomie (d. h. unsere Fähigkeit, uns eine Regel zu geben, nach der wir leben), sind wesentliche Attribute dieses Selbst. Infolge dieser Attribute, so Kant, ist jeder Mensch der Würde und des Respekts wert. Daher lautet eine Version seines kategorischen Imperativs, der für alle rationalen Kreaturen verbindlich ist: „Handle so, dass du die Menschheit sowohl in deiner Person als in der Person eines jeden anderen jederzeit zugleich als Zweck, niemals bloß als Mittel brauchst.“[29]

Obwohl er Gott, Freiheit und Unsterblichkeit als notwendige Postulate akzeptierte, spiegeln Kants Gedanken eine bedeutsame Abkehr vom klassischen Denken in mindestens einer Hinsicht. Während er mit den klassischen Denkern übereinstimmt, dass Menschen Vernunft und die Fähigkeit zur Freiheit besitzen, die er Autonomie nannte, kam Kant zu dem Schluss, dass es keine menschliche Natur gebe: Wir besitzen kein Wesen, kein Telos und vor allem keine inneren Ziele, die unser Leben leiten. Die größte menschliche Fähigkeit – die Autonomie – ist das Leben nach einer Regel – einer Regel, die wir uns selbst geben. Die Freiheit als Selbsterschaffung wurde ein zentraler Wert für Kant und für die liberale Fraktion, die er sehr stark beeinflusst hat.[30]

---

[29] Das ist die zweite Formulierung von Kants „kategorischem Imperativ“. Immanuel Kant, *Grundlegung zu Metaphysik der Sitten.* Akademieausgabe AA IV, 429 / GMS, BA 66.

[30] Kant dachte, dass in einer Hinsicht alle Individuen im Wesentlichen gleich seien: In unserem Kern teilen wir die grundlegenden Attribute der Rationalität und Autonomie. Weil alle Menschen vernünftig und autonom sind, ist jeder von uns würdig, als ein Selbstzweck behandelt zu werden, und nicht bloß als Mittel für die Zwecke anderer. Hier fand Kant die Quelle der Werte der Menschenwürde und der Gleichheit. Aber weil wir in anderer Hinsicht einmalig sind, insofern wir unsere eigenen Ziele wählen müssen, ist der Wert der Freiheit wesentlich. Kants Auffassung vom Selbst ist daher einer der bedeutendsten philosophischen Ausdrücke nicht des Traditionalismus, sondern der liberalen Tradition. Sein moralisches Denken beeinflusste auch den Liberalismus, indem er utilitaristische Ansätze zur Gerechtigkeit und zu den Rechten ablehnte. Beide Aspekte haben den Liberalismus von Denkern wie John Rawls und Ronald Dworkin beeinflusst. Siehe z. B. John Rawls, *Eine Theorie der Gerechtigkeit* (Frankfurt: Suhrkamp 2001); Ronald Dworkin, “Liberalism”, in *A Matter of Principle* (Cambridge, Mass.: Harvard University Press, 1985), die Beispiele für einen von Kant beeinflussten Liberalismus darstellen. Als Reaktionen auf eine utilitaristische Linie des Liberalismus versprach die Popularität der kantisch inspirierten Ideen der Gerechtigkeit, die Menschenrechte vor der utilitaristischen Forderung nach Maximierung der Prinzipien zu bewahren.

Mit dem modernen ethischen Denken ist Kant durch die Idee der Personalität verbunden, die Vorstellung, dass das, was uns als Menschen besonders ausmacht, unsere Rationalität und Autonomie ist – unsere Fähigkeit, uns eine Regel zu geben, um nach ihr zu leben und ihr zu folgen, ungestört von den potenziell destabilisierenden Einflüssen unserer Emotionen. Diese Fähigkeit zur autonomen Vernunft begründet unsere Gemeinsamkeit als Personen. Es ist das, was den modernen Werten der Gleichheit und der Menschenwürde zugrunde liegt (siehe Kapitel 9). Aber eine zweite Tradition entstand innerhalb der Generation nach Kant, die eine Reihe von kontrastierenden Idealen vertrat, die in Spontaneität, Authentizität und Individualität verwurzelt waren. Diese Autoren betonten nicht die Sittlichkeit, sondern die Selbstheit.[31]

Die bedeutendsten Vertreter dieser Tradition waren die romantischen Schriftsteller und Denker des 19. Jahrhunderts, darunter Johann Wolfgang von Goethe, William Wordsworth, Samuel Taylor Coleridge, Lord Byron, John Keats, William Blake, Mary Wollstonecraft Shelley und Percy Bysshe Shelley. Die Romantiker waren im Kern Anti-Kantianer. Sie stellten das Gefühl über die Vernunft, das Natürliche über das Konventionelle und die Ästhetik über die ethische Dimension der menschlichen Existenz. Sie hassten Konformität, soziale Konventionen, Geschäfte und alle Dinge, die mit Routine und Bürokratie verbunden waren. Ihr Engagement für unsere individuelle Einzigartigkeit gegenüber unserer Gemeinsamkeit bedeutete, dass sie am meisten ein Leben des authentischen Selbstausdrucks gegenüber der strengen, teutonischen Tugend der autonomen kantischen Rechtschaffenheit schätzten. Wenn Kant der Moralist war, so waren die Romantiker die Sensualisten. Wenn Kants Ideen heute mit den apollinischen Tugenden der Rationalität und Ordnung verbunden

---

Trotzdem wurde der kantische Liberalismus von Kommunitaristen und anderen kritisiert, die erkannten, dass das leere kantische Selbst für den Liberalismus problematisch ist. Siehe z. B. Michael J. Sandel, *Liberalism and the Limits of Justice* (Cambridge: Cambridge University Press, 1982). Sandel kritisierte das „unbelastete Selbst“ der kantischen Metaphysik, das das Selbst als vollkommen unabhängig von seinen sozialen Verbindlichkeiten und Verpflichtungen vorstellt. Dieses wesenlose, leere Selbst, das frei seine eigenen Ziele wählt, so Sandel, kann in Wirklichkeit nicht die Art von Motivation hervorbringen, die notwendig ist, um die Wahl eines bestimmten Ziels zu rechtfertigen. Mit anderen Worten, es gibt keinen Grund für das unbelastete Selbst, diese bestimmten Ziele zu wählen, anstatt irgendwelche anderen. Alle Werte und Entscheidungen sind letztlich beliebig.

[31] Persönlichkeit und Selbstsein als Ideale werden an verschiedenen Orten diskutiert, darunter George Kateb, "The Value of Association", in *Freedom of Association*, ed. Amy Gutmann (Princeton, N.J.: Princeton University Press, 1998), 48.

werden, schätzten die Romantiker die dionysischen Werte des Spiels, der Spontaneität und der Selbsttranszendenz. Die Romantik war nichts anderes als ein sentimentalisiertes und säkularisiertes Wiederauftreten der Religion und eine Reaktion auf den Rationalismus der Aufklärung. An die Stelle Gottes trat der Geist, an die Stelle der unsterblichen Seele das authentische Selbst.

Mitte des neunzehnten Jahrhunderts hatte die Romantik den Atlantik überquert und das amerikanische Denken beeinflusst, einschließlich des Transzendentalismus. In den 1840er Jahren schrieb Ralph Waldo Emerson, der sein unitaristisches Amt aufgegeben hatte, um einer Mischung aus Romantik, deutschem Idealismus und Buddhismus zu huldigen, über diese Instinkte in seinem Essay „Selbstvertrauen“:

> Deinen eigenen Gedanken zu glauben, zu glauben, dass das, was für dich in deinem privaten Herzen wahr ist, für alle Menschen wahr ist – das ist Genie. Sprechen Sie Ihre latente Überzeugung aus und es wird der universale Sinn sein, denn das Innere wird zu gegebener Zeit das Äußerste, und unser erster Gedanke wird uns durch die Trompeten des Jüngsten Gerichts zurückgegeben.[32]

Was in uns liegt, ist wahr, und was wahr ist, steht im Einklang mit unserer Natur und unserem Glück: „Ich muss ich selbst sein“, schrieb Emerson. „Ich werde meinen Geschmack und meine Abneigungen nicht verbergen. Ich werde vertrauen, dass das, was tief ist, heilig ist. ... Du wirst bald lieben, was von deiner Natur ebenso wie von mir diktiert wird, und wenn wir der Wahrheit folgen, wird es uns endlich sicher machen.“ Er ermahnte seine Zuhörer: „Bestehe auf dir selbst, ahme niemals nach. ... Jeder große Mensch ist ein einzigartiger.“[33] Es gibt zwar ein Selbst, aber es wird uns weder von Gott noch von der Gesellschaft gegeben. Es ist gleichzeitig eine Entdeckung und eine Schöpfung unserer selbst, von uns selbst.

Das authentische Selbst ist das mächtigste Erbe der Romantik für das moderne Denken und vor allem für den modernen Liberalismus. Der größte Denker des Liberalismus, John Stuart Mill (1806–1873), verkörpert die klassische liberale Tradition und verwandelte ihre grundlegenden Ansichten und Annahmen in den modernen progressiven Liberalismus. Mill

---

[32] Ralph Waldo Emerson, “Self- Reliance”, in *Selected Essays, Lectures and Poems* (New York: Bantam Books, 1990), 148.
[33] Ibid., 168.

ist heute am bekanntesten für seinen Aufsatz *Über die Freiheit*, ein Werk, das die Werte der Selbstheit und Individualität zu unbekannten Höhen erhebt. Während Locke die Freiheit auf die Naturrechte gründete und Bentham auf utilitaristische Prinzipien, argumentierte Mill in *Über die Freiheit*, dass das Gebäude der Freiheit entscheidend auf der Idee der Selbstindividualisierung beruhe, eines Zustandes des Charakters, in dem das Individuum seine Persönlichkeit in Übereinstimmung mit den inneren Quellen seiner einzigartigen Natur entwickeln könne.

Das spirituelle Herz von *On Liberty* ist Kapitel 3: „Individualität als Element des Wohlbefindens". Hier vergöttert Mill praktisch das Selbst und schreibt, dass „unter den Werken des Menschen, die das menschliche Leben zu Recht in der Verschönerung und Vervollkommnung beschäftigen, das erste in der Bedeutung sicherlich der Mensch selbst [ist]".[34] Selbstentfaltung, Individualität und Genie sind weitgehend koextensiv, realisiert in der gegenseitigen Verfolgung. „Individualität ist dasselbe wie Entwicklung und ... es ist nur die Kultivierung der Individualität, die gut entwickelte Menschen hervorbringen kann oder hervorbringt."[35] Diese Kultivierung der Individualität hängt von der Fähigkeit jedes Einzelnen ab, sein wahres, authentisches Selbst zu entdecken und zu entwickeln, das eigentliche Selbst, das unter dem Sturm der sozialen Einflüsse und der gewöhnlichen moralischen Verpflichtungen liegt. Freiheit war sowohl ein Mittel als auch ein konstitutives Element dieses Prozesses der Selbstindividuation.

Das klingt weit mehr nach Aristoteles als nach Mills Mentor Jeremy Bentham; so schreibt Mill in *Über die Freiheit*, dass „die menschliche Natur keine Maschine ist, die nach einem Modell gebaut wird und genau das für sie vorgeschriebene Werk zu tun hat, sondern ein Baum, für den es erforderlich ist, zu wachsen und sich allseitig zu entwickeln, *je nach der Neigung der inneren Kräfte, die ihn zu einem Lebewesen machen*".[36] Man muss seinen eigenen Impulsen folgen, nicht denen, die von der Gesellschaft auferlegt werden.

---

[34] John Stuart Mill, *Über die Freiheit* (Reclam 1986).

[35] Ibid., 128.

[36] John Stuart Mill, *Über die Freiheit*, 123 (eigene Hervorhebung). Das authentische Selbst aber ist ein sanftes Schilf, das leicht von den Kräften der gesellschaftlichen Konformität überwältigt wird. Nur durch die Entdeckung, den Schutz und die Pflege dieses Kerns wesenhafter Identität können wir wirklich die Freiheit erreichen. Nur durch die Erhaltung einer breiten Sphäre der persönlichen Freiheit, sagte Mill, könne die Regierung diesen Prozess der Selbstindividuation fördern.

> Eine Person, deren Wünsche ihre eigenen sind – der Ausdruck ihrer eigenen Natur, wie sie von ihrer eigenen Kultur entwickelt und modifiziert worden ist –, soll einen Charakter haben. Eine Person, deren Wünsche und Impulse nicht ihre eigenen sind, hat so wenig Charakter, wie eine Dampfmaschine Charakter hat.[37]

Entscheidend ist, dass die Wahlfreiheit nicht einfach ein Mittel zum Zweck ist, ein Weg, um besondere Wünsche zu befriedigen. Sich zu entscheiden hat intrinsische Signifikanz; unsere Entscheidungen sind die Mittel, mit denen wir uns selbst konstituieren:

> Die menschlichen Fähigkeiten des Urteilens, der Wahrnehmung, des unterscheidenden Fühlens, der mentalen Tätigkeit und sogar der moralischen Präferenz werden nur bei der Entscheidung ausgeübt. Wer etwas tut, weil es der Brauch ist, trifft keine Wahl. Er gewinnt keine Übung, weder im Urteilen noch im Wünschen, was am besten ist. Die mentalen wie die moralischen Kräfte verbessern sich, wie die Muskelkräfte, nur durch den Gebrauch.[38]

Es gibt hier etwas von Aristoteles' und Thomas von Aquins Lehre, dass wir unseren Charakter bilden und buchstäblich zu dem werden, wozu unsere Entscheidungen uns machen. Aber Mill trennte sich von den klassischen Denkern, indem er die Spannung zwischen Tradition und individueller Wahl übertrieb. Gegen die konservative Ansicht, dass die bewährten Bräuche und Sitten einen Ballast für die Selbstbildung darstellen, stand Mill mit den Romantikern auf einer Seite, wenn er zu dem Schluss kam, dass Brauch und Tradition der Feind der wahren Selbstheit seien. In der Angst, dass soziale Einflüsse uns unvermeidlich unserer Individualität berauben, schrieb er: „Es geschieht nicht durch die Verwässerung in Gleichförmigkeit von allem, was individuell ist ..., sondern indem man sie kultiviert und hervorruft ..., dass die Menschen ein edler und schöner Gegenstand der Kontemplation werden."[39]

Mill zog die politischen Konsequenzen aus der romantischen Suche nach Individualität durch Verknüpfung der Freiheit mit den Werten

---

[37] Ibid., 125.
[38] Ibid., 123f.
[39] Ibid., 127.

der Selbstentdeckung, der Selbstentwicklung und der Selbstdarstellung. Diese Werte erfordern eine breite Sphäre der persönlichen Freiheit, wie er in *On Liberty* argumentierte, eine Sphäre, in der das Individuum frei ist, „Experimente im Leben" durchzuführen. In *The Subjection of Women* argumentierte er, dass Frauen nur dann frei sein würden, ihr wahres Selbst zu entwickeln, wenn sie von ihrer traditionellen Rolle als Ehefrauen und Mütter befreit seien. In jeder Hinsicht wurden Gesellschaft, Sitte und Tradition zur Nemesis des Selbst.

Es ist sehr seltsam, dass die liberalen politischen Denker das Selbst genau zu dem Zeitpunkt in der Geschichte aufzugreifen begannen, als Philosophen und Psychologen – einschließlich Mill (in seinen mehr akademischen Schriften) – sich darauf vorbereiteten, auf das Selbst völlig zu verzichten.

Auflösung des säkularen Selbst

Zu der Zeit, als Mill in den 1850er Jahren *Über die Freiheit* schrieb, lebte selbst das authentische Selbst der Romantik nur noch von geliehener Zeit. Seit über einem Jahrhundert waren die Materialisten damit beschäftigt, die alten demokritischen Zweifel wieder aufleben zu lassen: Wenn nur materielle Dinge existieren, was könnte das Selbst anderes sein als physische Zustände im Gehirn?

Mill wurde zwischen seiner Romantik und seinem Materialismus hin und her gerissen. Der Mill von *On Liberty* brauchte das Selbst, doch der Mill des *Systems der deduktiven und induktiven Logik*, vielleicht seiner wichtigsten philosophischen Arbeit, verteidigte eine vorsichtige Version des Materialismus:

> Nach dieser Theorie wären die Gleichförmigkeiten der Succession von Geisteszuständen blosse abgeleitete Gleichförmigkeiten, die aus den Gesetzen der Succession der sie verursachenden Zustände des Körpers hervorgehen. Es würde darnach keine ursprünglichen geistigen Gesetze, keine Gesetze des Geistes in dem

> Sinne geben, in dem ich das Wort gebrauche, und die Wissenschaft des Geistes würde ein blosser Zweig, wenn auch der höchste und dunkelste Zweig der Physiologie sein. [40]

Wenn dies wahr wäre, dann wäre die traditionelle Sicht des Selbst (ob von Aristoteles, Descartes oder Kant), die darauf besteht, dass der Geist die Kontrolle über den Körper hat, radikal falsch. Als physikalische Prozesse entfalten sich unsere Hirnzustände deterministisch nach den Gesetzen der Neurophysiologie. Wie bei allen anderen Dingen in der Natur bestand Mill darauf: „Das Gesetz der Kausalität gilt im strengen Sinne für menschliches Handeln."[41] Er machte manchmal eine verbale Unterscheidung zwischen moralischen und physischen Ursachen – den Ursachen des menschlichen Verhaltens und den Ursachen physikalischer Phänomene –, aber am Ende gab Mill zu, dass moralische Ursachen ein besonderer Fall von physischen Ursachen sein müssten.[42] Daher war Mill ein Determinist. Er leugnete den freien Willen, bezeichnete ihn als eine Illusion, aber wie wir im nächsten Kapitel sehen werden, versuchte er, die Konsequenzen seiner Position mit einem verbalen Trick zu umgehen.[43]

Hier war Mill ehrlich verwirrt. In seiner ausführlichsten Behandlung des Begriffs des Selbst, seiner Schrift *Examination of Sir William Hamilton's Philosophy*, schwankt er, wie Locke 150 Jahre zuvor, zwischen seinem

---

[40] John Stuart Mill, *A System of Logic: Ratiocinative and Inductive* 6.4, in: *The Collected Works of John Stuart Mill*, ed. J. M. Robson (London: Routledge, 1974), 7:850. Deutsch: *System der deduktiven und induktiven Logik,* Online: http://www.zeno.org/Philosophie/M/Mill,+John+Stuart/System+der+deduktiven+und+induktiven+Logik (zuletzt aufgerufen: 20.09.2017).

[41] Ibid., 1:413. Mill legt dar: „Die Lehre von der physischen Notwendigkeit ist einfach diese: Wenn die Motive, die in einem individuellen Bewusstsein vorhanden sind, und gleichermaßen der Charakter und die Disposition des Individuums gegeben sind, so kann die Art und Weise, in der es handeln wird, unbestechlich abgeleitet werden; wenn wir die Person und alle Anreize, die auf sie einwirken, gründlich kennen würden, so könnten wir ihr Verhalten mit so viel Sicherheit voraussagen, wie wir ein physisches Ereignis vorhersagen können." Ibid., 1.414.

[42] „Ein Wille ist eine moralische Wirkung, die den entsprechenden moralischen Ursachen folgt, so sicher und unveränderlich, wie die physikalischen Wirkungen ihren physischen Ursachen folgen." Mill folgte Hume in dem Zweifel daran, dass es eine wahre Notwendigkeit gibt, die Ursachen und Wirkungen miteinander verbindet, und fügte hinzu: „Ob es das tun *muss*, ich gestehe es, ist mir völlig unbekannt ... Alles was ich weiß ist, dass es immer so *geschieht*." Ibid., 1.446-47.

[43] Mill war ein „sanfter Determinist" oder „Kompatibilist", dessen Position behauptete, Freiheit und Determinismus kompatibel zu machen. Wir werden die Probleme mit der Kompatibilität im nächsten Kapitel besprechen.

Empirismus und seinem gesunden Menschenverstand. Er wurde von Humes „Bündeltheorie der Wahrnehmung" verführt, beobachtete jedoch: „[U]nsere Vorstellung vom Geist ... ist die Vorstellung von einem permanenten Etwas, das im Gegensatz zu dem beständigen Fluss von Empfindungen und anderen Gefühlen oder geistigen Zuständen steht, auf die wir uns beziehen; einem Etwas, das wir als dasselbe verbleibend darstellen, während die besonderen Gefühle, durch die es seine Existenz offenbart, sich ändern."[44] Aber hier kam Mill zum letzten Stolperstein – einem Teufelskreis im Hume'schen Bild des Selbst:

> Wenn wir also vom Geist als einer Reihe von Gefühlen sprechen, so sind wir verpflichtet, die Aussage zu vervollständigen, indem wir ihn eine Reihe von Gefühlen nennen, die sich ihrer selbst bewusst sind als vergangen und zukünftig: und wir sind auf die Alternative reduziert, zu glauben, dass der Geist, oder das Ego, etwas anderes ist als jede Reihe von Gefühlen ..., oder das Paradoxon zu akzeptieren, dass etwas, das, *ex hypothesi,* eine Reihe von Gefühlen ist, sich selbst als eine Reihe bewusst sein kann.[45]

Mill erkannte, was Augustinus viele Jahrhunderte zuvor erkannt hatte – dass der Intellekt sich selbst erkennt, wie der Wille sich selbst will. Entweder muss jeder Gedanke und jede Wahrnehmung irgendwie im Keim Selbstbewusstsein besitzen, das sich transzendiert, oder das Selbst muss sich von dem Bündel von Wahrnehmungen unterscheiden, die es erlebt. Mills intellektuelle Ehrlichkeit nötigte ihn, vorsichtig zu raten: „Ich denke, bei weitem das Weiseste, was wir tun können, ist, die unerklärliche Tatsache ohne irgendeine Theorie zu akzeptieren, wie sie ist, und, wenn wir dazu verpflichtet sind, darüber mit Begriffen zu sprechen, die eine Theorie vermuten lassen, sie mit einem Vorbehalt zu benutzen."[46] Es gibt mehr als den Inhalt des Bewusstseins, aber als gute Empiristen und Wissenschaftler können wir nicht sagen, was es ist. Dies, so schloss er, ist „die endgültige Unerklärlichkeit" des Selbst.

---

[44] John Stuart Mill, *An Examination of Sir William Hamilton's Philosophy and of the Principal Philosophical Questions Discussed in His Writings*, in: *The Collected Works of John Stuart Mill*, ed. J. M. Robson (London: Routledge, 1974), 9:189.

[45] Ibid., 194.

[46] Ibid., 225–26. Wie G. W. Smith, ein nachdenklicher Mill-Schüler sagte, ist Mills Begriff des Selbst „eine Leere im Zentrum seines philosophischen Systems". John Gray and G. W. Smith, eds., J. S. Mill *On Liberty in Focus* (London: Routledge, 1991), 255–56.

Während Mill das Selbst unerklärlich fand, versuchten andere, es auf tausend Wegen zu erklären. Die meisten führten in Richtung einer antirealistischen Konzeption des Selbst. Ein Weg war, das Selbst nicht als Substanz, sondern als Prozess zu rekonstruieren. Johann Gottlieb Fichte (1762–1814), ein deutscher Idealist, der von Kant beeinflusst wurde, jedoch die noumenale Seite der kantischen Philosophie aufgegeben hat, verwarf die Seele als „eine schlechte Erfindung" und Kants noumenales Selbst als einen Überrest des Christentums. Doch wie viele nach ihm wollte Fichte das Selbst in einem bestimmten Sinne retten – als Vehikel für die menschliche Freiheit. Das Selbst, so argumentierte er, sei einfach *reine Aktivität*. Das „Ich" des Selbstbewusstseins sei vor der empirischen Persönlichkeit. Es müsse existieren, bevor es bestimmt sei – „es muss eine Existenz unabhängig von seiner Bestimmtheit haben".[47] Das „Ich" ist mit anderen Worten reine Freiheit. Es webt die empirische Persönlichkeit heraus, durch die die Welt uns in einem fortdauernden Akt der freien Tätigkeit erkennt. Wie eine Vorankündigung Jean-Paul Sartres und der Existenzialisten sagte Fichte, dass die Existenz dem Wesen vorausgehe: Wir schaffen uns freiheitlich selbst, und indem wir dies tun, lassen wir die verknöcherten Überreste dieser Handlung hinter uns in der schablonenhaften Person, die wir der Welt (und uns selbst) präsentieren. Dennoch drohen die „Überreste" unserer bisherigen Tätigkeit, unsere gegenwärtige Freiheit zu verführen. Die wahre Freiheit verlangt, dass wir das Selbst in jedem Augenblick authentisch ausspinnen und niemals in das Netz der vorherigen *Exkremente* des lebendigen Selbst verstrickt werden. Fichtes Vorstellung von Freiheit als Authentizität hat die Romantiker tief beeinflusst.

Ein zweiter Weg bestand darin, alle metaphysischen Spekulationen aufzugeben und das Selbst in rein relationaler Hinsicht zu denken. G.W.F. Hegel (1770–1831), der Fichte auf dem Lehrstuhl für Philosophie an der Universität Berlin folgte, schlug vor, das Selbst einfach als Produkt der sozialen und geschichtlichen Kräfte zu denken, die sich in einer dialektischen Sequenz durch die Geschichte entfalten. Jedes Selbst ist ein

---

[47] Dieses „Ich" entsteht, gottgleich, aus sich selbst. „Der Begriff des ‚Ichs' entsteht durch meine eigene Selbstbehauptung, durch die Tatsache, dass ich in einer Weise handele, die auf mich selbst zurückkehrt." Dieses reine, wesenlose „Ich" steht im Gegensatz zum „Nicht-Ich" der objektiven Welt, das eine Natur hat. Unter den Inhalten des „Nicht-Ich" der Welt sind die empirischen Aspekte der menschlichen Persönlichkeit – unsere Gedanken, Neigungen, Überzeugungen und Verhaltensmuster usw. Siehe Martin und Barresi, *The Rise and Fall of Soul and Self*, 186.

Faksimile der Entfaltung des absoluten Geistes zu einem bestimmten Zeitpunkt der Geschichte. Wir werden ein Selbst nur durch das Verständnis, dass es andere Selbste gibt und dass wir ein Gegenstand für sie sind, so wie sie ein Gegenstand für uns sind.

Hegels Begriff des Selbst ist der Großvater aller sozial-relationalistischen Ideen des Selbst, die im zwanzigsten Jahrhundert populär wurden.[48] Jedes Selbst ist das Produkt seiner eigenen Selbstinterpretation. Diese Selbstinterpretation ist selbst das Residuum ihres relationalen Status mit anderen. Der Philosoph Charles Taylor verteidigte vor kurzem eine Version der relationalen Idee des Selbst: „Zu fragen, was eine Person in Abstraktion von ihrer Selbstinterpretation ist, bedeutet eine grundsätzlich fehlgeleitete Frage zu stellen."[49]

> Ich bin ein Selbst nur in Bezug auf bestimmte Gesprächspartner, in Bezug auf die Gesprächspartner, die für die Erlangung meiner Selbstdefinition wesentlich waren. ... Ein Selbst existiert nur in dem, was wir das Gesprächsnetz nennen.[50]

Ein dritter Ansatz bestand schlicht darin, das Selbst ganz zu sprengen. In diesem Geist fand Friedrich Nietzsche (1844–1900) als Grundlage des Selbst nichts anderes als Heraklits Fluss der Erfahrung. Genauso wie wir niemals zweimal in denselben Fluss steigen können, schloss Nietzsche: „[D]ie Annahme eines einzigen Selbst ist vielleicht unnötig; vielleicht ist es ebensogut erlaubt, eine Vielheit von Subjekten anzunehmen." Innere Spannungen und Konflikte deuteten darauf hin, dass „das Subjekt eine Vielheit" sei.[51]

Vor kurzem hat der postmoderne Pragmatiker Richard Rorty sowohl das wahre Selbst des klassischen Denkens als auch das moderne säkulare Selbst mit einem Schlag als eine unhaltbare Fiktion abgelehnt.[52]

---

[48] Vgl. z. B. George Herbert Mead, *Mind, Self, and Society from the Standpoint of a Social Behaviorist*, ed. Charles W. Morris (Chicago: University of Chicago Press, 1934).

[49] Charles Taylor, *Sources of the Self: The Making of the Modern Identity* (Cambridge, Mass.: Harvard University Press, 1989), 34.

[50] Ibid., 36.

[51] Friedrich Nietzsche, *Der Wille zur Macht* (Stuttgart: Alfred Kröner 1964) Nr.490. Tatsächlich ging Nietzsche so weit, zu erklären, es sei „[d]er *Substanz*-Begriff eine Folge des Subjekt-Begriffs:, nicht umgekehrt! Geben wir die Seele auf, ‚das Subjekt' preis, so fehlt die Voraussetzung für eine Substanz überhaupt." Friedrich Nietzsche, *Der Wille zur Macht*, Nr. 485.

[52] Er schrieb: „Ich denke, die Konservativen liegen falsch, wenn sie denken, dass wir entweder ein Vermögen zur Wahrheitsverfolgung namens ‚Vernunft' besitzen oder ein wahres

Michel Foucault hat den Glauben an das Selbst und seine aktiven Kräfte als „anthropologisches Vorurteil" verspottet und mit dem Begriff *Subjekt* gespielt – dass dieser Begriff genau seine Funktion als eine verinnerlichte Form der sozialen Unterwerfung erfasse.[53] So wurde das Selbst eine Belastung für moderne Denker. Freiheit, so wird zunehmend behauptet, erfordere eine völlige Ablehnung des einheitlichen Selbst. Sobald es kein Zurück zu geben schien, schoben andere den dekonstruktiven Tenor des modernen Denkens so weit, wie er geschoben werden konnte. Erst wenn wir „intentionslose Phänomene" würden, kündigten die postmodernen Anarchisten Gilles Deleuze und Félix Guattari an, würden wir wirklich befreit werden.[54]

Das Selbst in der modernen Psychologie

Auch die moderne Psychologie wurde praktisch in den Ruinen des substanziellen Selbst geboren. Es mag merkwürdig erscheinen, dass die Psychologen es schwer fanden, diesen intellektuellen Strömungen zu widerstehen – die Psychologie war schließlich das Studium des Selbst, des Bewusstseins oder des mentalen Systems –, aber sie wurden machtvoll durch den Wunsch motiviert, als eine echte Wissenschaft akzeptiert zu werden. Um dies zu erreichen, mussten sie sich den vorherrschenden Standards des Positivismus und des Materialismus anpassen, die die mo-

---

Selbst, das die Erziehung zum Bewusstsein bringt. ... Aber ich denke, die Radikalen liegen falsch, wenn sie glauben, dass es ein wahres Selbst gibt, das entstehen wird, sobald der repressive Einfluss der Gesellschaft entfernt ist. Es gibt keine menschliche Natur, in dem tiefen Sinn, in dem Platon und Strauss den Begriff verwenden. Es gibt auch keine Entfremdung von der wesentlichen Menschlichkeit durch gesellschaftliche Repression. ... Es gibt nur die Gestaltung eines Tieres zu einem Menschen durch einen Prozess der Sozialisation, gefolgt (mit Glück) von der Selbstindividualisierung und Selbstschöpfung dieses Menschen durch seine oder ihre eigene spätere Revolte gegen diesen Prozess." Richard Rorty, *Philosophy and Social Hope* (New York: Penguin Books, 2000), 117–18.

[53] Der Begriff Subjekt fängt diese doppelte Bedeutung ein: das „Subjekt" ist „Subjekt für jemanden durch Kontrolle und Abhängigkeit, unterworfen und gebunden an ... die eigene Identität durch das Gewissen oder die Selbsterkenntnis". Michel Foucault, "The Subject and Power", in Michel Foucault: *Beyond Structuralism and Hermeneutics*, edited by Hubert Dreyfus and Paul Rabinow (Chicago: University of Chicago Press, 1982), 212.

[54] Sie boten einen Prozess an, den sie „Schizoanalyse" nannten, um das Ego und das Über-Ich aufzulösen und das vorpersönliche Reich der Begierde zu befreien. Gilles Deleuze and Félix Guattari, *Anti-Oedipus: Capitalism and Schizophrenia* (New York: Penguin Classics, 2009), 362, 368.

derne Wissenschaft allgemein prägten. Dies brachte die moderne Psychologie in eine seltsame Zwangslage, weil es zu beinhalten schien, dass der ultimative Erfolg der Psychologie ihr Aussterben als eine Einzelwissenschaft bewirken müsse. Wenn die Psychologie auf Biochemie oder Physik reduziert werden könnte, würde nichts von dem ursprünglichen Gegenstand dieser Disziplin übrigbleiben.

Kurz nach der Morgendämmerung der modernen Psychologie kämpfte der vielleicht größte amerikanische philosophische Psychologe, William James (1842–1910), mit diesem Problem. In seinem im Jahre 1890 erschienenen klassischen zweibändigen Werk *Prinzipien der Psychologie* begann James (vielversprechend), indem er darauf bestand, dass das Studium des Selbst das zentrale Streben der modernen Psychologie sein müsse. Keine respektable Theorie der menschlichen Psychologie „kann die Existenz des persönlichen Selbst in Frage stellen".[55] Aber was ist dieses Selbst? James legte die traditionellen Alternativen schnell ab. Die Seele der klassischen Metaphysik und das noumenale Selbst des kantischen Denkens seien beide, sagte er, „bloße Versuche, die dringenden Forderungen des gesunden Menschenverstandes zu befriedigen".[56] Der gesunde Menschenverstand sei irreführend. Das klingt eher nach Hume als nach Kant; James schrieb: „Wenn es meinem introspektiven Blick gelingt, sich schnell genug zu drehen, um eine dieser Manifestationen der Spontaneität in dem Akt einzufangen, ist alles, was auch immer er wieder fühlen kann, ein körperlicher Prozess, der zum größten Teil im Kopf stattfindet."[57]

Die Einheit des Selbst „ist nur potenziell, sein Zentrum ideal wie das Zentrum der Schwerkraft in der Physik". In der Tat gibt es viele Selbste – ein empirisches Selbst, ein spirituelles Selbst und so viele soziale Selbste, wie es Menschen gibt, mit denen wir interagieren. Das Selbst schließt alles ein, was wir besitzen oder womit wir uns verbunden fühlen mit Besitzungen, Beziehungen etc., und verblasst an einem unbestimmten Punkt allmählich in das Nicht-Selbst. Das Selbst ist ein Weg, um unsere Erfahrung zu verwirklichen, eine pragmatische Vorstellung, die den „dringenden Forderungen" unseres gewöhnlichen Sinnes von uns selbst

[55] „Die universell bewusste Tatsache ist nicht ‚Gefühle und Gedanken existieren', sondern ‚ich denke' und ‚ich fühle'. William James, *The Principles of Psychology* (Cambridge, Mass.: Harvard University Press, 1918), 1: 226–27.
[56] Ibid., 1:301, 338f.
[57] Ibid.

als einheitlichen Wesen mit dauerhafter Kernidentität dient. Aber dieses eine wahre Selbst ist einfach eine Illusion.

Vielleicht war der bekannteste aller psychologischen Theoretiker Sigmund Freud (1856–1939), der Erfinder der Psychoanalyse. Um es milde auszudrücken, war Freuds Auffassung vom Selbst in jeder Hinsicht antithetisch gegenüber der klassischen Idee. Die menschliche Psyche ist nach seiner Auffassung hoffnungslos zersplittert, kausal determiniert, irrational, weitgehend unbewusst und in ihrem Kern zutiefst unsozial. Freuds Selbst zersplitterte in drei Komponenten – das Es, das Ego und das Über-Ich –, die im Kampf um die psychische Vormachtstellung in ständigem Konflikt stehen. Von diesen drei Teilen des Selbst ist nur ein Teil, das Ego, bewusst. Das Es und das Über-Ich, die wahren Motoren der menschlichen Motivation, sind völlig unbewusst. Die menschliche Persönlichkeit, so Freud, ist wie ein Eisberg, dessen größter Teil unterhalb der Wasserlinie des Bewusstseins liegt.[58] Was noch am meisten von der klassischen Selbstverständlichkeit des selbstbewussten Ichs übriggeblieben war, war in Freuds Auffassung von allen Seiten durch Kräfte bedrängt, die stärker als das Ich sind – das alles verzehrende, alles begehrende Es, das aggressive und oft selbstzerstörerische Über-Ich (die verinnerlichte autokratische elterliche Figur), Eros und Thanatos (der Lebens- und Todestrieb) und die Forderungen der Außenwelt. Das unglückliche, teilweise bewusste Ego ist dazu verurteilt, zwischen diesen Kräften zu vermitteln.[59]

Freud verglich das bewusste Ego mit einem Reiter auf einem flüchtenden Pferd, der das Tier nicht verlangsamen kann, es aber am ehesten in eine bestimmte Richtung lenken kann. Nicht nur sind wir nicht frei, sondern wir erkennen normalerweise noch nicht einmal unsere eigenen wirklichen Motive für unser Verhalten. Freud hielt selbst den düsteren Determinismus der Stoiker, der davon ausging, dass wir ein gewis-

[58] Auf der ersten Seite eines seiner bedeutendsten Bücher warnte er seine Leser vor der kartesischen Annahme, dass alle geistigen Zustände *per definitionem* ein bewusstes Denken seien. Unbewusste Zustände seien genau gleich wie bewusste Zustände in einem funktionalen Sinne – in dem Sinne, dass sie menschliches Verhalten vermitteln. Es fehlt einfach die Qualität des Bewusstseins, die seiner Ansicht nach eine mehr oder weniger zufällige Eigenschaft geistiger Zustände ist. Sigmund Freud, *Das Ich und die Es* (Reclam 2013), 3.

[59] Das Ich ist mit drei Gefahren konfrontiert: mit der äußeren Welt, mit den libidinösen Impulsen des Es und mit der Aggression des Über-Ichs, von denen jede mit drei verschiedenen Arten von Angst verbunden ist. Sigmund Freud, *Der Mann Moses und der Monotheismus* (Frankfurt a. M.: Suhrkamp 1986), 26.

ses Maß an Freiheit erlangen könnten durch das Verständnis und die Akzeptanz der Ursachen und Bedingungen, die unser Verhalten bestimmen, für hoffnungslos optimistisch. Die Vernunft ist ein Sklave der Leidenschaften, aber in einer noch tückischeren Weise, als Hume sich das vorgestellt hatte. Das Ego muss, wie es scheint, von seiner eigenen Autonomie überzeugt bleiben, wenn es die Imperative des Es und des Über-Ichs ausführt. Im besten Fall ist das Ich vergleichbar mit „[einem] konstitutionellen Monarchen, ohne dessen Sanktion nichts Gesetz werden kann, der es sich aber sehr überlegt, ehe er gegen einen Vorschlag des Parlaments sein Veto einlegt".[60] Wir leben nicht, erklärte Freud, sondern, so sein Ausdruck, „*‚werden gelebt‘* von unbekannten, unbeherrschbaren Mächten".[61]

Freud war auch zutiefst pessimistisch bezüglich der Möglichkeit des menschlichen Glücks, wie es von Aristoteles, Thomas und anderen klassischen Denkern gepriesen wurde. Während Aristoteles und die klassische Tradition glaubten, dass der Mensch für das Glück geboren ist, dass das gesellschaftliche Leben ein natürlicher Zustand für den Menschen ist und dass er eine inhärente Tendenz zum Guten hat, lehnte Freud jede dieser Ideen auf unzweideutige Weise ab. „Glück in dem reduzierten Sinn, in dem wir es für möglich halten, ist ein Problem der Ökonomie der individuellen Libido. Jeder Mensch muss für sich selbst herausfinden, in welcher besonderen Weise er gerettet werden kann."[62] Er nannte die Idee einer angeborenen Neigung zur moralischen Vollkommenheit eine „wohlwollende Illusion" und schrieb, dass, soweit sich diese Tendenz in einigen isolierten Heiligen entwickelt habe, dies das Ergebnis eines Prozesses der instinktiven Repression sei.[63] Freud schrieb:

> Das gern verleugnete Stück Wirklichkeit hinter alledem ist, dass der Mensch nicht ein sanftes, liebebedürftiges Wesen ist, das sich höchstens, wenn angegriffen, auch zu verteidigen vermag, sondern dass er zu seinen Triebbegabungen auch einen mächtigen

[60] Sigmund Freud, *Das Ich und das Es*, 5. Kap. http://gutenberg.spiegel.de/buch/das-ich-und-das-es-932/5
[61] Ibid., 17.
[62] Sigmund Freud, *Das Unbehagen in der Kultur*, http://gutenberg.spiegel.de/buch/das-unbehagen-in-der-kultur-922/3
[63] „Was in einer Minderheit von Individuen als ein unermüdlicher Impuls zu einer weiteren Perfektion erscheint, kann leicht als Ergebnis der Triebunterdrückung verstanden werden, auf der alles beruht, was in der menschlichen Zivilisation am wertvollsten ist." Sigmund Freud, *Jenseits des Lustprinzips*, (Reclam 2013), 52.

> Anteil von Aggressionsneigung rechnen darf. Infolgedessen ist ihm der Nächste nicht nur möglicher Helfer und Sexualobjekt, sondern auch eine Versuchung, seine Aggression an ihm zu befriedigen, seine Arbeitskraft ohne Entschädigung auszunützen, ihn ohne seine Einwilligung sexuell zu gebrauchen, sich in den Besitz seiner Habe zu setzen, ihn zu demütigen, ihm Schmerzen zu bereiten, zu martern und zu töten. *Homo homini lupus.*[64]

Freud hatte nicht viel Sympathie für die Massen oder für die Demokratie. Wegen der inhärenten Grenzen der Rationalität bei den meisten Männern „sind die Massen faul und unintelligent". „Nur durch den Einfluss vorbildlicher Individuen, die sie als ihre Führer anerkennen, sind sie zu den Arbeitsleistungen und Entsagungen zu bewegen, auf welche der Bestand der Kultur angewiesen ist."[65] Freiheit, so scheint es, erfordert wahre Vernunft und Autonomie, aber das sind Tugenden jenseits des Horizonts der meisten Menschen. Während die klassische Tradition uns lehrt, dass die Gesellschaft unser wahres irdisches Ziel ist, bestand Freud darauf, dass „jeder Mensch praktisch ein Feind der Zivilisation ist".[66]

Eine zweite wichtige Schule der modernen Psychologie, der Behaviorismus, vollzog eine noch radikalere Abkehr vom klassischen Verständnis der Person – so schwierig das auch scheinen mag. Während James' Denken das Selbst für das primär Gegebene der Psychologie hielt und die Bedeutung der Introspektion als Methodik herausstellte, und während selbst Freud die Selbstanalyse als Mittel zur psychischen Gesundheit betonte – jeder von beiden reflektierte einen „mentalistischen" Ansatz in der Psychologie –, versuchte der Behaviorismus diesen verbleibenden Spuren einer „vorwissenschaftlichen" Psychologie zu entkommen. Wünsche, Motive, Gedanken und Glauben – ob bewusst oder unbewusst – haben unter dem behavioristischen Paradigma überhaupt keine Bedeutung mehr: Entweder es gibt sie überhaupt nicht, oder sie haben einfach keine funktionale Rolle bei der Erzeugung menschlicher Handlungen.[67] Einer der einflussreichsten frühen Behavioristen, John Watson,

[64] Sigmund Freud, *Das Unbehagen in der Kultur* (Reclam 2010), Kap. 5.
[65] Sigmund Freud, *Die Zukunft einer Illusion*, 1. Kap. http://gutenberg.spiegel.de/buch/die-zukunft-einer-illusion-929/1
[66] Ibid.
[67] Im Allgemeinen versuchten die Behavioristen alle mentalen Zustände auf Dispositionen zu reduzieren, sich auf bestimmte Weise zu verhalten. B. F. Skinner, *Jenseits von Freiheit und*

rühmte sich einmal, dass er jedes neugeborene Kind nehmen und es in jede Art von Person verwandeln könne, die er wünsche – in einen Heiligen oder in einen Psychopathen, einen Konzertpianisten oder einen heruntergekommenen Landstreicher –, schlicht durch die Anordnung seiner frühen Umgebung in einer Weise, die zur Entwicklung eines bestimmten Charaktertyps förderlich sei. Alles, was vom Selbst übrigblieb, waren die Rückstände der Umwelteinflüsse.

Das philosophische Fazit der behavioristischen Theorie besteht darin, alle inneren mentalen Zustände auf Beschreibungen des äußeren Verhaltens zu reduzieren. Watsons berühmtester Schüler, B. F. Skinner, versuchte zu zeigen, dass alle mentalen Zustände im besten Fall Dispositionen seien, sich in einer bestimmten Weise zu verhalten. Gedanken und Wünsche, Überzeugungen und Absichten *verursachen* kein besonderes Verhalten. Sie müssen als Nebenwirkungen unserer Konditionierung abgeschrieben werden. Skinner argumentierte zum Beispiel, dass Überzeugungen Prädispositionen seien, in einer bestimmten Weise zu handeln. Zu glauben, dass es draußen kalt sei, bedeute nichts anderes als eine bestimmte Disposition zu haben, sich zum Beispiel dichte Kleidung anzuziehen. Ähnlich verhält es sich mit der Absicht, etwas Bestimmtes zu tun, die schlicht nichts anderes ist als ein „Bericht von starkem verdeckten Verhalten, das wahrscheinlich geeignet ist, öffentlich ausgestoßen werden kann, wenn die Gelegenheit gegeben ist". Während frühere Materialisten wie Hobbes Überlegungen auf das Spiel der Wünsche reduziert hatten, betrieben Skinner und andere Behavioristen die völlige Tilgung des Mentalen. Nachzudenken und eine Wahl zu treffen war für sie einfach die Durchführung einer gewählten Handlung.[68] Skinner beschrieb Wünschen, Im-Gedächtnis-Suchen und Erinnern, selektive Aufmerksamkeit, Problemlösung und kreatives Verhalten mit den gleichen reduktiven behavioristischen Begriffen.[69]

Das, was für den Behavioristen zählt, sind die beobachtbaren „Inputs" und „Outputs" des Verhaltens – die Bedingungen und die Umwelteinflüsse und ihre daraus resultierenden Verhaltensreaktionen. Das sind

---

Würde (Reinbek: Rowohlt, 1982), 3–25, beschreibt die Gründe für die Annahme dieser Position. Die Philosophen versuchten zu der Zeit, wie Skinner dem „methodischen Behaviorismus" der Psychologen eine festere philosophische Grundlage zu geben. Siehe z. B. Gilbert Ryle, The Concept of Mind (Chicago: University of Chicago Press, 1949).

[68] B. F. Skinner, *About Behaviorism* (New York: Alfred Knopf, 1974), 19, 27–28, 113.

[69] Ibid., 58, 108–18.

die einzigen Dinge, die schließlich wahrgenommen, geprüft und gemessen werden können. Es gibt keinen Charakter, aus dem das Verhalten erfließt, nur probabilistische Zustände menschlichen Verhaltens. Eine Person ist einfach das, *was sie tut*. Es gibt offensichtlich keinen Anhaltspunkt, das Selbst als etwas anderes zu bewahren, als eine bestimmte Art, über menschliches Verhalten zu sprechen. So ist „das Selbst nicht wesentlich", schloss Skinner, sondern „es ist einfach ein Mittel, um ein *funktionsorientiertes System von Reaktionen darzustellen*."[70] Mit anderen Worten, das Selbst ist eine Redensart, ein Begriff, den wir verwenden, um unsere Erfahrung von uns selbst als einer mehr oder weniger einheitlichen psychophysischen Entität zu organisieren.

Wie der Freudianismus ist der Behaviorismus fast universell als eine Philosophie des Geistes diskreditiert worden, obwohl der methodische Behaviorismus (das Studium des Verhaltens als Antwort auf die Verstärkung) für die Psychologie heute ein wichtiger Ansatz bleibt. Aber Skinners Definition des Selbst hat wichtige Konvertiten unter den zeitgenössischen Philosophen gewonnen. Indem er Skinner wiederholte, nannte John Searle das Selbst eine „rein formale Einheit" für die Organisation unserer subjektiven Erfahrung.[71]

Wir hatten hier nur den Raum, um einige repräsentative Theorien der modernen Psychologie zu besprechen, aber wenn wir dies weiter ausarbeiten würden, könnten wir feststellen, dass die Probleme, die wir diskutiert haben, auch durch andere Varianten der zeitgenössischen Psychologie hindurchgehen. Die moderne Psychologie lehnt nicht nur die Seele der klassischen Metaphysik ab, sondern auch das säkulare Selbst des kantischen und romantischen Denkens. Im zwanzigsten Jahrhundert war alles, was der modernen Philosophie übriggelassen wurde, der Begriff des Geistes selbst.

---

[70] B. F. Skinner, *Science and Human Behavior* (New York: Free Press, 1953), 285 (Hervorhebung im Original).

[71] John R. Searle, *Freedom and Neurobiology* (New York: Columbia University Press, 2007), 33.

Der Triumph des Materialismus?

Es ist eine Sache, die Existenz der Seele oder sogar das weltliche Selbst zu leugnen. Es ist eine ganz andere, darauf zu bestehen, dass Geist, Gedanken und Bewusstsein Illusionen seien. Doch nachdem die modernen Denker diese vorherigen Schritte unternommen hatten, begannen sie einzusehen, dass es keinen logischen Ruhepunkt hinter einem kompromisslosen Materialismus gab. Dass unsere einflussreichsten Denker nun die Existenz des Denkens verleugneten, mag paradox erscheinen – aber das Paradoxon wurde zu einer Standardposition unter den Philosophen des 20. Jahrhunderts.

Die Philosophie hatte sich seit Hobbes' Zeiten beständig in dieser Richtung fortentwickelt. Im siebzehnten Jahrhundert waren Descartes' Dualismus und Hobbes' Materialismus für die meisten Denker die zwei einzigen plausiblen philosophischen Optionen. Aber die Probleme mit dem kartesischen Dualismus ließen bald nur die Alternative des Materialismus übrig. Unter den heutigen akademischen Philosophen ist bereits die Anklage des Dualismus ausreichend, um bei der Menge Stille und erstaunte Peinlichkeit hervorzurufen. Wie Daniel Dennett, ein zeitgenössischer Materialist, es unverblümt formulierte: „Der Dualismus ist keine Ansicht, mit der mit streiten muss, sondern eher eine Klippe, über die man seine Gegner stoßen kann.“[72].

1748 argumentierte der französische Arzt und Philosoph Julien Offray de La Mettrie in der Schrift *L'homme maschine* (*Der Mensch als Maschine*), dass unsere mentalen Zustände rein materialistisch erklärt werden könnten. Er griff mit besonderer Verachtung Descartes' Versuch heraus, ein Reich der menschlichen Freiheit von der übrigen physischen Welt zu bewahren, und zog alle üblichen Konsequenzen: Es gibt unabhängig vom Körper keine Seele oder keinen substantiellen Geist, und menschliches Verhalten ist ganz durch physikalische Ursachen bestimmt. Darüber hinaus „gibt es keinen abrupten Übergang von Tieren zum Menschen“. In Vorwegnahme Darwins um mehr als ein Jahrhundert schrieb La Mettrie,

[72] Dies wird zitiert bei Charles Taliaferro, *Consciousness and the Mind of God* (New York: Cambridge University Press, 1994), 6.

dass der Mensch im Vergleich zum Affen wie das fortschrittlichste planetarische Pendel der Zeit gegenüber einer Uhr sei – komplexer, aber nicht in seiner Art verschieden.[73]

La Mettrie beeinflusste die nachfolgenden säkularen Materialisten, darunter Paul-Henri d'Holbach (1723–1789). Im Jahre 1770 veröffentlichte d'Holbach anonym *Das System der Natur*, eine gründliche materialistische Darstellung der Welt, in der er das Christentum angriff, den Atheismus verteidigte und behauptete, wenn das Glück mit der Tugend in Konflikt gerate, so hätten wir lieber das Glück.[74] Das Werk war für die damalige Zeit so radikal, dass sogar Deisten wie Voltaire es verurteilten. Im Jahre 1795 argumentierte Pierre Cabanis (1757–1808) zum ersten Mal, dass das Gehirn das physische Organ des Bewusstseins sei. Im Jahre 1874 argumentierte T. H. Huxley, der Darwin gegen seine religiösen Kritiker verteidigte und den Begriff Agnostizismus erfunden hat, in einem weithin gelesenen Essay, dass das Bewusstsein nur das Ergebnis der molekularen Aktivität im Gehirn sei.[75]

Aber all dies warf eine offensichtliche Frage auf: Wenn der Materialismus richtig ist, was sollen wir aus unseren mentalen Zuständen machen? Wir *haben* Gedanken. Wir *sind* uns unserer Welt und unser selbst bewusst. Wir denken nicht nur, dass unsere Absichten und Entscheidungen unser Verhalten verursachen, sondern es gibt einen gefühlten Aspekt bei vielen unserer mentalen Zustände. Wir *erleben* Schmerz und Lust. Wir *fühlen* Traurigkeit und Freude. Dieser gefühlte Aspekt, den die modernen Philosophen als „Qualia“ bezeichnen, kann nicht rein materiell erklärt werden, wie Descartes richtig sah. Qualia sind nicht „im Raum“, zumindest nicht im gleichen Sinne, wie dies physische Objekte sind. Bei der Vermessung des Gehirns können wir neuronale Prozesse, die physischen Zustände des Gehirns, aber nicht Gefühle, Gedanken und Glauben sehen und messen. Mein Gedanke an meine Mutter ist nicht irgendwo im räumlichen Sinn, auch wenn er ein physischer Prozess des Gehirns ist. Alles in allem gibt es meine Gedanken, aber nicht als physische Dinge. Was hatte der moderne Materialist dazu zu sagen?

---

[73] „Wir haben die Vorstellungen von Materie und Denken, aber vielleicht kann man niemals erkennen, ob ein bloßes Material denkt oder nicht.“ Locke, *Versuch über den menschlichen Verstand* 4.3.6.

[74] „Es wäre nutzlos und fast ungerecht, darauf zu bestehen, dass ein Mensch tugendhaft ist, wenn er dies nicht sein kann, ohne unglücklich zu sein. Solange das Laster ihn glücklich macht, sollte er das Laster lieben.“ Henri d'Holbach, *System der Natur* 1.109.

[75] Martin and Barresi, *The Rise and Fall of Soul and Self*, 202–5.

Die Materialisten des 19. Jahrhunderts wie Mill und Huxley nahmen eine Art Mittelstellung zu diesem Problem ein. Ihre Art des Materialismus, die unter zeitgenössischen Philosophen als „Epiphänomenalismus“, „nicht-reduktiver Materialismus“ oder als „Supervenienz-Theorie“ bekannt ist, räumt ein, dass geistige Entitäten eine Art Schattenexistenz haben, abgetrennt von den physischen Hirnzuständen, auf die sie angewiesen sind. Sie sind Epiphänomene, Vorkommnisse, die auf der Oberfläche der physischen Realität schweben. Die mentalen Zustände *supervenieren* auf Gehirnzustände, so wie die Reflexion eines Gesichts in einem Spiegel auf das eigentliche Gesicht superveniert. Sie existieren in einem gewissen Sinne, aber entscheidend ist, *dass sie überhaupt keine kausale Rolle in unserem Verhalten spielen.* Es gibt *etwas* in unseren Gefühlen, Wünschen und Gedanken, aber sie sind das Treibgut der Ontologie der nicht-eliminativen Materialisten und haben anscheinend keine Funktion bei der Herbeiführung menschlicher Handlungen.[76]

Aber was ist dieses geheimnisvolle *Etwas*? Wie konnten die nicht-eliminativen Materialisten konsistent behaupten, dass nur physische Dinge existieren, dass mentale Zustände nicht physisch sind und dass sie (dennoch) in gewissem Sinne existieren? Die Position fiel radikaleren Denkern als halbherziger Materialismus auf. Als Antwort darauf haben die Philosophen des 20. Jahrhunderts eine zweite und noch stärkere materialistische Position, die als „eliminativer“ Materialismus (so genannt, weil er alle mentalistischen Begriffe aus unserer Sprache und unserem Selbstverständnis zu beseitigen trachtet) oder „Geist-Körper-Reduktionismus“ (weil seine Verteidiger die mentalistischen Konzepte ganz auf physikalische Konzepte reduzieren wollen) bekannt ist, entwickelt. Eliminative Materialisten behaupten, dass Gefühle, Gedanken, Glauben und sogar Schmerzen *nicht existieren* – auch nicht in einer trüben, provisorischen Weise, in der sie für nicht-eliminative Materialisten existieren.[77]

---

[76] Edward Feser, *Philosophy of Mind* (Oxford: Oneworld, 2006), 53–57 (vergleiche die Supervenienz-Theorie mit den vollständig reduktionistischen Theorien des eliminativen Materialismus).

[77] William Hasker beschrieb diese Position mit den Worten: „Eliminativer Materialismus ist die These, dass die Vorstellung des gesunden Menschenverstandes von psychologischen Phänomenen eine radikal falsche Theorie darstellt, eine Theorie, die so grundsätzlich mangelhaft ist, dass sowohl die Prinzipien als auch die Ontologie dieser Theorie schließlich ersetzt werden.“ William Hasker, *The Emergent Self* (Ithaca, NY: Cornell University Press, 2001), 59. Die „Prinzipien“ und die „Ontologie“ sind nichts weniger als das, wie wir über uns selbst als Wesen denken, die Gedanken, Wünsche, Überzeugungen und Absichten haben, die frei handeln, um bestimmte Ziele zu erreichen. Materialisten halten daran fest, dass dies einfach

Paul und Patricia Churchland, Philosophen, die den eliminativen Materialismus verteidigt haben, haben argumentiert, dass es das Ziel der Wissenschaft und Philosophie sein solle, die ganze mentale Sprache aus unserem Vokabular vollständig zu beseitigen, zumindest insoweit, als sie nichts anderes als eine Kurzschrift für eine angemessenere Art, zu sprechen, sei. Paul Churchland stellte zum Beispiel fest, dass es immer falsch sei, etwas in dieser Art und Weise zu sagen: „Die Camper wärmen sich neben dem Feuer und blicken auf ihre flackernden Flammen." Das sei das Stoff der Volkspsychologie, der bedeute, dass wir bewusst und mit Absichten handeln. Vielmehr sollten wir von menschlichen Handlungen mit passiver Stimme sprechen, indem wir z. B. sagen: sie „absorbieren einige EM-Energie im M-Bereich, die von der hochexothermen Oxidationsreaktion emittiert wird, und beobachten die Turbulenzen im thermisch glühenden Fluss der Moleküle, genötigt, nach oben zu steigen, durch die dichtere Atmosphäre der Umgebung". Ebenso ist Schwindel „eine Restzirkulation der Trägheitsflüssigkeit in den halbkreisförmigen Kanälen des Innenohrs". Und Schmerzen sind einfach eine „Art der Stimulation unserer A-Delta-Fasern und/oder der C-Fasern (peripher) oder in unserem Thalamus oder der Retikularstellung (zentral)".[78]

Der reduktionistische Materialismus stellt den letzten materialistischen Angriff auf die letzte Bastion der Persönlichkeit dar. Er ist eine Position, die so radikal ist und so im Gegensatz zu unserer alltäglich gelebten Erfahrung steht, die uns selbstverständlich ist, dass selbst die Materialisten der Antike von ihr brüskiert worden wären.[79] Doch die moderne Ablehnung der Teleologie – und letztlich die Ablehnung Gottes –

---

ein grobes, ungenaues Bild der menschlichen Wirklichkeit sei, so dass sie die pejorative Phrase „Volkspsychologie" [folk psychology] benutzen, um unser traditionelles Selbstverständnis zu karikieren.

[78] Feser hat eine urkomische Parodie der Churchlands geschrieben, wie sie über die Welt sprechen. Zum Beispiel gibt das Paar zu, dass sie im Laufe der Jahre viel Oxytocin ausgetauscht haben. Feser, *Der letzte Aberglaube*, 293ff.

[79] Denn trotz aller seiner Beharrlichkeit, dass die Seelenatome sich im Tode zerstreuen, dachte Demokrit noch, dass, während wir leben, die Seele mehr als alle anderen Dinge gepflegt und kultiviert werden solle. Ähnlich hätte Lukrez es für absurd gehalten zu leugnen, dass der Geist die Kontrolle über den Körper hat:

Ich erkläre jetzt, dass Geist und Seele verbunden sind,
sie sind zusammen und bilden eine einzige Einheit,
aber der Kopf, sozusagen, der den ganzen Körper regelt,
ist der Rat, der Geist und der Verstand, wie wir sagen,
denn der Leib gehorcht dem Geist und bewegt sich nach seinem Befehl.

hat das moderne Denken Schritt für Schritt zu diesem unvermeidlichen philosophischen Ziel geführt.

Die philosophischen Einwände gegen den Materialismus sind massiv. Abgesehen von seiner radikalen Diskrepanz zu unserer gelebten Erfahrung – seine Behauptung, dass unsere Gedanken, Entscheidungen, Wahrnehmungen und Überzeugungen wirklich keine Wirkung auf unser Handeln hätten, dass wir komplizierte Automaten seien und dass der Geist und sein Inhalt buchstäblich in einem bedeutsamen philosophischen Sinne nicht existierten (und was denkt wohl der Materialist in seinen privaten Momenten wirklich von sich selbst nach all diesen Begriffen?) –, bedeutet der Materialismus, dass niemand jemals isst, weil er hungrig ist, oder läuft, weil er Angst hat. In der Tat bedeutet die materialistische Position, dass niemand jemals eine philosophische Position verteidigt, weil er denkt, dass sie wahr sei. Der Materialismus ist eine sich selbst widerlegende Philosophie: Die Idee, eine wahre Theorie zu glauben, andere davon zu überzeugen und Theorien zu akzeptieren, die am sinnvollsten sind, beinhaltet eine Art subjektiver propositionaler Haltung, die mit der eigenen Theorie des eliminativen Materialisten unvereinbar ist.

In der Tat steht die Behauptung des Materialisten, dass mentale Zustände keine kausale Rolle im menschlichen Verhalten spielten, im Widerspruch zu seinem üblichen Verständnis der Evolutionsmechanismen: Wenn das, was wir Intentionen, Glauben und Entscheidungen nennen, bestenfalls nur Nebenwirkungen neurologischer Prozesse sind, die die wirkliche Arbeit leisten, um menschliches Verhalten zu produzieren, würden diese physikalischen Prozesse im Gehirn genau die gleiche Arbeit leisten, die sie jetzt tun, und das gleiche Verhalten produzieren, das sie jetzt produzieren, ohne jedes Bewusstsein. Wenn der Materialismus richtig ist, ist das Bewusstsein für die Entfaltung des gesamten Verlaufs der Geschichte irrelevant. Zivilisationen wären entstanden und wären verfallen, genau so, wie es in der Geschichte geschehen ist, auch ohne die Existenz des Bewusstseins. Städte wären gebaut und Maschinen erfunden worden; philosophische Theorien wären angegriffen und verteidigt worden; alles wäre genauso aufgetreten, wie es in einer Welt von unbewussten Automaten aufgetreten wäre. Warum hat sich dann das Bewusstsein

---

Denn der Geist denkt seine eigenen Gedanken, kennt seine eigenen Freuden,
wenn nichts die Seele oder den Körper angeregt hat.
Lukrez, *Über die Natur der Dinge*, 2.136-39.

als Teil des menschlichen Mechanismus entwickelt? Der Materialist hat keine Antwort auf diese Frage.

Schlussfolgerung

Die Demontage der teleologischen Konzeption des Selbst führte Schritt für Schritt zuerst zum kartesischen Dualismus, dann zur empiristischen Aufgabe des substantiellen Selbst, später zur Ablehnung des säkularen Selbst und schließlich zur Leugnung, dass der Geist überhaupt existiert. Diese Konsequenzen stehen in außerordentlichem Widerspruch zu dem, wie wir leben (auch wie die Materialisten leben), und zu dem, was wir über uns denken. Aber die Konsequenzen enden nicht mit der totalen Auflösung der Person. Wie wir als Nächstes sehen werden, ist die substantielle Vorstellung der Person untrennbar mit unseren bedeutendsten moralischen und politischen Idealen verbunden. Ohne das substantielle Selbstverständnis war das moderne Denken nicht in der Lage, Freiheit, Verantwortung, Gleichheit und menschliche Würde zu verstehen.

7

Handeln ohne freien Willen

Es ist absurd zu sagen, dass ein Mann seine Liberalität zeigt, indem er seine Freiheit leugnet.
G.K. Chesterton

Gebrochene Maschinen

Im Sommer 1924 wurde der nackte Körper des vierzehnjährigen Robert Franks in einem Abwasserkanal etwa zwanzig Meilen südlich von Chicago gefunden. Der Junge war auf dem Heimweg von der Schule spurlos verschwunden. Als die Untersuchung sich ausdehnte, führte sie zu zwei Jungen, dem siebzehnjährigen Richard Loeb und dem achtzehnjährigen Nathan Leopold. Leopold und Loeb kannten ihr Opfer; sie waren Nachbarn, ihre Familien standen in freundlichen Beziehungen zueinander und Loeb hatte sogar mit dem jüngeren Burschen Tennis gespielt. Jeder der drei kam aus wohlhabenden Häusern in der Nähe der Universität von Chicago. Leopold war brillant, aber etwas klein und unsicher. Er sprach neun oder zehn Sprachen und war bereits mit achtzehn Jahre Student an der Universität von Chicago. Loeb war athletisch, beliebt bei allen, die ihn kannten, und ein Detektivromanfanatiker. Er hatte einen Plan konzipiert, um das perfekte Verbrechen zu begehen, und mit Leopolds Hilfe lud er den jungen Franks in Leopolds Auto ein, um ihn nach Hause zu bringen. Innerhalb weniger Minuten trieb Loeb einen Meißel in Franks' Hinterkopf. Die beiden älteren Jungen fuhren dann gelassen um die überfüllten Chicagoer Nachbarschaftsbezirke herum, während der junge Franks verblutete. Sie warfen den Körper unter eine Eisenbahnschiene in einem abgelegenen Gebiet, von dem sie dachten, dass er dort für Wochen nicht gefunden werden würde. Dann schrieben sie einen Lösegeldbrief an Franks' Vater, in dem sie zehntausend Dollar forderten, und nahmen anschließend eine herzhafte Mahlzeit in einem lokalen Restaurant ein.

Leopold und Loeb wurden innerhalb weniger Tage des Mordes überführt, der durch eine Bemerkung entdeckt wurde sowie durch ihr

Angebot, bei der Lösung des Verbrechens zu helfen. Nachdem sie verhört worden waren und letztlich das Verbrechen gestanden hatten, beauftragten ihre wohlhabenden Familien den berühmten Verteidiger Clarence Darrow, sie zu verteidigen. Darrow hatte bereits im *Scopes Monkey Trial* nationale Aufmerksamkeit erlangt. Er erzählt in seiner Autobiographie, dass er durch seine Faszination für die Ursachen des menschlichen Verhaltens zum Strafrecht hingezogen wurde. Er hatte auch etwas von einem Philosophen, der ein materialistisches Verständnis der Welt akzeptierte und dieses in seine Arbeit als Verteidiger einführte. Wie andere Materialisten war Darrow ein Determinist. Er glaubte, dass menschliches Verhalten in rein naturalistischen Ursache-Wirkungs-Begriffen verstanden werden müsse, und bestand darauf, dass das, was die Traditionalisten als freie Entscheidungen verstünden, wirklich nichts anderes sei als die unvermeidliche Folge von Vererbung, Umwelt und einer Palette von Hintergrundbedingungen, die in jedem von uns während unseres Lebens von Moment zu Moment wirksam sind. In seiner Autobiographie schreibt er:

> Niemand spricht der materiellen Welt freien Willen oder Motive zu. Ist das Verhalten des Menschen oder der Tiere mehr der Laune oder der Wahl unterworfen als die Handlung der Planeten? ... Wir wissen, dass jede Handlung des Menschen durch Motive hervorgerufen wird, die ihn hier- oder dorthin geführt haben; dass die Abfolge von Ursache und Wirkung durch das ganze Universum verläuft und nirgends zwingender ist als beim Menschen. Während Ursache und Wirkung nicht immer leicht zu entdecken sind, sind unsere Beobachtungen so allgemein gewesen, dass wir in dem Glauben gerechtfertigt sind, dass jede Manifestation der Materie und das, was wir den Verstand nennen, das Ergebnis irgendeiner Ursache oder von Ursachen ist, die meisten von ihnen ziemlich offensichtlich, aber einige von ihnen jenseits der Kenntnis des Menschen. Dieses sogenannte Verbrechen ragt hervor allein als eine unverursachte Manifestation des menschlichen Verhaltens, ist jenseits des Verständnisses derer, die es zu studieren und zu begreifen versuchen.[1]

---

[1] Clarence Darrow, *The Story of My Life* (New York: Grosset and Dunlap, 1950), 76–77.

Darrow führte eine Verteidigung für Leopold und Loeb, die aus dieser Weltanschauung lebte. Obwohl Humanitaristen des achtzehnten Jahrhunderts häufig argumentiert hatten, dass die Armen oder Ungebildeten für das Verhalten entschuldigt werden sollten, das sich aus ihren ungeordneten sozioökonomischen Bedingungen ergab, erkannte Darrow, dass, wenn der Determinismus wahr wäre, er *alles* Verhalten umfassen und entschuldigen würde, das der Reichen und Bedürftigen, der Gebildeten und Ungebildeten gleichermaßen. Der Wohlstand könnte in der Ätiologie des Verbrechens ebenso wie die Armut ein wichtiger Faktor sein. Darrow führte Experten mit psychiatrischen Zeugnissen ein, um zu zeigen, dass Leopold und Loeb, obwohl nicht klinisch geisteskrank, „ungenügend emotional entwickelt" waren. Sie waren Opfer ihres eigenen privilegierten Hintergrundes, so argumentierte er, der sie unbekümmert über den Zustand der anderen ließ. In abschließenden Argumenten verwies er auf die beiden Jungen als „gebrochene Maschinen". Er erklärte, dass „dieses schreckliche Verbrechen in ihrem Organismus inhärent war" und dass es „von einem Ahnen kam". Der Richter wurde dadurch nicht bewegt. Obwohl er den beiden das Todesurteil wegen ihrer Jugend ersparte, verurteilte er beide zu einem Leben im Gefängnis.[2]

Darrows Determinismus war Teil einer langen philosophischen Tradition, die über fünfundzwanzig Jahrhunderte bis zum Beginn des westlichen Materialismus zurückreicht. Materialismus bedeutet, dass jede Wirkung eine materielle Ursache hat, und wenn man irgendwelche besonderen Ursachen annimmt, kann es keine anderen Wirkungen geben als diejenigen, die tatsächlich eintreten. Wir können dies das „eiserne Gesetz von Ursache und Wirkung" nennen, die Vorstellung, dass es keine „Offenheit" im Gewebe der Wirklichkeit gibt und dass bei den unveränderlichen Gesetzen der Wissenschaft jedes Ereignis von Anfang an vorgegeben ist. Das eiserne Gesetz von Ursache und Wirkung bedeutet, dass, während unser Verständnis dieser Gesetze unvollkommen sein kann, mit der Zeit und dem Fortschritt der menschlichen Erkenntnis wir eines Tages in der Lage sein werden, alles mit absoluter Präzision vorherzusagen und zu erklären, was geschieht. Und sobald dies geschieht, wird uns die Wahrheit des Determinismus selbst immer deutlicher werden.

---

[2] Loeb wurde etwa zehn Jahre später von einem anderen Häftling getötet; Leopold wurde 1958 nach dreiunddreißig Jahren hinter Gittern auf Bewährung entlassen. Die Ereignisse des Falles Leopold und Loeb finden sich in Darrow, *The Story of My Life*, 226–43, beschrieben.

Determinismus ist kein Fatalismus. Der Fatalist hebt ein bestimmtes menschliches Ereignis hervor (z. B. Ödipus' Vatermord und den Inzest mit seiner Mutter) und zeigt, wie freie menschliche Entscheidungen zum Schicksal führen. Der Determinismus hingegen stellt fest, dass das, was der Traditionalist „Wahl" nennt, einfach die Art und Weise ist, in der äußere Ursachen – unsere Biologie, unser Hintergrund und die Umstände – sich in menschlichen Handlungen entfalten. Angesichts der Menge von Ursachen und Bedingungen zu einem gegebenen Zeitpunkt konnte letztlich nichts anderes geschehen als das, was geschehen ist. Für den Deterministen ist der freie Wille eine Illusion. Wie der Atheist Sam Harris vor kurzem sagte: „Unser Wollen ist einfach nicht von uns selbst gemacht. Gedanken und Absichten entstehen aus Hintergrundursachen, deren wir uns nicht bewusst sind und über die wir keine bewusste Kontrolle ausüben. Wir haben nicht die Freiheit, von der wir denken, dass wir sie haben."[3]

Sofern nicht ein Schlupfloch gefunden wird, führen alle Formen des Materialismus zwangsläufig zum Determinismus, weil der Materialismus bestreitet, dass Gedanken und Wünsche eine kausale Rolle in unserem Verhalten spielen. Philosophen beziehen sich auf diese Idee als „die kausale Geschlossenheit des physischen Bereichs". In einfachen Worten bedeutet dies, dass nur physische Dinge (wie Gehirnprozesse) physikalische Effekte (wie körperliche Handlungen) haben können. Da sich alle Dinge in Übereinstimmung mit den physikalischen Gesetzen der Wissenschaft entfalten, folgt jede Wirkung mit Notwendigkeit aus ihren Ursachen. Jede Verbindung in der Kette von Ursache und Wirkung entfaltet sich genau so, wie sie dies in Übereinstimmung mit den unverbrüchlichen Gesetzen der Physik tun muss. Aus diesem Grund hatte es Descartes so schwer, das Problem des Interaktionismus zu beantworten. Ein Gedanke ist keine physische Sache; deshalb kann er keine wirklichen körperlichen Handlungen herbeiführen, wie zum Beispiel, dass ich meinen Arm anhebe.

---

[3] Sam Harris, *Free Will* (New York: Free Press, 2012), 5. Auf der folgenden Seite, und anscheinend ohne den Widerspruch zu erkennen, sagt Harris weiter: „[E]in oder zwei Momente ernsthafter Selbstprüfung und Sie können beobachten, dass Sie ebenso wenig den nächsten Gedanken entscheiden, den Sie denken, wie ich den nächsten Gedanken, den ich schreibe." Aber wenn wir nicht den nächsten Gedanken entscheiden könnten, den wir denken, würde Harris natürlich nicht in der Lage sein, an unsere ernste „Selbstprüfung" zu appellieren, als ob *dies* nicht unter unserer Kontrolle wäre.

Die kausale Geschlossenheit des Physischen bedeutet nicht nur, dass Gedanken keine körperlichen Bewegungen verursachen, sondern, wie William Hasker sagte, dass „der Geist sich nicht unabhängig vom Körper verändern kann".[4] Es bedeutet, dass das gesamte geistige Leben jedes Menschen, soweit er sein Handeln zu planen und seine Entscheidungen zu treffen scheint, eine Illusion ist. Ein Gehirnprozess verursacht einen anderen Gehirnprozess – und so weiter – während des gesamten Lebens der Person. Gedanken, Wünsche und andere geistige Zustände können über die Oberfläche unserer Gehirnprozesse wie der Rauch aus einem schwelenden Feuer huschen, aber sie haben keinen Einfluss auf unser Verhalten. Das bedeutet, wie wir im letzten Kapitel gesagt haben, dass das Bewusstsein oder das menschliche Bewusstsein absolut keine kausale Rolle in unserem Verhalten spielt. Der Geist ist überflüssig (wenn er überhaupt existiert). Wir würden tun, was wir tun – Autos fahren, Städte bauen, Theorien verteidigen –, auch wenn wir völlig unbewusste Automaten wären.[5] Deshalb haben wir gesagt, dass die Materialisten zu der Ansicht verpflichtet sind, dass niemand jemals wegen des Hungergefühls gegessen habe oder eine Theorie verteidigt habe, weil er diese für wahr hielt. Die Menge von mentalen Ereignissen, die wir „sich hungrig fühlen" oder „eine Entscheidung treffen" nennen, sind bestenfalls die subjektiven Nebenwirkungen der physischen Gehirnprozesse, aber genau diese physischen Gehirnprozesse sind es, die das menschliche Verhalten antreiben.

---

[4] William Hasker, *The Emergent Self*, 59. Oder wie Jaegwon Kim, ein rigoroser Materialist, diese Ansicht charakterisiert: „[J]edes physikalische Ereignis, das eine Ursache zur Zeit t hat, hat eine physische Ursache zum Zeitpunkt t." Jaegwon Kim, "The Myth of Nonreductive Materialism", in Jaegwon Kim, *Supervenience and Mind: Selected Philosophical Essays* (New York: Cambridge University Press, 1993), 280.

[5] Mit anderen Worten, das Bewusstsein hat keine adaptive evolutionäre Funktion. Dies macht es heute engagierten Materialisten unmöglich, die Anwesenheit des Bewusstseins in Bezug auf ihre eigenen Darwin'schen Verpflichtungen zu erklären. Wie William Hasker es elegant formulierte: „Was das bedeutet, ist, dass angesichts der physikalischen Annahme *das Auftreten und der Inhalt von bewussten mentalen Zuständen wie Glauben und Wünschen für das Verhalten irrelevant sind* und keinen selektiven Druck darstellen. Unter dieser Annahme gibt uns die natürliche Selektion keinen Grund zu der Annahme, dass der Erfahrungsgehalt der mentalen Zustände in irgendeiner Weise der objektiven Wirklichkeit entspricht. Und da auf der Grundlage des physikalischen Szenarios die darwinistische Erkenntnistheorie die einzige verfügbare Erklärung für die Zuverlässigkeit unserer epistemischen Fähigkeiten ist, ist der Schluss zu ziehen, dass der Physikalismus nicht nur keine Erklärung für eine solche Zuverlässigkeit gegeben hat, sondern grundsätzlich nicht in der Lage ist, eine solche Erläuterung zu geben. Und das, so scheint mir, ist in etwa ein so verheerender Einwand gegen den Physikalismus, wie man nur hoffen kann, ihn zu finden." Hasker, *The Emergent Self*, 79 (Hervorhebung im Original)

Somit ist die wirkliche Trennlinie zwischen Materialismus und Dualismus nicht, ob man einräumt, dass Gedanken, Wünsche und andere mentale Zustände in einem herabgesetzten Sinn existieren, sondern ob man glaubt, dass unser Handeln durch die Wahl des Selbst oder durch physische Gehirnprozesse hervorgerufen wird. Dies ist die große metaphysische Gabel auf der Straße, die unsere Positionen zu einer Vielzahl von Fragen über die Freiheit und Verantwortung der Menschen bestimmen wird. Entweder sind wir immaterielle Seelen, die freie Entscheidungen treffen, oder wir sind rein physische Wesen, deren jede Handlung körperlich in einer Ursache-Wirkungs-Weise bestimmt wird.

Die klassische Theorie der Freiheit, der Verantwortung und der Bestrafung

Es gibt heute vier anerkannte Ansätze für das Problem freier Willens-Determinismus. Denker wie Aristoteles, Thomas und Descartes, die die klassische Idee verteidigten, dass wir die Freiheit des Willens besitzen, werden als metaphysisch Libertäre bezeichnet. Die anderen drei Ansätze zum Problem werden als „harter Determinismus“, „weicher Determinismus“ (oder Kompatibilismus) und „Indeterminismus“ bezeichnet. Im Gegensatz zum metaphysischen Libertarismus leugnet jeder von ihnen die Wirklichkeit des freien Willens, wenn auch aus verschiedenen Gründen.

Nur wenn das, was wir tun, in der Macht unserer Wahlfreiheit liegt, können wir für unser Handeln verantwortlich sein. Es war (wieder) Aristoteles, der erstmals in der westlichen Philosophie den Zusammenhang zwischen freiem Willen und Verantwortung herstellte. In Kapitel 3 seiner *Ethik* erarbeitete er die beiden notwendigen Voraussetzungen für moralische und rechtliche Verantwortung, Bedingungen, an denen wir bis heute noch festhalten. Ein Handelnder, der für seine Handlung verantwortlich ist, muss die Handlung wissentlich und frei durchführen.[6] Diese Bedingungen werden jetzt manchmal als die „kognitive“ und „volitionale“ Gabel der Verantwortung bezeichnet. Die kognitive Bedingung der Verantwortung erfordert, dass wir unsere Situation erkennen und verstehen und die Fähigkeit haben, dies zu begründen. Diese Bedingung kann beeinträchtigt werden entweder durch systematisches Versagen

---

[6] Aristoteles, *Nikomachische Ethik*, 3.5.1113b20-25.

der Rationalität, wie bei Kleinkindern, Geisteskrankheit oder anderen Mängeln der Vernunft[7], oder wenn der Handelnde, ohne eigenes Verschulden, sich über eine wesentliche Tatsache der Handlung oder der Umstände der Handlung nicht im Klaren ist.[8]

Die andere Art und Weise, in der die Bedingungen für Verantwortung fehlen können, ist, dass der Handelnde nicht frei handeln kann, mit anderen Worten, dass die Bedingung der volitionalen Gabel nicht erfüllt ist. Eine Art, in der die Handlung einer Person „unfrei" sein kann, besteht darin, dass sie gezwungen wurde, etwas zu tun, was sie nicht tun wollte. Das Strafrecht zum Beispiel entschuldigt die meisten Handlungen, wenn sie unter Bedingungen des Zwangs begangen wurden. Ein Mann, der ein Fluchtauto nach einem Banküberfall fährt, weil seine Familie als Geisel gehalten wird, wird nicht für seine Handlung verantwortlich gemacht, weil er unter Bedingungen von Nötigung oder Gewalt handelte.[9] Nach Thomas von Aquin ist der Handelnde nicht verantwortlich, wenn die Handlung durch ein externes Prinzip fortgesetzt wird und nicht durch den Willen des Handelnden.[10] Ein zweiter Weg, in dem eine Handlung nicht frei sein kann, besteht darin, dass der Handelnde, obwohl er nicht

[7] Wahnsinn ist der klassische Fall eines systematischen Versagens der Rationalität. Unter dem ursprünglichen M'Naghten-Test für Wahnsinn wird ein Täter nur dann entschuldigt, wenn er zum Zeitpunkt der Handlung so verstört war, dass er die Natur oder die Qualität seiner Handlung nicht verstand (z. B. schlug er seinem Opfer mit einem Betonklotz auf den Kopf, in dem Glauben, dass es ein Kissen sei) oder nicht verstanden hat, dass die Tat falsch war (z. B. versteht die Person wegen der psychischen Erkrankung buchstäblich nicht, dass Mord falsch ist). Siehe Thomas Maeder *Crime and Madness: The Origins and Evolution of the Insanity Defense* (New York: Harper and Row, 1985). Entschuldigungen für ein „Missverständnis der Tatsache" sind strenger begrenzt, weil sie leicht missbraucht werden können. Dennoch kann unter den richtigen Bedingungen der Mangel an Informationen eine freisprechende Rechtfertigung unter der kognitiven Gabel der Verantwortung darstellen.

[8] Im Allgemeinen muss der Angeklagte *vernünftigerweise* sich über irgendeine Tatsache im Unklaren sein, um dies als Verteidigung anzuwenden. Darüber hinaus muss die falsche Tatsache ein Element des Verbrechens negieren. Wenn also der Diebstahl die vorsätzliche Wegnahme des Eigentums eines anderen bedeutet, ist ein Angeklagter entschuldigt, wenn er vernünftigerweise dachte, der Gegenstand sei sein eigener. Es gibt mehrere anerkannte Ausnahmen davon, einschließlich Fällen von gesetzlichem Raub.

[9] Im amerikanischen Strafrecht sieht das Gesetzbuch vor, dass jemand bei Zwang entschuldigt werden kann, nämlich wenn „eine Person von vernünftiger Festigkeit in ihrer Situation nicht in der Lage wäre zu widerstehen". Das Wesen der Verteidigung ist die Unfreiwilligkeit. Wie ein englischer Fall es ausdrückte, wird der Zwang angewendet, „wenn der Wille des Angeklagten durch drohende Todesfälle oder schwere Körperverletzung überwunden wurde, so dass die Begehung der Straftat nicht mehr die uneingeschränkte Handlung des Angeklagten war". *Regina v. Hudson*, 2 Alle ER 244, 246 (Crim. App. 1971).

[10] Thomas von Aquin, *Quaestiones Disputate de Veritate*, 22, 5, ad 3.

von einem anderen Handelnden gezwungen wurde, keine wirklichen externen Alternativen hat (mit anderen Worten, es gibt für den Handelnden nur eine unattraktive Option). Die juristische Verteidigung von „Notwendigkeit" gilt beispielsweise, wenn ein Mann die Ladung in einem Sturm über Bord wirft, um das Schiff vor dem Sinken zu retten.[11]

Zwang und Notwendigkeit sind relativ unumstrittene Rechtfertigungen, obwohl die Menschen manchmal nicht übereinstimmen, wann sie zur Anwendung kommen sollten. Aber es gibt eine dritte Frage – eine, die viel größere metaphysische Probleme aufwirft. Es ist das Problem des Determinismus, das, wie wir gesehen haben, eine Konsequenz aus einer materialistischen Weltanschauung ist. Während die Begriffe des Zwangs und der Notwendigkeit von der volitionalen Gabel der Verantwortung beeinflusst werden, wenn auch der Wille ansonsten frei ist, kann der Determinismus dazu führen, dass *keine Handlung* in dem Sinne *frei ist*, der für Personen erforderlich ist, die verantwortlich zu sein scheinen. Wir werden in den nachfolgenden Abschnitten die Antworten von harten Deterministen, weichen Deterministen und Indeterministen aufgreifen, um zu sehen, welche Konsequenzen diese Positionen für die menschliche Verantwortung haben. Da metaphysisch Libertäre den Determinismus ablehnen, wird der Rest dieses Abschnitts das Problem des Determinismus überschreiten und stattdessen das klassische Verständnis der Beziehung zwischen Freiheit, Verantwortung und Strafe skizzieren.

Selbst für den metaphysischen Liberalisten bedürfen Freiheit und Verantwortlichkeit aber manchmal praktischer Urteile über die Auswirkung bestimmter Bedingungen auf die Entscheidungsprozesse des Handelnden. Wie Aristoteles von ethischen Urteilen allgemein sagte, sollten wir in solchen praktischen Fragen nicht die Präzision erwarten, die wir in den Naturwissenschaften finden. Gewissensurteile sind manchmal notwendig. So zeigten Aristoteles, Thomas und andere klassische Denker eine große Nuancierung im Urteil, indem sie die Verwendung von Gerechtigkeit bei der Bestimmung von Fragen der Verantwortung befürworteten

---

[11] *Nikomachische Ethik* 3.1.1110a. Siehe z. B. Surocco v. Geary, 3 Cal. 69 (1853) (eine unerlaubte Handlung, die die Haftung gegenüber einem Hausbesitzer verweigerte, dessen Haus gesprengt wurde, um die Ausbreitung eines Lauffeuers zu verhindern). Aristoteles stellte fest, dass Handlungen, die unter Zwang und mit Notwendigkeit durchgeführt werden, in einem gewissen Sinne freiwillig sind, da der Handelnde beschließt, diese Handlungen durchzuführen, allerdings unter Bedingungen der Notlage oder des Zwangs. Am Ende sagt er einfach, dass sie willentlich seien, „aber im abstrakten Sinne vielleicht unwillentlich". *Nikomachische Ethik*, 3.1.1110a15-20.

und gleichzeitig die Art und Weise einschränkten, in der die Bedingungen für Entschuldigungen ausgenutzt werden könnten.

Zum Beispiel entschuldigte Aristoteles auf der kognitiven Seite keine Handlungen, die aus vorübergehender Unwissenheit durch freiwillige Intoxikation oder aus Unwissenheit des Gesetzes resultieren, da es in jedem Fall in der Macht des Handelnden liegt, sich nicht zu betrinken und die Anforderungen des Gesetzes zu erlernen.[12] Das amerikanische Gesetz befolgt die Schlussfolgerungen des Aristoteles in dieser Hinsicht ziemlich genau. Auf der volitionalen Seite hielt er Personen für solche Handlungen verantwortlich, die aus Charaktermerkmalen erfließen, die sie im Laufe der Zeit freiwillig kultiviert haben. Eine Person, die ein Leben der Ausschweifung verfolgt oder den Charakter eines bösartigen Gangsters kultiviert hat, wird zum Beispiel nicht für Handlungen entschuldigt, die aus diesen freiwillig kultivierten Dispositionen erfließen. Aristoteles kam zu dem Schluss, dass das Individuum für den Charakter, den es entwickelt, verantwortlich ist, weil dieser das Ergebnis der Entscheidungen ist, die es auf dem Lebensweg getroffen hat und die seinen Charakter unvermeidlich prägen.[13]

Ähnlich argumentierte Thomas von Aquin: Obwohl ein Individuum moralisch für eine Handlung verantwortlich ist, die unter plötzlicher Leidenschaft begangen wird, sind solche Handlungen weniger tadelnswert als eine vollkommen vorsätzliche Handlung.[14] Dies entspricht den Reaktionen unseres gesunden Menschenverstandes auf schwierige Situationen und steht auch im Einklang mit dem Gebrauch des Strafrechts für verschiedene Grade der Verantwortung für Handlungen, die mit Wissen und Voraussicht begangen werden, Handlungen, die vorsätzlich, aber ohne Vorbedacht begangen werden (z. B. die spontane Entscheidung, eine unbewachte Geldbörse zu stibitzen), und Handlungen, die unter dem Einfluss von Leidenschaften begangen werden (z. B. ein Angriff, nachdem das Opfer eine rassistische Bemerkung gegen den Täter gemacht hat). Und trotz der Position von Aristoteles in Bezug auf jene, die in sich selbst einen Charakter entwickelt haben, der ungerecht oder inkontinent ist, ist sein Paradigma leicht an Fälle anzupassen, die sehr junge Menschen betreffen, die unter sozialen Bedingungen aufgewachsen sind, die es schwierig gemacht haben, einen moralisch verantwortlichen Lebensstil zu wählen, in

---

[12] Aristoteles, *Nikomachische Ethik*, 3.5.1113b30-1114a.
[13] Ibid., 3.5.1114a10-15.
[14] Thomas von Aquin, *Quaestiones Disputate de Veritate*, 24, 12.

Situationen, in denen ansonsten gute Kinder zum Beitritt zu Straßenbanden gezwungen werden. Schließlich können wir auch an Aristoteles' Konzeption der Gerechtigkeit appellieren, um die harten Linien der drakonischen Rechtsvorschriften zu mildern, indem wir die Bestrafung in geeigneten Fällen abschwächen.[15] Das traditionelle Verständnis von Freiheit und Verantwortung kann in einer Reihe von Umständen der modernen Gesellschaft sensibel angepasst werden.

Die traditionelle Theorie der Bestrafung folgt aus diesem Verständnis der Verantwortung. Es gibt drei Fragen, die von einer Theorie der Bestrafung beantwortet werden müssen: *Wann* bestrafen wir, *warum* bestrafen wir, und *wie hoch* sollte die Strafe für ein bestimmtes Verbrechen sein? Das traditionelle Verständnis der Bestrafung ist im Wesentlichen retributiv. Seiner Natur nach schaut es zurück. Das bedeutet, dass das *Wann*, das *Warum* und das *Wie-viel* der Bestrafung verlangen, dass wir auf die Natur der Straftat zurückblicken, um die Angemessenheit der Bestrafung zu bestimmen. Die Antwort des Traditionalisten auf diese Fragen ist einfach: Wann bestrafen wir? Wenn der Handelnde für die Begehung einer rechtswidrigen Handlung verantwortlich ist. Warum bestrafen wir? Um die moralische Schuld zurückzuzahlen, die durch die Straftat verursacht wurde.[16] Wie viel bestrafen wir? Die Strafe muss der moralischen Ungerechtigkeit des Handelns entsprechen – nicht mehr und nicht weniger als das.

Eine voll entwickelte Theorie der Bestrafung würde verlangen, dass wir jede dieser Fragen ausführlicher betrachten. Zum Beispiel bei der Bestimmung, wie viel Strafe gerechtfertigt ist: Ist das Quantum des Schadens, das durch die Handlung oder die moralische Ungerechtigkeit der

---

[15] Obwohl alles Gesetz universal ist, schrieb Aristoteles, es sei nicht möglich, universale Aussagen über einige Dinge zu machen. Gerechtigkeit ist dafür eine Korrektur. Aristoteles kam sogar zu dem Schluss, dass, obwohl Recht und Gerechtigkeit beide gut sind, die Gerechtigkeit den Vorzug hat. Aristoteles, *Nikomachische Ethik*, 5.10.1137b. Für einen hervorragenden Überblick über Aristoteles' Idee von Gerechtigkeit siehe Roger A. Shiner, "Aristotle's Theory of Equity", *Loyola Law Review* 27 (1994): 1245–64.

[16] John Finnis hat argumentiert, dass Vergeltungstheorien der Bestrafung in einer Hinsicht nach vorne schauen. Die Bestrafung hat eine formative Funktion, d. h. sie soll den Charakter des Individuums formen. John Finnis, "Retribution: Punishment's Formative Aim", in *Human Rights and the Common Good: Collected Essays*, vol. 3 (Oxford: Oxford University Press, 2011), 173. Auch diese Funktion ist jedoch durch die zurückblickende Natur der beiden anderen Fragen begrenzt. Zum Beispiel wäre es immer noch unangemessen, übermäßig zu bestrafen, auch wenn dies den Charakter eines Täters erfolgreich reformieren würde. So ist die moralische Ungerechtigkeit der Handlung immer noch der Prüfstein für die Beurteilung der Strafe.

Absicht, die dahinterstand, zurückgezahlt? Abhängig von der Antwort, die wir dieser Frage geben, werden versuchte Verbrechen ganz anders bestraft als willentliche Taten mit großem Schaden, der akzidentell verursacht wurde. Ich möchte hier nicht ins Detail gehen. Um aber jede der drei Fragen zu beantworten, müssen wir die moralische Verantwortung des Handelnden und das moralische Unrecht der Handlung beurteilen, und das erfordert, dass wir auf die Natur des Handelns zurückblicken.

Wie wir als Nächstes sehen werden, lehnen moderne Konzeptionen der Strafe die zurückblickende Theorie zugunsten einer vorausschauenden oder utilitaristischen Auffassung der Strafe ab, die die Strafe als Werkzeug des *social engineering* stärker betont als ihre primäre Vergeltungsfunktion. Diese modernere und utilitaristische Annäherung an die Strafe hat wiederum die traditionelle Konzeption der Verantwortung untergraben. Moderne Denker haben, mit anderen Worten, unsere Ideen der Verantwortlichkeit und Bestrafung neu definiert, um nicht nur ihre sozialen Ziele, sondern auch ihre tieferen metaphysischen Verpflichtungen zu erfüllen – Verpflichtungen, die im Grunde im Materialismus verwurzelt sind.

Der Niedergang des freien Willens im modernen Denken

Das moderne „Problem des freien Willens" entstand mit Descartes' Ablehnung der hylemorphistischen Vorstellung von der Person und der Aufgabe der formalen und finalen Ursachen. Descartes wollte natürlich den freien Willen behalten. Tatsächlich war es genau unsere Fähigkeit, frei zu wählen – ein Vermögen, das er nicht bezweifeln konnte –, das ihn dazu veranlasste zu glauben, dass der Mensch nach dem Bild Gottes gemacht ist: „Nur den Willen oder die Wahlfreiheit nehme ich so groß in mir wahr, dass ich die Vorstellung einer größeren nicht fassen kann. Deshalb ist dieser Wille es vorzüglich, auf dessen Grund ich annehme, dass ich ein Bild von Gott bin und eine Ähnlichkeit mit ihm in mir habe."[17] Er sah zu Recht, dass unsere Fähigkeit, außerhalb der normalen Gesetze der physischen Notwendigkeit zu handeln, der greifbarste Beweis unserer geistigen Natur ist.

[17] René Descartes, *Meditationen*, http://www.zeno.org/Philosophie/M/Descartes,+Ren%C3%A9/Untersuchungen+%C3%BCber+die+Grundlagen+der+Philosophie/4.+Ueber+das+Wahre+und+Falsche

Doch weil Descartes die Teleologie ablehnte, konnte er Intentionen und Zwecke nicht als Zielursachen denken, wie es die klassischen Denker getan hatten, sondern lediglich als rein effiziente Ursachen menschlichen Handelns. Dies hatte die Wirkung, dass das *Warum* und das *Wie* des menschlichen Handelns zusammenbrachen. Während Thomas Intentionen als die Zielursachen unseres Handelns dachte, konnte Descartes sie nur in Bezug auf eine effiziente Verursachung denken. Gedanken und Wünsche wurden zu mentalen Billardkugeln, die physische Bewegungen im Körper verursachen. Dies wiederum führte zu dem Problem der Interaktion, das im letzten Kapitel diskutiert wurde: Wie kann ein immaterieller Gedanke eine physische Bewegung im Körper verursachen? Nach Thomas von Aquins fein abgestimmter, mehrstufiger introspektiver Analyse des Mechanismus der menschlichen Wahl war Descartes' Theorie ein großer Schritt rückwärts.

Aber die Dinge wurden noch schlimmer. Zumindest Descartes glaubte, dass wir die Fähigkeit zum freien Willen besitzen. Der Materialismus, der aus dem Staub des kartesischen Dualismus entstand, hatte keinen Platz für den freien Willen *tout court*. Hobbes verabschiedete Descartes' Idee, dass der Wille ein unbewegter Beweger sei, indem er erklärte, dass „nichts aus sich selbst anfängt“[18]. Alle menschlichen Handlungen werden durch frühere Ursachen verursacht – in diesem Fall durch unsere Wünsche, die Hobbes als physische Entitäten vorstellte. Hobbes verbannte schlicht den Willen aus seiner Psychologie und reduzierte ihn auf den stärksten Wunsch, denjenigen Wunsch, der im Wettkampf konkurrierender Wünsche, die aus einer Handlung hervorgehen, gewinnt.[19] Vorbei war das scholastische Verständnis des deliberativen Prozesses mit seinen fein abgestimmten Unterscheidungen zwischen Willen und Absicht, Wahl und tatsächlicher Ausführung der Handlung. Freiheit war für Hobbes

---

[18] Thomas Hobbes, "Of Liberty and Necessity", in *The English Works of Thomas Hobbes*, ed. Sir William Molesworth (London: J. Bohn, 1839), 4:274.

[19] Das „letzte Bedürfnis oder die Aversion, die unmittelbar der Handlung anhaftet, oder die Unterlassung davon ist das, was wir den „Willen“ nennen. Thomas Hobbes, *Leviathan*. Für eine anspruchsvolle Version dieser These siehe Donald Davidson, "Actions, Reason and Causes", in *Essays on Actions and Events* (New York: Oxford University Press, 1980), 3.

überhaupt kein interner Willensakt.[20] Es handelte sich einfach um die ungehinderte Bewegung eines physischen Körpers. Ein Mann ist in demselben Sinne frei zu handeln, wie ein ungedämmter Fluss frei ist zu fließen. Da Freiheit einfach ungehinderte Bewegung bedeutet, gibt es keinen Widerspruch zwischen Freiheit und Notwendigkeit. Ein Fluss kann in einer bestimmten Richtung durch das physische Gelände fließen, aber er fließt „frei", wenn er nicht behindert wird. Ähnlich besteht die „Freiheit des Menschen ... darin, dass er nicht aufhört, das zu tun, wovon er den Willen, den Wunsch oder die Neigung hat, es zu tun".[21] So hat Hobbes die weiche deterministische oder kompatibilistische Position erfunden, die so genannt wird, weil ihre Verteidiger glauben, dass Freiheit und Determinismus kompatibel seien.

Hobbes' Auffassung von menschlicher Wahl und Handlung drückte die Natur und die Bedeutung der menschlichen Freiheit dramatisch aus. Alles, was nach seiner Überlegung übrigblieb, waren die Billardkugeln des Impulses und des Verlangens, die sich nach den Bewegungsmechanismen entfernten. Überlegungen waren nicht die Quelle unserer Freiheit, wie für Thomas von Aquin, sondern stattdessen ihre Beendigung in der Handlung: „Zu überlegen" (deliberate) war für Hobbes buchstäblich *beendendes Freisetzen* (de-liberate) – „unsere Freiheit, zu beenden, indem wir eine Handlungsweise wählen, die Freiheit, die wir hatten, um etwas zu tun oder zu unterlassen, zu beenden".[22] Hobbes' Haltung gegenüber der Überlegung besagt Folgendes: Er glaubt anscheinend, dass Freiheit nicht die erfolgreiche Vollendung der zielorientierten Tätigkeit ist, wie sie es für Aristoteles und Thomas von Aquin war, sondern die bloße Aufrechterhaltung von alternativen Möglichkeiten für die ungehinderte Bewegung von physischen Körpern. Mit anderen Worten, die Freiheit hat mehr mit dem Offenhalten von Optionen zu tun als mit der erfolgreichen Auswahl einer Vorgehensweise für die Durchführung.

Doch es war der arme Locke, der am meisten über die Frage der Freiheit schwafelte, die, wie gewöhnlich in seinem Denken, zwischen sei-

---

[20] Hobbes schrieb, dass „aus dem Gebrauch des Wortes freier Wille keine Freiheit des Willens gefolgert werden" könne. Alle anderen Verwendungen des Wortes *frei* – wie in „freies Geschenk" oder „freie Rede" – seien hier irreführende Metaphern des pleonastisch grundlegenden physischen Gefühls der Freiheit. Hobbes, *Leviathan*, 262–63.

[21] Ibid., 262.

[22] Ibid., 127.

nem Christentum und seinem Empirismus zerrissen wurde. An bestimmten Punkten scheint Locke Hobbes' kompatibilistischer Darstellung der menschlichen Freiheit zu folgen.[23] Es ist entscheidend zu sehen, wie weit Locke geht, um jeden verborgenen Ansatz von Teleologie in dieser Erklärung zu vermeiden. Der Wille wird nicht durch den Wunsch nach künftigem Vergnügen oder Zufriedenheit angezogen, sondern er wird von hinten geschoben durch unser Verlangen, unser gegenwärtiges Gefühl von Unbehagen oder Mangel.[24] Der hungrige Mensch sucht keine Mahlzeit als Ziel seiner Handlung; er wird getrieben von seinem gegenwärtigen Hunger, der als die effiziente Ursache seines Handelns fungiert. Wir sehen in diesen Passagen die Tendenz der Moderne, die Zielursachen mit effizienten Ursachen zu verschmelzen, um Ziele und Absichten auf Bedürfnisse und Wunschzustände zu reduzieren.

An einer anderen Stelle aber stellte Locke eine etwas vielversprechendere Interpretation der Freiheit vor: Freiheit besteht darin, unsere Wünsche durch eine bewusste Reflexion zu überdenken und neu zu bewerten. Wir sind „frei" in dem Maße, in dem wir unseren Wunsch nach einer nützlichen Sache – einer Ausbildung oder einer guten Diät – erhöhen können, indem wir verstehen, wie wertvoll sie für uns ist. Durch diesen Akt der bewussten Reflexion können wir unsere Wünsche neu anordnen und auf diese Weise indirekt unseren Willen beeinflussen.[25] Die Freiheit in diesem Sinne erfließt aus unserer Fähigkeit, neue Prioritäten zu setzen.

---

[23] „*Freiheit* ... ist die Macht, die ein Mensch hat, irgendeine besondere Handlung zu tun oder nicht zu tun, je nachdem, wie sein Tun oder sein Unterlassen der aktuellen Vorliebe in seinem Geist entspricht, was dasselbe ist, wie wenn man sagt, entsprechend seinem *Willen*." Später zeigt Locke auf andere Weise, dass Freiheit und Notwendigkeit kompatibel sind: „Jeder Mensch wird durch seine Konstitution unter eine Notwendigkeit gestellt ..., um im Wollen bestimmt zu sein." Sogar die Engel „sind stetiger in ihrer Wahl des Guten bestimmt als wir ..., und doch haben wir keinen Grund zu denken, dass sie weniger glücklich oder weniger frei seien, als wir es sind". Locke, *Versuch über den menschlichen Verstand*, http://www.zeno.org/Philosophie/M/Locke,+John/Versuch+%C3%BCber+den+menschlichen+Verstand/Zweites+Buch.+Von+den+Vorstellungen/21.+Von+der+Kraft 2.21.15, 48, 49 (Hervorhebung im Original).

[24] Was ist es, das den Willen in Bezug auf unser Handeln bestimmt? „Es ist das Unbehagen, das ein Mensch gegenwärtig empfindet. Dies ist es, was sukzessiv den Willen bestimmt. ... Dieses Unbehagen, das wir Verlangen nennen können ..., ist Unbehagen des Geistes über den Mangel an einem abwesenden Gut." Ibid., 2.21.31-32 (Hervorhebung weggelassen).

[25] Locke glaubte, dass „es in unserer Macht steht, unsere Wünsche zu wecken, in einem angemessenen Verhältnis zu dem Wert [ein]es Gutes". Durch diesen Prozess können wir die Erfreulichkeit oder Unerfreulichkeit gewisser Handlungsweisen verändern. Ibid., 2.21.46, 69.

Das Problem mit dieser Interpretation der Freiheit ist jedoch – wie jeder junge Philosophiestudent sieht –, dass, wenn jeder Akt des Willens durch ein Gefühl von Unbehagen motiviert wird, auch unsere Handlungen bewusster Reflexion von Gefühlen motiviert werden, die aus jenseits unserer Kontrolle liegenden Quellen entstehen. Wenn wir zum Beispiel nicht zuerst ein Gefühl des Unbehagens haben, das uns antreibt, eine bessere körperliche Verfassung zu erlangen, werden wir uns nicht in eine bewusste Reflexion einbringen, die notwendig ist, um unsere Ernährung neu zu bewerten. Locke ist dem Dilemma nicht entgangen: Entweder ist unsere Entscheidung, zu reflektieren, nicht ganz von unseren Gefühlen des Unbehagens abhängig, in welchem Fall etwas von der älteren Idee eines Selbst mit einem freien Willen übriggeblieben ist, oder es steht nicht wirklich in der Macht des Willens, aus dem Netz der Gefühle und Wünsche herauszutreten, um unsere Ziele überhaupt neu bestimmen zu können, in welchem Fall wir zu Hobbes' Position zurückgetrieben werden.

Zu der Zeit, als Locke seinen langen und schwankenden Diskurs über das Thema des freien Willens beendete, kam er zurück zu libertären Freiheitsentwürfen. Er erklärte, dass „die Freiheit die Macht ist, zu handeln oder nicht zu handeln, so wie der Verstand es anordnet", und – sehr wichtig – diese Macht, das Handeln zu lenken, „ist die Macht des Willens".[26] Locke unterscheidet das Verhalten, das das Produkt der äußeren Ursachen ist – „eine bloß passive Fähigkeit in dem Subjekt" – von den Situationen, in denen ein Handelnder „sich selbst durch seine eigene Kraft in die *Handlung* versetzt, und dies ist die wirklich *aktive* Kraft".[27] Bei dieser letzteren Passagen ist Locke übrigens zur Sprache der Scholastik zurückgekehrt, die sich auf die Person als „Substanz" bezieht. Diese aktive Macht der substantiellen Person verlangt darüber hinaus, was kein Determinist zugeben kann – die libertäre Fähigkeit, anders gewählt zu haben, anders zu handeln als in der Art und Weise, in der die Person tatsächlich gehandelt hat. Offenbar ist es diese dritte Interpretation, die Locke später in seinem *Essay* verlässt, wenn er die Gerechtigkeit der Strafe Gottes be-

[26] Ebd., 2.21.71. „Der Wille" übrigens „ist vollkommen vom Wunsch verschieden". Locke stellte fest, dass es eindeutig Zeiten gibt, in denen wir eine Sache wünschen, aber etwas anderes wollen. Das Problem ist jedoch, dass der Wille nicht durch das Verlangen bestimmt wird, sondern durch das Unbehagen, das uns in eine deterministische Richtung zurückführt. Ibid., 2.21:30, 31.

[27] Ibid., 2.21.72 (Hervorhebung im Original).

spricht. Der Mensch kann, wie Locke dort behauptet, zu Recht nur bestraft werden für solche Sünden, die er hätte vermeiden können, von denen es also in seiner Macht stand, sie zu vermeiden.[28]
Am Ende des Tages versuchte Locke, Hobbes' rein deterministischer Darstellung des menschlichen Handelns zu widerstehen, war aber ungewiss, wie er die libertäre Freiheitsvorstellung mit seinen empiristischen und mechanistischen Neigungen harmonisieren konnte.[29] Es ist sein Verdienst, dass er diesen Konflikt erkannte und an einen Freund klagend schrieb: „Wenn es für Gott möglich ist, einen frei Handelnden zu machen, dann ist der Mensch frei, obwohl ich dazu nicht den Weg sehe."[30]

Descartes' Unfähigkeit, das Verhältnis von Materie und Geist zu erklären, und Lockes fruchtloses Herumexperimentieren mit der Freiheit führten die meisten Denker im achtzehnten Jahrhundert zu der Annahme, dass die modernen Formen des Dualismus für die Aufgabe, die Seele und ihre Freiheit zu erklären, unzureichend seien. Es ist auffällig, wie schnell die unzweifelhaften Wahrheiten des siebzehnten Jahrhunderts zu Gegenständen des Spottes des achtzehnten Jahrhunderts wurden. Unter anderem Voltaire verspottete den freien Willen und erklärte: „Es wäre sehr komisch, wenn ein Teil der Welt ... geschehen muss, [während] ein anderer Teil ... nicht passieren muss."[31] 1747 beseitigte der Arzt und materialistische Philosoph Julien Offray de La Mettrie einfach die Innenseite des kartesischen Dualismus und erklärte, dass der Mensch nichts anderes als eine Maschine sei. Und um 1814 trieb der französische Physiker und Mathematiker Pierre-Simon Laplace die deterministischen Annahmen auf ihre schwindelerregenden Höhen und behauptete, dass jeder, der die Gesetze der Wissenschaft und die Position jedes Teilchens im Universum zu einem bestimmten Zeitpunkt kenne, die Zukunft voraussagen

---

[28] Ibid., 4.17.4. Edward Feser stellte fest, dass Locke vielleicht auf den kompatibilistischen Sinn von „hätte anders gewollt" hingewiesen haben könnte, aber das würde hier nicht Lockes Punkt unterhöhlen, der darin besteht, dass es nur gerecht ist zu bestrafen, wenn der Handelnde eine andere Wahl hätte treffen können als die, die er getroffen hat. Edward Feser, *Locke* (London: Oneworld, 2007), 77.

[29] Wenn ich hier recht habe, war Locke kein Kompatibilist, wie einige, auch Feser, gedacht haben. Dennoch ist die Anklage verständlich, wegen Lockes Schwanken zwischen einem libertären und einem kompatibilistischen Zugang zur Freiheit. Eine wohlwollende Interpretation von Locke muss jedoch sein echtes Christentum berücksichtigen. Das hätte ihn in einen Gegensatz zum Determinismus gebracht.

[30] *Some Familiar Letters between Mr. Locke and Several of His Friends* (1708), 27, zitiert in Richard Ashcraft, *Locke's Two Treatises of Government* (London: Allen and Unwin, 1987), 50.

[31] Paul Edwards, "Hard and Soft Determinism", in *Determinism and Freedom in the Age of Modern Science*, ed. Sidney Hook (New York: Collier-Macmillan, 1961), 120.

und einwandfrei die ganze Geschichte des Kosmos rekonstruieren könne.[32]

Während einige Denker weiter dafür kämpften, die kartesisch-lockesche Vorstellung von der Seele zu rehabilitieren, gaben die meisten anderen den Dualismus zugunsten des Materialismus und die Freiheit zugunsten des Determinismus auf. Es ist natürlich sehr ironisch, dass die wissenschaftliche Hoffnung, dass die Menschen eines Tages in der Lage sein würden, alles in der Welt zu erklären, vorherzusagen und zu kontrollieren, letztlich auf der Annahme beruhte, dass wir unsere eigenen Entscheidungen nicht kontrollieren können.[33]

Indeterminismus

Wenn der Materialismus den Determinismus beinhaltet, wie dies auch die meisten Materialisten gedacht haben, so stellt er für das traditionelle Verständnis von uns selbst als freien und verantwortlich Handelnden eine gewaltige Herausforderung dar. Aber einige – auch einige Materialisten – haben nahegelegt, dass der Determinismus vielleicht überhaupt nicht auf die Wirklichkeit zutrifft. Indeterministen glauben (was wahr sein kann), dass die Natur mit einer gewissen Zufälligkeit arbeitet, dass das eherne Gesetz von Ursache und Wirkung kein genaues Bild der Wirklichkeit ist. Quantenphysiker sagen uns, dass der Indeterminismus eine Tatsache auf der subatomaren Ebene ist, obwohl wir uns weniger sicher sind, ob der Indeterminismus auf der Makroebene herrscht. Jedenfalls soll diese kosmische Zufälligkeit in der Natur einen Raum für die freie Wahl offenlassen: Da die Ereignisse nicht kausal bestimmt sind, gibt es eine „Offenheit" im Netz von Ursache und Wirkung, die die freie Wahl ermöglicht.

---

[32] Laplace schrieb: „Wir können den gegenwärtigen Zustand des Universums als die Wirkung seiner Vergangenheit und die Ursache für seine Zukunft betrachten. Ein Intellekt, der zu einem gewissen Zeitpunkt alle Kräfte kennen würde, die die Natur in Bewegung setzten, und alle Positionen aller Gegenstände, aus denen die Natur zusammengesetzt ist, wenn dieser Intellekt zudem gewaltig genug wäre, um diese Daten der Analyse zu übermitteln, würde er in einer einzigen Formel die Bewegungen der größten Körper des Universums und die des kleinsten Atoms erfassen; für einen solchen Intellekt wäre nichts unsicher und die Zukunft wie die Vergangenheit wäre vor seinen Augen anwesend." Pierre-Simon Laplace, *Ein philosophischer Versuch über die Wahrscheinlichkeit* (Ulan Press 2012), 4.

[33] Man wird an die Frage erinnert, die Jesus seinen Zuhörern stellte: „Denn was hat ein Mensch davon, wenn er die ganze Welt gewinnt, aber sein Leben verliert?" (Mk 8,36)

So oder so ähnlich geht dieses Argument. In Vorwegnahme der Quantenphysiker um mehr als zweitausend Jahre argumentierte Epikur in der Antike, „dass es besser wäre, die Mythen über die Götter anzunehmen, als ein Sklave des ‚Schicksals' der physischen Philosophen zu sein".[34] Er fand eine Lücke im Netz des Determinismus, indem er behauptete, dass beim Fallen der Atome durch den Raum ein unerklärlicher „Schlenker" eine Zufälligkeit in der Bewegung der Atome hervorbringe. Diese Zufälligkeit, so argumentierte er, unterstütze die Freiheit.[35] Lange vor der Quantenunbestimmtheit brachte Epikur weitgehend das gleiche Argument, um den freien Willen zu retten.

Ob nun der Quantenindeterminismus wahr ist oder nicht, er liefert keinen besseren Zufluchtsort für die Verteidiger des freien Willens als der Ausweg der epikureischen Atome. Der Indeterminist macht den Fehler, einen *zufälligen* oder *unverursachten* Akt mit einem *freien* Akt zu verwechseln. Denn wenn eine Handlung im Sinne des metaphysischen Liberalisten frei ist, kann sie nicht einfach aus der dünnen Luft kommen. Sie kann nicht ohne Grund geschehen – was der Indeterminismus beinhaltet. Unbestimmte Ereignisse haben überhaupt keine Ursache. Sie sind völlig unverursacht. Auf der anderen Seite sind freie Handlungen verursacht. Sie werden durch das wählende Selbst verursacht.[36] Nur metaphy-

---

[34] Epicurus, *The Essential Epicurus: Letters, Principal Doctrines, Vatican Sayings, and Fragments*, trans. Eugene O'Connor (Amherst, N.Y.: Prometheus Books, 1993), 67 (eigene deutsche Übersetzung).

[35] In seinem Gedicht *Über die Natur der Dinge* erfasste Lukrez gläubig die Idee des Epikur:

> Obgleich die Atome gerade nach unten durch die Leere fallen
> Durch ihr eigenes Gewicht, jedoch zu ungewisser Zeit
> Und an ungewissen Punkten, weichen sie ein wenig ab.
> Nur durch diesen zufälligen Schwenker ist der Wille dem Schicksal entrissen.

Lukrez, *Über die Natur der Dinge*, 2.217-19.

[36] Alfred Lande, "The Case for Indeterminism", in Hook, *Determinism and Freedom in the Age of Modern Science*, 83–89. William James verteidigte auch eine indeterministische Vorstellung von der Freiheit, aber was er über den Indeterminismus sagt, ist lehrreich, denn am Ende des Tages scheint sein Indeterminismus eine Art Libertarismus zu sein. Er sagt, dass das menschliche Verhalten einen „Chancen-Charakter" besitze, der auf deterministische Gesetze irreduzibel sei, fährt aber fort, indem er sagt, dass alle „diese Chancen-Charaktere über sich behaupten, dass es in ihnen wirklich etwas von ihnen selbst gebe, etwas, das keine bedingungslose Eigenschaft des Ganzen sei". William James, "The Dilemma of Determinism", in *The Writings of William James*, ed. John J. McDermott (Chicago: University of Chicago Press, 1977), 593. Nun kommt das nahe an das heran, was der Libertäre sagt, dass freie menschliche Handlungen aus dem Selbst fließen, dass sie nicht durch äußere Einflüsse verursacht werden.

sisch Libertäre glauben an freie Wahl in diesem robusten Sinne. Wir können auch nicht für unverursachte Ereignisse verantwortlich gemacht werden. Der Indeterminismus schafft es nicht, den freien Willen und die Verantwortlichkeit zu retten, sondern untergräbt diese Ideen vollständig.

Verschrottung von Freiheit und Verantwortung: Harter Determinismus

Im Gegensatz zu den Indeterministen akzeptieren harte und weiche Deterministen die Wahrheit des Determinismus, stimmen aber nicht darin überein, was dies für unsere Vorstellungen von Freiheit und Verantwortung bedeutet. William James prägte die Begriffe des *harten* und des *weichen* Determinismus, und obwohl er den harten Determinismus ablehnte, fand er ihn konsequenter als den weichen Determinismus.[37] Die harten Deterministen sind bereit, die harte Nuss der Frage des freien Willens zu knacken: niemand handelt frei, wie sie glauben, da der Determinismus dazu führt, dass jede Handlung genau so geschehen musste, wie dies durch die Notwendigkeit vorgegeben ist. Und da keine Handlung frei ist, ist es absurd, jemanden für sein Handeln verantwortlich zu machen, wie Darrow in seiner Verteidigung von Leopold und Loeb argumentierte. Da die Menschen nicht wirklich dafür verantwortlich sind, was sie tun, müssen wir unsere Ideen der Verantwortung und unsere Institution der Strafe radikal neu überdenken. Retributive Ideen der Strafe müssen verschrottet werden, da sie auf der (falschen) Annahme beruhen, dass die Menschen frei handeln.

Der harte Determinismus ist die radikalste, wenn auch konsequenterweise extremste deterministische Konzeption. Ab dem achtzehnten Jahrhundert hat er ein kleines Kontingent von kräftigen Anhängern angezogen.[38]

---

[37] Harte Deterministen, schrieb James, „schrecken nicht vor solchen Worten wie Fatalismus, Knechtschaft des Willens, Notwendigkeit und dergleichen zurück. Heutzutage haben wir einen *weichen* Determinismus, der harte Worte verabscheut und ... sagt, dass sein richtiger Name Freiheit sei, denn die Freiheit wird nur als Notwendigkeit verstanden und die Knechtschaft zum Höchsten ist nur mit der wahren Freiheit identisch." James, "The Dilemma of Determinism", 590.

[38] Dazu gehören unter anderen Baron d'Holbach, Arthur Schopenhauer und John Hospers. Harte Deterministen haben gelegentlich versucht, ein Scheibchen von der Freiheit zu retten. Die Stoiker zum Beispiel, deren Determinismus auf den stoischen ethischen Lehren beruhte, die die Pflicht vor dem Glück schätzten, lehrten, dass das Ziel des Lebens darin bestehe,

Ein Rechtssystem, das auf hartem Determinismus beruhte, würde dazu neigen, alle beleidigenden Verhaltensweisen als unveränderliche persönliche Bedingungen zu behandeln, die behandelt und nicht bestraft werden sollten. In gewisser Weise sehen wir diese Tendenz zu einer universellen Theorie der Entschuldigung schon heute. Studien behaupten, dass sie zeigen, dass Gene und Umwelt zu allem Möglichen massiv prädisponieren, vom Geschwätz bis zum Ehebruch, von der Risikobereitschaft bis zum Mobbing. Jedes traditionelle Laster bekommt nun einen Zugang zum *Diagnostischen und Statistischen Handbuch der psychischen Störungen* – von zwanghaftem Sich-Überessen über antisoziale Störungen bis hin zu einer alltäglich metastasierenden Fülle sexueller Dysfunktionen, einschließlich des Exhibitionismus, der Pädophilie, des transvestitischen Fetischismus und sexuellen Sadismus. Von jeder dieser Bedingungen wird angenommen, dass sie außerhalb der direkten Kontrolle der handelnden Person liege. Im letzten halben Jahrhundert haben sich mindestens vierzig neue Verteidigungen in die Annalen des Strafrechts eingeschlichen, darunter das Syndrom der geschlagenen Frau, das Syndrom des geschlagenen Kindes, das Syndrom des adoptierten Kindes, die black rage defense, das Computermissbrauchssyndrom, das Abwesender-Vater-Syndrom, das Mob-Mentalitäts-Syndrom, die Eltern-Kind-Entfremdung, das Patient-Therapeut-Sex-Syndrom, die „Pornographie machte mich dazu"-

---

apatheia zu erlangen, einen unerschütterlichen Zustand der leidenschaftslosen Selbstbeherrschung. Sie behaupteten, dass wir zwar keine wirkliche Wahlfreiheit besitzen, aber eine begrenzte Freiheit der Zustimmung haben: Wir können uns entschließen, der Notwendigkeit, die alle Dinge antreibt, zu widerstehen oder sie zu akzeptieren, und auf diese Weise zumindest eine Art intellektueller Befreiung von der Knechtschaft der physischen Notwendigkeit erreichen. Es ist natürlich nicht klar, wie man sich freiwillig dem Zustand unterordnen kann, wenn alles andere kausal bestimmt ist, noch ist es klar, wie die Zustimmung zu unserem determinierten Zustand uns plötzlich freimachen kann.

Etwas, was dieser Lehre von der Zustimmung nahekommt, wurde von Spinoza im siebzehnten Jahrhundert rehabilitiert, als der Materialismus wieder populär wurde. „Soweit der Verstand alles als durch Notwendigkeit bestimmt versteht, hat er in diesem Ausmaß mehr Macht über die Emotionen, d. h., er ist weniger passiv in Bezug auf sie." (Baruch Spinoza, *Die Ethik*, pt. 5, Prop. 6) Spinozas Argumentation ist, dass das Verständnis zur Akzeptanz führt: Sobald wir verstehen, dass jedes Ereignis einen notwendigen Platz in der Kette von Ereignissen hat, aus denen die Natur in ihrer Gesamtheit besteht – was er Gott nennt –, nehmen wir natürlich an, dass jedes Ereignis genau so auftreten musste, wie es geschehen ist. Nur wenn die Dinge auch anders hätten sein können, werden wir dazu geführt, unerwünschte Ereignisse zu beklagen, da diese nicht hätten vorkommen müssen. Ein niederschmetternder Einwand gegen diese Auffassung, wie ihn der Kompatibilist A. J. Ayer angemerkt hat, ist, dass man nicht frei wird, indem man sich dessen bewusst wird, dass man nicht frei ist. A. J. Ayer, "Freedom and Necessity" in *Philosophical Essays* (New York: Macmillan, 1959).

Verteidigung, Postpartum- und prämenstruelle Stress-Syndrome, das rituelle Missbrauchssyndrom (durch Mitglieder satanischer Kulte), die Steroid-Verteidigung, die Twinkie-Verteidigung und das urbane Überlebens-Syndrom. Dies ist nur eine repräsentative Auswahl.[39] Diese atemberaubende Ausweitung der Strafverteidigung stellt die allmähliche Ausarbeitung der deterministischen Hypothese im modernen Strafrecht dar.

Wenn dies zu der akzeptierten Auffassung wird, wie werden wir dann über Strafe denken? Radikale Denker haben gelegentlich argumentiert, dass alle Inhaftierungen und Strafen einfach abgeschafft werden sollten.[40] Andere haben pragmatisch vorgeschlagen, dass, obwohl die Inhaftierung manchmal die einzige angemessene Antwort sein werde, insbesondere im Falle von gewohnheitsmäßigen Tätern, sie keine strafenden oder vergeltenden Elemente beinhalten, sondern durch stärkende, einfühlsame und therapeutische Ziele motiviert werden solle. Präventive Inhaftierung werde die Öffentlichkeit vor dem noch gefährlichen Täter schützen, und die therapeutische Rehabilitation werde den Täter von den Bedingungen befreien, die ihn zum Verbrecher gemacht haben.

Rufe nach einer deterministisch-therapeutischen Herangehensweise an die Kriminalität erreichten im Westen in den späten 1960er und frühen 1970er Jahren den Zenit ihres Einflusses, als Kriminologen wie Karl Menninger in den USA und Barbara Wootton in Großbritannien Vorschläge für radikale Reformen machten. Menninger und Wootton lehnten die individuelle moralische Dimension des Verbrechens zugunsten einer Auffassung von kriminellem Verhalten ab, die den Täter durch Vererbung und Umwelt getrieben sieht. In dem *Verbrechen der Bestrafung* argumentierte Menninger, dass das kriminelle Verhalten ein Symptom einer sozialen Krankheit sei und dass die Gesellschaft den Täter zweimal bestrafe, indem sie ihm erstens die soziale Lage des Täters aufzwinge und ihn zweitens für die daraus resultierenden Handlungen bestrafe. Die Strafe selbst,

[39] Alan M. Dershowitz, *The Abuse Excuse: And Other Cop-Outs, Sob Stories, and Evasions of Responsibility* (New York: Little, Brown, 2001).

[40] Michel Foucault zum Beispiel schrieb gelegentlich so, als ob er das ganze System verschrotten wollte. Michel Foucault, *Discipline and Punish: The Birth of the Prison* (New York: Vintage Books, 1995).

so argumentiert Menninger, sei in der menschlichen Lust auf Rache verwurzelt, ein Teil des „endlosen Zyklus des Bösen für Böses".[41] Auch Wootton meinte, dass eine große Zahl krimineller Verhaltensweisen als eine Art sozialpsychologischer Krankheit behandelt werden könne und die präventive Inhaftierung der letzte Ausweg für gewohnheitsmäßige Täter sein solle, die nicht geheilt werden könnten.

Wenn wir ernst nehmen, dass der Täter selbst ein Opfer ist und dass er zweimal bezahlen muss, wie Menninger sagt, müssen wir sehen, dass er berechtigt sein sollte, ein Leben voller Glück und Freiheit zu leben, das mit den präventiven und rehabilitativen Zielen der Inhaftierung übereinstimmt. Ein jüngster Vorschlag behauptet, dass das Ziel eines solchen Systems „funishment"[42] sein werde – der Häftling wird Anspruch erhalten auf all die Freuden und Annehmlichkeiten derjenigen, die außerhalb des Gefängnisses leben, mit Ausnahme seiner Freiheit.[43] Ein unmittelbares Problem ist, dass ein System wie dieses den abschreckenden Wert der Strafe untergraben würde, da die Inhaftierung viel von ihrer Unannehmlichkeit verlieren würde. In der Tat könnte für einige diese Art von Gefängnis viel attraktiver sein als das Leben auf der Außenseite des Gefängnisses. Schlimmer noch – worauf Kritiker schon lange hingewiesen haben –, könnte ein therapeutisches System der Gerechtigkeit weitaus schwerere Konsequenzen haben als ein System, das auf Vergeltungsprinzipien basiert. Da das Ziel der Inhaftierung darin besteht, zu heilen und nicht zu bestrafen, könnten die Haftzeiten in einem therapeutischen System potenziell viel länger – ja potenziell endlos – sein.

Ein tieferes Problem ist jedoch, dass das Einbringen dieses deterministischen Selbstverständnisses die Quellen der Selbstbeherrschung untergraben würde. Wenn jeder glauben würde, dass er nur ein Produkt seiner Umgebung und dass jede Beleidigung eine verständliche Antwort auf den sozialen Zustand sei, würde die Strafe ihre tiefste Quelle der inneren Wirksamkeit verlieren. Selbst wenn der Determinismus wahr wäre, würde es offensichtliche soziale Vorteile geben, die Idee zu stärken, dass

---

[41] Menninger vermutete, „dass alle Verbrechen, die von allen Gefangenen verübt wurden, im Ganzen betrachtet nicht den sozialen Schäden entsprechen, die gegen sie begangen wurden". Karl A. Menninger, *The Crime of Punishment* (New York: Viking Press, 1968), 28.

[42] Anmerkung des Übersetzers: Diese Wortneuschöpfung bezieht sich auf das englische Wort *punishment* für Strafe und ersetzt die drei ersten Buchstaben durch *fun*, Spaß.

[43] C. S. Lewis, "The Humanitarian Theory of Punishment", *Res Judicatae* (1953), 224–30, nachgedruckt in *Morality in Practice*, ed. James P. Sterba (Belmont, Cal.: Belmont, 1984), 262–66.

die Menschen für ihre Handlungen verantwortlich sind und dass sie bestraft werden, wenn sie die Regeln brechen – auch wenn diese soziale Botschaft einfach als eine andere kausale Determinante unseres Verhaltens wirkt.[44]

Andere Paradoxien sind reichlich vorhanden. Wie kann der harte Determinist leugnen, dass der Täter frei ist, sein Verhalten gegenüber der Gesellschaft zu ändern, während er darauf besteht, dass die Gesellschaft ihr Verhalten gegenüber dem Täter ändern müsse (indem sie ihre Konzeptionen von Verantwortung und Strafe überdenkt)? Die Annahme, dass wir frei sind (auch wenn „wir" die Gesellschaft als Ganzes meint), bleibt stets in unseren tiefsten moralischen Intuitionen erhalten. Aber vielleicht ist die bizarrste Folge der Auffassung der harten Deterministen für die strafrechtliche Verantwortlichkeitszuweisung, dass sie den Täter zu einem Opfer macht: er ist jetzt eher eine Art Märtyrer, der für das Gute seines Landes geopfert werden soll. Wie der Jurist Oliver Wendell Holmes, der vom Materialismus und Utilitarismus angezogen wurde, einmal schrieb:

> Wenn ich eine philosophische Diskussion mit einem Mann hätte, den ich hängen sollte (oder auf den elektrischen Stuhl bringen sollte), dann sollte ich sagen, ich zweifle nicht daran, dass Ihre Handlung für Sie unvermeidlich war, aber um es für andere vermeidbarer zu machen, schlagen wir vor, Sie zu opfern um des Gemeinwohls willen. Wenn Sie wollen, können Sie sich selbst als einen Soldaten sehen, der für sein Land stirbt. Aber das Gesetz muss seine Versprechen halten.[45]

[44] Mit anderen Worten, schon allein dass wir glauben, dass wir die Kontrolle über unser eigenes Verhalten haben, wird vielleicht bereits einen kausalen Einfluss darauf haben, wie wir uns verhalten. Doch das führt zu vielen weiteren Fragen. Wenn der Glaube an die Selbstbeherrschung falsch ist, wie die Deterministen behaupten, wie kann das unser Verhalten beeinflussen? Jedoch haben die Deterministen hier eine plausible Antwort: Selbst falsche Überzeugungen können unsere Einstellungen und Reaktionen auf eine Situation ändern. Eine Person, die glaubt, dass sie ein Rennen gewinnen kann, wenn sie nur hart genug arbeitet, könnte härter arbeiten als jemand, der diesen Glauben nicht hat – auch wenn das Rennen „fixiert" wäre. So könnte ein Determinist argumentieren, dass die Illusion der Selbstbeherrschung ein „edler Mythos" sei, der beibehalten werden solle. Natürlich wirft das andere Fragen moralischer Natur auf, z. B.: Ist es gerecht, jemanden zu bestrafen, dem die Selbstbeherrschung fehlte, um die Überzeugungen und Reaktionen anderer zu beeinflussen, bei denen diese Illusion eine Wirkung hervorbringen könnte?

[45] Oliver Wendell Holmes and Harold Laski, *The Holmes-Laski Letters*, ed. David Howe (Cambridge, Mass.: Harvard University Press, 1953), 1:806.

Hier sehen wir die letzte Konsequenz des Missverständnisses der menschlichen Natur und der metaphysischen Grundlage der Freiheit des Willens – die totale Verkehrung der moralischen Ordnung selbst. In der Welt des harten Deterministen wird der gute Mensch nur als glücklich betrachtet, ähnlich wie das Kind eines Millionärs, das ohne eigene Anstrengung in guten Umständen geboren wurde. Dem bösen Menschen dagegen muss als einem Soldaten, der für sein Land stirbt, applaudiert werden.

Freiheit und Verantwortung neu definieren: Weicher Determinismus

Obwohl sich hart-deterministische Ideen in unsere Vorstellungen von Kriminalitätsbestrafung eingeschlichen haben, halten die meisten Denker immer noch den harten Determinismus und die Ablehnung von Freiheit und Verantwortung für inakzeptabel. Ausgefeilte Materialisten aus Benthams Zeiten haben sich stattdessen entschlossen, Freiheit und Verantwortung neu zu definieren und damit diese beiden Ideen als Fundamente des Strafrechts zu bewahren. Weiche Deterministen (oder Kompatibilisten) bieten eine neue Konzeption von Freiheit und Verantwortung an, die mit dem Determinismus konsistent ist, wie sie behaupten. Ich werde hier die Position sehr allgemein beschreiben, aber es gibt viele Variationen unter den zeitgenössischen Denkern.

Beginnen wir mit der Neudefinition der Freiheit. Das kompatibilistische Argument geht in etwa so: Ja, alles in der Welt ist kausal bestimmt, aber warum sollte das mit der Freiheit unvereinbar sein? Frei zu sein bedeutet einfach, das zu tun, was man will, nach Wünschen und Motiven zu handeln. Daher sind wir frei, obwohl unsere Wünsche und Motive unweigerlich kausal bestimmt sind. Ein Mensch, der sich für thailändisches Essen statt für einen Hamburger entscheidet, ist frei, wenn er isst, was er wünscht, auch wenn er aufgrund einer Kombination von genetischen und ökologischen Hintergrundbedingungen kausal prädisponiert wurde, scharfes Essen zu bevorzugen.

Kompatibilisten behaupten, dass Freiheit nicht im Gegensatz zu Kausalität stehe, sondern im Gegensatz zu Nötigung oder Zwang. Wir sind nur unfrei, wenn wir gezwungen sind, gegen unseren Willen oder unsere Wünsche zu handeln, nicht wenn wir aus unseren eigenen Motiven handeln. Der Mann, der eine Bank ausraubt, weil sein Hintergrund und seine

Veranlagung ihn zum kriminellen Verhalten geneigt machen, ist frei und verantwortungsvoll, obwohl wir sein Verhalten auf diese Hintergrundursachen zurückführen können. Aber der Mann, der die Bank ausraubt, weil Kriminelle seine Familie als Geisel halten, ist nicht frei: er ist gezwungen worden, gegen seinen Willen zu handeln, und sollte nicht verantwortlich gemacht werden.

Der Kompatibilismus war eine kraftvolle und attraktive Position unter modernen Denkern, darunter Hobbes, Locke (an einigen Punkten), Hume, Bentham, Mill, G. E. Moore, A. J. Ayer und Donald Davidson. Die Position ist ansprechend, weil sie ihren Verteidigern zu erlauben scheint, ein materialistisches Weltbild zu behalten, während es oberflächlich so scheint, dass sie die moralischen und juristischen Überzeugungen des gewöhnlichen Menschen zu Freiheit, Verantwortung und Strafe bewahren. Der Kompatibilismus ist jedoch ein weiteres Beispiel der modernen Vorliebe dafür, neuen Wein in alte Schläuche zu füllen – mit traditionellen Etiketten wie „Freiheit" und „Verantwortung" auf neue Weise die Konsequenzen des Materialismus zu tarnen.

Die beiden üblichen Einwände gegen den Kompatibilismus sind wahrscheinlich offensichtlich. Der erste ist, dass es schwer ist zu sehen, wie die Menschen „frei" sein können, wenn sie niemals etwas anderes tun können als das, was sie tatsächlich tun – auch wenn das, wozu sie bestimmt sind, mit ihren Wünschen übereinstimmt. Stellen Sie sich ein Szenario vor, in dem ein Handelnder in Übereinstimmung mit seinen Wünschen handelt, wo aber diese Wünsche sorgfältig manipuliert wurden: Nehmen wir an, ein verrückter Wissenschaftler hat Elektroden im Gehirn eines ahnungslosen Mannes implantiert und dann dessen Wünsche manipuliert, damit er eine Bank berauben will.[46] Der Handelnde erfüllt die Erfordernisse des Kompatibilisten für die Freiheit, da er nach seinen Wünschen handelt, aber er ist nicht freier als eine Marionette. In der Tat würden wir sagen, dass er einfach ein Instrument des verrückten Wissenschaftlers geworden ist. Einfach zu tun, was man wünscht, ist keine ausreichende Bedingung für eine Handlung, die als frei betrachtet werden kann.[47]

---

[46] So werden sowohl Libertäre als auch harte Deterministen argumentieren, dass der Kompatibilismus an diesem Punkt stecken bleibt. Für eine hart-deterministische Antwort auf den Kompatibilismus und Libertarianismus siehe z. B. John Hospers, "What Means This Freedom?", in Hook, *Determinism and Freedom in the Age of Modern Science*.

[47] Minimalerweise müssen unsere Wünsche erster Ordnung in eine Art allgemeine Integration mit unseren verschiedenen Wünschen zweiter Ordnung gebracht werden. Wir müssen

Zweitens ergibt es, wenn man einen bestimmten Akt „frei“ nennen will, keinen Sinn, jemanden für eine Handlung für verantwortlich zu halten, zu deren Durchführung er vom Anfang der Zeit an kausal determiniert war. „Sollen“ impliziert „können“. Wir sollten nur für die Durchführung einer Handlung verantwortlich gemacht werden, wenn es uns möglich war, dass wir sie auch nicht durchgeführt hätten. Um verantwortlich zu sein, muss eine Person eine echte Wahl haben, mit anderen Worten, sie muss anders gewählt haben können, als sie es hat. Wir halten den Straftäter nicht nur für verantwortlich, weil er tut, was er will, *sondern weil er nicht daran gehindert wurde zu tun, was er tun wollte, wenn er gekonnt hätte.*

Kompatibilisten haben auf diesen zweiten Einwand in zweierlei Hinsicht reagiert. Einige haben Beispiele von Situationen angeführt, in denen wir eine Person für verantwortlich halten, obwohl sie sich nicht anders hätte entscheiden können. Zurück zu den Elektroden im Kopf: Stellen Sie sich einen Fall vor, in dem ein verrückter Wissenschaftler seine Elektroden im Kopf eines bekannten Bankräubers implantiert hat, um sicherzustellen, dass der Räuber an einem bestimmten Tag eine Bank ausrauben wird. Aber die Elektroden werden nur aktiviert, wenn der Räuber die Bank nicht beraubt. Wenn der Räuber auf eigene Faust losgeht (ohne dass die Elektroden aktiviert werden), um die Bank zu berauben, halten wir ihn zu Recht für verantwortlich. Dies zeigt, so behaupten die Kompatibilisten, dass wir Personen auch in den Fällen für verantwortlich halten, in denen es keine andere Möglichkeit für sie gab. Mit anderen Worten, obwohl der Räuber sich entschlossen hatte, die Bank zu berauben, hätte er anders wählen können, doch die Elektroden wären aktiviert worden und hätten ihn dazu gebracht, die Bank zu berauben. So ist die Forderung, dass eine Person „anders gewählt haben könnte“, eine zu starke Voraussetzung für Verantwortung.[48]

---

unsere Wünsche bestätigen, bevor die Handlungen, die aus ihnen erfließen, „frei“ genannt werden können. Zum Beispiel kann der Drogenabhängige in der Lage sein, sich seine Droge der Wahl zu beschaffen, aber wenn er nicht *will*, Drogen zu wollen – wenn sein Wunsch erster Ordnung nach den Drogen im Konflikt steht mit seinem Wunsch zweiter Ordnung, frei von Drogen zu sein –, kann nicht gesagt werden, dass er frei ist, wenn er eine Droge für den Gebrauch erhält. Wie der Philosoph Harry Frankfurt es ausdrückte, ist ein Handelnder, der nur aus Wünschen erster Ordnung handelt, ein „Mutwilliger“, ein Wesen, das nicht in der Lage ist, die volle Kraft zu haben. Harry G. Frankfurt, “Freedom of the Will and the Concept of a Person”, *Journal of Philosophy* 68 (1971): 5.

[48] Harry G. Frankfurt, “Alternate Possibilities and Moral Responsibility”, *Journal of Philosophy* 66 (1969): 829.

Aber Beispiele wie dieses sind leicht zu beurteilen: Wir halten den Räuber für verantwortlich, weil er sich entschieden hat, die Bank zu berauben, und weil es ihm offenstand, sich anders zu entscheiden, bevor die Elektroden eingesetzt wurden. Er hat nicht darauf verzichtet es zu tun, wie er gewollt hätte, wenn er es im Augenblick seiner Wahl gekonnt hätte. Wenn andererseits der Mann beschlossen hätte, die Bank nicht zu berauben, und dadurch die Elektroden ausgelöst hätte, um seine normalen Wünsche zu überschreiben, sollte er nicht verantwortlich gemacht werden, da seine Handlung nicht aus eigener Entscheidung erfloss.[49]

Der zweite Weg, auf dem Kompatibilisten versuchen, ihre Position zu retten, besteht darin zuzugeben, dass jemanden für verantwortlich zu halten erfordert, dass er die Möglichkeit hat, anders zu wählen, während sie eine Neuformulierung von dem, was wir unter „könnte anders gewählt haben“ verstehen, vorschlagen. Sie argumentieren, dass eine Person, die nach ihren Wünschen handelt und deren Handlung nicht gezwungen ist, die Bedingung für die Verantwortung erfüllt, da sie „anders hätte wählen können“, in dem Sinne, dass sie nichts Äußerliches daran hinderte, eine andere Wahl zu treffen. Der Mann, der Kirschkuchen anstatt Schokoladeneis an der Dessertheke wählte, hätte sich auch anders entscheiden können, da kein äußeres Hindernis ihn daran hinderte, das Schokoladeneis zu wählen – auch wenn die Wahl des Kirschkuchens bei der jeweiligen Konstellation unvermeidlich war, infolge der Ursachen, die ihn dazu brachten, den Kirschkuchen zu wählen.[50]

---

[49] Im Übrigen stimmte der Aquinate selbst zu, dass ein Handelnder für freie Handlungen verantwortlich gemacht werden kann, die er in Situationen begeht, in denen die einzige äußere Möglichkeit, die ihm zugänglich ist, genau die Alternative ist, die er verfolgt hätte, auch wenn er andere Möglichkeiten gehabt hätte. Ein Mann, der in seinem Zimmer bleiben will, wirkt vollkommen frei, obwohl es sich herausstellen könnte, dass seine Tür von außen verschlossen ist, ohne dass er es weiß. Ebenso ist der Wille frei, auch wenn es nur die einzige gute Handlung ist, die ihm offensteht. Dies ist es, was Thomas in Bezug auf die Freiheit des Willens der Erlösten im Himmel sagt, die frei sind, obwohl es für sie unmöglich ist, böse zu sein. Stumpf, *Aquinas*, 298–99. Was diese Beispiele von dem mit dem Mann mit den in sein Gehirn implantierten Elektroden unterscheidet, ist, dass der Handelnde bei diesen freien Handlungen durch ein inneres Prinzip – durch seine eigenen Präferenzen oder Urteile des Guten –, und nicht durch ein äußeres, geleitet wird, das seinen eigenen Urteilen und Vorlieben entgegensteht.

[50] Für einen heroischen Versuch, den Kompatibilismus in diesem Punkt zu retten, siehe C. L. Stevenson, "Ethical Judgments and Avoidability", in *Facts and Values: Studies in Ethical Analysis* (New York: Praeger, 1975), 138–52. See also Ayer, "Freedom and Necessity".

Das Problem mit dieser Antwort ist, dass sie die Bedeutung von „könnte anders gewählt haben" subtil verschiebt. Wenn der metaphysische Befürworter der Handlungs- und Willensfreiheit darauf besteht, dass eine Person normalerweise die Wahl hat, anders zu handeln, als sie es getan hat, meint er beträchtlich mehr, als dass die Person von der anderen Entscheidung äußerlich nicht ausgeschlossen wurde. Der Libertarist meint, dass der Handelnde *wirklich* anders hätte wählen können, dass es ihm unter den gegebenen Bedingungen zur Zeit seiner Entscheidung physisch möglich gewesen wäre, anders zu wählen. Aber das ist genau das, was die Deterministen leugnen: Wenn der Determinismus wahr ist, so ist es für einen Menschen immer physisch unmöglich, anders zu handeln, als er tatsächlich unter den gegebenen Umständen gehandelt hat.[51] Tatsächlich läuft die kompatibilistische Antwort auf die Behauptung hinaus, dass der Handelnde sich anders hätte entscheiden können, wenn im Augenblick seiner Wahl andere Ursachen und Bedingungen bestanden hätten, die von denen, die tatsächlich bestanden, verschieden gewesen wären und die die eigentliche Wahl ausgelöscht hätten. Aber dies ist selbst auf der Grundlage der eigenen Begriffe der Deterministen eine physische Unmöglichkeit (da sich nichts von der Art und Weise unterscheiden kann, wie es zu einem gegebenen Zeitpunkt ist). Nur durch ein Sich-Davon-Schleichen in irgendeine Ausnahme vom ehernen Gesetz von Ursache und Wirkung – wenn nicht im Augenblick der Wahl, dann in den vorhergehenden Bedingungen und Ursachen, die tatsächlich eine bestimmte Wahl herbeiführten – können wir einen wirklichen Sinn für diese Neuformulierung der Bedingung ausmachen, dass der Handelnde anders hätte wählen können.

Hier machen nun moderne Materialisten einen zweiten Schritt, indem sie unsere Konzeption der Verantwortung neu definieren, um etwas ganz anderes als die traditionelle, rückwärts gerichtete Idee zu erklären. Diese Rekonzeptualisierung der Verantwortung appelliert an utilitaristische Ideen. Wie wir bereits früher in diesem Kapitel erwähnt haben,

[51] Der Philosoph Antony Flew, der spät in seinem Leben zum Theisten wurde, sagte: „Der Kompatibilismus funktioniert nicht. Ein Naturgesetz ist nicht eine Aussage über eine bloße, grobe Tatsache, dass eine bestimmte Art von Geschehen passieren wird, wie es geschieht oder von einer anderen Art von Geschehen begleitet wird. Es ist vielmehr die Behauptung, dass das Auftreten einer bestimmten Art physisch das Auftreten einer anderen Art notwendig macht, so dass sein *Nicht-Vorkommen physisch unmöglich ist*. Das ist eindeutig nicht der Fall bei einer freien Wahl." Antony Flew, *There is a God* (New York: HarperOne, 2008), 60 (meine Hervorhebung)

schauen die klassischen Vorstellungen von Verantwortung und Strafe rückwärts (d. h., wir halten eine Person für verantwortlich und bestrafen sie, wenn wir auf die Tat zurückschauen und sehen, dass diese frei und mit vollständiger Kenntnis durchgeführt wurde). Der utilitaristische Ansatz zur Verantwortung blickt dagegen vorwärts: Der Utilitarist hält einen Akteur für verantwortlich, wenn eine Bestrafung einen Nutzen bringt. Bei der Bestimmung der Verantwortung blickt der Utilitarist nach vorne auf die Konsequenzen der Bestrafung. Der Utilitarist würde den Täter bestrafen, wenn er damit andere Straftäter abschrecken würde (allgemeine Abschreckung), wenn er damit den Täter nach seiner Inhaftierungszeit abschrecken würde (spezifische Abschreckung), wenn die Strafe ihn zu einer besseren Person machen würde (Rehabilitation) oder, minimal, weil es ihn während seiner Inhaftierung davon abhalten würde, Verbrechen zu begehen (Verhinderung). Dies sind die vier wichtigsten utilitaristischen Rechtfertigungen für die Strafe.

Beachten Sie, dass der Utilitarismus die Beziehung zwischen Verantwortlichkeit und Strafe umkehrt und dabei das Konzept der Verantwortung verändert. Während der Traditionalist daran festhält, dass, wenn der Handelnde verantwortlich ist, er bestraft werden kann, gilt für den Utilitaristen, dass der Handelnde, wenn er bestraft werden soll (weil dies für die Abschreckung und andere Formen des sozialen Nutzens förderlich ist), für „verantwortlich" gehalten werden soll. Die Verantwortung ist nicht mehr die Prämisse des Arguments, das die Strafe rechtfertigt, wie es für traditionelle Theorien der Verantwortung und der Strafe der Fall ist. Stattdessen ist dies jetzt die *Konklusion* des Arguments. Die utilitaristische Konzeption der Verantwortung ist eher *präskriptiv* als *deskriptiv*. Oder wie es der juristische Philosoph H.L.A. Hart ausgedrückt hat, ist die Auffassung der Traditionalisten eine Idee der „Fähigkeit" (d. h., eine Person ist nur verantwortlich, wenn sie die Fähigkeit hat, ihr Handeln zu verstehen und zu kontrollieren), während der Utilitarist eine „Haftungs"-Idee vertritt (der Handelnde ist verantwortlich, wenn es der Nützlichkeit dienlich ist, ihn haftbar zu machen).[52]

Dies war im Wesentlichen Benthams und Mills Auffassung von Strafe und Verantwortung. Bentham versuchte, die traditionelle Theorie der Entschuldigung zu bewahren, indem er ihre Funktion neu bestimmte.

[52] H. L. A Hart, *Punishment and Responsibility: Essays in the Philosophy of Law* (Oxford: Oxford University Press, 1968), 212–30.

Er argumentierte, dass wir bestimmte Handlungen entschuldigen, nicht weil sie die beiden Bedingungen Aristoteles' nicht erfüllen können, sondern wenn die Handlungen nicht rechtmäßig abschrecken können.[53] Dies erlaubt heutigen Utilitaristen, auf die metaphysische Frage nach der menschlichen Freiheit agnostisch zu reagieren.[54] Es spielt keine Rolle, ob eine Person in irgendeinem metaphysischen Sinne frei ist. Alles, was zählt, ist, ob es einen utilitaristischen Nutzen für ihr Verhalten oder das Verhalten anderer hat, sie für verantwortlich zu halten.

Die utilitaristische Theorie der Strafe wurde zu Recht für das Zerschneiden des wesentlichen Bindeglieds zwischen der Strafe und der moralischen Schuld der Handlung kritisiert. Bei der Bestrafung geht es nicht mehr um Wiedergutmachung, sondern um soziale Zweckmäßigkeit. Da die Strenge der Strafe nicht von der Unrechtmäßigkeit der Handlung abhängt, sondern von dem Abschreckungswert der strafrechtlichen Sanktionen, werden schreckliche Handlungen in Fällen zu gering bestraft, in denen eine geringere Strafe alles das erreicht, was im Einzelfall erreicht werden kann.

Noch schlimmer ist, dass die zu hohe Bestrafung gerechtfertigt ist, wenn dies dem sozialen Nutzen dient: Wenn es möglich wäre, 99 Prozent der Kleindiebstähle dadurch zu verhindern, dass man die Hände des verurteilten Diebes abschnitte, würde dies für den Utilitarismus diese grausame Strafe nicht nur rechtfertigen, sondern sogar *erfordern,* solange das, was durch die Abschreckung von 99 Prozent der Diebstähle gewonnen würde, mehr als das ausgliche, was als Preis für den Gelegenheitstäter bezahlt würde. Wie die Kritiker erkannt haben, ist eine sachliche Schuld nicht einmal erforderlich in den Fällen, in denen die Bestrafung des Schuldlosen ein größeres soziales Unglück abwenden kann (wie im Fall eines Mannes, der zum Sündenbock gemacht wird, um den Zorn eines Mobs im Aufruhr zu beruhigen). Obwohl die Utilitaristen Antworten auf einige dieser Kritiken haben, reagieren sie in der Regel mit fragwürdigen Appellen an Sachverhalte in der Welt – zum Beispiel, dass das Abschneiden von Händen nicht eine wirksame Abschreckung sei, oder dass das

---

[53] Jeremy Bentham, *The Principles of Morals and Legislation* (Amherst, N.Y.: Prometheus Books, 1988), 180–81 (ch. 13, par. 9).

[54] Wie Hart schrieb, „sollten wir weder behaupten noch leugnen, dass der Angeklagte etwas anderes getan haben könnte, als er getan hat. Stattdessen sollten wir seine Handlung als ein Symptom für die Notwendigkeit einer Bestrafung oder Behandlung ansehen." Hart, *Punishment and Responsibility,* 179.

Zum-Sündenbock-Machen eines Unschuldigen alle in Angst und Schrecken um ihr Leben versetzen würde, wodurch ein noch größerer negativer Nutzen entstünde. Diese Art von Appellen ist nicht überzeugend, weil sie von empirischen Behauptungen abhängen, die sich als falsch erweisen können, und, was noch wichtiger ist, weil die Gerechtigkeit einer bestimmten Strafe diese Tatsachen überhaupt nicht berühren sollte. Die Bestrafung der Unschuldigen ist ungerecht, unabhängig von ihren sozialen Konsequenzen. Jede Theorie, die dies erfordern sollte (wenn die Tatsachen es erlauben), ist falsch.

Am Ende des Tages sind die kompatibilistische Idee der Freiheit und die utilitaristische Vorstellung von Verantwortung falsch. Sie sind nur attraktiv, weil sie, wenn auch nur dem Namen nach, die Begriffe der Freiheit und der Verantwortung zu bewahren scheinen, die für jede sinnvolle Vorstellung von moralischer und strafrechtlicher Gerechtigkeit unentbehrlich sind. Sie spiegeln aber darüber hinaus bedeutende Zugeständnisse an eine sehr unmenschliche Konzeption der Verantwortung wider. Einen Übeltäter „frei" zu nennen, wenn seine Handlung kausal determiniert ist, trifft die meisten von uns als eine massive Erniedrigung unseres intuitiven Freiheitsverständnisses, und wenn man sagt, dass dieser gleiche Täter „verantwortlich" sei, wenn er nicht anders gekonnt habe, als er getan hat, so ist dies eine Vorstellung von Verantwortung, die so drakonisch ist, wie man sie sich nur denken kann. Aus diesen Gründen hat William James den Kompatibilismus einen „Sumpf der Winkelzüge" genannte.[55]

Schlussfolgerungen

Eine Weltanschauung ist ein kompliziertes Mosaik von kohärenten Überzeugungen und Annahmen, die zusammenpassen, jede ein kostbarer Stein in einem Muster, das ein ganzheitliches Bild unseres Verständnisses der Wirklichkeit bildet. Man kann nicht einen Stein mit einer radikal anderen Farbe ersetzen, ohne das gesamte Mosaik zu beeinträchtigen, ohne auch die anderen zu ersetzen. Die kompatibilistisch-utilitaristische Neuinterpretation von Freiheit und Verantwortung versucht, die allmähliche Um-

[55] James, *The Dilemma of Determinism*, 590.

wandlung unseres moralischen Selbstverständnisses zu verdecken, indem sie neuere Bedeutungen unter älteren Labels versteckt. Diese Rekonzeptualisierung von Freiheit und Verantwortung ist heimtückisch und gefährlich – heimtückisch, weil sie ihre Veränderungen in einem älteren moralischen Lexikon verhüllt, und gefährlich, weil sie mit den neueren Bedeutungen unvermeidlich das gesamte Mosaik verändert. Und wie wir in Kürze sehen werden, verwandelt die Veränderung der Bedeutung von Freiheit und Verantwortung wiederum die Bedeutungen anderer Konzepte, einschließlich Freiheit, Menschenrechten, Gleichheit und Menschenwürde.

Die nächsten beiden Kapitel untersuchen die Auswirkungen dieser Veränderungen auf die moderne Moraltheorie und auf die höchsten politischen Ideale der westlichen Zivilisation.

8

Der Zerfall der moralischen Wahrheit und die Auflösung des Gesetzes

Ein moralischer Code „frei angenommen“,
der die eingebauten Teleologien der menschlichen Natur ignoriert,
kann nur zu einer Katastrophe führen.
Peter Geach

Und weil die Ungerechtigkeit überhandnimmt,
wird die Liebe der meisten erkalten.
Matthäus 24,12

Im Zuge des Zweiten Weltkrieges versuchten alliierte Staatsanwälte die führenden Funktionäre der Nazipartei und des Dritten Reiches für die im Krieg begangenen Gräueltaten vor Gericht zu bringen. Einige, darunter auch Winston Churchill, forderten, dass die schlimmsten Nazis und ihre Kollaborateure summarisch hingerichtet werden sollten. Aber andere bestanden darauf, dass die strafrechtlichen Verfolgungen die Kraft des wirklichen Rechts haben müssten: sie müssten unter der etablierten gesetzlichen Rechtsprechung und nach gerechten juristischen Verfahren durchgeführt werden. Es sei von entscheidender Bedeutung, dass diese Strafen nicht als prinzipienlose Vergeltung wahrgenommen würden, als eine Form von „Siegerjustiz“. Das würde die Methoden der Alliierten nicht grundsätzlich besser machen als die der Nazis.

Der Nürnberger Prozess wurde als der größte Prozess in der Geschichte angekündigt – aber es gab ein Problem. Es gab kein gültiges Gesetz, nach dem die Nazis verfolgt werden konnten. Die Angeklagten machten geltend, dass die Ereignisse, die vor allem in Deutschland geschehen waren, nach deutschem Recht geregelt seien und dass ihre Handlungen nach dem Gesetz des Dritten Reiches voll geschützt seien. Alliierte Gesetze konnten nicht in einer extraterritorialen Weise auf die Deutschen angewandt werden: die Gesetze der Alliierten waren nicht *ihre* Gesetze.

Einige der vorgeschlagenen „Gesetze", unter denen die Angeklagten verfolgt werden sollten, wurden darüber hinaus verabschiedet, nachdem die verbotenen Handlungen eingetreten waren. Die rund zwei Dutzend Angeklagten und sieben Organisationen wurden unter den im Wesentlichen *ex post facto*-Gesetzen verfolgt. Und vielleicht in praktischer Hinsicht am verhängnisvollsten war es, dass die Alliierten selbst einige der gleichen Handlungen begangen hatten, wie es die Deutschen getan hatten. Sogar der führende amerikanische Staatsanwalt, der Richter am *United States Supreme Court* Robert Jackson, schrieb privat an Präsident Truman:

> Einige der Verbündeten tun oder haben genau dasselbe getan, weswegen wir die Deutschen verfolgen. So verletzen die Franzosen die Genfer Konvention für die Behandlung von Kriegsgefangenen, indem unser Kommando die Gefangenen zurückbringt, die ihnen geschickt werden. Wir verfolgen Plünderungen, und unsere Verbündeten plündern. Wir sagen, dass ein Angriffskrieg ein Verbrechen ist, und einer unserer Verbündeten behauptet die Souveränität über die baltischen Staaten, auf keinem anderen Recht gegründet als auf dem der Eroberung.[1]

Joachim von Ribbentrop, der Nazi-Minister für auswärtige Angelegenheiten und der Erste, der nach dem Abschluss des Prozesses gehängt wurde, warnte: „Sie werden sehen. In ein paar Jahren werden die Juristen der Welt diesen Prozess verurteilen. Sie können keinen Prozess ohne Gesetz führen."

Die Deutschen hatten natürlich recht, dass kein *positives* Gesetz auf sie angewendet werden konnte, innerhalb der anerkannten Grenzen etablierter Rechtsverfahren. Nur wenn es ein Gesetz über dem positiven Gesetz gab – ein natürliches Gesetz, das für alle Gewissen der Menschen verbindlich war –, konnte die Anklage etwas mehr sein als die Vergeltung in der Gestalt einer Rechtsformalität. Aber während des zwanzigsten Jahrhunderts war das Naturrecht unter vielen der einflussreichsten juristischen Köpfe zu einem Gegenstand des Spotts geworden. Richter Oliver

[1] Robert E. Conot, *Justice at Nuremberg* (New York: Harper and Row, 1983), 68.

Wendell Holmes verlachte das Naturrecht einige Jahrzehnte zuvor vor Gericht und nannte es „eine grübelnde Omnipräsenz am Himmel".[2] Er schrieb im *Harvard Law Review*:

> Es ist nicht genug für den Ritter der Romantik, dass Sie ihm darin zustimmen, dass seine Dame ein sehr schönes Mädchen ist. Wenn Sie nicht zugeben, dass sie das Beste ist, das Gott jemals gemacht hat oder machen wird, müssen Sie kämpfen. Es liegt in allen Menschen eine Forderung nach dem Superlativ, so sehr, dass der arme Teufel, der keine andere Möglichkeit hat, ihn zu erreichen, ihn erreicht, indem er sich betrinkt. Es scheint mir, dass diese Forderung auf dem Grunde der Bemühungen des Philosophen liegt, zu beweisen, dass die Wahrheit absolut ist, und der Suche des Juristen nach Kriterien universeller Gültigkeit, die er unter dem Haupt des Naturrechts versammelt.[3]

Bis 1945 war Holmes' Skepsis zu einer Plage geworden. Sogar Richter Jacksons Kollege Chief Justice Harlan Fiske Stone schrieb privat an einen Freund: „Jackson führt seine hochkarätige Lynch-Party in Nürnberg durch. Ich habe nichts gegen das, was er den Nazis antut, aber ich hasse es, den Vorwand zu sehen, unter dem er ein Gericht durchführt und nach dem Common Law anklagt. Das ist ein wenig zu frömmlerisch, ein Betrug, um meine altmodischen Ideen zufriedenzustellen."[4]

Moderne Juristen beschreiben manchmal die Naturrechtstheorie als die Verknüpfung zweier Grundprinzipien, die wir die „moralische Objektivitäts-These" und die „Überlappungs-These" nennen könnten. Die moralische Objektivitäts-These besagt, dass moralische Wahrheiten objektiv sind, real – sie sind nicht bloße Produkte menschlicher Launen oder Konventionen. Sie existieren als Wahrheiten in der Welt, unabhängig von dem, was wir wünschen oder glauben. Es sind praktische Wahrheiten, die wir entdecken und nicht erfinden. Thomas von Aquin und andere Naturrechtler argumentierten, dass die Objektivität der Moral in Wahrheiten über die Natur, insbesondere in Tatsachen über die menschliche Natur,

---

[2] Southern Pacific v. Jensen, 244 U.S. 205, 222 (1917) (Holmes, J., abweichend).
[3] Oliver Wendell Holmes, "Natural Law", *Harvard Law Review* 32 (1918): 40
[4] Stone to Sterling Carr, December 4, 1945, zitiert nach A. T. Mason, *Harlan Fiske Stone: Pillar of the Law* (New York: Viking Press, 1956), 716.

begründet ist. Das moralisch Gute ist das, was der Verwirklichung unseres menschlichen Telos, individuell und kollektiv, förderlich ist.[5]

Wo die moralische Objektivitäts-These die Moral mit der menschlichen Natur verbindet, verbindet die Überlappungs-These das Gesetz mit der Moral. Um sich als Gesetz im vollsten Sinne zu qualifizieren, muss eine Regel oder eine Satzung in der objektiven moralischen Ordnung begründet werden. Eine Regel, die zu der moralischen Ordnung im Widerspruch steht oder mit ihr kollidiert, ist kein wahres Gesetz. Wie der hl. Augustinus es ausdrückte: „Ein ungerechtes Gesetz ist überhaupt kein Gesetz." In der Mitte des zwanzigsten Jahrhunderts schienen für die meisten Philosophen und Juristen beide Grundsätze der Naturrechtstheorie eine unmögliche Illusion zu sein. In diesem Kapitel wird untersucht, wie dies zustande kam. Der Großteil des Kapitels widmet sich dem fortschreitenden Zusammenbruch der Idee der moralischen Objektivität im modernen Denken. Der letzte Abschnitt verfolgt den Verzicht auf die Überlappungs-These.

Naturrecht ohne Teleologie

Mit der Aufgabe von Wesenheiten und Universalien zersplitterte die Naturrechtstradition im 17. Jahrhundert in zwei Stränge. Jeder entlehnte einen Teil und verzerrte das, was einmal komplementäre Hälften des ewigen Gesetzes Thomas von Aquins gewesen waren, das sowohl das moralische Gesetz Gottes als auch die empirischen Gesetze der Wissenschaft umfasste.

[5] Hier ist ein Vorbehalt erforderlich. Von moralischen Prinzipien als „Wahrheiten" zu sprechen bedeutet, zu dem Missverständnis einzuladen, dass es immer eine richtige Antwort auf jede moralische Frage gebe. Jedoch betonten Aristoteles und Thomas von Aquin sowie andere in der Naturrechtstradition immer die praktische und mannigfaltige Natur des moralischen Denkens. Siehe Kapitel 2 für eine Diskussion zu diesem Thema. Wenn man sagt, dass die Moral objektiv ist, bedeutet dies nicht, dass wir moralische Schlussfolgerungen mit deduktiver Präzision aus moralischen und faktischen Prämissen ziehen können. Wegen gewisser Eigentümlichkeiten des modernen moralischen Denkens neigen wir heute dazu, die Objektivität unserer moralischen Schlüsse mit ihrer logischen Bestimmtheit zu vermischen. Wir neigen dazu zu denken, dass ein moralisches Prinzip nicht „objektiv" sei, es sei denn, es folgt mit absoluter deduktiver Präzision aus unseren Prämissen. Dies ist einer der Gründe, warum so viele Menschen heute die objektive Natur der moralischen Prinzipien bezweifeln.

Theoretiker des „moralisierten" Strangs dachten über das Naturrecht in erster Linie im Hinblick auf seine moralische Natur, änderten jedoch die Quelle und den Inhalt dieses Gesetzes dramatisch. Einer der ersten dieser Denker war der niederländische Rechtswissenschaftler Hugo Grotius (1583–1645), der heute oft als Vater der Theorie des internationalen Rechts angesehen wird. Grotius begriff das Naturgesetz als ein Corpus von Gott gegebener moralischer Wahrheiten, wie es die Scholastiker getan hatten, und er wird besonders für seinen Versuch geehrt, diese Wahrheiten auf moralische Rechte und Pflichten in Kriegszeiten angewendet zu haben. Er dachte an die Heilige Schrift als Führer und Unterstützung der menschlichen Vernunft bei der Bestimmung des Inhalts des Gesetzes, so wie Thomas das göttliche Gesetz begriffen hatte. In dieser Hinsicht war Grotius ein direkter Nachfahre von Thomas von Aquin und der Scholastik.

Auf zwei andere Weisen jedoch stellte sein Denken eine Abkehr von der klassischen Naturrechtstradition dar. Erstens war er als Rationalist (er war wahrscheinlich Descartes persönlich begegnet) wesentlich optimistischer als die Scholastiker bezüglich der Aussicht, aus einem System von Grundaxiomen ein ganzes System moralischer Wahrheiten ableiten zu können. Während Thomas von Aquin oft mit Nuancen und Vorsicht bestimmte moralische Schlüsse zog und sich der Kontingenz der moralischen Argumentation bewusst war, bot Grotius ein umfassendes System von Schlussfolgerungen zu bestimmten Fragen an, wie den Rechten von Kriegsgefangenen, der Behandlung von Botschaftern, dem Bestattungsrecht und der Nutzung des Eigentums von Zivilisten im Krieg. Wir sehen hier die Vorliebe des Rationalisten für deduktive Gewissheit. Wo die Gerechtigkeit die moralische Lücke zwischen Prämissen und Schlussfolgerungen für Aristoteles ausfüllte, und die Liebe für Thomas von Aquin, musste nun reine Logik für Grotius genügen.

Wir finden auch in den Schriften von Grotius eine erkennbare Abkehr von der Vorstellung, dass moralische Wahrheiten im Sein begründet sind und in der Natur ausgedrückt werden. Während Thomas gelehrt hatte, dass die Menschen durch die Vernunft an der rationalen Ordnung, die das Universum durchdringt, teilnehmen – einer Ordnung, die das göttliche Wesen selbst reflektiert –, sah Grotius die Vernunft als rein menschliches Vermögen und das Naturrecht als etwas der menschlichen Natur Äußeres, als ein Corpus von Wahrheiten, das „da draußen" entdeckt werden könne. Die Gültigkeit dieser Wahrheiten hing zumindest nicht in direkter Weise von den Wahrheiten der Metaphysik ab. Tatsächlich schrieb

Grotius, dass die Prinzipien des moralischen Gesetzes genau dieselbe seien, „selbst wenn wir einräumen sollten, was nicht ohne die äußerste Bosheit zugestanden werden kann, dass es keinen Gott gibt oder dass die Angelegenheiten der Menschen nichts mit Ihm zu tun haben".[6] Mit anderen Worten, die Moral hängt allein von der Vernunft ab. Dies war eine Rückkehr zum extremeren Rationalismus Platons im *Euthyphron.*

Der einflussreichste aller Denker des moralisierenden Stammes, John Locke, ist vom klassischen Verständnis des Naturrechts noch weiter entfernt. Er begriff wie Grotius das Naturgesetz als ein Corpus bindender göttlicher Gebote. Aber wie Ockham betrachtete er die Prinzipien des Naturrechts als Gebote Gottes, diktiert durch den göttlichen Willen, und nicht als Ausdruck der göttlichen Vernunft. Was das Naturrecht für Grotius verpflichtend machte, war zumindest zum Teil seine Rationalität. Was es für Locke obligatorisch machte, war, dass Gott es gewollt hat und dass er jene bestrafen würde, die das Gesetz missachteten. Die moralische Wahrheit lag nicht nur außerhalb der menschlichen Natur, sie wurde durch Zwang für uns verbindlich, und nicht durch ihre Vernünftigkeit. Lockes Voluntarismus ließ auch den Inhalt des Sittengesetzes potenziell willkürlich erscheinen, da er die Richtigkeit einer Handlung nicht aus der inneren Natur der Handlung selbst herleitete, sondern davon abhängig machte, ob Gott sie geboten oder verboten hatte. Bei späteren und weniger subtilen Denkern nach Locke, vor allem unter protestantischen Denkern, führte die Ablehnung der Vernunft als Grundlage für die moralische Wahrheit zu einer entsprechend stärkeren Betonung der Offenbarung und zu wortwörtlichen Lesarten der Bibel. Seiner Grundlage in der Vernunft beraubt, musste der moralisierende Strang des Naturrechts immer autoritärer werden.

Der zweite, empirische Teil der neueren Naturrechtstradition umfasst Hobbes, Rousseau und Samuel von Pufendorf. Diese Denker konzipierten das Naturgesetz nicht primär als ein Corpus moralischer Wahrheiten, um das menschliche Verhalten zu lenken, sondern als eine Theorie des reinen natürlichen Menschen, wie er im natürlichen Zustand ist. Ohne Teleologie bedeutete „Natur" nicht die Entfaltung des menschlichen

---

[6] Hugo Grotius: *Drei Bücher über das Recht des Krieges und Friedens* (Adamant Media Corporation 2003, Reprint der Ausgabe 1869), Prolegomena. Zur Erörterung von Grotius' Stellung in der Geschichte des Naturrechts vgl. Heinrich A. Rommen, *The Natural Law* (Indianapolis: Liberty Fund, 1998), 62–66.

Wesens, sondern eine statische und abstrahierte Auffassung des Menschen, der von der Zivilisation unberührt war. Für diese radikaleren Denker war das „Natürliche" nicht, wie die Menschen handeln *sollten*, sondern wie sie tatsächlich im Naturzustand handeln. Das „Gesetz" war für sie nicht der organische Ausdruck der angeborenen Sozialität der Menschen, sondern ein System von konventionellen Regeln, das aus Eigeninteresse defensiv errichtet wurde.

Der Inhalt ihrer Theorien der menschlichen Natur ist radikal anders. Für Hobbes wurde der natürliche Mensch von zwei überragenden Instinkten getrieben: von einfacher menschlicher Selbstsucht und vorrangig von Todesangst. Der Mensch tritt in den Sozialvertrag ein, um den Verwüstungen des Lebens im Naturzustand zu entkommen, einem Leben, „einsam, arm, böse, brutal und kurz". Die Gesellschaft ist aus einer Vereinbarung geboren, in der der Einzelne die gesamte natürliche Freiheit für die Sicherheit eintauscht. Rousseau meinte dagegen, dass der vorzivilisatorische Staat der glücklichste für den Menschen sei und der natürliche Mensch durch ein „verhängnisvolles Unglück" zivilisiert werde. Der Gesellschaftsvertrag war für Rousseau ein schlechtes Geschäft, in dem die Massen von denen hinters Licht geführt wurden, die hofften, ihre Arbeit auszubeuten. Sie tauschten ihre natürliche Freiheit ein, „denn sie hatten genug Geist, um die Vorzüge der politischen Institutionen zu erkennen, aber ohne die Erfahrung, um deren Gefahren vorherzusehen".[7] Für Hobbes war die Zivilisation das kleinere von zwei Übeln, für Rousseau das größere.[8]

Sowohl Hobbes als auch Rousseau beeinflussten tiefgreifend die liberalen und sozialistischen Traditionen des 19. und 20. Jahrhunderts, indem sie den Sozialstaat als Antithese zur Natur und nicht als ihren vollen Ausdruck bezeichneten. Die neuere Auffassung der Natur war eine direkte Folge des Verzichts auf die Wesenheiten, besonders die Idee des menschlichen Telos. Denker des empirischen Strangs des neueren Naturrechts

[7] Jean-Jacques Rousseau, *Diskurs über die Ungleichheit/Discours sur l'inégalité*. Kritische Ausgabe des integralen Textes. (Stuttgart: UTB 2008). Jean- Jacques Rousseau, *Du contrat social/Vom Gesellschaftsvertrag*: Französisch/Deutsch (Reclams Universal-Bibliothek 2010).

[8] Rousseaus Konzeption der Gesellschaft war die Antithese zu der des Aristoteles. Während Aristoteles lehrte, dass die Gesellschaft uns menschlich macht, uns unsere „zweite Natur", unsere wahre Menschlichkeit gibt, dachte Rousseau, die Gesellschaft korrumpiere die menschliche Natur. Er fand in der modernen Zivilisation eine Bedingung für „Ehre ohne Tugend, Vernunft ohne Weisheit, Freude ohne Glück". Rousseau, *Diskurs über die Ungleichheit*, 116.

stellten die Natur der Zivilisation gegenüber, weil sie die Natur rein statisch, immanent und materiell (physisch und psychologisch) begriffen und nicht wie Thomas von Aquin dynamisch und prägend. Die Natur ist ihnen zufolge das, *was die Menschen sind, bevor sie sozialisiert werden, und nicht das, was die Menschen mit Hilfe der Zivilisation am besten können.*

Dies bedeutet nichts weniger als eine vollständige Umkehrung der klassischen Idee der Natur. Im klassischen Denken war das Natürliche ein Synonym für Vernunft und Ordnung. Die Gesellschaft selbst war die natürliche Ausarbeitung des menschlichen Telos, Familien zu bilden und dann breitere Gemeinschaften, die dazu dienen, das Individuum zu humanisieren. Der Prozess, den die modernen Denker als „Sozialisation" bezeichnen, ist in der Tat, wie klassische Denker erkannten, unsere *Humanisierung*. Nur im sozialen Zustand erreicht der Mensch seine zweite Natur. Nur in der Gesellschaft wird er ein Individuum. Deshalb sagte Aristoteles, dass ein Mensch außerhalb der Gesellschaft entweder ein Tier oder ein Gott sein muss – entweder ist er weniger als menschlich oder er ist göttlich.[9] Der zivilisierte Staat ist unser echter und natürlicher Zustand, ein Zustand zwischen Tieren und Engeln. Der „Natur zu folgen" hieß nicht, „das zu tun, was aus der Natur kommt", sondern, wie Aristoteles sagte, jeden Nerv anzustrengen, um in Übereinstimmung mit dem Besten in uns zu leben.[10]

Diese veredelte, dynamische und inhärent moralische Naturvorstellung veränderte sich mit der empirischen Auffassung des Naturrechts. Wie Hobbes und Rousseau es begriffen, wurde die Natur im vorzivilisierten Zustand zurückgelassen. Die Gesellschaft war kein organischer Ausdruck unserer angeborenen menschlichen Geselligkeit, sondern eine utilitaristische Entwicklung, die durch Eigeninteresse motiviert und vertraglich begründet war. Die Familie, die Kirche und die sekundären sozioökonomischen Vereinigungen waren nicht mehr Ausdruck des kommunitären Instinkts, sondern konventionell, übergestülpt und revidierbar. Rousseau ging sogar noch weiter und kehrte das aristotelische Verständnis unserer Beziehung zur Gesellschaft völlig um: Er lehrte, dass die Zivilisation, statt uns zu vervollkommnen, uns zwangsläufig korrumpiere. Die Aufgabe der Reform des Individuums wurde nun zur Aufgabe des Staates. Rousseau ging so weit, dass eine volle demokratische Gesellschaft diese

---

[9] Aristoteles, *Politik*, 1.2.1253a 29.

[10] Aristoteles, *Nikomachische Ethik*, 10.7.1177b31–1178a2.

sekundären Assoziationen aufgeben sollte: Keine soziale Institution sollte zwischen dem Individuum und dem Staat vermitteln dürfen.[11] Nachfolgende liberale und sozialistische Denker übertrieben die Spaltung zwischen dem natürlichen Menschen und der Gesellschaft noch weiter. John Stuart Mill, der Vater des modernen progressiven Liberalismus, betrachtete die Gesellschaft als eine ständige Bedrohung für unsere Freiheit, als ein Hindernis anstatt als eine Erzieherin unserer Individualität. Für Marx und Engels waren die Familie, die Kirche und die Wirtschaftsverbände allesamt unterdrückende Überbleibsel des Feudalismus, die in der überwältigenden Macht des Staates untertauchen und ausgelöscht werden sollten.

Es ist kein Zufall, dass Hobbes und Rousseau auch die Ansicht vertraten, der Staat sei die Quelle aller Normen von richtig und falsch. Hobbes nannte ohne Ironie den Staat den „irdischen Gott" – sowohl, weil er die Quelle aller Moral sei, als auch, weil seine Macht unbegrenzt sein müsse. Wie Ockham und Locke war Hobbes ein Voluntarist, aber seine Art des Voluntarismus war radikal säkularisiert: Er bestand darauf, dass es nicht Gottes Wille sei, sondern der Wille des Souveräns, welcher nicht nur die Maßstäbe von Recht und Unrecht, sondern auch die richtige Interpretation der Schrift bestimme.[12] Auch Rousseau meinte, die Macht des Staates müsse unbegrenzt sein. Er argumentierte im *Gesellschaftsvertrag*, dass keine verfassungsmäßigen Rechte die Macht des Staates einschränken könnten und dass der allgemeine Wille des Volkes notwendigerweise richtig und gut sei.[13] In diesen beiden Denkern finden wir die keimhaften Ausdrücke des modernen rechten und linken Totalitarismus.[14]

---

[11] Die Bürger müssen sich immer selbst entscheiden. „Aber wenn Gruppen, sektionale Vereinigungen gebildet werden auf Kosten des [Staates], wird der Wille jeder dieser Gruppen im Verhältnis zu ihren eigenen Mitgliedern allgemein werden und privat in Bezug zum Staat. ... Wenn also der allgemeine Wille ausgedrückt werden soll, ist es zwingend notwendig, dass es im Staat keine sektionalen Assoziationen gibt." Jean-Jacques Rousseau, *Du contrat social/Vom Gesellschaftsvertrag*: Französisch/Deutsch (Reclams Universal-Bibliothek 2010), 64.

[12] „Es gehört also zu ihm, der die souveräne Macht hat, Richter zu sein oder alle Richter der Meinungen und Lehren zu bilden als für den Frieden notwendig." Thomas Hobbes, *Leviathan*, (2.18). Dazu gehört die Bestimmung der angemessenen Auslegung der Schrift und aller religiösen Autorität. Hobbes, *Leviathan* (2.29).

[13] „Der allgemeine Wille ist immer rechtmäßig und tendiert immer zum öffentlichen Wohl." Rousseau, *Der Gesellschaftsvertrag*, 2.3. Die souveräne Macht ist absolut, unantastbar und ohne theoretische Grenze. Rousseau, *Der Gesellschaftsvertrag*, 2.4.

[14] Jesaja Berlin rechnet Hobbes und Rousseau zu den zwei einflussreichsten Architekten des modernen Totalitarismus. Isaiah Berlin, *Freedom and Its Betrayal: Six Enemies of Human Liberty*,

Diese moralischen und empirischen Stränge des postklassischen Naturrechts werden auch heute fortgesetzt, wenn auch in zunehmend verwässerter Form. Wir finden einen Überrest des moralischen Strangs in Lon Fullers „prozeduralem Naturrecht"[15] und den empirischen Teil in den Theorien von Adam Smith und den klassischen Ökonomen und der modernen liberalen und libertären Denker.[16]

Nachdem allmählich das organische Element des Gesetzes verprasst worden war, wurden ältere Synonyme zu Antonymen: Die Natur wurde nun der Vernunft, der Ordnung und der Gesellschaft entgegengesetzt. Tatsächlich war die Natur jetzt ganz das Gegenteil von „Gesetz" im bürgerlichen oder moralischen Sinne. Die Idee des „Naturrechts" war auf dem Weg, ein Oxymoron zu werden.

Moralische Objektivität ohne Naturrecht: Der Utilitarismus

Als die Denker der Aufklärung im 18. Jahrhundert die Naturrechtstradition aufgaben, fielen sie nicht direkt in den Abgrund der modernen moralischen Skepsis. Selbst als sie einen Großteil der früheren Weltsicht über Bord geworfen hatten, versuchten sie, an einer Sache festzuhalten, auf die keine moralische Theorie, die diesen Namen verdient, verzichten kann – die moralische Objektivitäts-These. Weil sie jedoch die teleologische Auffassung der Welt ablehnten, mussten sie eine andere Grundlage für die Moral finden.

---

ed. Henry Harty (Princeton, N.J.: Princeton University Press, 2002), Kapitel 1 (zu Hobbes) und Kapitel 2 (zu Rousseau).

[15] Fuller argumentiert, dass es acht rationale und normative Elemente gebe, die notwendig seien, um eine Regel als verbindliche Rechtsvorschrift zu betrachten, d. h. als ein Gesetz. Dazu gehört, dass Gesetze promulgiert werden müssen, dass sie nicht rückwirkend sein können, dass sie nicht zu häufig geändert werden sollten und dass sie nicht miteinander in Konflikt geraten sollten. Wie Fuller bemerkt, hat diese Konzeption des Naturrechts aber nichts mit dem höheren Gesetz Gottes oder gar mit der Moral in irgendeinem substantiellen Sinne zu tun. Diese Elemente sind vielmehr die rationalen Anforderungen der Rechtsetzung. Lon Fuller, *The Morality of Law* (New Haven, Conn.: Yale University Press, 1964).

[16] Zu den einflussreichsten liberalen Denkern des letzten Jahrhunderts gehört H. L. A. Hart. Hart gab zu, dass es in der Naturrechtslehre einen Kern gesunden Menschenverstandes gibt – aber es sind fünf „Binsenweisheiten" über die menschliche Natur: Menschen sind verwundbar, wir sind mehr oder weniger gleichwertig in Talenten und Fähigkeiten und wir haben einen begrenzten Altruismus, begrenzte Ressourcen, begrenzte Erkenntnis und Willensstärke. H. L. A. Hart, *The Concept of Law*, 2. Aufl. (Oxford: Clarendon Press, 1994), 190–95. Für eine kürzlich veröffentlichte libertäre Version siehe Randy E. Barnett, *The Structure of Liberty* (New York: Oxford University Press, 1998).

In den 1780er Jahren entstanden zwei gegensätzliche Denkrichtungen, die beide die moderne Moralphilosophie dramatisch und unwiderruflich beeinflusst haben. Obwohl sie in vielerlei Hinsicht unterschiedlich sind, stellen diese beiden Systeme des moralischen Denkens – Utilitarismus und kantische Deontologie – die beiden letzten Atemzüge der moralischen Objektivitäts-These in der modernen Philosophie dar. Dass zwei solche philosophisch epochalen Systeme der Moraltheorie innerhalb weniger Jahre erschienen, ist ein Beweis für die Bedeutung des Problems, mit dem Moralphilosophen in diesem Moment der Geschichte konfrontiert waren.

Im Jahre 1781 veröffentlichte Jeremy Bentham (1748–1832) seine *Einführung in die Prinzipien der Moral und Gesetzgebung*, eine Arbeit, die den Utilitarismus verteidigte und anwendete, um zu moralischen und juristischen Urteilen zu kommen. Bentham erfand weder den Utilitarismus, noch schuf er den Namen. Es war der Chemiker und Unitarierminister Joseph Priestly, der 1768 argumentierte, dass das einzig angemessene Maß für die Güte einer Handlung ihre Tendenz sei, „das Gute und das Glück ... der Mehrheit der Mitglieder eines Staates zu maximieren".[17] Dies wurde Benthams „Prinzip des größten Glücks" genannt. Und es war Benthams Schüler John Stuart Mill, der behauptete, der Erste zu sein, der den Begriff *utilitaristisch* in einem ethischen Sinn benutzt habe.[18] Dennoch tat Bentham mehr als jeder andere Denker, um utilitaristische Ideen in einer Vielzahl von Kontexten zu entwickeln und anzuwenden. Er war ein Philosoph und Anwalt, der sich an den meisten Tagen acht bis zwölf Stunden mit utilitaristischen Themen befasste und lange Jahre Mitglied des Parlaments war, wo er seinen Einfluss dazu nutzte, die Struktur des englischen Gesetzes zu verändern, auf dass es sich nach utilitaristischen Prinzipien verhalte. Kein anderer einzelner Denker in der Geschichte hat einen ebenso großen wie unheilvollen Einfluss auf das englische und amerikanische Recht gehabt.

Es ist entscheidend zu sehen, dass die Bewegung vom Naturrecht zum Utilitarismus mehr als eine Veränderung der moralischen Perspektive war; sie reflektierte eine tiefere metaphysische Verschiebung vom Theismus zum *de facto*-Materialismus unter den Intellektuellen des 18. Jahrhunderts. Benthams Leben und Denken macht dies deutlich. Obwohl

[17] Joseph Priestly, *An Essay on the First Principles of Government* (New York: Gale ECCO: 2010), 17.
[18] John Stuart Mill, *Utilitarismus* (Hamburg: F. Meiner 2009), 8.

er gelegentlich einen Deismus vorgab, war er durchgängig ein Atheist und Materialist. Er bezeichnete die Seele als eine „körperliche Substanz“, er sagte, Gott sei eine „Nichtigkeit“, und charakterisierte den Tod als einen Prozess der „Veränderung der Modifikation der Materie“.[19] Seine Anklagen gegen das Christentum, die er während seines Lebens oft nur unter Pseudonymen veröffentlichte und die teilweise erst *posthum* erschienen, waren einige der radikalsten seiner Zeit (obwohl sie nach heutigen Standards eher lau sind). Seine früheren Schriften greifen das Christentum aus utilitaristischen Gründen an,[20] aber sein Hass auf das Christentum scheint mit dem Alter gewachsen zu sein, und einige seiner später *posthum* veröffentlichten Werke greifen Jesus und Paulus an. Trotz seiner äußersten Verachtung für die Religion bezeichnete er sich als „Begründer einer Sekte“, als den „Luther der Rechtsprechung“, und hoffte, dass er als „Person großer Heiligkeit“ in Erinnerung bleiben würde. Sein Sinn für messianische Selbstdarstellung war berüchtigt. Als Lord Shelburne ihn fragte, was getan werden müsse, um „die Nation zu retten“, antwortete Bentham: „Nehmen Sie mein Buch und folgen Sie mir.“[21]

Benthams Utilitarismus ist auf drei Prämissen aufgebaut. Die erste ist der psychologische Hedonismus, die empirische Behauptung, dass die Menschen inhärent durch den Wunsch nach Glück zum Handeln motiviert werden, was Bentham mit Vergnügen gleichsetzt. In der Einleitung seiner *Einführung in die Grundsätze der Moral und Gesetzgebung* schreibt er: „Die Natur hat die Menschheit unter die Herrschaft zweier souveräner Herren

[19] Jeremy Bentham, “A Fragment on Ontology”, The Works of Jeremy Bentham 8.196, zitiert nach James E. Crimmins, “Bentham on Religion: Atheism and the Secular Society”, *Journal of the History of Ideas* 47, no. 1 (January–March 1986): 97n13, 98. Für eine allgemeine Übersicht über Benthams Konzeption von Philosophie und Politik und die aktiven und passiven Einflüsse seines Denkens ist der *locus classicus* immer noch Elie Halevy, *The Growth of Philosophical Radicalism* , trans. Mary Morris (Boston: Beacon Press, 1955), insbesondere 5–34, 435–54.

[20] Bentham fasste viele dieser Argumente in einer späteren Arbeit zusammen, die er mit George Grote unter dem Pseudonym Philip Beauchamp verfasste und 1822 veröffentlichte. Die religiöse Lehre und Praxis, argumentierte er, „führt zu nutzlosem Leiden“, „erzwingt nutzlose Entbehrungen“, „drückt [den Gläubigen] unbestimmten Terror“ auf und „besteuer[t] das Vergnügen“ durch „die Infusion mit vorbereiteten Skrupeln und anschließender Reue“. Darüber hinaus schaffe die Religion ungerechtfertigte Antipathien zwischen den Gläubigen verschiedener Religionen, „pervertiert die Volksmeinung und korrumpiert moralische Gefühle“. Aber er ging noch weiter, um vom empiristischen Standpunkt aus den Glauben an Gott, an die Seele und an ein Leben nach dem Tod anzugreifen. Beauchamp (Bentham), zitiert in Crimmins, “Bentham on Religion”, 103.

[21] Ibid.

gestellt: *Schmerz* und *Vergnügen.*“[22] Dies besagt noch nicht, dass das Streben nach Vergnügen gut sei, sondern nur, dass wir biologisch von der Suche nach Vergnügen und der Vermeidung von Schmerzen angetrieben werden. Die zweite Prämisse, der ethische Hedonismus, liefert das moralische Element, dass das Glück (Vergnügen) tatsächlich das Maß der Güte einer Handlung oder eines Sachverhalts sei. Ethischer Hedonismus ist keine neue Idee. Epikur und einige der Sophisten hatten 2000 Jahre vor Bentham den ethischen Hedonismus verteidigt. Aber Benthams Prinzip der Glückseligkeit führte ein drittes Element ein, die Idee der Lustmaximierung. Es baut auf dem zweiten Prinzip auf, indem es verlangt, dass die Güte einer Handlung durch *die allgemeine Glückseligkeit aller Menschen,* oder nach einigen modernen Versionen, durch das Glück aller Lebewesen gemessen werde. Das Lustmaximierungsprinzip stellt eine praktische Spannung zwischen dem ersten und dem dritten Element des Utilitarismus dar, da der Utilitarismus die Aufopferung des Glücks des Individuums fordert, um eine größere Summe von Glück für die Vielen zu erzeugen.

Der Utilitarismus war für die Denker der Aufklärung attraktiv, weil er einen objektiven, quantitativen Maßstab für die Moral zu bieten schien. Der Maßstab für das, was wir tun sollen, ist unter anderen Handlungsalternativen ein objektiver Sachverhalt, der das größte Glück für alle darstellt. Kollektive Glückszustände sind Fakten. Die Güte und die Schlechtigkeit der Handlungen sind objektiv in dem Sinne, dass sie an diesen psychologischen Fakten gemessen werden können, die die Gesamtheit des Glücks in der Welt widerspiegeln. So schien der Utilitarismus zu versprechen, dass Ethik ein Zweig der Wissenschaft werden könne. Zumindest theoretisch würde der utilitaristisch denkende Gesetzgeber seine Sozialwissenschaftler dazu veranlassen können, bestimmte alternative Handlungen zu untersuchen und die Konsequenzen derselben zu berechnen. Bei einer rechtlichen oder politischen Frage, ob etwa eine Steuer erhoben oder gesenkt werden, eine Tätigkeit verboten oder entkriminalisiert werden, ein Wirtschaftszweig reguliert oder dereguliert werden solle, hängt die richtige Antwort von der Gesamtsumme der Nettozufriedenheit ab, die durch eine Handlung erreicht werden könnte, vermindert um jedes Unglück, das dadurch verursacht wird. Im Gegensatz zu Aristoteles' Beobachtung, dass Ethik eine Frage des praktischen Denkens ist und

---

[22] Jeremy Bentham, *The Principles of Morals and Legislation* (Amherst, N.Y.: Prometheus Book, 1988), 1 (Hervorhebung im Original).

dass häufig die richtige Antwort nur annähernd erreicht werden kann, bot der Utilitarismus das Allheilmittel der wissenschaftlichen Präzision im ethischen Denken – eine berauschende Idee innerhalb des Milieus des Rationalismus des 18. Jahrhunderts.

In zweifacher Hinsicht hatte der Utilitarismus oberflächliche Ähnlichkeiten mit der Theorie des Naturrechts. Beide Theorien verbinden die Moral mit der menschlichen Natur, allerdings auf sehr unterschiedliche Weise. Der psychologische Hedonismus war analog zum aristotelischen Prinzip, dass die Natur in uns eine angeborene Neigung zur Suche nach dem Guten implantiert hat. Für Aristoteles suchen wir von Natur aus eine Art Selbstverwirklichung in der Erfüllung unseres Telos. Für Bentham sind wir naturgemäß dazu getrieben, Freude zu erlangen und Schmerzen zu vermeiden. Obwohl Benthams Konzeption von Glück offensichtlich von derjenigen Aristoteles' sehr verschieden ist – Aristoteles leugnete ausdrücklich, dass Glück Vergnügen sei – und obwohl Bentham dachte, dass die natürlichen Drangsale des Schmerzes und des Vergnügens eher mechanistisch als teleologisch wirken, gibt es zumindest einen Überrest der älteren Idee, dass die Natur uns einen Leitfaden für das richtige Handeln geliefert hat.

Zweitens sind sowohl Aristoteles' Teleologie als auch Benthams Utilitarismus Formen des ethischen Naturalismus, weil moralische Wahrheit in natürlichen Tatsachen über die Welt begründet ist. Bentham begründete diese Wahrheiten nicht in den Leistungen unseres natürlichen Wesens oder Telos, sondern in der maximalen Verwirklichung von Glückszuständen. Aristoteles wäre jeder Versuch, über ethische Urteile quasimathematisch nachzudenken, zweifelhaft gewesen, und Thomas war klar, dass die Konsequenzen nicht allein das Quantum des Guten ausmachen können. Dennoch messen Naturrechtstheorie und Utilitarismus die Güte oder Schlechtigkeit einer Handlung in Bezug auf die natürlichen Zustände, die sie hervorbringen. In dieser Hinsicht war Bentham ebenso wie Aristoteles gegen die Forderung von Hume, kein „Sollen" aus einem „Ist" zu folgern.[23]

---

[23] G. E. Moore nannte dies den „naturalistischen Fehlschluss". In seinem Argument der „offenen Frage" hat er dieses Problem im Zusammenhang mit dem Utilitarismus aufgezeigt, d. h., es ist immer eine offene Frage, ob die Maximierung der Lust wirklich das Gute ist. G. E. Moore, *Principia Ethica*. Erweiterte Ausgabe (Reclam 1984). Siehe Anthony J. Lisska, *Aquinas's Theory of Natural Law: An Analytic Reconstruction* (New York: Clarendon Press, 1993), 57–62, 57–62, der das Argument der „offenen Frage" und ihre Konsequenzen für die ethische Theorie beschreibt.

Hier enden jedoch die Gemeinsamkeiten. Zum einen degradierte der Utilitarismus die Natur des menschlichen Handelns. Es liegen Welten zwischen Aristoteles' *eudaimonia*, dem Streben nach menschlicher Vollkommenheit, und Benthams Prinzip der Lustmaximierung. Bei Bentham haben unsere menschlichen Ziele und Zwecke ihren moralischen Charakter verloren: Sie verkörpern das, was wir tun *wollen*, anstatt das, was wir tun *sollen*, um unser menschliches Potenzial zu realisieren. In diesem Sinne folgte Bentham nur der Hobbes'schen Linie, dass die Natur nicht zu unserer größeren Vollendung führe – wie Aristoteles es ausdrückte: zu dem, „was jedes Ding ist, wenn es voll entfaltet ist"[24] –, sondern schlicht die stärkste Kraft oder der größte Wunsch in uns sei.

Dies erzwang eine zweite fundamentale Veränderung des moralischen Denkens, die in der gegenwärtigen Politik immer noch nachwirkt. Aristoteles und die klassischen Denker versöhnten die Tugend und das Glück, indem sie darauf beharrten, dass das Streben nach dem ersteren zu dem letzteren führt.[25] Die soziale Ordnung war nach Aristoteles ein natürliches Resultat der individuellen Ordnung. In Benthams Ansicht dagegen erfließt die geordnete Gesellschaft nicht aus jedem einzelnen Individuum, das seiner angeborenen menschlichen Natur folgt. Bentham konnte die Pflicht nur mit Glück in Einklang bringen, indem er es uns zur Pflicht machte, alle glücklich zu machen, oder zumindest so viele wie möglich. Hier tritt ein irreduzibler Kollektivismus in die Moraltheorie ein. Wo das Sollen in Aristoteles' Denken in unsere individuellen Zwecke eingebaut war, wurde es für die Utilitaristen ein *soziales* Ziel. Es war zunächst nur in dem Sinne „sozial", dass das Glück jedes Einzelnen zählt, und später in dem größeren Sinne, dass wir *kollektiv* auf den utilitaristischen Imperativ *reagieren* müssen, indem wir die Nützlichkeit durch den Mechanismus des Staates maximieren. Es ist vor allem wegen des Einflusses des utilitaristischen Denkens, dass die moderne politische Moral zu einer durchaus kollektivistischen Angelegenheit wurde.[26]

---

[24] Aristoteles, *Politik*, 1.2.1252b32-33.

[25] Nach Aristoteles hängt das Glück aller von der Tugend jedes Einzelnen ab. Siehe Henry B. Veatch, "Telos and Teleology in Aristotelian Ethics", in *Studies in Aristotle*, ed. Dominic J. O'Meara (Washington, D.C.: Catholic University of America Press, 1981), 279, 281.

[26] Veatch hat diesen Punkt bei allen modernen Formen des Konsequenzialismus herausgestellt: „Das sittliche Leben wird nicht mehr vornehmlich darin gesehen, dass das Individuum sein rechtes Ziel oder seinen Zweck oder sein Telos verfolgt, wie das eines menschliches Wesens, und versucht, sich nicht ablenken zu lassen von Myriaden zufälliger Impulse, Triebe, Neigungen und Vorlieben, die niemals aufhören, sich im Leben eines jeden von uns

Einige Probleme des Utilitarismus

Die Schwierigkeiten mit dem Utilitarismus sind sowohl philosophisch als auch praktisch. Obwohl wir hier nicht den Raum haben, um die vielen Probleme und Einwände gegen den Utilitarismus zu erforschen, leidet die Theorie unter mindestens drei zentralen Schwierigkeiten – die wir das Quantifikationsproblem nennen, das Problem des ethischen Hedonismus und das Problem der Gerechtigkeit.

Das Quantifizierungsproblem ist methodisch und praktisch. Es besteht darin, dass es unmöglich ist, die Summe der relativen Glücks- und Unglückszustände zu berechnen, die durch unterschiedliche Handlungsweisen erreicht werden können. Das Problem hat mehrere Facetten. Grundsätzlich: Wie können wir eigentlich verschiedene Größen von Glück messen, die durch Handlungsalternativen erzeugt werden – selbst im Rahmen der Aktivitäten nur einer Person? Betrachten Sie die häufigste alltägliche Wahl – ob Sie heute Abend ein Konzert besuchen oder Freunde besuchen oder zu Hause bleiben wollen, um zu schreiben. Es ist schwer genug zu entscheiden, welche von diesen Möglichkeiten zu bevorzugen ist, und noch viel schwieriger, jeder einzelnen dieser Möglichkeiten eine bestimmte Zahl von Glückseinheiten zuzuordnen, wie es der Utilitarist tun muss, zum Beispiel zehn Einheiten für das Konzert und zwölf für den Besuch der Freunde. Tatsächlich ist es sogar noch viel komplizierter, da Bentham angedeutet hat, dass es mehrere unterschiedliche Dimensionen eines Glückszustands gibt: Intensität, Dauer, Gewissheit oder Unsicherheit und zeitliche Nähe oder Ferne.[27]

Die Quantifizierung der Glückszustände verschlechtert sich jedoch noch, wenn wir auch die langfristigen Konsequenzen jeder Aktivität berechnen müssen. Obwohl ich heute Abend weniger glücklich sein könnte, wenn ich zu Hause weiterschreibe, muss die Zeit, die ich für die Weiterentwicklung dieses Buches benötige, in Bezug auf das Glück auf lange Sicht etwas wert sein – aber wie viel? Das ist unmöglich zu sagen. Selbst dies sind jedoch kleine Schwierigkeiten im Vergleich zu den Problemen, die auftreten, wenn wir versuchen, die Theorie auf die gesamte

---

zu manifestieren. Nein, die Moral wird, wenn wir es so sagen dürfen, im Großen und Ganzen eine Angelegenheit eines Individuums, das sich selbst in Bezug auf andere machen muss – und nicht ausschließlich in Bezug zu sich selbst. Seine Pflichten hat es nicht sich selbst gegenüber, sondern nur gegenüber anderen." Veatch, "Telos and Teleology in Aristotelian Ethics", 287

[27] Bentham, *The Principles of Morals and Legislation*, 29.

Bevölkerung auszudehnen. Wie wird sich eine bestimmte Gesetzesänderung auf jeden Einzelnen auswirken? Wie beurteilen wir den Wert für jede betroffene Gruppe und subtrahieren von dieser Last die negativen Auswirkungen? Diese Berechnungen für die ganze Bevölkerung werden an dieser Stelle rein intuitiv.

Betrachten wir schließlich einen letzten Aspekt dieses Problems, der schwer wiegt in der Litanei der Probleme des utilitaristischen Denkens. Selbst wenn diese anderen Mängel überwunden werden könnten, sind wir nicht in der Lage, alle unbeabsichtigten Konsequenzen bestimmter Veränderungen vollständig vorwegzunehmen. Liberalisierte Scheidungsgesetze scheinen aus der Perspektive verheirateter Paare, die sich scheiden lassen wollen, einen utilitaristischen Sinn zu machen (während diejenigen, die glücklich verheiratet sind, überhaupt nicht betroffen sind). Aber wie wird sich das auf die Kinder auswirken? Und wie werden sich die Auswirkungen auf die langfristige psychische Gesundheit dieser Kinder oder ihre schulischen Leistungen auswirken? Wie wird dies wiederum ihre Aussicht beeinflussen, berufliche Fähigkeiten zu erlangen, einen Job zu erhalten, ihre eigenen Familien zu erziehen, gute Bürger zu werden? Und das sind Konsequenzen, die man antizipieren kann. Was ist mit den völlig unvorhergesehenen Aspekten einer gesetzlichen Änderung? Wie werden liberalisierte Scheidungsgesetze langfristig die Institution der Ehe selbst verändern (und möglicherweise untergraben)? Und wie lassen sich die Auswirkungen *dieser* Änderung berechnen?

Wir könnten diese Probleme in aller Ausführlichkeit entwickeln, aber es macht keinen Sinn, die Lilie hier zu vergolden. Auch nur ein kurzes Rezitieren der Arten von Problemen, die den utilitaristischen Anspruch bedrängen, in der Lage zu sein, die Berechnung von langfristigen Glückszuständen über die gesamte Bevölkerung zu kalkulieren, macht die methodologischen Probleme der utilitaristischen Theorie deutlich. Aber das Problem der Quantifizierung ist die geringste der Schwierigkeiten des Utilitarismus.

Das zweite Problem ergibt sich aus dem ethisch-hedonistischen Prinzip. Glück, das als Vergnügen definiert wird, ist einfach nicht das Maß des Guten. Vergnügen (ob maximiert oder nicht) ist weder notwendig noch hinreichend für die Güte einer Handlung. Genuss ist auch nicht der kleinste gemeinsame Nenner, auf den alle anderen Werte reduziert werden können, wie es der Utilitarismus zu erfordern scheint.

Selbst wenn wir alternative Glückszustände berechnen könnten, scheint es für die meisten Menschen klar zu sein, dass es nicht immer darum geht, das Richtige zu tun, um Glück oder Freude zu maximieren. Stellen Sie sich einen Zustand vor, in dem wir uns alle an Maschinen anschließen könnten, die uns in allem unterstützen würden, während sie uns mit dauerhaften und vollständig maximierten Vergnügungszuständen im Laufe unseres ganzen Lebens versorgen würden. Angenommen, wir könnten uns selbst fortpflanzen und damit sicherstellen, dass wir weiterhin Freude daran haben, dass die nächste Generation geboren wird. Wenn dies nur dadurch erreicht werden könnte, dass alle äußeren Aktivitäten aufgegeben würden, so dass wir nur auf einem bequemen Stuhl sitzen und dieses Maximum an Vergnügen für den Rest unseres Lebens erfahren würden, vollständig ernährt und gepflegt durch einige Maschinenkader – wäre das wirklich der erhabene Gipfel ethischer Leistung? Es scheint kaum ein Leben zu sein, das überhaupt wert ist gelebt zu werden, doch wäre es nach utilitaristischen Prinzipien dem Leben vorzuziehen, das die meisten von uns tatsächlich leben.[28]

Darüber hinaus gibt es einen zweiten Aspekt dieses Problems. Werte wie Vertrauen, Altruismus, Treue, bürgerliche Toleranz, Mut, Mitgefühl und so weiter scheinen nicht direkt in Vergnügen übersetzbar zu sein und umgekehrt. Sie können manchmal zu Vergnügen und manchmal zum Gegenteil führen, aber sie können nicht auf Lustzustände reduziert oder daran gemessen werden. Philosophen bezeichnen dies als *Inkommensurabilität* ethischer Werte. Mit anderen Worten, es gibt keinen kleinsten gemeinsamen Nenner (Vergnügen oder irgendetwas anderes), mit dem alle Werte und alle Zustände gemessen werden können. Die Welt ist einfach komplexer, als der ethische Hedonist annimmt. Deshalb ist Ethik eine Frage der praktischen, nicht der theoretischen Argumentation.

Aber die dritte Schwierigkeit, das Problem der Gerechtigkeit, ist am größten. In seiner einfachsten Form besteht das Problem aus dem allgegenwärtigen potenziellen Konflikt zwischen der Maximierung von Nutzen und Schutzrechten. Wir erkennen an, dass es viele Situationen gibt, in denen der Gesamtnutzen der Bevölkerung als Ganzes nur durch die Verletzung der Rechte einiger weniger erreicht werden kann. Angenommen, wir könnten das allgemeine Glück aller Menschen erhöhen, indem

[28] Robert Nozick hat eine Version dieses Problems mit seinem „experience machine"-Beispiel aufgeworfen. Robert Nozick, *Anarchy, State, and Utopia* (New York: Basic Books, 1974), 42–45.

wir fünf Prozent der Bevölkerung versklavten. Wenn das, was die fünf Prozent in Bezug auf ihre Nützlichkeit verlieren, für den Rest von uns mehr als ausgeglichen werden könnte, scheint der Utilitarismus dies zu erfordern. Grundrechte können nicht utilitaristisch bezahlt werden. Wir können uns viele Situationen vorstellen, in denen der Schutz der Rechte mit utilitaristischen Prinzipien kollidiert.

Betrachten Sie die reichlich diskutierte Situation, in der die Verurteilung eines unschuldigen Menschen verhindert, dass eine Horde von randalierenden Menschen verschiedene andere Menschen tötet. Sind wir berechtigt, ein unschuldiges Leben zu opfern, um andere zu retten? Oder betrachten Sie die Möglichkeit, dass sieben sterbende Kinder gerettet werden könnten, wenn Sie ein achtes Kind opfern, indem Sie die benötigten Körperteile des achten für die anderen sieben spenden. Zwar haben Utilitaristen Antworten auf Hypothesen wie diese, aber sie hängen oft von empirischen Behauptungen ab wie der, dass die Erlaubnis von Rechtsverletzungen dieser Art langfristige Schwierigkeiten für alle mit sich bringe. Diese empirischen Antworten können jedoch wahr sein oder nicht. Wenn der Utilitarismus diese Art von grundlegenden Missbräuchen sogar prinzipiell sanktioniert, scheint er falsch zu sein (oder zumindest im Widerspruch zu den stärksten moralischen Intuitionen der meisten Menschen zu stehen).

Das Problem der Gerechtigkeit, wie der Philosoph John Rawls herausgestellt hat, geht auf die Tatsache zurück, dass der Utilitarismus die Grenzen zwischen den Menschen nicht ernst nimmt.[29] Er behandelt Freude oder Glück als Rohstoffe, die über die gesamte Bevölkerung verteilt und maximiert werden müssen, auch auf Kosten der Verletzung der Rechte einiger weniger. Die Vorliebe für die Maximierung, die das Problem der Gerechtigkeit widerspiegelt, hat noch weitreichendere moralische und politische Konsequenzen. Der Utilitarismus abstrahiert vom Individuum, um unsere moralische Aufmerksamkeit auf das System als Ganzes zu fokussieren, anstatt zu erkennen, dass Moral eine Funktion des individuellen Charakters und Handelns ist. Zweitens erzeugt sein inhärenter Impuls zur Maximierung von Glückszuständen einen endlosen Aktivismus, eine politische Ethik, in der wir immer mehr erreichen wollen –

[29] John Rawls, *Eine Theorie der Gerechtigkeit*, (Frankfurt: Suhrkamp 1979) 28–30. Vgl. auch Robert Nozick, *Anarchy, State, and Utopia* (New York: Basic Books, 1974), 42–45.

etwas Besseres. Zusammen haben diese beiden Tendenzen zu einer kollektivistischen und maximierenden Ethik die progressive Auffassung des Staates als Maschine zur Glücksmaximierung tief geprägt. Sie haben jedoch im Laufe der Zeit oft nur den gegenteiligen Effekt.

Kantische Moral

Im Jahre 1785, nur vier Jahre nach der Veröffentlichung der ersten Ausgabe von Benthams *Theory of Morals and Legislation*, veröffentlichte Immanuel Kant seine *Grundlegung zur Metaphysik der Sitten*, die die Antithese des Utilitarismus im ethischen Denken darstellt. Kant wurde in der deutschen Stadt Königsberg (damals Teil von Preußen, jetzt ein Teil von Russland) geboren. Er heiratete nie und reiste nie weiter als bis zu einer Entfernung von zehn Meilen von seiner Heimatstadt, obwohl er angeblich ein Mann von lebhaftem Witz, zuvorkommendem Charme und außergewöhnlicher Regelmäßigkeit war. Eine verbreitete Geschichte erzählt, dass er in seinen täglichen Gewohnheiten so konsequent war, dass seine Nachbarn ihre Uhren anhand seines Vier-Uhr-Spaziergangs durch die Stadt stellen konnten.

Kant zu verstehen bedeutet, die metaphysischen Annahmen der Traditionalisten durch die skeptische Linse der modernen Erkenntnistheorie zu lesen. Es wird manchmal gesagt, dass Kants Denken die Kulmination und Synthese der rationalistischen und empiristischen Traditionen sei. Hume zu lesen, sagte er, habe ihn „aus seinem dogmatischen Schlummer erweckt". Aber im Gegensatz zu Hume und den meisten späteren Empiristen zweifelte Kant nicht an der Existenz Gottes, der Seele oder der menschlichen Freiheit. Er dachte, wir könnten diese nicht so erkennen, wie wir die phänomenalen Dinge der Welt erkennen. Wie Descartes war er von der Physik begeistert und er war ein großer Bewunderer von Newtons mechanistischer Theorie des Universums. Er scheint der Erste gewesen zu sein, der vermutete, dass der Reibungswiderstand der Gezeiten auf der Erdoberfläche eine Verringerung der Rotationsgeschwindigkeit der Erde verursachen muss – eine Hypothese, die später von Wissenschaftlern bestätigt wurde. Aber wie konnte er seine religiöse Weltsicht mit einer mechanistischen und materialistischen Perspektive der Physik des 18. Jahrhunderts in Einklang bringen? Descartes' Versuch, von der physischen Welt ein völlig separates Reich für die Seele abzutrennen, konnte nicht die Lösung sein.

Kurz gesagt, war Kants Antwort, die empiristische Kritik der Realität und der wissenschaftlichen Perspektive zur Beschreibung physikalischer Phänomene zu akzeptieren. All jene Dinge, die Hume und andere Empiristen aus dem Bereich möglicher Erkenntnis verbannt hatten, wie Substanz, Raum, Zeit, Verursachung und Selbst, wurden für Kant zu nicht beweisbaren, aber notwendigen Voraussetzungen für eine kohärente Weltanschauung. Gott, Freiheit und Unsterblichkeit werden zu „regulativen Ideen" – zu Postulaten, die uns helfen, unsere moralische Erfahrung zu verstehen, obwohl wir nicht beweisen können, dass sie existieren. Raum, Zeit, Kausalität und andere grundlegende physikalische Vorstellungen, die Aristoteles und Thomas als real betrachtet hatten, die aber die Empiristen als unbeweisbar angriffen, begriff Kant als Projektionen des Verstandes, durch die der Verstand seine Welterfahrung organisiert. Dies nannte er seine „kopernikanische Revolution in der Umkehrung". Während klassische Theoretiker darauf bestanden, dass sich der Geist der Realität anpassen müsse, tat Kant einen kühnen Schritt, indem er argumentierte, dass sich die Realität dem Verstand anpassen müsse[30]. Da dies das objektive Wissen in einer prekären Position zurücklasse, schrieb Kant im Vorwort zur zweiten Ausgabe der *Kritik der reinen Vernunft*, „musste [ich] also das Wissen aufheben, um zum Glauben Platz zu bekommen".[31]

Kants moralisches Denken ist nicht im Glück begründet, wie es für Bentham und die Utilitaristen der Fall war, sondern in Vernunft und Freiheit. Kants Ethik ist eine Ethik der Pflichten und Rechten, nicht von Kosten und Nutzen. „Daher ist auch die Moral nicht eigentlich die Lehre,

---

[30] Kant war kein Idealist im Sinne Berkeleys: Er glaubte, dass es „da draußen" eine wirkliche Welt gibt. Aber er bestand darauf, dass der Geist die „noumenale" Realität strukturiert und organisiert, was uns unsere phänomenale Erfahrung der Welt ermöglicht. Dies war in gewissem Sinne eine Weiterentwicklung von Descartes' eigener Prämisse, dass wir nicht mit den Dingen beginnen, die wir von der Welt erkennen (da wir uns über sie täuschen können), sondern mit der inneren Erfahrung, dem *cogito*: dem Ich. Da alles, dessen wir uns zunächst sicher sein können, die Existenz des Selbst ist (ich denke, also bin ich), beginnt alles Wissen von innen heraus mit dem, was nicht zweifelhaft ist. Vom Fundament des Selbst aus hat Descartes unser Wissen über den Rest der Welt aufgebaut. Kant hat diese Einsicht tausendfach erweitert. Alle „phänomenale" Erkenntnis – d. h. das Wissen über die Welt, die durch die Sinne kommt – ist ein Produkt des Bewusstseins selbst. Raum und Zeit, Ursache und Wirkung, Selbst und Substanzen – das sind Ideen, die verursacht werden durch die Art, wie der Geist unsere Erfahrung der Welt organisiert.

[31] Immanuel Kant, *Kritik der reinen Vernunft*, Einleitung, Akademie-Ausgabe, Band 3.

wie wir uns glücklich machen," sagt er, „sondern wie wir der Glückseligkeit würdig werden sollen."[32] Die Richtigkeit oder Falschheit einer Handlung hängt nicht von ihren Folgen ab – von der Freude oder dem Vergnügen, das der Akt hervorbringt –, sondern von der intrinsischen Natur jedes einzelnen Aktes. Unschuldiges Leben zu nehmen ist an und für sich falsch, nicht wegen des Unglücks, das es hervorbringen kann. Während Utilitaristen das Gute vor das Recht stellen, stellt Kants Deontologie (aus dem griechischen *deon* „Pflicht") das Recht vor das Gute: Wir müssen versuchen, das Richtige zu tun und das Falsche zu meiden, auf Grund der Pflicht. Die Güte oder Schlechtigkeit (Freude oder Unerfreulichkeit), die sich aus der Handlung ergibt, ist bestenfalls eine sekundäre Angelegenheit.

Kants Moraltheorie ist tief und doch hauchdünn; sie ist subtil und komplex, lässt aber die Details ungelöst. Er begann die *Grundlegung zur Metaphysik der Sitten* mit der Frage: Was ist an sich gut? Nicht Reichtum, Intelligenz oder gute Gesundheit – nicht einmal Glück. Jedes von ihnen kann vergeudet oder, schlimmer noch, missbraucht werden. Das Einzige, was an sich gut ist, ist der „gute Wille". Und was ist ein guter Wille? Es ist der Wille, der „*pflichtgemäß und um der Pflicht willen*" handelt[33]. Der gute Wille tut, was richtig ist, weil es richtig ist. Und was verlangt diese Pflicht? Sie erfordert (negativ), dass der rationale Mensch nicht aus Impuls, Begierde oder Gefühl, sondern (positiv) aus rein rationalen Gründen handelt. Aus Impuls oder Begierde zu handeln bedeutet, heteronom zu handeln, aus Quellen außerhalb des Selbst, die wir nicht kontrollieren. Allein aus der Vernunft zu handeln, bedeutet autonom zu handeln. Die Pflicht führt uns dazu, der Vernunft zu folgen, und der Vernunft zu folgen bedeutet frei zu sein.

Kant formulierte sein grundlegendstes Prinzip der Moral in mehreren Versionen des „kategorischen Imperativs". Die erste Version lautete: „Ich soll niemals anders verfahren, als so, *dass ich auch wollen könne, meine Maxime solle ein allgemeines Gesetz werden.*"[34] Eine andere Version seines kategorischen Imperativs ist etwas substantieller: „Handle so, dass du die Menschheit sowohl in deiner Person, als in der Person eines jeden anderen jederzeit zugleich als Zweck, niemals bloß als Mittel brauchst."[35]

---

[32] I. Kant, *Kritik der praktischen Vernunft*, Akademie-Ausgabe (AA), Band 5, S. 130.

[33] I, Kant, *Grundlegung zur Metaphysik der Sitten*, AA, Band 4, 390 (meine Hervorhebung).

[34] Ibid., 402.

[35] Ibid., 429.

Wir müssen anderen die gleiche Autonomie und Würde als vernünftigen Menschen zukommen lassen, auf die wir für uns selbst bestehen.

Zusammengefasst ist das Ziel des menschlichen Lebens für Kant nicht das Glück, nicht einmal die Tugend. Es ist die Autonomie. Die Autonomie des Willens ist „das oberste Prinzip der Moral". Tatsächlich ist Autonomie die Fähigkeit des Willens, sich selbst ein Gesetz zu geben – um unsere eigenen Ziele im Leben zu bestimmen.[36] Dies ist der wahre Kern der Freiheit: Autonomie, vielleicht paradoxerweise, ist die Fähigkeit, uns ein Gesetz zum Leben zu geben. Dieses „Gesetz" muss jedoch mit dem kategorischen Imperativ übereinstimmen. Keine moralische Tat ist im Übrigen wahrhaft und völlig richtig, wenn sie nicht autonom geschieht. (Auch der tugendhafte Mensch des Aristoteles, der aus wohlgeformten Gewohnheiten handelt, ist für Kant nicht völlig autonom). In der Tat muss auch unser Gehorsam gegenüber Gott nicht in unserer Liebe zu Gott begründet sein, sondern in unserer eigenen Autonomie: Bevor wir Gott gehorchen können, müssen wir uns das Prinzip geben – und zwar aus Pflicht gegenüber der Vernunft allein –, dass man Gott gehorchen soll. Wenn wir unsere Verpflichtung darin gründen, aus Furcht vor Bestrafung zu gehorchen, oder sogar aus dem Wunsch, Gott zu gefallen, ist das Heteronomie.

Oberflächlich gesehen erscheint Kants ethisches System in gewisser Weise als eine Weiterentwicklung der Naturrechtstradition, und insbesondere als Kulmination des moralischen Strangs neuerer Versionen des Naturrechts. Aus Pflicht zu handeln bedeutet, aus der verbindlichen Vernunft zu handeln, einer Vernunft, die gesetzmäßig ist.[37] Kant akzeptierte die grundlegende Würde und Gleichheit aller Menschen und lehrte, dass, obwohl wir die Existenz der Freiheit nicht beweisen können, diese ein notwendiges Postulat der praktischen (moralischen) Vernunft ist. Und wie Aristoteles und Thomas von Aquin akzeptierte er die Unterscheidung zwischen theoretischer und praktischer Vernunft und schloss mit ihnen, dass die moralische Erkenntnis Wissen nicht dessen ist, was ist, sondern dessen, was sein soll.[38]

---

[36] Ibid., 59.

[37] „Pflicht ist die Notwendigkeit einer Handlung aus Achtung fürs Gesetz". Immanuel Kant: AAIV, 400.

[38] Kant lehrte, dass es nur eine allgemeine Kapazität für die Vernunft gibt, aber während sich die theoretische Vernunft auf ein Erfahrungsdatum bezieht, bestimmt die praktische Vernunft den Willen. Kant, *Kritik der praktischen Vernunft*, 1.1.

In einer anderen Hinsicht ist Kants ethisches Denken jedoch die Antithese zur klassischen Naturrechtstradition. Während klassische Denker darauf bestanden, dass das Gute vom Sein nicht getrennt werden kann – dass die Metaphysik die Grundlage der Ethik sein muss –, dachte Kant, dass beide getrennt werden müssten, um der Moral eine sicherere Grundlage zu geben.[39] Diese sichere Grundlage war nichts anderes als die menschliche Vernunft allein. Während überdies Thomas von Aquin dachte, dass Vernunft und Natur koextensiv sind, machte Kant sie zu Gegensätzen. Die Vernunft war, wie er glaubte, der Natur entgegengesetzt (weil er an der modernen, rein statischen und beschreibenden Naturvorstellung festhielt). Nur die Person, die allein aus Vernunft handelt, ist wirklich frei – autonom. Der Mensch, der dem Impuls oder dem Verlangen folgt – der aus der Natur handelt –, handelt heteronom: Er ist ein Sklave der „phänomenalen" Impulse der menschlichen Natur. Vernunft und Autonomie führen die freie Person dazu, nicht aus Verlangen, Glück, Eigeninteresse oder gar wohlgeformter Gewohnheit zu handeln, sondern allein aus Pflicht. Autonom zu leben und alle anderen als autonom zu behandeln (als Selbstzweck), ist unsere Pflicht, frei zu sein und die Autonomie jeder anderen Person anzuerkennen.[40]

---

[39] Kant hatte drei Gründe, warum er wünschte, dass die Moral von der Metaphysik und der Natur geschieden werden solle. Erstens war er skeptisch, dass wir überhaupt metaphysisches Wissen haben können. Unsere Moral auf eine so wackelige Grundlage zu stellen bedeutete, sie anfällig für Angriffe zu machen. Zweitens hatte Kant Hume gelesen und war darum besorgt, den Irrtum zu vermeiden, von einem „Ist" (d. h. von einer sachlichen Aussage wie einer Aussage über die Natur oder die Realität) zu einem „Sollen" zu gehen (d. h. zu einer moralischen Schlussfolgerung). Im 20. Jahrhundert nannte der Philosoph G. E. Moore dies den „naturalistischen Fehlschluss". Wenn dies in der Tat ein Fehlschluss ist (siehe Kapitel 3), begehen Utilitaristen und Naturrechtstheoretiker gleichermaßen diesen Fehlschluss – Utilitaristen, weil sie ihre moralischen Schlüsse aus faktischen Behauptungen über das menschliche Glück ziehen, und Naturrechtstheoretiker, weil das Gute eine Funktion der Entfaltung unserer natürlichen Wesenheit ist. Als sorgfältiger Leser von Hume wollte Kant vermeiden, seine moralischen Schlüsse aus irgendwelchen naturalistischen (faktischen) Prämissen zu ziehen. Aber Kant hatte noch einen anderen Grund, die Moral von der Metaphysik zu trennen. Er wollte die menschliche Autonomie anstelle von Gott oder der Natur zur Grundlage aller moralischen Wahrheit machen. Moralische Wahrheit sollte aus den tiefsten Quellen in uns selbst kommen, anstatt aus einer „gegebenen" natürlichen Ordnung.

[40] Kants ethische Theorie ähnelt in gewisser Weise der Theorie der Stoiker, nach der wir aus Pflicht, nicht aus Streben nach Glück, handeln müssen; das Handeln aus Pflicht erfordert, dass wir unsere Wünsche überwinden, und zwar für einen Zustand der uneigennützigen Gerechtigkeit. Aber Kants Theorie fügt etwas entscheidend Modernes hinzu: die Zentralität der Freiheit. Die Stoiker lehrten, dass es frei sei, die Bedingungen unserer Natur zu verstehen und zu akzeptieren. Der Zustand der *Apatheia* war weitgehend negativ: Wir entkommen der

Die wichtigste Kritik des kantischen Ethiksystems ist, dass es praktisch substanzlos ist. Sein kategorischer Imperativ ist ein rein formales Prinzip ohne materialen Inhalt. Es ist kein erstes substantielles Prinzip der Ethik (wie das Prinzip Thomas von Aquins, dass man das Gute tun und das Böse vermeiden soll), sondern vielmehr ein Kriterium für moralisches Urteilen, ein Verfahren zur Beurteilung der Gültigkeit ethischer Prinzipien. Indem Kant die Vernunft von der Natur und die Moral vom Sein trennte, ließ er für die Ethik als Anleitung nicht viel mehr übrig als eine negative Verfügung gegen die Verletzung der Rechte anderer. Schlimmer noch, seine Theorie der Autonomie war verführerisch für die Verzerrung durch spätere Denker, die nur die Hälfte der kantischen Philosophie annahmen: Radikale Denker des 19. und 20. Jahrhunderts akzeptierten Kants Lehre, dass jeder Mensch seine eigenen Ziele wählen müsse, verwarfen jedoch Kants Mahnung gegen ein Handeln nach den Wünschen. Ohne die Natur als Leitung bei der Wahl des Ziels durch das Individuum wurde das Konzept der Autonomie in das hedonistische Meer der zeitgenössischen Kultur hinuntergezogen. Autonomie ist für viele liberale Denker heutzutage ein Recht – nicht eine Fähigkeit –, zu tun, was immer man will, sofern es mit dem gleichen Recht aller anderen übereinstimmt.

Das Abgleiten in den moralischen Subjektivismus

Obwohl es nicht verwunderlich ist, dass Denker der Aufklärung versucht haben, an der Objektivität im moralischen Denken festzuhalten, ist es überraschend, wie schnell ihre Bemühungen in Vergeblichkeit endeten. Ein Problem bestand darin, dass sowohl der Kantianismus als auch der Utilitarismus die Moral von den Tugenden und der Zentralität des menschlichen Charakters weg verlagerten, also das Betonungszeichen weg vom *Handelnden* hin zur *Handlung* verlegten. Der Utilitarismus tat dies, indem er die externen Folgen hervorhob, die Folgen von Handlungen, unabhängig von den Motiven, die diese Konsequenzen herbeiführten. Der Kantianismus schaffte dies, indem er die Verbindung zwischen der Richtigkeit einer Handlung und den natürlichen Quellen der mensch-

Bindung unseres Zustandes, indem wir sie verstehen. Kant argumentierte dagegen, dass die autonome Person ihre eigenen Ziele kreiere, ihren eigenen Weg zeichne, entscheide, welche Art von Leben zu leben sei, und dass dies Teil der Autonomie sei.

lichen Motivation voneinander trennte. Kant schlug vor, dass Handlungen, die aus Liebe oder Wohlwollen – oder sogar aus tugendhaften *Gewohnheiten* – vollzogen werden, nicht völlig autonom seien und somit nicht den Strukturen seines kategorischen Imperativs entsprachen. In beiden Fällen entwickelte sich die post-naturrechtliche Theorie zu einer Suche nach der richtigen Handlung, und dies führte in der Praxis zu einem Übermaß an Regeln, Geboten und Verboten.

Die Hervorhebung des moralischen Handelns und nicht des Handelnden hatte zwei weitere Konsequenzen. Auf der einen Seite konnte dies zu einem moralischen Pharisäismus führen (und führte auch oft dazu). Die Betonung verlagerte sich, besonders im Utilitarismus, auf die äußere Leistung der Handlung – die Einhaltung äußerer Regeln oder das Erreichen bestimmter Konsequenzen –, auf Kosten der moralischen Gesundheit der inneren Person. Aber eine Überbetonung der Handlung führte auch zu Skepsis. Da das Gute in bestimmten Akten nun parzelliert wurde, wurde immer stärker darauf geachtet, in jeder Situation die „richtige Antwort" zu erhalten. Aristoteles' alte Vorstellung, dass moralisches Wissen praktisches Wissen sei und dass wir nicht erwarten sollten, denselben Grad an Wahrheit im moralischen Denken zu erreichen wie im spekulativen, ging in der Moderne verloren. Die Präzision wurde zum Prüfstein der Objektivität selbst, als die „Moralwissenschaft" (wie sie im 18. und 19. Jahrhundert zunehmend genannt wurde) zu einer theoretischen Angelegenheit wurde. Die Last war zu schwer, um den Begriff der moralischen Objektivität zu tragen. Die inhärente Unmöglichkeit, mit deduktiver Sicherheit in jedem Fall präzise Antworten zu finden, führte die modernen Moralisten zunehmend zum moralischen Relativismus.

Die philosophischen Entwicklungen im 19. und 20. Jahrhundert beschleunigten diese eher allgemeinen Entwicklungen. Die Grundlagen der utilitaristischen und kantianischen Systeme brachen unter dem Gewicht ihrer eigenen Annahmen zusammen. In der Generation nach Benthams Tod lehnte sein größter Schüler John Stuart Mill abrupt Benthams Vorstellung ab, dass Glück rein quantitativ gemessen werden könne. Auf Benthams Behauptung, dass „die Quantitäten des Genusses gleich [seien], Reißzwecke [...] ebenso gut wie Poesie", antwortete Mill, dass „einige Arten von Vergnügen wünschenswerter [seien] als andere".[41] Glück oder

[41] Mill fährt fort: „Es wäre absurd, dass bei der Abschätzung aller anderen Dinge die Qualität wie auch die Quantität berücksichtigt wird, die Abschätzung des Vergnügens aber allein von der Quantität abhängen soll. Mill, *Utilitarianism*, 8.

Vergnügen, so behauptete er, habe eine qualitative Dimension: es gebe „höhere" und „niedere" Formen des Vergnügens. „Wenige menschliche Wesen würden sich bereit erklären, in eines der niederen Tiere verwandelt zu werden, um die Freuden eines Tieres zu erlangen", schrieb er in seinem Essay *Utilitarismus*. „Es ist ... besser, ein unzufriedener Sokrates, als ein zufriedener Trottel zu sein."[42]

Die qualitative Dimension untergrub die mechanistische (und egalitäre) Attraktivität des Utilitarismus von Bentham. Mill behauptete, wir könnten das Gesamtglück über große Personengruppen nicht quasimathematisch quantifizieren. In dem Essay *Über die Freiheit* behauptete er, die Freiheit auf die Nützlichkeit zu gründen, „aber es muss Nutzen im höchsten Sinne sein und auf den beständigen Interessen des Menschen als eines progressiven Wesens gegründet sein".[43] Dies war keine Wortklauberei. Mill importierte in das Konzept des Glücks andere normative Werte – Werte, die fast aristotelisch aussahen. Tatsächlich hat die Auseinandersetzung mit dem „permanenten Interesse des Menschen als eines progressiven Wesens" einen deutlich teleologischen Charakter. All dies scheint zu zeigen, dass selbst unter Benthams treuesten Anhängern nur wenige glaubten, sein univoker Begriff des Glücks könne die normative Aufgabe der Gründung von Tugend, Selbstentfaltung, Freiheit oder anderen Werten erfüllen.

Mills Kritik unterhöhlte jedoch nicht nur die sozialwissenschaftliche Attraktivität des Utilitarismus, sie warf auch die Frage auf, wer der Richter darüber sein sollte, welche Freuden „höher" und „niedriger" seien.[44] Ironischerweise legte Mills Beharren darauf, dass es eine qualitative Dimension für das Glück gibt, anderen nahe, dass vielleicht niemand ein Urteil über das Glück eines anderen Menschen abgeben könne, dass also der Begriff des Glücks so umstritten sei, dass wir es jedem Einzelnen überlassen könnten, selbst zu entscheiden, was ihn glücklich mache. Anfang des zwanzigsten Jahrhunderts argumentierten immer mehr Utilitaristen genau so: Der Nutzen solle nicht an Glückszuständen, sondern an bestimmten individuellen Entscheidungen gemessen werden. Wir sollten

[42] Ibid., 9, 10.
[43] John Stuart Mill, *Über die Freiheit* (Reclam 1986) 72.
[44] Mill antwortete, dass dies durch eine Mehrheitsentscheidung der Präferenz derjenigen entschieden werden solle, die beide Formen des Vergnügens kennengelernt hätten. Mill, *Über die Freiheit*, 9.

die *Wahlmöglichkeiten* maximieren, nicht das Glück. Der „Präferenzutilitarismus“, wie er genannt wurde, hatte einen dreifachen Anspruch. Er kombinierte die scheinbaren Tugenden moralischer Neutralität (jede Person soll für sich selbst entscheiden, was sie schätzt) mit empirischer Strenge (die zutage getretenen Präferenzen der Menschen können durch Betrachtung der Ergebnisse auf dem Marktplatz quantifiziert werden). Gleichzeitig schien dieser Ansatz den Konflikt zwischen Freiheit und Nützlichkeit zu reduzieren. Wenn der Nutzen nun an individuellen Entscheidungen gemessen werden konnte, würde der alte Konflikt zwischen Liberalismus und Utilitarismus überwunden werden können.

Die Philosophie stimmte mit dem klassischen Liberalismus der Zeit überein, der besagte, dass die Märkte so frei wie möglich sein sollten und die Regierung „draußen bleiben solle“, und dass man die Menschen ihr Leben nach ihren Wünschen gestalten lassen solle. Der österreichische Ökonom Ludwig von Mises schrieb 1949: „Es gibt keinen Maßstab größerer oder geringerer Befriedigung als das individuelle Werturteil, das verschieden bei unterschiedlichen Menschen ist und für dasselbe Volk zu verschiedenen Zeiten.“[45] Der Begriff des objektiven Wertes war verschwunden. Alle Dinge haben ihren Wert nur durch die menschliche Wahl:

> Wählen bestimmt alle menschlichen Entscheidungen. Wenn der Mensch seine Wahl trifft, wählt er zwischen verschiedenen materiellen Dingen und Dienstleistungen. Alle menschlichen Werte werden zur Option angeboten. Alle Ziele und alle Mittel, sowohl materielle als auch ideale Themen, das Erhabene und das Grundlegende, das Edle und das Unwürdige, sind in einer einzigen Reihe angeordnet und einer Entscheidung unterworfen, die eine Sache auswählt und eine andere beiseitelegt. Nichts, was die Menschen erstreben oder vermeiden wollen, bleibt außerhalb dieser Anordnung in einer einzigartigen Skala von Abstufung und Präferenz.[46]

[45] Ludwig von Mises, *Human Action: A Treatise on Economics* (Chicago: Contemporary Books, 1966), 14.
[46] Ibid., 3.

Man lasse den einen Menschen Reißnadeln verfolgen und den anderen die Dichtung. Das Gesamtziel sollte nicht darin bestehen, den Wert individueller Entscheidungen zu beurteilen, sondern einfach darin, zu maximieren.

Kants Konzept der Autonomie wurde bald auf eine im Wesentlichen gleiche Idee reduziert. Ohne das Konzept der menschlichen Natur, die unsere Wahl der Ziele begründet und leitet, ging Kants nüchterner Begriff der Autonomie schnell in die Idee der uneingeschränkten, spontanen Wahl über. „Autonom" zu sein, bedeutete höchstens ein inneres, konsistentes Netzwerk subjektiver Wünsche und Überzeugungen zu haben, die „zusammenpassen". Der libertäre Juraprofessor David A. J. Richards zum Beispiel schlug als Grundlage für unser Rechtssystem ein „autonomiebasiertes Konzept der Gleichbehandlung von Personen" vor. Ein Lebensschema ist seiner Meinung nach autonom, wenn es die subjektiven Überzeugungen, Erfahrungen und Wünsche eines Menschen konsistent oder innerlich kohärent macht. Jeder „autonome" Lebensstil ist so gut wie jeder andere. Es gibt keine legitimen Gründe, einen vorzugsweise gegenüber dem anderen zu wählen. Wir haben beispielsweise nicht mehr Recht, einen Heroinabhängigen zu kritisieren, als wir das Recht haben, Menschen zu kritisieren, die verbissen Liebe oder Reichtum verfolgen. Das Leben des Drogensüchtigen sei autonom, argumentiert Richards, da „die psychologische Zentralität des Drogenkonsums für viele junge Abhängige in den Vereinigten Staaten, unter dem Blickwinkel ihrer eigenen Umstände, nicht unangemessen ihr Leben organisieren und beenden kann".[47]

Auf diese Weise sind die beiden großen modernen Moralsysteme Utilitarismus und Kantianismus weitgehend auf die Idee zusammengelaufen, dass die individuelle Präferenz die letzte Einheit der moralischen Messung sei. Keine Entscheidung, keine Handlung oder Lebensweise ist irrational, wenn „rational sein" einfach bedeutet, die eigenen Vorlieben zu befriedigen. Von Mises, dem „rechten" klassischen Ökonomen, stimmte mit Richards, dem „linken" Pseudokantianer, grundsätzlich überein. „Das menschliche Handeln ist notwendigerweise immer rational", schloss von Mises, denn das „letzte Ziel des Handelns ist immer die Befriedigung einiger Wünsche des handelnden Menschen. Da niemand in

[47] David A. J. Richards, *Sex, Drugs, Death and the Law* (Lanham, Md.: Rowman and Littlefield, 1986), 172, 176–77.

der Position ist, seine eigenen Werturteile für solche des handelnden Individuums unterzuordnen, ist es vergeblich, über die Ziele und Absichten anderer Menschen zu urteilen."[48]

Der Triumph des Nihilismus

Auf einer noch abstrakteren Ebene spiegelte sich das Abgleiten in den Subjektivismus in den metaethischen Theorien des zwanzigsten Jahrhunderts wider. Der Cambridge-Philosoph G. E. Moore (1873–1958) war weder ein typischer Utilitarist noch Deontologe, auch er wollte an moralischer Objektivität festhalten. Er kritisierte die Utilitaristen dafür, dass sie den „naturalistischen Fehlschluss" begingen – im Grunde denselben „Fehlschluss", den Hume entdeckt hatte und der darin besteht, dass man von einem „Ist" auf ein „Sollen" schließt. Die Utilitaristen verletzten ebenso den naturalistischen Fehlschluss, wie Moore argumentierte, wie die Theoretiker des Naturrechts, weil sie versuchten, von faktischen Voraussetzungen über Glückszustände zu moralischen Schlussfolgerungen darüber zu gelangen, was getan werden solle.[49] Doch Moore sah auch im kantischen Projekt nicht viel Hoffnung. Die Vernunft allein hatte sich als zu instabil für die moralische Objektivität erwiesen. Trotzdem glaubte er, dass „Gut" und „Schlecht" eine objektive Grundlage in der Welt hätten. Aber da sie nicht Natur oder Vernunft sein konnten, musste er ein drittes Reich finden.

Moore argumentierte, dass der Begriff des Guten eine einfache, undefinierbare und nichtnatürliche Eigenschaft bestimmter Handlungen und Dinge sei. Wie die Farbe Rot könne das Gute nicht auf eine andere Eigenschaft reduziert oder definiert werden. Aber im Gegensatz zu Farben ist Güte, so Moore, eine nichtnatürliche Eigenschaft. Sie existiert nicht im natürlichen Bereich, sie verfolgt keinen Sachverhalt in der Welt (wie Glück, die Verwirklichung des menschlichen Telos usw.) und wird auch nicht durch die Vernunft erkannt. Vielmehr kennen wir einfach das Gute,

---

[48] Von Mises, *Human Action*, 19.

[49] Moore argumentierte, dass die Tatsache, dass jeder ernsthaft fragen kann: „Ja, aber ist die Maximierung des Glücks wirklich gut?", bedeutet, dass es immer eine „offene Frage" sein werde, ob ein natürlicher Wert wirklich mit dem Guten äquivalent sei. Natürliche Eigenschaften seien also keine Surrogate für ethische Eigenschaften. G. E. Moore, *Principia Ethica*, 18–21.

wenn wir es durch einen direkten Akt der Intuition sehen.[50] Das Gute existiert aber als eine mysteriöse Qualität in einem mysteriösen Bereich (einem nichtnatürlichen, aber dennoch „objektiven" Bereich), den wir durch eine ebenso rätselhafte Fähigkeit zur direkten Intuition erfassen.

Moores ethischer Intuitionalismus war vorübergehend verführerisch. Er gab moralischen Prinzipien ein Fundament, wobei einerseits der naturalistische Fehlschluss der Utilitaristen und andererseits ein Rückgriff auf die unbegründete kantische Vernunft vermieden wurde. Tatsächlich teilte Moores nichtnaturalistische Ethik viele Merkmale mit Descartes' Dualismus. Sie teilte die Welt in zwei Reiche, natürliche und nichtnatürliche (moralischen) Eigenschaften, und argumentierte, dass wir unsere moralischen Prinzipien rational aus selbstevidenten Wahrheiten ableiten, die wir durch einen direkten Akt der Anschauung erfassen. Einige Denker bauten auf Moores Intuitionstheorie der Ethik in den 1920er und 1930er Jahren[51] auf, aber letztlich war Moores Theorie im Zusammenhang mit dem Tenor der Philosophie des 20. Jahrhunderts mehr „out" als alles, was ein Naturrechtstheoretiker bieten konnte. Zum einen war Moores Reich der „nichtnatürlichen" Eigenschaften ein Skandal angesichts des Materialismus der modernen Philosophen: In welchem Sinne existieren diese Eigenschaften, wenn sie nicht „natürlich" sind? Und was ist dieser „moralische Sinn", dieser Akt der Intuition, mit dem wir das Gute direkt erfassen? Moores Intuitionismus wies das empiristische Dogma auf, dass jedes Wissen durch die Sinne komme und durch einen Appell an quantifizierbare Güter verifiziert werden könne. Wenn dies im 20. Jahrhundert die einzige moralisch objektivistische Alternative zur Theorie des Naturrechts war, so schienen der Moralphilosophie nur zwei Wege offenzustehen: zum Naturrecht zurückzukehren oder in Richtung totaler moralischer Skepsis zu gehen.

Genau an diesem Punkt – um die fünfziger Jahre – divergierten die beiden Wege. Eine kleine Gruppe von Philosophen, die aber weit vom

---

[50] Für eine Diskussion von Moores Ort in der Geschichte der ethischen Theorie vgl. Anthony Lisska, *Aquina's Theory of Natural Law*, 58–62.

[51] W. D. Ross entwickelte eine Art von deontologischem Intuitionismus – eine auf Pflichten beruhende Auffassung von Ethik, bei der verschiedene Prima-facie-Pflichten direkt durch einen intuitiven Akt bekannt sind. W. D. Ross, *The Right and the Good* (Oxford: Oxford University Press, 1930).

Konsequenzialismus entfernt waren, begann sich wieder auf das Naturrecht zu konzentrieren.[52] Die Mehrheit bewegte sich jedoch weiter in Richtung Skepsis und Relativismus.[53] Ein Quellstrom neuerer und zunehmend progressiv verfeinerter Versionen des moralischen Subjektivismus, Relativismus und Skeptizismus ergoss sich aus den Federn professioneller Philosophen. Eine Gruppe, die von den Ergebnissen der Anthropologen beeinflusst wurde, behauptete, dass „Gut" und „Böse" einfach kulturell relative Konventionen seien. Zu sagen, dass Mord falsch ist, bedeute zu sagen, dass Mord in einer bestimmten Gesellschaft nicht akzeptiert werde. Der kulturelle Relativist behauptet, dass es keine wirklichen moralischen Wahrheiten jenseits bestimmter sozialer Institutionen gibt, die bestimmte moralische Positionen verkörpern oder repräsentieren.[54]

Der größte Vorteil des kulturellen Relativismus ist auch seine größte Schwierigkeit. Wenn es keine Werte gibt, die bestimmte Kulturen überschreiten, können die Angehörigen einer Kultur niemals legitimerweise Angehöriger einer anderen Kultur kritisieren. Es kann keinen moralischen Maßstab geben, durch den eine Gesellschaft zu Recht kritisiert werden kann, denn „Richtig" und „Falsch" sind selbst kulturelle Artefakte. Dies bedeutet jedoch, dass der Rest der Welt kein legitimes Fundament hat, um die Nazi-Kultur oder die südafrikanische Apartheid oder die Sklavenkultur vor dem amerikanischen Bürgerkrieg zu kritisieren, da die fragliche Kultur in jedem Fall die von uns kritisierten Normen akzeptierte. Wenn der Kulturrelativist recht hätte, wäre alles, was wir gegen die Nazis tun könnten, zu sagen, dass wir mit ihnen nicht einverstanden sind, und sie dann für die Handlungen zu bestrafen, die wir abscheulich finden,

---

[52] Einige der wichtigsten waren: G. E. M. Anscombe, "Modern Moral Philosophy", in *Human Life, Action and Ethics* (Charlottesville, Va.: Imprint Academic, 2005); Henry Veatch, *Rational Man: A Modern Interpretation of Aristotelian Ethics* (Bloomington, Ind.: Indiana University Press, 1962); Germain Grisez, "The First Principle of Practical Reason", *Natural Law Forum* 10 (1965); 168–201; Alasdair C. MacIntyre, *After Virtue: A Study in Moral Theory* (Notre Dame, Ind.: University of Notre Dame Press, 1981); John Finnis, *Natural Law and Natural Rights* (Oxford: Oxford University Press, 1980); Russell Hittinger, *A Critique of the New Natural Law Theory* (Notre Dame, Ind.: Notre Dame Press, 1987).

[53] 1957 fasste der Philosoph Brian Medlin das Gefühl so zusammen: „Es wird nun allgemein von professionellen Philosophen akzeptiert, dass die ultimativen ethischen Prinzipien willkürlich sein müssen." Brian Medlin, "Ultimate Principles and Ethical Egoism", *Australian Journal of Philosophy* 35 (1957): 111.

[54] Melville J. Herskovits, "Cultural Relativism and Cultural Values", in *Ethical Relativism*, Hrsg. J. Ladd (Lanham, Md.: University Press of America, 1985). Für eine der klassischen anthropologischen Ansichten von Moral als einer kulturell integrierenden Kraft siehe Ruth Benedict, *Patterns of Culture* (Boston: Houghton Mifflin, 1934).

wenn wir die Macht dazu hätten. Aber der konsequente kulturelle Relativist müsste zugeben, dass wir keinen vernünftigen Grund für unsere Missbilligung und keinen moralischen Grund hätten, die Nazis für „Verbrechen gegen die Menschlichkeit“ schuldig zu erklären.

Der kulturelle Relativismus beinhaltet auch, dass die Idee des moralischen Fortschritts eine Illusion ist. Es muss einen objektiven moralischen Standard geben, anhand dessen beurteilt werden kann, ob die Dinge heute besser sind als gestern. Wenn der kulturelle Relativist recht hat, war das, was in der Vergangenheit als Sklaverei angesehen wurde, richtig, weil die meisten Leute es für richtig hielten, und was jetzt als richtig angesehen wird, aus dem gleichen Grund, unabhängig davon, wie es in der Zukunft sein wird. Tatsächlich ist eines der wirklichen Probleme mit dem kulturellen Relativismus für die Progressiven, dass er bedeutet, dass die Reformer, die Aktivisten – die Gandhis und Martin Luther Kings der Welt – im Prinzip immer falsch liegen, wenn sie zu einer Veränderung der kulturell akzeptierten Werte der Zeit aufrufen. Tatsächlich kann der Kulturrelativist, wie alle Formen des Relativismus, keine transkulturelle Auffassung von Menschenrechten haben, da er jeden unabhängig von der positiven Moral gültigen moralischen Standard einer bestimmten Kultur leugnet.

Eine andere Form des moralischen Nicht-Objektivismus, der ethische Subjektivismus (manchmal auch als individueller Relativismus bezeichnet), besteht darin, dass moralische Behauptungen nichts anderes darstellen als Berichte einer „ersten Person“ über die Überzeugungen des Sprechers. Zu sagen, dass Mord falsch ist, bedeutet nichts anderes als zu sagen: „Ich glaube, dass Mord falsch ist“. Der moralische Subjektivismus dieser Art ist so inkohärent, dass selbst die meisten moralischen Skeptiker ihn sofort zurückweisen. Nicht nur sind viele Subjektivisten radikal widersprüchlich – sie behaupten, dass soziale Ungerechtigkeiten auch dann gerechtfertigt seien, wenn sie bestreiten, dass es einen Standard für Gerechtigkeit außerhalb ihrer eigenen Glaubenssätze geben kann –, sondern die Position kann nicht einmal kohärent formuliert werden.[55]

[55] G.E. Moore betonte, dass der Subjektivismus zu einem infiniten Regress führt: Wenn „x ist gut“ einfach bedeutet: „Ich glaube, x ist gut“, dann bedeutet zu sagen: „Ich glaube, x ist gut“ so viel wie: „Ich glaube, dass ich glaube, dass x gut ist“ usw. usw. Der Punkt ist wiederum, dass moralische Aussagen ohne ein Objekt für den moralischen Glauben nicht nur subjektives, sondern sinnloses Kauderwelsch sind.

Eine dritte und noch subtilere Form des moralischen Nicht-Objektivismus, der ethische Emotivismus, vermeidet einige der Schwierigkeiten des reinen Subjektivismus. Emotivisten wie A. J. Ayer und C. L. Stevenson schlugen vor, dass ethische Aussagen keinerlei beschreibenden oder sachlichen Inhalt haben.[56] Moralische Aussagen beschreiben nicht einmal unsere eigenen individuellen Überzeugungen. Sie sind eher Ausdruck von Gefühlen. Wenn man sagt, dass Mord falsch ist, bedeutet dies laut diesen Denkern nichts anderes als die Missbilligung der Tat des Mordes zum Ausdruck zu bringen oder anderen vorzuschreiben, dass sie sich des Mordes enthalten sollten. Während der Subjektivist behauptet, dass moralische Aussagen faktische Behauptungen seien, wenn auch solche von sehr armseliger Art (d. h., sie reflektieren Fakten nicht über die Welt, sondern darüber, was der Sprecher zufällig glaubt), vermeidet der Emotivismus die Probleme des Subjektivismus, indem er behauptet, dass moralische Aussagen überhaupt keine faktischen Behauptungen seien. Moralische Aussagen haben keine deskriptive Funktion, sondern nur eine expressive oder vorschreibende. Ihre semantische Funktion ähnelt einem sitzen gelassenen Geliebten, der erklärt: „Wie konntest du nur!“ Sie sind bloße Ausdrucksformen von Gefühlen oder bestenfalls Ermahnungen, auf eine bestimmte Weise zu handeln.[57]

Etwa fünfundzwanzig Jahrhunderte nach Protagoras und den Sophisten scheint es, als wären wir einmal voll im Kreis gelaufen. Die Philosophie des 20. Jahrhunderts hat nach dem Verlust des Naturrechts offenbar die Aufgabe erfüllt, die moralischen Grundlagen aller moralischen Erkenntnisse zu zerstören. Es gibt nichts, was auch nur die Präferenzen der utilitaristischen oder der autonomen Wahl des Libertären rechtfertigen könnte – außer, *dass sie unsere Vorlieben sind*. Die einzige Position, die heute übriggeblieben ist, scheint der moralische Nihilismus zu sein. John Barth fasst die moderne Philosophie so zusammen: „Die Gründe, die Menschen haben, um den Dingen Werte zuzuschreiben, sind letztlich immer

---

[56] A. J. Ayer, *Language, Truth and Logic* (New York: Dover, 1952); Charles L. Stevenson, *Ethics and Language* (New Haven, Conn.: Yale University Press, 1944).

[57] Unter dem Einfluss neuerer philosophischer Tendenzen behaupteten die Emotivisten, dass die Bedeutung jeder Aussage die Funktion sei, die sie erfülle, d. h. ihr „Job“ in der Sprache. Moralische Behauptungen wie „Mord ist falsch“ seien, so argumentierten sie, einfach Ausdrücke, ohne irgendeinen Zustand in der Welt zu beschreiben. Solche Ausdrücke äußern die Haltung des Sprechers zu einem bestimmten Sachverhalt oder sie schreiben vor, was man tun soll. „Mord ist falsch“ ist, mit anderen Worten, das Äquivalent zu: „Ich verabscheue Mord“ oder „Man sollte nicht morden“. Es gibt sonst keinen objektiven oder beschreibenden Inhalt. J. O. Urmson, *The Emotive Theory of Ethics* (Oxford: Oxford University Press, 1969).

willkürlich, irrational. Kurz, es gibt keinen letzten Grund, etwas als Wichtiges oder Wertvolles zu bezeichnen; keinen letzten Grund dafür, eine Sache der anderen vorzuziehen."[58]

Die Trennung von Recht und Moral

Der moralische Relativismus beeinträchtigt offenbar die zweite konstitutive These der Naturrechtstheorie, die Überschneidungs-These. Wenn es keine objektive moralische Ordnung gibt, dann kann es keine moralische Ordnung geben, mit der sich das Gesetz irgendwie überschneidet. Doch schon bevor die moderne Philosophie in einem Zusammenbruch der Moral resignierte, hatten die führenden Rechtswissenschaftler im 19. Jahrhundert jede intrinsische Verbindung zwischen Recht und Moral abgelehnt. Im Gegensatz zum Beharren Augustins darauf, dass ein ungerechtes Gesetz überhaupt kein Gesetz ist[59], schlug John Austin (1790–1859), der einflussreichste Rechtswissenschaftler des 19. Jahrhunderts, vor, das Gesetz als ein rein politisches Geschöpf zu verstehen. Die Gültigkeit einer Rechtsvorschrift hat nichts mit ihrer Güte oder Gerechtigkeit zu tun. „Die Existenz des Rechts ist die eine Sache", schrieb Austin, „ihr Verdienst oder ihr Tadel ist eine andere."[60] Damit lehnte Austin die Überschneidungs-These ab.

Austin war ein Protegé von Bentham und gehörte zum Kreis der jüngeren utilitaristischen Denker, darunter John Stuart Mill, die das intellektuelle Leben in England zur Mitte des 19. Jahrhunderts beherrschten. Austin gilt als der Vater des modernen Rechtspositivismus, einer Bewegung, die versucht, das Gesetz in „objektiver", quantifizierbarer, nichtmoralischer Hinsicht zu revidieren. H.L.A. Hart fasst die Position von Austin in den Worten zusammen, das Gesetz sei eine „Ordnung des Souveräns, die durch Drohungen unterstützt wird".[61] Das Recht unterscheidet sich von der Ethik, von der Etikette, von den kulturellen Normen und anderen Formen der sozialen Autorität durch Regeln (z. B. des Königs oder

[58] John Barth, *The Floating Opera and the End of the Road* (New York: Anchor, 1988), 216–17.
[59] "Non videtur esse lex quae justa non fuerit." Augustinus, *De Libero Arbitrio* I, 5.
[60] John Austin, *The Province of Jurisprudence Determined* (London: John Murray, 1832; Indi-anapolis: Hackett, 1998), 278.
[61] H. L. A. Hart, *The Concept of Law*, 21.

der Legislative), deren Verletzung eine vollstreckbare Strafe nach sich zieht. Ein Gesetz ist nichts anderes als das.

Spätere Rechtspositivisten – am bekanntesten ist Hart – verfeinerten Austins stark vereinfachende Definition.[62] Wichtig ist jedoch, dass der Utilitarismus und der Rechtspositivismus im neunzehnten Jahrhundert ein doppelter Schlag für die Naturrechtstheorie waren. Der Utilitarismus bot eine neue Grundlage für die moralische Objektivität, während der Rechtspositivismus die Antwort auf die Überschneidungs-These war und das Gesetz von der Moral entkoppelte. Beide suchten eine empirische Grundlage für Moral und Recht. Beide betonten überdies die Bedeutung bestimmter Regeln als wesentlicher Bestandteile eines objektiven moralischen oder Rechtssystems.[63]

[62] Der Rechtspositivist des 20. Jahrhunderts, H. L. A. Hart, argumentierte zum Beispiel, dass die Definition auf verschiedene Weise unzureichend sei. Verträge und Testamente sind zum Beispiel rechtlich bindende Instrumente, aber sie sind keine Befehle des Souveräns. Sie werden von privaten Parteien gemacht. Darüber hinaus gibt es Probleme bei der Bestimmung, wer der „Souverän" ist: Ändert sich der Souverän beispielsweise jedes Mal bei einem neuen Kongressmitglied? Und wie trifft das Modell in einer Demokratie zu, in der das Volk der Souverän sein soll? In welchem Sinne ist das internationale Recht „Gesetz" (da Austins „Befehl des Souveräns"-Modell nicht auf Nationalstaaten anwendbar ist). Schließlich kann Austins simplifizierendes Modell auf die „primären Regeln" des Rechts angewendet werden, d. h. auf das Strafrecht und das bürgerliche Recht, das den Bürger direkt bindet, aber es lässt die wesentlichen „sekundären Regeln" eines Rechtssystems aus, wie z. B. die Verfassungsregeln, die bestimmen, wie der Souverän Gesetze machen soll, wie sich das Gesetz verändern kann und wie Rechtsstreitigkeiten zu entscheiden sind. In welchem Sinne ist zum Beispiel das Recht auf gleichberechtigten Schutz oder das Prinzip der Gewaltenteilung ein von Drohungen unterstützter souveräner Befehl? Hart schlug eine anspruchsvollere Idee des Rechts vor, die „Einheit von primären und sekundären Regeln". H. L. A., Hart, *The Concept of Law*, 79–99.

[63] Um das Gesetz als „objektiv" zu bezeichnen, betonten Rechtspositivisten die Bedeutung bestimmter gesetzlicher Regeln, die für Richter, die Recht sprechen, und für Bürger selbst verbindlich sind. Positivisten neigten zu der Argumentation, dass die Richter nicht frei seien, von den etablierten rechtlichen Regeln im Interesse der Gerechtigkeit abzuweichen. Harte Fälle müssten nach den etablierten rechtlichen Regeln entschieden werden, nicht dadurch, dass man versuche, jedem Fall gerecht zu werden. Die meisten Positivisten vertraten die Auffassung, dass die Abkehr von diesen Regeln nicht nur die Legislative ihrer Vorrechte beraube, sondern auch das Rechtssystem unberechenbar mache. Als theoretische Angelegenheit waren darüber hinaus bestimmte Regeln notwendig, um das Gesetz „objektiv" zu machen. Wo war „das Gesetz", wenn es nicht in bestimmten Rechtsnormen identifiziert und festgehalten werden konnte?

Der Regel-Utilitarismus suchte das gleiche Ziel in der Moraltheorie. Im Gegensatz zum Handlungsutilitarismus argumentierten Regelutilitaristen, dass wir einem System moralischer Regeln folgen sollten, das auf lange Sicht den Nutzen maximiere. Diese Regeln sollten befolgt werden, auch wenn sie den Nutzen in einem bestimmten Fall nicht maximierten. Ein System von Regeln zur Nutzenmaximierung führe insgesamt zu mehr Nutzen als die Entscheidung über jeden einzelnen Fall ohne die Vorteile stabiler Regeln. Sowohl im moralischen als auch

Im zwanzigsten Jahrhundert jedoch sollte den Rechtspositivismus ein dem des Utilitarismus ähnliches Schicksal ereilen. Als der Glaube des neunzehnten Jahrhunderts an objektive moralische und rechtliche Regeln unter dem Druck jüngerer Kritik sich auflöste und der Utilitarismus Benthams zur Subjektivität des Präferenzen-Utilitarismus verfiel, wurde auch der Rechtspositivismus weitgehend durch den rechtlichen Realismus ersetzt.

Die Rechtsrealisten waren die radikalen Nominalisten des modernen Rechtsdenkens. Sie argumentierten, dass das Gesetz nicht in objektiven rechtlichen Regeln verankert sei – es gebe keine objektiven rechtlichen Regeln. Das Gesetz „geschieht", wenn der Hammer fällt und eine Partei dazu gebracht wird, ein Zivilurteil zu bezahlen oder ins Gefängnis zu gehen. Es ist der Restbestand der Politik, aber einer besonders wechselhaften Form der Politik. Das Gesetz ist nicht in den Statuten oder den Fallberichten enthalten. „Die Prophezeiung dessen, was die Gerichte tun werden", sagte Holmes, „ist das, was ich unter dem Gesetz verstehe."[64] Oder wie der Richter Jerome Frank, ein führender Rechtsexperte in der Mitte des zwanzigsten Jahrhunderts, weniger ehrfurchtsvoll formulierte: „Das Gesetz ist das, was der Richter zum Frühstück hatte."[65] Alles, was von der Objektivität des Gesetzes übrigbleibt, ist die momentane Präferenz des Richters.

Schlussfolgerung

Nur in Zeiten tiefster Not werden die Menschen dazu gezwungen, sich mit Realitäten auseinanderzusetzen, die sie in alltäglichen Zeiten ignorieren können. Nur ein Jahrzehnt nachdem Frank und die Rechtsrealisten die Existenz des Gesetzes in einem substantiellen Sinne bestritten hatten, und gerade zu dem Zeitpunkt der Geschichte, als die Philosophen kurz davorstanden, die Vorstellung von einer objektiven moralischen Ordnung aufzugeben, beschwor Richter Jackson, Chefankläger in Nürnberg, in seinem Abschlussplädoyer die zentralen Prinzipien des Naturrechts. Obwohl

im juristischen Denken war es die Einhaltung bestimmter Regeln, die Recht und Moral begründete und ihnen Substanz verlieh.

[64] Oliver Wendell Holmes, "The Path of the Law", *Harvard Law Review* 10 (1897): 461.

[65] Jerome Frank, *Courts on Trial: Myth and Reality in American Justice* (Princeton, N.J.: Princeton University Press, 1973), 162.

er es nicht das Naturrecht nannte, sprach Jackson von der Notwendigkeit, „der Vernunft statt dem Aufschrei der Empörung“ zu folgen. Er verzichtete auf jedes Ergebnis, „das das besonnene und kritische Urteil der Nachwelt als ungerecht bezeichnen könnte“. Er verurteilte schließlich eine der Behauptungen der Angeklagten, dass „Nationalsozialismus und christliche Begriffe unvereinbar seien“. Die Schuld der Angeklagten war so offenkundig wie das höhere Gesetz, nach dem sie gerichtet werden mussten. „Wenn Sie von diesen Männern sagen würden, dass sie nicht schuldig seien“, verkündete er in seinem Schlussplädoyer, „wäre es ebenso wahr zu sagen, dass es keinen Krieg gegeben habe, dass es keine Erschlagenen gebe, dass es kein Verbrechen gegeben habe.“[66]

[66] Robert H. Jackson, „Schlussplädoyer für die Verurteilung von Nazi-Kriegsverbrechern“, Webseite von Robert H. Jackson Center, abgerufen am 20. Oktober 2017, https://www.roberthjackson.org/speech-and-writing/closing-argument-for-conviction-of-nazi-war-criminals/

9

Die verlorenen Grundlagen unserer moralischen und politischen Ideale

Ein dogmatischer Glaube an objektive Werte ist notwendig für die Idee einer Regel,
die nicht Tyrannei oder Gehorsam ist, die nicht Sklaverei ist.
C.S. Lewis

Wir sind jetzt an dem Punkt, an dem wir die grundlegenden Schlussfolgerungen aus den vorangegangenen Kapiteln zusammenfassen können. Da der Rahmen des teleologisch-natürlichen Rechts langsam einer breiten säkular-materialistischen Weltanschauung nachgegeben hat, sind unsere moralischen und politischen Ideale in einer metaphysischen Schwebe zurückgelassen worden. Unser moralisches Erbe wurzelt in einer Sicht der menschlichen Natur, die jetzt leise verschwindet. Wie bei einer Fassade in einem Western halten wir weiterhin an Ideen wie Freiheit und Menschenwürde, an Menschenrechten und objektiven moralischen Standards fest, während der Grund für diese Verpflichtungen langsam abgetragen wird. Die zeitgenössischen säkularen Denker befinden sich in einer ähnlichen Position wie Protagoras und andere Sophisten des 5. Jahrhunderts vor Christus. Im Materialismus und Relativismus geschult, können sie keinen Sinn für ihre weitreichenden humanitären politischen Verpflichtungen finden. Das Ergebnis ist, dass sie (und wir) intellektuell eine fast schizophrene Existenz leben, mit einem Fuß in jeweils einer von zwei sehr verschiedenen Existenz-Arten stehen, um uns und unsere Welt zu verstehen. Trotzdem sind wir in keiner der beiden ganz zu Hause.

Dieses Kapitel untersucht die drei zentralen moralischen und politischen Ideale der westlichen Zivilisation: Freiheit, Verantwortung und Menschenwürde. Es argumentiert, dass diese Werte außerhalb einer weitreichend teleologisch-naturrechtlichen Weltanschauung wenig Sinn machen und sicherlich nicht mit dem vorherrschenden Relativismus und

Materialismus unserer Zeit in Einklang zu bringen sind. Diese drei Kernideale sind außerdem jeweils in einem breiteren Netzwerk mit anderen Werten verschachtelt, mit denen sie verbunden sind. Die Freiheit im Sinne des freien Willens hängt mit der politischen Freiheit und mit dem Verständnis der Menschenrechte zusammen. Verantwortung ist verbunden mit unseren Vorstellungen von Verdienst, Reue, Vergebung und Barmherzigkeit. Die Menschenwürde unterliegt schließlich unseren Verpflichtungen zur Gleichberechtigung und zur Heiligkeit des menschlichen Lebens. Jedes dieser drei Ideale verliert seine Bedeutung in einer materialistischen, deterministischen Welt. Und wenn ein Kernideal verschwindet, müssen die anderen korrelativen Werte folgen. So haben wir in den letzten zwei oder drei Jahrhunderten die allmähliche Implosion einer ganzen moralischen Weltanschauung erlebt.

Wenn das, was wir bis jetzt in Teil II gesagt haben, alles Moderne zu verwerfen scheint, wird dieses Kapitel auch in dieser Hinsicht etwas klarstellen. Es wird argumentiert, dass das Naturrecht zwar eine notwendige Grundlage für Freiheit, Verantwortung und Menschenwürde ist, aber dass diese Werte selbst in der klassischen Tradition keine zentrale Bedeutung hatten. Die Griechen hatten wenig über Freiheit und Menschenwürde zu sagen, und selbst ihre Vorstellung von Verantwortung war begrenzt. Während das Christentum diese Defekte wirksam korrigierte, sind diese Werte erst in der Neuzeit zu den zentralen politischen Idealen der westlichen Zivilisation geworden. Es ist, als hätte die gesamte westliche Tradition ein Telos für sich, das im modernen liberalen Denken verwirklicht werden sollte. Doch kaum ergaben sich Freiheit und Würde als wichtige Werte, als sie auch schon durch den philosophischen Verlauf der Moderne verunglimpft wurden. Obwohl das Naturrecht die einzig mögliche Grundlage für Freiheit, Verantwortung und Menschenwürde ist, war es die liberale Tradition, die diese Werte zu ihrer Verwirklichung brachte.

Freiheit und Naturrecht

Das Aufkommen der Freiheit als zentraler belebender Wert des modernen politischen Denkens wurde durch zwei moderne philosophische Entwicklungen untergraben: den Verfall eines objektiven Moralverständnisses und die Verbreitung des Determinismus. Die erste hat unser Verständnis von dem, was Freiheit ist, deformiert; die zweite verdeckt, warum wir sie schätzen. Wir werden die erste Entwicklung in diesem Abschnitt und die zweite Entwicklung im nächsten besprechen.

Die Naturrechtstradition bietet eine normative Grundlage für das Verständnis dessen, was Freiheit ist. Die Freiheit handelt in Übereinstimmung mit dem Moralgesetz, das wiederum in Übereinstimmung mit dem menschlichen Gut tätig ist, der Entfaltung des menschlichen Telos. Freiheit kann in der Abstraktion vom menschlichen Gut nicht richtig verstanden werden. Weil sich das moderne Denken von der Normativität losgelöst hat, steht es vor einer Vielzahl von Problemen und Paradoxien, die die Bedeutung der Freiheit zu untergraben drohen.

John Locke war der erste wahre liberale Denker.[1] Mit Ausnahme von Kant war er der Letzte, der die Freiheit mit dem Sittengesetz verband. Zu Beginn seiner *Zweiten Abhandlung über die Regierung* schrieb Locke: „[O]bwohl dies ein Zustand der Freiheit ist, so ist es doch kein Zustand der Zügellosigkeit." Es gibt „ein Gesetz der Natur, das jeden verpflichtet". Dieses Gesetz der Natur ist nichts anderes als das moralische Gesetz Gottes.[2] Die Freiheit besteht, so Locke, in der Freiheit des Individuums, so zu leben, dass es *mit diesem moralischen Gesetz übereinstimmt.*

Dieses moralische Gesetz, das den Einzelnen bindet, bindet auch die Regierung. In Anlehnung an die Bemerkung Augustins, dass ein ungerechtes Gesetz überhaupt kein Gesetz sei, schrieb Locke, dass die Gesetze

---

[1] Lockes *Zweite Abhandlung über die Regierung* wurde als Gründungsdokument des Liberalismus bezeichnet. Was diese Abhandlung (in einem weiten Sinne) liberal macht, ist Folgendes. Mit Hobbes war Locke der Erste, der versuchte, die Macht der Regierung durch die Zustimmung der Regierten zu rechtfertigen. Während die klassische Tradition mit Aristoteles behauptete, „der Staat sei von Natur aus vor dem Individuum" (Aristoteles, *Politik*, 1.2), hoben Hobbes und Locke das Gegenteil hervor: Die Macht des Staates leite sich *vom* Individuum ab. Hobbes war jedoch kein Liberaler. Gegen Hobbes' höchst statische Idee der Regierung plädierte Locke für eine begrenzte Regierung, das Recht auf Revolution und das Trio der klassischen liberalen Rechte: das Recht auf Leben, Freiheit und Eigentum. Die Gestalter der amerikanischen Regierung haben diese Rechte in die Rechtsstaatlichkeitsklausel der Fünften Änderung der US-Verfassung aufgenommen. Hobbes und Locke gingen von einer ähnlichen Prämisse aus und entwickelten ihren politischen Gedanken in entgegengesetzte Richtungen.

[2] Er schrieb: „Der Naturzustand wird durch ein natürliches Gesetz regiert, das einen jeden verpflichtet. Dieses Gesetz ist die Vernunft, und sie lehrt die ganze Menschheit, wenn sie sie nur befragen will, dass, da alle gleich und unabhängig sind, niemand dem anderen an seinem Leben und Besitz, seiner Gesundheit und Freiheit Schaden zufügen soll; denn da alle Menschen das Werk eines einzigen allmächtigen, unendlich weisen Schöpfers, alle die Diener eines einzigen unumschränkten Herrn sind, in die Welt gesandt auf seinen Befehl und zu seinen Zwecken, sind sie sein Eigentum, sein Werk, geschaffen, so lange zu dauern, wie es ihm, und nicht, wie es einem anderen gefällt." John Locke, *Zweite Abhandlung über die Regierung*, 6.

bestimmter Länder „nur so weit richtig sind, wie sie auf das Naturgesetz gegründet sind, durch das sie geregelt und interpretiert werden".[3] In der angloamerikanischen Tradition begann diese normative Konzeption der Freiheit als begrenzte Regierung – was später als „negative Freiheit"[4] bezeichnet wurde – im zwölften oder dreizehnten Jahrhundert aufzutreten und entfaltete sich weiter mit ihrer vollen normativen Kraft in der amerikanischen Revolution.[5]

Das gleiche moralische Gesetz, das die Regierung daran hindert, die Grundrechte des Einzelnen zu verletzen, hindert die Einzelperson auch daran, die Rechte anderer zu verletzen. In beiden Fällen besteht die Freiheit darin, frei von ungerechtfertigten Verstößen durch Regierung und private Parteien leben zu können. Thomas von Aquin und die Scholastiker hätten diese Idee anerkannt, aber sie neigten dazu (was wir jetzt so nennen), individuelle Rechte als *abgeleitet* aus der allgemeinen moralischen Ordnung zu betrachten. Thomas benutzte das Wort *ius*, das wir mit „Recht" übersetzen, in der Bedeutung, dass ein Individuum frei ist, innerhalb der Grenzen des moralischen Gesetzes zu handeln. Natürlich meinte Thomas auch, dass das Gesetz nicht jedes Laster verhindern oder nicht alle Tugenden perfektionieren könne und solle. In gewissem Sinne anerkannte er eine restliche Sphäre der Freiheit außerhalb dessen, was streng genommen „Recht" ist, einen Bereich, in dem die Durchsetzung des moralischen Gesetzes kontraproduktiv wäre.[6]

Locke wäre mit dieser prinzipiellen Konzeption der Rechte nicht einverstanden gewesen, aber er hat die Rechte von der Seite des Individuums aus betrachtet und nicht aus der Perspektive der allgemeinen

---

[3] Ibid., 12.

[4] Für eine Diskussion über den Unterschied zwischen negativer und positiver Freiheit siehe Isaiah Berlin, "Two Concepts of Liberty", in *Four Essays on Liberty* (Oxford: Oxford University Press, 1969).

[5] Für die klassische Behandlung der Entwicklung dieser negativen Idee der Freiheit siehe Edward S. Corwin, "The Higher Law's Background of American Constitutional Law", *Harvard Law Review* 42, no. 2 (1928). Der Begriff des Rechts als normativer Idee ist Gegenstand eines ausgezeichneten Buches von Reid. John Phillip Reid, *The Concept of Liberty in the Age of the American Revolution* (Chicago: University of Chicago Press, 1988).

[6] Thomas von Aquin, *Summa Theologiae* I-II, 96, 2-3. Die menschlichen Gesetze sollten nicht versuchen, alle Laster zu verbieten oder alle Tugenden zu befehlen. Thomas hat zwei Gründe dafür. Erstens sind manche Menschen in der Lage, einen höheren Grad an Tugend zu erreichen als andere, aber das Gesetz sollte nur die destruktiveren Arten von Aktivitäten verbieten. Zweitens ist es wahrscheinlich kontraproduktiv, ein zu hohes Maß an Tugend zu verlangen, da einige sich gegen ein zu schweres Joch empören. Es ist besser, nur das zu verlangen, was für die meisten Männer vernünftigerweise erreichbar ist.

moralischen Ordnung. Seine Theorie der Eigentumsrechte konzentrierte sich zum Beispiel auf die Bemühungen des Individuums, einen Wert zu erschaffen: Ein Mann vermischt seine Arbeit mit dem Reichtum der Natur, z. B. indem er einen Baum abschneidet und ein Boot daraus baut.[7] Während das Recht des Individuums von der allgemeinen moralischen Ordnung ausgeht, hat der Einzelne (so könnten wir es sagen) sein eigenes *ius* verwirklicht, indem er den Baum abschneidet und das Boot baut. Zusammengefasst kann Lockes Interpretation individueller Rechte als Ergänzung zum scholastischen Verständnis des *ius* gelesen werden.

Von dieser individualistischen Perspektive aus betrachtet, war es jedoch für spätere liberale Denker leicht zu vergessen, dass individuelle Rechte aus der moralischen Ordnung selbst erflossen. Dies veranlasste spätere Liberale, die Beziehung zwischen der moralischen Ordnung und den individuellen Rechten umzukehren – mit anderen Worten, Rechte nicht als *Ableitung* aus der allgemeinen moralischen Ordnung zu betrachten, sondern als dieser Ordnung vorausgehend. Nach Locke wurden die Rechte zunehmend als Vorbehalte gegen die natürliche Freiheit gegenüber der Regierung betrachtet (was sie zum Teil waren), und nicht als Emanationen der natürlichen moralischen Ordnung (was sie in einem allgemeineren Sinne sind). Anstatt die Rechte als ein Spiegelbild des kollektiven Guts zu betrachten, so wie sie Thomas anerkannt hätte, sahen die liberalen Denker sie zunehmend als Kontrolle oder Beschränkung gegenüber der Regierung.

Mit der Zeit nahmen die liberalen Rechte eine zunehmend antikollektivistische und antimoralistische Konnotation an. Mitte des zwanzigsten Jahrhunderts begannen die liberalen Denker, Rechte nicht nur als *vor* den moralischen Ansprüchen der kollektiven Gesellschaft stehend zu betrachten, sondern als im Gegensatz dazu stehend. Als die traditionellen Quellen der Moralität ihre Macht über die Gedanken der Menschen verloren, wurde die Moral zunehmend zu einem Geschöpf der weltlichen Macht des Staates. Die Bühne wurde für das schicksalhafte Stelldichein des Liberalismus und des Säkularismus bereitgestellt. Als Lockes Vorstellung, dass Rechte Vorbehalte gegen den Staat seien, auf Hobbes' Idee traf, dass Moral eine Schöpfung des säkularen Staates sei, wurden die Rechte zu individuellen Trümpfen gegen die kollektive Moral.[8] Mit anderen

[7] John Locke, *Zweite Abhandlung über die Regierung*, 27.

[8] So beschreibt Ronald Dworkin die Funktion der Rechte. Ronald M. Dworkin, *Taking Rights Seriously* (Cambridge, Mass.: Harvard University Press, 1978).

Worten, sie hatten, im Vergleich zum klassischen Denken, nun genau die gegenteilige Funktion. Von nun an brauchte es für liberale Denker nur eine kurze Zeit, um zu behaupten, es gäbe ein „Recht, Unrecht zu tun"[9] – eine Idee, die so oxymoronisch ist, wie sie eine völlige Umkehrung der klassischen Auffassung des *ius* darstellt.

Diese Entwicklungen hatten unheilvolle Konsequenzen für unsere modernen Freiheitsbegriffe. Sie haben zu unserem Denken über die Freiheit geführt, das im Gegensatz zur Moral steht, im Gegensatz zum kollektiven Gut und sogar im Gegensatz zum eigenen Guten. Kant gab all diesem eine erhabene Grundlage, indem er behauptete, *das Recht sei vor dem Guten.* Mill argumentierte, dass die einzige legitime Aufgabe des Staates darin bestehe, Schaden für Dritte zu verhindern – dass das Gesetz keine Autorität haben solle, die moralische Ordnung zu stärken, auch wenn dies getan werde, um den Einzelnen vor seinen eigenen, offensichtlich selbstzerstörerischen Verhaltensweisen zu schützen. Nach diesen Vorstellungen haben zeitgenössische liberale Denker argumentiert, dass es ein Recht auf Pornographie[10], auf Euthanasie[11], auf gefährliche Drogen[12], auf Prostituierte[13], auf Abtreibung[14] und auf die Tötung eines Kindes, bevor es das Alter der Vernunft erreicht hat, gebe.[15] Die Freiheit kennt heute keine Grenzen. Sie ist nichts anderes und nicht weniger als die

---

[9] Jeremy Waldron, "A Right to Do Wrong", *Ethics* 92, no. 1 (1981): 21–39.

[10] Ronald M. Dworkin, "Do We Have a Right to Pornography?", in *A Matter of Principle* (Cambridge, Mass.: Harvard University Press, 1985).

[11] Zwei Bundesberufungsgerichte behaupteten nicht nur, dass Personen ein Verfassungsrecht zur Verweigerung einer unerwünschten medizinischen Behandlung angesichts des Todes hätten, ein Recht, das zuvor von den Gerichten anerkannt wurde, sondern dass ein affirmatives Recht auf ärztlich assistierten Suizid bestehe. Diese Argumente wurden zurückgewiesen im Fall *Washington v. Glucksberg*, 521, US 702 (1997), aber es wurde auch in diesem Fall den Staaten überlassen, den ärztlich assistierten Suizid [physician-assisted suicide (PAS)] zu ermöglichen. Mindestens zwei Staaten, Washington und Oregon, haben den PAS legalisiert.

[12] Argumente zur Legalisierung von Drogen wurden von der liberalen Linken und der libertären Rechten erhoben. Für eine durchdringende philosophische Verteidigung des Rechts, Drogen zu verwenden, siehe Douglas N. Husak, *Drugs and Rights* (Cambridge: Cambridge University Press, 1992).

[13] Lars O. Ericcson, "Charges against Prostitution: An Attempt at a Philosophical Assessment", *Ethics* 90, no. 3 (1980): 335.

[14] Die Argumente dafür sind schon vor Roe v. Wade Legion gewesen. Für eines der ausgefalleneren Argumente siehe Andrew Koppelman, "Forced Labor: A Thirteenth Amendment Defense of Abortion", *Northwestern Law Review* 84 (1990): 480 (ein Verbot der Abtreibung ist gleichbedeutend mit der Zulassung von Sklaverei).

[15] Für das klassische Argument siehe Michael Tooley, *Abortion and Infanticide* (Oxford: Clarendon Press, 1983).

uneingeschränkte Forderung, dass der Einzelne alles tun darf, was er wünscht, solange dies die Ansprüche eines anderen Erwachsenen nicht beeinträchtigt.

Die Nichtbeachtung der Normativität der Freiheit hat jedoch noch weitreichendere Konsequenzen. Sie bedeutet, dass wir Freiheit auch in ihrem gegenwärtigen nichtnormativen Sinn nicht verstehen können. Wenn man sagt, dass ich ein Recht habe, alles zu tun, was nicht die Rechte eines anderen verletzt, dann erfordert dies, dass ich weiß, welche Rechte der andere hat. Wenn all das, was meine Freiheit beschneidet, seine Freiheit ist, wo ist dann die Grenze zwischen seinem Freiraum und meinem? Dies ist zwangsläufig eine moralische Frage, die einen objektiven moralischen Standard erfordert.

Die säkularen Liberalen haben das Problem erkannt und haben nichtnormative Wege gesucht, um die Grenzen der Freiheit zu ziehen. Ein Weg besteht schlicht darin, die Freiheit in Bezug auf die Nützlichkeit zu definieren, indem man argumentiert, dass unsere Freiheit durch das Prinzip des höchsten Glücks begrenzt sei. Aber die utilitaristische Herangehensweise an die Freiheit ist der Idee der unbedingten Rechte immer zutiefst feindlich gesinnt. Bentham nannte natürliche Rechte „Quatsch auf Stelzen“ und er bestand darauf, dass das Reden von natürlichen Rechten eine „terroristische Sprache“ sei. Er schrieb: „Es gibt kein Recht, das nicht abgeschafft werden sollte, wenn seine Abschaffung für die Gesellschaft von Vorteil ist.“ Auch sollten Rechte nicht „mit so vagen allgemeinen Begriffen wie Eigentum, Freiheit und dergleichen“ abgestützt werden.[16] Wenn die Freiheit durch die Nützlichkeit begrenzt wird, ist es der Nutzen, der den moralischen Syllogismus antreibt, nicht die Freiheit.

John Stuart Mill versuchte einen anderen Weg. Er versuchte, die Grenzen der Freiheit zu definieren, indem er den Begriff des „Schadens“ als Grenze bestimmte. Jeder Mensch könne in einem selbstbezüglichen Raum der Freiheit handeln, argumentierte er, solange er niemandem etwas angetan habe. Oder wie er das Prinzip in *Über die Freiheit* formulierte: „Der einzige Zweck, für den legitimerweise Macht gegen ein Mitglied einer zivilisierten Gemeinschaft und gegen seinen Willen ausgeübt werden kann, besteht darin, Schaden für andere zu verhindern. Sein eigenes Gut, entweder physisch oder moralisch, ist keine ausreichende

[16] Jeremy Bentham, "Critique of the Doctrine of Inalienable, Natural Rights", in *The Works of Jeremy Bentham*, ed. John Bowring (New York, Adamant Media, 2001), 2:501, 503.

Ermächtigung."[17] Da der Begriff des Schadens eine empirische Bestimmung hat, die an einer objektiven Verletzung der Person oder ihres Eigentums gemessen wird, scheint sie jeglichen Appell an normative Ideen zu vermeiden. Bei der Anwendung seines Prinzips argumentierte Mill, dass Gesetze, die die Prostitution, private sexuelle Handlungen von nichtkommerzieller Natur und Drogenkonsum (Opium zu seiner Zeit) untersagten, illegitim seien, obwohl er glaubte, der Staat könne die öffentlichen Auswirkungen dieser Aktivitäten in bestimmter Weise einschränken.[18]

Aber auch der Begriff des Schadens ist nicht rein empirisch, wie die späteren Liberalen erkannt haben.[19] Schaden ist durch und durch normativ. Tatsächlich ist Mills „Schadensprinzip" mit normativen Annahmen durchsetzt. Es ist schädlich, jemandem auf die Nase zu schlagen, es sei denn, der Schläger verteidigt sich zu Recht oder die andere Partei hat einem Boxkampf zugestimmt. Es ist schädlich, einen Konkurrenten aus dem Geschäft zu schlagen, indem man seine Kunden bedroht, aber ihn durch die Bereitstellung eines besseren Service aus dem Feld zu schlagen ist in Ordnung, auch wenn die Konsequenzen in beiden Fällen genau die gleichen sind. Im Ganzen betrachtet ist es unmöglich, den Begriff der *Schädlichkeit* vom Begriff der *Ungerechtigkeit* völlig zu trennen. Mill selbst erkannte darüber hinaus die Notwendigkeit von Beschränkungen für viele Arten von Handlungen, die er als unschädlich beschreiben würde. Er argumentierte, dass die Regierung beleidigende Verhaltensweisen und Belästigungen sozialer Art, z. B. öffentliche Darbietungen von sexueller Aktivität, einschränken könne. In der Summe wurde nie eine rein nichtnormative Grenze der Freiheit (die dennoch einen wirklichen Raum für Freiheit bewahrt) jemals erfolgreich verteidigt.

Die vielleicht beunruhigendste Konsequenz einer nichtnormativen Freiheitskonzeption ist es jedoch, dass es damit unmöglich ist, die Menschenrechte zu erklären. Wenn man sagt, dass ein Mitglied einer religiösen Minderheit im Iran ein Menschenrecht auf Religionsfreiheit hat oder dass ein chinesischer Dissident ein grundlegendes Menschenrecht auf freie Meinungsäußerung hat, dann muss man auch sagen, dass es

---

[17] John Stuart Mill, *Über die Freiheit* (Reclam 1986), 72.

[18] Mill besprach diese in den Kapiteln 4 und 5 von *Über die Freiheit*. Er meinte beispielsweise, dass Gesetze die öffentlichen Aufforderungen durch Prostituierte beschränken könnten, und argumentierte in ähnlicher Weise, dass die öffentlichen Folgen des privaten Drogenkonsums durch die Macht des Staates begrenzt werden könnten.

[19] See Joel Feinberg, *Harmless Wrongdoing*, vol. 4 of *The Moral Limits of the Criminal Law* (New York: Oxford University Press, 1988).

einen Standard geben muss, nach dem die Gesetze dieser Länder gemessen und begründet werden sollen. Eine der größten Ironien unseres Zeitalters ist, dass liberale Humanitaristen das Schlagwort der Menschenrechte überall vor sich hertragen, selbst wenn sie die Existenz eines objektiven moralischen Standards bestreiten, auf den diese Rechte sich gründen.

In der Summe stellt die Normativität nicht einfach die Grenze der individuellen Freiheit dar, sie *begründet* unsere Freiheit: Das moralische Gesetz, das sich im Begriff des menschlichen Guts ausdrückt, ist der springende Punkt der menschlichen Freiheit. Wir schützen die Freiheit, weil sie mit dem menschlichen Gut verbunden ist, weil sie hilft, das menschliche Gut zu entfalten. Der nächste Abschnitt untersucht, wie die Freiheit dies tut, und zeigt, wie der Determinismus unser Verständnis für den ultimativen Wert der Freiheit bedroht.

Freier Wille und Freiheit

Es ist kein Zufall, dass wir dasselbe Wort *Freiheit* benutzen, um sowohl unsere bürgerlichen Rechte und Freiheiten (Freiheit im äußeren Sinne) als auch unsere Fähigkeit, freie Entscheidungen zu treffen (die innere Freiheit des Willens), zu beschreiben. Die Freiheit im äußeren Sinne ist philosophisch von der Existenz der Freiheit im inneren Sinn abhängig. Politische Rechte und Freiheiten wurden traditionell als Schutzmaßnahmen für Aktivitäten verstanden, die unsere freien oder autonomen Entscheidungen ausdrücken oder manifestieren. Wenn man die Realität der inneren Freiheit bestreitet, kann man wenig für die politische Freiheit gewinnen.[20]

[20] Es gab immer Denker, die versucht haben, den einen Pol der Dichotomie der Freiheit auf den anderen zu reduzieren. Die Stoiker waren der Meinung, dass soziale und politische Freiheiten für das menschliche Glück irrelevant seien, solange man wahre innere Freiheit erlangt habe. Sie dachten, dass selbst der Mann auf der Folterbank glücklich sein könne. Die Buddhisten entwickelten eine ähnlich einseitige Auffassung von Freiheit, die innere Freiheit, vor allen Wünschen zu fliehen. Diese rein internalisierten Freiheitsgedanken werden, wie Hannah Arendt in Zeiten der Tyrannei einmal angedeutet hat, in der Regel populär, wenn die Möglichkeit einer echten politischen Freiheit verloren gegangen ist. Hannah Arendt, "What Is Freedom?", in *The Portable Hannah Arendt*, ed. Peter Baehr (New York: Penguin Books, 2000), 441–42.

Die Freiheit (in ihrem äußeren Sinne) wurde häufig in negative und positive Freiheit eingeteilt.[21] Negative Freiheit ist die Freiheit *von* staatlichen Eingriffen, was Richter Louis Brandeis einst „das Recht, allein gelassen zu werden" nannte.[22] Es beinhaltet das Recht des Einzelnen, so zu leben, wie er will; seine Geschmäcker, Meinungen und Gedanken zu entwickeln und seine Lebensinteressen und beruflichen Ziele zu verfolgen. Diese sind geschützt, weil der Einzelne im Normalfall seine besten Interessen kennt, weil seine Entscheidungen als autonom gelten (eine Reflexion seiner überlegten Überzeugungen und Werte) und weil der Akt der Wahl für die Entwicklung des eigenen moralischen Charakters notwendig ist. Freiheit ist also mit dem menschlichen Gut verbunden. Unsere freien Entscheidungen haben eine instrumentelle, expressive und selbstkonstituierende Bedeutung. Negative Rechte und Freiheiten schaffen einen Schutzbereich für diese drei wesentlichen menschlichen Aktivitäten. Sie erlauben uns (instrumentell), die besten Mittel zu unseren gewählten Zielen zu wählen. Sie erlauben uns (expressiv) zu reflektieren, wer wir in der Welt sind – um unsere Gedanken und Überzeugungen auszudrücken und, ganz allgemein, wer wir als Personen sind, zu manifestieren.

Vor allem aber schützen die Rechte unsere Entscheidungen in einer Weise, die konstitutive Bedeutung hat. Sie geben uns, frei von Zwang, den sozialen Raum, um die jeweils beste Person zu werden, die jeder von uns als Individuum werden kann. Wie Mill erkannt hat, ist Entscheidungen zu treffen selbst moralisch und persönlich von Bedeutung für unsere Selbstentwicklung.[23] Jede dieser drei Funktionen ist notwendig, um unser menschliches Telos zu erreichen. Positive Freiheit – das Recht, unsere Führer zu wählen, an der Selbstregierung teilzunehmen und unsere Gesellschaft zu gestalten – hängt von unserer Fähigkeit als autonomen Bürgern ab.

Zeitgenössische politische Denker vergessen häufig diese innere Dimension der Freiheit. Manche tun dies, um das philosophische Rätsel der Freiheit und des Determinismus zu umgehen, um mit dem wichtigen Geschäft der Politik fertig zu werden, ohne sich in metaphysische Knäuel zu

[21] Berlin, "Two Concepts of Liberty".

[22] *Olmstead v. United States*, 277 U.S. 438 (1928) (Brandeis, J.).

[23] „Wer die Welt oder seinen eigenen Teil davon seinen Lebensplan wählen lässt, braucht kein anderes Vermögen als das affenähnliche der Nachahmung. Wer seinen Plan für sich selbst wählt, setzt alle seine Fähigkeiten ein. ... Es ist wirklich nicht nur wichtig, was die Menschen tun, sondern auch, welche Art von Menschen sie sind." Mill, *Über die Freiheit*, 132.

verwickeln.[24] Andere befürchten, dass eine Überbetonung der inneren Freiheit zu einem gefährlichen Rückzug aus der Politik führen könne.[25] Aber eine rein äußerliche Konzeption der Freiheit hat eigene Probleme. Zum einen droht ein von der inneren Freiheit losgelöstes Regime der Rechte, in einer reinen Anspruchstheorie der Freiheit zu erstarren. Freiheit und Rechte bedeuten dann kaum mehr als Zugang zu Waren und Dienstleistungen, die vom Staat bereitgestellt werden. Es ist kein Zufall, dass zeitgenössische Progressive manchmal den Zugang zu Gütern mit Freiheit verwechseln und beides unter der allgemeinen Rubrik der „Rechte" verschmelzen. Wenn die Freiheit nur als Zugang zu den *Dingen* konzipiert ist, ist sie zu einem reinen Berechtigungskonzept geworden, dem einzigen Material, das für einen Materialisten Sinn macht.

Die wahre Freiheit bezieht ihren Wert aus ihren instrumentellen, expressiven und konstitutiven Funktionen. Jede dieser drei Funktionen wird jedoch in einer deterministischen Welt fragwürdig. Der Determinismus bedroht die Freiheit an ihrer Quelle – indem er die Realität unserer freien Entscheidung leugnet. In einer deterministischen Welt schützen wir nicht die Lebensentscheidungen des Individuums, denn sie sind keine wirklichen Entscheidungen in einem bedeutenden Sinn. Wenn alles, was wir fühlen, denken und glauben, eine bloße Funktion äußerer Faktoren ist – wenn es nichts Ursprüngliches im Selbst gibt, in all seiner mystischen, unerklärlichen Schönheit –, macht es wenig Sinn, unsere Entscheidungen zu schützen (und wir können nicht einmal diese Wörter ganz akkurat benutzen, wenn der Determinismus wahr ist).

---

[24] Der österreichische klassische Ökonom von Mises schrieb: „Der Monismus lehrt, dass es nur eine ultimative Substanz gibt, für den Dualismus gibt es zwei, für den Pluralismus gibt es viele. Es macht keinen Sinn, über diese Probleme zu streiten. Solche metaphysischen Auseinandersetzungen sind endlos. Der gegenwärtige Stand unseres Wissens liefert nicht die Mittel, sie mit einer Antwort zu lösen, die jeder vernünftige Mensch für zufriedenstellend halten muss." Ludwig von Mises, Human Action: A Treatise on Economics (Chicago: Contemporary Books, 1966), 17. Von Mises kam zu dem Schluss, dass unser Wirtschaftssystem wie unser politisches System von unserer Weltanschauung abhänge. Er erklärte, dass „wir einem unüberwindbaren methodologischen Dualismus gegenüberstehen. ... Die Vernunft und die Erfahrung zeigen uns zwei getrennte Bereiche, die äußere Welt der physischen, chemischen und physiologischen Phänomene und die innere Welt der Gedanken, Wünsche, Bewertungen und zielgerichteten Handlungen." Von Mises, *Human Action*, 18.

[25] Jesaja Berlin nannte dies den „Rückzug in die innere Zitadelle". I. Berlin, „Zwei Begriffe der Freiheit", 235–41. Friedrich von Hayek bestand darauf, dass die Idee der inneren Freiheit zu einer begrifflichen Sackgasse werden könne, die politische Denker in eine totalitäre Richtung führe. Friedrich A. von Hayek, *Die Verfassung der Freiheit*, Gesammelte Schriften in deutscher Sprache, Bd. 3 (Tübingen: Mohr Siebeck 2005), Einleitung.

Die Bewegung zu einer rein externalistischen Freiheitskonzeption hat sich im Laufe des 19. und 20. Jahrhunderts gezeigt. Es ist eine Funktion der Abkehr des modernen politischen Denkens von der Metaphysik. Der politische Liberalismus ist mit dem metaphysischen Determinismus Hand in Hand fortgeschritten, weil die Liberalen entschieden haben, dass (was sie als Wahrheit des Determinismus akzeptieren) der Determinismus für ihren Freiheitsbegriff irrelevant sei. Der moderne Liberalismus fördert die Liberalität der Regierung – die Notwendigkeit, den Reichtum umzuverteilen, die Wiedergutmachung für das bisher begangene Unrecht und für Chancengleichheit –, während die Liberalität der menschlichen Seele geleugnet wird. Das meinte Chesterton, als er bemerkte, dass die säkularen Liberalen versuchen, ihre Liberalität zu zeigen, indem sie unsere Freiheit verleugnen, denn um im modernen Sinne liberal zu sein, müssen sie alle als Marionetten des Schicksals behandeln.

Die stillschweigende Akzeptanz des Determinismus erklärt auch, warum unser Gefühl der individuellen Verantwortung gerade zu einem Zeitpunkt in der Geschichte dramatisch abnimmt, zu dem die Forderung nach mehr „Freiheit" in jeder Fernsehsendung und aus jedem Hörsaal zu hören ist. Deshalb fordern die Liberalen, die bestreiten, dass der Einzelne eine tatsächliche Kontrolle über sein Leben hat, gleichzeitig, dass derselbe Einzelne einen immer größeren Spielraum erhält, um zu tun, was er will, seine Entscheidungen zu treffen, seine „Experimente des Lebens" in der persönlichen Sphäre durchzuführen. Die Weltanschauung des modernen Liberalen ist eine potente, dynamische und radikal widersprüchliche Mischung aus Paternalismus und Libertarismus – die Art der Inkonsistenz, die es dem gleichen Geist erlaubt, ein absolutes Recht auf Abtreibung zu fordern, während er bestreitet, dass eine Frau in der Lage ist, selbst zu entscheiden, ob sie eine Krankenversicherung abschließt oder nicht.

Deterministen haben darauf eine mögliche Antwort: Sie können versuchen, die politische Freiheit mit dem Determinismus zu harmonisieren, indem sie argumentieren, dass Entscheidungen, die mit den Wünschen eines Menschen übereinstimmen, in dem einzigen Sinne „frei" sind, in dem wir von „Freiheit" reden können, auch wenn diese Wünsche kausal bestimmt sind. Mit anderen Worten, sie können behaupten, dass frei zu sein einfach bedeute, das zu tun oder zu bekommen, was man wünsche. Der Schutz politischer Rechte und Freiheiten ist schlicht die Möglichkeit, den Bereich der Hindernisse zu beseitigen, damit der Einzelne so leben kann, wie er will, denn das Leben, wie es der Mensch wünscht, hat einen Wert an sich. Dies war Hobbes' Idee – die kompatibilistische Idee, dass Freiheit dem Zwang entgegengesetzt sei, nicht aber der Verursachung der eigenen Wünsche. Ein Kompatibilist könnte argumentieren, dass politische Rechte nichts mit freiem Willen zu tun haben und dass wir das Recht des Einzelnen, seine Interessen zu verfolgen, zu leben, wie er will, zu sagen, was er denkt, et cetera – schützen, auch wenn seine Handlungen kausal bestimmt sind – einfach, *weil es seine Wünsche sind*, die als solche Wert haben.

Es gibt mindestens zwei Probleme mit dieser Position. Erstens erkennen selbst die meisten Deterministen, dass nicht alle Wünsche gleichermaßen frei oder autonom zu sein scheinen. Wir können das Recht des Künstlers, zu malen, und das Recht des Philosophen, die Tiefen der Metaphysik zu beleuchten, schützen, weil wir davon ausgehen, dass dies der Ausdruck authentischer Wünsche ist. Die meisten würden jedoch zustimmen, dass der Wunsch des Drogensüchtigen, weiterhin dem Heroin nachzujagen, im eigentlichen Sinne des Wortes nicht frei ist.[26] Die Tatsache, dass er die Droge stark begehrt, scheint die Freiheit dieser Wahl zu *unterhöhlen* (und sicherlich nicht zu verstärken). In der Summe sind Handlungen in Übereinstimmung mit den Wünschen nicht immer frei und, paradoxerweise für den Kompatibilisten, desto weniger frei, je stärker das Verlangen ist. In ähnlicher Weise dürften Personen, die in Übereinstimmung mit Wünschen handeln, die verursacht oder manipuliert wurden, in keinem erkennbaren Sinn frei sein.

Betrachten Sie Aldous Huxleys Roman *Schöne neue Welt*. Huxley sah eine Utopie voraus, in der Individuen künstlich in Laboratorien reproduziert und darauf konditioniert werden, die Funktion zu lieben, der sie in der Gesellschaft dienen sollen. Die Alphas sind die große, intelligente Klasse, die Führer der Gesellschaft. Die Deltas am anderen Ende der sozialen Skala sind klein und hässlich und werden gezüchtet, um ihr Los im Leben zu lieben – das im Wesentlichen darin besteht, die Straßen zu fegen und die schmutzigen Jobs zu tun. Die Deltas haben sogar Mitleid mit den Alphas, deren Lebenssituation so erschütternd scheint. Besser, ein

[26] Es ist auch nicht notwendigerweise das Problem, dass die Wünsche des Süchtigen irrational sind. Sie sind es nicht, gemäß einigen Definitionen der Rationalität. Nach einer vorherrschenden Auffassung von Rationalität ist „menschliches Handeln immer notwendigerweise rational", da es immer rational ist, alles zu bekommen, was man wünscht. Von Mises, *Human Action*, 19. Dies macht natürlich Rationalität zu einem rein instrumentellen Wert.

einfacher Delta zu sein, mit seinen einfachen Freuden und ohne echte Verantwortung.

Die Wünsche sowohl der Alphas als auch der Deltas sind „rational", in dem modernen instrumentellen Sinne des Begriffs, ja, sie sind entworfen worden, um rational zu sein. Die Schöne neue Welt wurde so konstruiert, dass sie haben, was sie wollen, und dass sie wollen, was sie haben. Die Sozialplaner haben keine Ausgaben gescheut, um sicherzustellen, dass die Präferenzen ihrer Subjekte maximiert werden. Wenn der Kompatibilist recht hat, ist die Schöne neue Welt die freieste aller Gesellschaften in der Geschichte. Warum sind wir also von Huxleys Utopie so entsetzt? Warum scheint sie solch eine Beleidigung der menschlichen Freiheit und Würde zu sein? Das Problem besteht nicht einfach darin, dass die Existenz der Deltas trivial und unattraktiv ist. Wir fühlen immer auch die gleiche Abneigung gegen das Leben der Alphas. Gezüchtet und konditioniert zu werden, um auch die „höheren Ziele" zu wollen, verletzt immer noch unsere Intuitionen über die menschliche Freiheit.

In unserer Freiheitsliebe scheint etwas Tieferes zu liegen. Der Grund, warum sogar die Existenz der Alphas so kümmerlich und schrecklich für uns ist, besteht darin, dass sie nicht wirklich ihre eigenen Entscheidungen treffen. Einfach gesagt, es gibt in der Schönen neuen Welt keinen Platz für den konstitutiven Aspekt der Freiheit. Die Männer und Frauen dieser Gesellschaft sind nicht selbst gemacht. Sie sind einfach *gemacht*. Wie es Thomas von Aquin gedacht hätte, beinhaltet die Freiheit unsere Teilnahme an Gottes ewiger Ordnung. Die Bewohner der Schönen neuen Welt nehmen nicht an ihrer Welt teil. Sie gedeihen nicht; sie verweilen nur.

Es gibt ein zweites Problem mit dem kompatibilistischen Zugang zur Freiheit. Wenn wir jetzt nicht danach fragen, *wie man Freiheit definiert*, sondern danach, *was die Freiheit wertvoll macht*, wird der Kompatibilist wahrscheinlich utilitaristisch antworten.[27] Die Freiheit wird in dem Maße wertvoll sein (und nur so weit), wie sie das Glück oder die individuellen Präferenzen maximiert. Wenn die politische Freiheit selbst durch ihren

[27] Wie wir in Kapitel 7 gesehen haben, sind diejenigen, die sich auf Kompatibilitätsdenker wie Hobbes, Hume, Mill und andere stützen, gewöhnlich Utilitaristen der einen oder anderen Art. Utilitarismus und Kompatibilismus sind komplementäre Philosophien: Beide sind tendenziell Ausdrücke des philosophischen Materialismus; beide schätzen die Wunscherfüllung als das letzte Ziel (Utilitaristen schätzen sie als Stellvertreter für das Glück, Kompatibilisten schätzen sie als Stellvertreter für die Freiheit). Der Kompatibilismus beruht zudem typischerweise auf einer utilitaristischen Konzeption von Verantwortung.

utilitaristischen Wert definiert und gemessen wird, kann sie auch durch diesen Wert begrenzt werden, wie wir bereits gesehen haben. Aber das Problem ist nicht einfach, dass der Nutzen die Freiheit verschlingen wird. Wahrscheinlicher wird er die Freiheit verschlingen, indem er sich als Freiheit verkleidet.

Wenn wir Freiheit als Erfüllung der Präferenzen definieren, was sollte die Sozialingenieure daran hindern, mit den Präferenzen selbst herumzubasteln? Wenn Freiheit mehr oder weniger der Befriedigung von Begierden entspricht, was macht dann einen bestimmten Wunsch besser als einen anderen? Sind nicht die Wünsche selbst fungibel – von Bedeutung nur insofern, als sie *gewünscht* werden? Das bringt uns zurück zu dem gleichen Problem der Schönen neuen Welt.

Sogar die Wohlwollendsten von denen, die den menschlichen Zustand durch das Prisma des philosophischen Materialismus betrachten, können nicht anders als zu einer mehr oder weniger totalitären Regierungsauffassung hingezogen zu werden, nach der es eine ordentliche Funktion des Staates ist, individuelle Präferenzen im Namen eines größeren Glücks zu „perfektionieren". Wir haben solche Vorschläge seit mehreren Jahrzehnten von Psychologen und Sozialdenkern gesehen.[28] Der Totalitarismus ist immer die wahrscheinlichste politische Konsequenz des Determinismus, auch wenn dieser Determinismus sich in der zeitweilig modischen Neigung des progressiven Liberalismus niederschlägt.

Es gibt einfach keinen prinzipiellen Grund, eine Sphäre der politischen Freiheit zu schützen, wenn unsere Handlungen das Ergebnis einer zufälligen Kakophonie externer sozialer und biologischer Einflüsse sind. Wenn wir nicht das traditionelle Verständnis von Freiheit als einem normativen, im menschlichen Gut begründeten und als Ausdruck unseres inneren Selbst geschätzten Ideal neu entfachen, wird es nur eine Frage der Zeit sein, bis der Begriff der Freiheit nicht einfach bedeutungslos, sondern unvorstellbar ist.

[28] B. F. Skinner schrieb zum Beispiel, dass der Gegenstand aller sozialen Regulierung „nicht darin besteht, den Menschen von der Kontrolle zu befreien, sondern die Art der Kontrolle zu ändern, der er ausgesetzt ist". B. F. Skinner, Beyond Freedom and Dignity (Indianapolis: Hackett, 2002), 221. Der Politikwissenschaftler Cass Sunstein, der der Regulierungszar der Obama-Administration wurde, argumentierte vor dreißig Jahren, dass die Rolle der Regierung darin bestehe, individuelle Präferenzen zu „perfektionieren". Cass R. Sunstein, "Legal Interference with Private Preferences", *University of Chicago Law Review* 53 (1985): 1129.

Verantwortung

Es war einmal ein Gemeinplatz des politischen Denkens, dass Freiheit und Verantwortung untrennbar miteinander verbunden sind und als moralische und praktische Gegengewichte dienen. Die Grenzen des einen können nicht über die Grenzen des anderen hinausgehen. Zu sagen, dass eine Person frei handele, bedeutete zu sagen, dass sie für ihre Handlung verantwortlich sei, und wenn man sagte, dass sie verantwortlich für ihre Handlung sei, dann bedeutete dies, dass sie frei gehandelt hatte. Eine Person für ihre Handlung verantwortlich zu machen, die nicht in ihrer freien Verfügung stand, war der Inbegriff von Ungerechtigkeit. Die Person frei zu machen, Dinge zu tun, für die sie nicht verantwortlich sein wird, ist der Inbegriff des Leichtsinns.

Das traditionelle Verständnis von Verantwortung hängt vom traditionellen Verständnis der Freiheit ab. Weil es das Letztere leugnet, musste das moderne Denken Ersteres neu denken. Wenn der Traditionalist sagt, dass eine Person für ihre Handlung verantwortlich ist, bedeutet dies, dass die Person frei gehandelt hat und dass sie dazu gebracht werden wird, für die Konsequenzen einzustehen. Bei neueren Ansätzen bedeutet dies jedoch nur, dass die Person zum Eingeständnis aufgefordert wird. Die zeitgenössischen Denker verbinden Stränge von Benthams Utilitarismus und Hobbes' Kompatibilismus, um Verantwortung als einen *präskriptiven* Begriff neu zu definieren. Eine Person wird nun für verantwortlich gehalten, wenn eine Bestrafung für die Gesellschaft einen utilitaristischen Nutzen hat – indem sie von ähnlichen Handlungen seitens des Handelnden (Anwälte nennen dies „spezifische Abschreckung") oder anderer („allgemeine Abschreckung") abschreckt. Moderne Denker haben also die Verantwortung von der rückwärtsschauenden Idee des Traditionalisten (d. h. der Rückschau auf die Handlung, um zu sehen, ob der Handelnde frei gehandelt hat) zu einer vorausschauenden Idee neu definiert (mit Blick auf die Folgen der Bestrafung, um festzustellen, ob wir den Handelnden für verantwortlich halten sollen). Diese Neudefinition der Verantwortung ist ein anderer Weg, auf dem moderne Denker versuchen, neuen Wein in alte Schläuche zu füllen, indem sie Wörter beibehalten, die moralisch kraftvoll in uns mitschwingen, während sie ihre inneren Bedeutungen aushöhlen.

Diejenigen, die dieses utilitaristische Umdenken an sich attraktiv fanden (z. B. Bentham, Mill, Hayek und Hart), versuchten manchmal, an einem Überbleibsel des traditionellen Freiheitsgedankens festzuhalten, indem sie vorschlugen, dass wir den Handelnden nur dann verantwortlich machen sollten, wenn die Bestrafung *einen Unterschied in der Handlung* gemacht haben könnte. Wie Hayek es ausdrückte:

> Wir übertragen die Verantwortung einem Menschen nicht, um zu sagen, dass er anders hätte handeln können, sondern um ihn anders zu machen. ... Die einzige Frage, die legitim aufgeworfen werden kann, ist daher, ob die Person, die wir für eine bestimmte Handlung oder ihre Folgen verantwortlich machen, die Person ist, die normalen Motiven zugänglich ist (d. h., ob sie das ist, was wir eine „verantwortliche Person" nennen), und ob unter den gegebenen Umständen davon ausgegangen werden kann, dass eine solche Person von den Überlegungen und Überzeugungen beeinflusst wird, mit denen wir auf sie einwirken wollen.[29]

Es ist die Drohung, für verantwortlich gehalten zu werden, die den Handelnden veranlasst, seinen Kurs zu ändern und „verantwortlich zu werden".

Dieser Ansatz zur Verantwortung ist jedoch offensichtlich inkohärent. Wenn der Handelnde nicht anders hätte handeln könnte (wie es der Determinismus beinhaltet), welchen Sinn hat es dann, ihn verantwortlich zu machen, „um ihn anders zu machen"? Wie kann unsere Absicht, ihn zu einem anderen Handeln zu führen, möglicherweise seine Verantwortung berühren, wenn er doch nicht anders handelte, *auch unter dem Einfluss der Motive, die sich aus den Gesetzen ergeben*? Mit anderen Worten, im Fall des Mannes, der das Gesetz gebrochen hat, hat das Gesetz sein Verhalten *nicht* geändert. Es hat ihn *nicht* anders gemacht. Es hat keinen erkennbaren Einfluss auf das Ergebnis seiner Handlung gehabt. In der Tat, was kann es heißen, wenn wir sagen, dass wir Verantwortung zuschreiben, wenn „von einer Person erwartet werden kann, dass sie vom Gesetz beeinflusst wird", wenn sie per definitionem *nicht* beeinflusst wurde? Diese Bedrohung, verantwortlich gemacht zu werden, kann andere abgeschreckt haben (obwohl wir nie wissen werden, ob und wie viele seitdem vom Handeln abgehalten wurden), aber der utilitaristische Ansatz der Verantwortung bedeutet paradoxerweise, dass wir Verantwortung nur in

[29] F. A. Hayek, *The Constitution of Liberty*, 75.

den Fällen zuschreiben, in denen unsere Erwartungen *bestimmt enttäuscht wurden.*
Allgemeiner gesagt, ist die einzige mögliche Grundlage für die Erwartung gesetzlicher Sanktionen, die Handlungsweise eines Akteurs zu verändern, wenn der Handelnde die Bedrohungen berücksichtigen kann und sein Verhalten ändert, um sie zu vermeiden. Aber ist das nicht genau das, was wir unter Freiheit der Wahl verstehen – die Freiheit, unser Handeln in Übereinstimmung mit dem zu verändern, was wir über die wahrscheinlichen Konsequenzen wissen? Tatsächlich ist die Position des Deterministen noch merkwürdiger, da es scheint, dass es die Anreize und Einschränkungen des Gesetzes sind, die uns im funktionalen Sinn *frei machen.* Denn nur dann, wenn der Handelnde durch den Anstoß der Bestrafung oder mit der Einladung zu einer Belohnung konfrontiert wird, unternimmt er die nötigen Anstrengungen, um sein Verhalten gegenüber seinem bisherigen Kurs zu ändern. Aber wenn das alles ist, dann ist es gerade die Drohung der Strafe, die uns frei macht, anstatt uns zu beschränken.

Die schwerste Verletzung fügt die moderne Auffassung von Verantwortung jedoch nicht unseren Institutionen zu, sondern unserem inneren, moralischen Sein. Der Determinist hat keinen Sinn für jene zwei Fähigkeiten der Seele, die für unsere moralische Verantwortung am ausdrucksstärksten sind und für unsere moralische Heilung am nötigsten: Reue und Vergebung. Echte Reue erfordert, dass der Übeltäter nicht einfach erkennt, dass er sich irrte, sondern dass die Dinge anders gewesen sein könnten – dass seine Handlung nicht unvermeidlich war. Reue ist eine inhärent *kontrafaktische* Emotion. Sie wird angestachelt durch die akute Erkenntnis des Übeltäters, *was gewesen sein könnte* (die traurigsten Wörter der Zunge und des Stiftes). Reue hat keinen Platz in einer deterministischen Welt, da in dieser Welt ein „Was hätte sein können" eine Erfindung der Phantasie ist. Alles ist genau so, wie es in der Welt des Deterministen sein muss.[30]

---

[30] Wie William James es ausdrückte: „Das Urteil der Reue nennt den Mord schlecht. Etwas böse zu nennen bedeutet, wenn es überhaupt etwas bedeutet, dass das Ding nicht sein sollte, dass etwas anderes an seiner Stelle sein sollte. Der Determinismus, indem er leugnet, dass irgendetwas anderes an seiner Stelle sein könne, definiert das Universum praktisch als einen Ort, in dem das, was sein sollte, unmöglich ist – mit anderen Worten, als einen Organismus, dessen Konstitution mit einem unheilbaren Makel, einem nicht behebbaren Defekt behaftet ist." William James, "The Dilemma of Determinism", in *The Writings of William James*, ed. John J. McDermott (Chicago: University of Chicago Press, 1977), 597.

Wie die moderne Philosophie und Psychologie die inneren Strukturen des moralisch reflektierten Selbst zerstört haben, so ist das, was einst als moralische *Fähigkeit* angesehen wurde, ein einfaches *Gefühl*. Alles, was in der modernen Psychologie von der Reue geblieben ist, ist die Schuld, eine grundlegend reaktive Emotion, die in der verinnerlichten Androhung der Strafe verwurzelt ist. Wo der Traditionalist Reue als heilsames *Vermögen* versteht, als eine Kraft des reflektierenden Gewissens, die uns vorwärtstreibt und unseren schmerzhaften Blick auf die Kluft zwischen Sollen und Handeln einer vergangenen Handlung fixiert, finden moderne Denker in der Schuld nur die pathologischen (wenn sozial notwendigen) Reste der internalisierten Strafandrohung.

Nicht nur Reue, sondern auch Vergebung und Barmherzigkeit verlieren in einer kausal determinierten Welt jede Bedeutung. Vergebung ist ein intentionaler Zustand eines Opfers, der auf seinen Übeltäter gerichtet ist. Es ist ein Akt der Selbsttranszendenz, der auf der Überwindung nicht des Schadens beruht, sondern auf dem *Unrecht*, das dem Opfer zugefügt wurde. Bei der Vergebung entbindet das Opfer den Übeltäter seines Unrechts, reinigt die moralische Tafel und entledigt in diesem Prozess sich selbst des Hasses oder des Ressentiments, das er gegen den Übeltäter empfindet.[31] Es kann aber keine wahre Vergebung in der Welt des Deterministen geben. Man kann nur einem moralisch Verantwortlichen vergeben. Dem Täter, der von Anfang an zum Schicksal seiner Tat verurteilt wurde, kann nicht mehr verziehen werden, als der Hai vom Opfer seines Haiangriffs Vergebung erlangen kann.

Auch Barmherzigkeit ist in der Welt des Deterministen fehl am Platze. Barmherzigkeit ist die *nachsichtige Behandlung* von jemandem, der keine solche Nachsicht hat. Sie muss nicht vom Opfer geübt werden – in der Regel wird sie von einem Beamten oder einem Funktionär ausgeteilt –, und sie muss nicht einmal eine Reaktion auf ein Fehlverhalten sein,

---

[31] In Jeffrie Murphys und Jean Hamptons berühmtem Austausch über die Begriffe des Ressentiments, der Vergebung und der Barmherzigkeit definierte Murphy Vergebung in größtenteils psychologischen Begriffen als Überwindung von Ressentiments. Hampton wies darauf hin, dass die hebräischen Ausdrücke, die im Alten Testament für Vergebung verwendet werden, *kipper* (zudecken), *nasa* (anheben) und salach (loslassen) enthalten. Vergebung ist letztlich eine moralische Handlung, nicht nur eine psychologische Veränderung, die den Übeltäter zudeckt und das Opfer von der Wut befreit. Der Akt der Vergebung, schrieb Hampton, „setzt die beiden Parteien wieder auf eine gleiche Position und ermöglicht erneuerte Beziehungen". Jeffrie G. Murphy and Jean Hampton, *Forgiveness and Mercy* (New York: Cambridge University Press, 1998), 37, 38.

obwohl es normalerweise so ist.[32] Barmherzigkeit ist Ausdruck von *Agape*, nicht von Gerechtigkeit. Sie wird unverdientermaßen vergeben, und nicht dem, der keine Verantwortung trägt. Dem Menschen, der nicht helfen konnte, aber das tat, was er tat, wird nicht Erbarmen gezeigt; er ist einfach entschuldigt und rehabilitiert.

Die moderne Neudefinition der *Verantwortung* zerreißt dieses geistige Gewebe aus Reue, Vergebung und Barmherzigkeit. Sie bedeutet, dass diese ganze Konstellation von moralischen Begriffen, die verbunden ist mit unserer Verantwortung für unsere Schuld, zusammen mit unserer Verantwortung, die in der Liebe begründet ist, denjenigen zu vergeben, die gegen uns schuldig geworden sind, abgeworfen werden muss.

Aber nicht einmal der Determinist kann wirklich die Verantwortung verbannen. Wie die Natur, verabscheut die Verantwortung ein Vakuum. Sie muss sich irgendwo niederlassen – wenn nicht im Individuum, um sein eigenes Verhalten zu unterdrücken, dann in der Gesellschaft als ganzer, um die Bedingungen zu schaffen (oder nicht zu schaffen), die die notwendige Selbstbeschränkung erzeugen (oder nicht erzeugen). Verbrechen und soziale Missstände werden so zu einer kollektiven Verantwortung. Doch fragt sich der Kompatibilist überhaupt, warum derselbe Determinismus, der die Fähigkeit des Individuums zu angemessenem Urteilsvermögen und Selbstbeherrschung beeinflusst, nicht auch die Fähigkeiten der kollektiven Gesellschaft für dasselbe beeinflussen könnte? Was ist die (kollektive) Freiheit, richtige Urteile zu fällen und richtige Anreize zu schaffen, wenn sie sich dem Individuum unweigerlich entzieht? Wenn der Determinismus wahr ist, gibt es keinen Grund zu glauben, dass, wenn man außerhalb des deterministischen Netzes tritt, das Kollektiv besser sei als das Individuum.

Es gibt eine Anekdote aus der Antike über einen gebildeten Sklaven, der in die Schule seines römischen Meisters gebracht wurde, um seinen Meister in der Philosophie zu unterrichten. Eines Tages stieß der Sklave versehentlich die wertvollste Vase seines Meisters um. Als der Meister gerade dabei war, den Sklaven zu ohrfeigen, sagte der gelehrte Sklave: „Erinnere dich, Meister, alles ist determiniert, so dass es genau so

[32] Murphy gibt das Beispiel eines Ritters, der einem Gegner Barmherzigkeit entgegenbringt, obwohl er ihn mit Recht töten könnte. Vergebung kann einen Akt der Barmherzigkeit motivieren, aber da Barmherzigkeit normalerweise von jemand anderem als dem Opfer geschenkt wird, ist sie in der Regel durch andere Gründe motiviert. Murphy and Hampton, *Forgiveness and Mercy*, 20.

geschieht, wie es geschehen muss. Diese Vase wurde vom ersten Moment an zur Zerstörung verdammt.“ Der Meister aber, der die Lektionen des Determinismus noch besser gelernt hatte als sein Lehrer, antwortete: „In der Tat, und auch deine Ohren waren dazu verdammt, geohrfeigt zu werden.“ Wie der Sklave in dieser Geschichte scheint der moderne humanitaristische Determinist eine Fähigkeit zur Freiheit, die er für das Verhalten selbst nicht zugeben will, in der gesellschaftlichen Reaktion auf beleidigendes Verhalten zu vermuten.

Determinismus bedeutet nicht nur, dass wir keine Verantwortung für unsere schlechten Taten und Misserfolge übernehmen müssen, sondern dass wir auch kein Recht haben, unsere guten Taten und Erfolge zu akzeptieren. Unsere Vorstellungen von Verdienst und Lob sind ebenso abhängig von der Annahme von Freiheit und Verantwortung wie unsere Vorstellungen von moralischer Schuld. Es ist schließlich nicht gerechter, in einer deterministischen Welt einen Menschen für seine Leistungen zu belohnen, als ihn für seine Verbrechen zu bestrafen. Das Genie, der Künstler, der Sportler und der Heilige sind nicht mehr dafür verantwortlich, was sie tun und wer sie sind, als der Mörder, der Kinderschänder und der Bettler.

Der Determinismus ist ein großer kosmischer Gleichmacher, der jede Errungenschaft wegerklärt und jede Schuld aufhebt. Dies erklärt die eigentümliche Konstellation sozialer Einstellungen, vor allem auf der Linken – die Skepsis gegenüber den Leistungsidealen, die Tendenz (zu einem gewissen Grad), den Verbrecher als Opfer gescheiterter sozialer Institutionen zu sehen, und den Wunsch, alle Unterschiede in Bezug auf Wohlstand und Erfolg auf soziale Ursachen zu reduzieren. Schemata für eine radikale wirtschaftliche Umverteilung werden in der Regel sowohl von deterministischen Annahmen als auch von Mitgefühl für die Armen angetrieben – wie wir es bei Marx und Engels und in gedämpfter Form im modernen amerikanischen Progressivismus und im europäischen sozialdemokratischen Denken finden.

Während die Linke leistungsorientierte Ideale vernachlässigt, missversteht die Rechte diese Ideale – und zwar auf zweierlei Weise. Die einen – oft solche mit einer liberalistischen Neigung – ebenso wie die anderen, Kinder der Spätmoderne, die Progressisten. Sie sind ebenso skeptisch gegenüber den Verdiensten wie die Linken und haben in der älteren Idee des *Wertes* eines Dinges den Marktwert gesehen. Da es keine objektiven Maßstäbe moralischer Werte gibt (wie sie annehmen), die über die

Präferenzen der Individuen hinausgehen, ist der einzige Wert, den wir messen können, das, was eine andere Person für etwas bezahlt. „Die operative Funktion der Bezahlung in Übereinstimmung mit dem Produkt in einer Marktwirtschaft", schrieb Milton Friedman, „ist nicht primär distributiv, sondern allokativ."[33] Mit anderen Worten, die Löhne dienen der effizienten Verteilung von Arbeit, aber nicht dem angestrebten Einklang mit irgendeinem objektiven Standard von Leistung. Oder, wie Hayek es ausdrückt, die Entlohnung eines Menschen auf einem freien Markt muss „seinem Nutzen für die anderen Mitglieder der Gesellschaft entsprechen, auch wenn dies in keinem Verhältnis zum subjektiven Verdienst steht".[34]

Konservative missverstehen manchmal das Verdienst noch auf eine andere Weise: Sie überbewerten es, verkennen die Natur und Bedeutung des Verdienstes, indem sie die falsche Schlussfolgerung aus der Tatsache ziehen, dass wir wesentlich frei sind. Sie vergessen, dass wir keine Selbstschöpfungen *ex nihilo* sind. Sie vermengen das, was wir geerbt haben, mit dem, was wir verdient haben, und geben vor, dass das weltliche Glück eines Menschen allein Ergebnis seiner eigenen Energien und Anstrengungen sei. J. Budziszewski nannte dies (aus christlicher Perspektive) einen von acht Fehlern, die von zeitgenössischen Konservativen gemacht werden.[35]

Was Konservative manchmal nicht sehen, ist, dass, obwohl unsere *Entscheidungen* real sind, sie immer innerhalb einer Reihe von gegebenen Optionen getroffen werden. Und obwohl unsere *Bemühungen* real sind, gehen die Begabungen und Energien, mit denen wir unsere Ziele verfolgen, von Quellen aus, die weit über die Bereiche des aktiven Selbst hinausgehen. Jeder Mensch beginnt mit seiner eigenen Startlinie, mit einem anderen Kurs, der vor ihm liegt, und mit den ihm innewohnenden Gaben und Grenzen, die ihn zu dem machen, was er ist: einem typischen Menschen. Jeder von uns realisiert sein Potenzial nur provisorisch, nur teilweise und zum Teil durch Zufall (Gnade). Jeder Schritt des Rennens wird mit einem Einsatz und einem Aufwand durchgeführt, die von Faktoren abhängig sind, die außerhalb unserer Kontrolle liegen, und unter besseren oder schlechteren Umständen, die weit von uns entfernt liegen. Sogar die Leidenschaft, mit denen wir unsere groben Fähigkeiten zu polierten

[33] Milton Friedman, *Capitalism and Freedom* (Chicago: University of Chicago Press, 2002).
[34] Friedrich A. von Hayek, *The Road to Serfdom*, ed. Bruce Caldwell (Chicago: University of Chicago Press, 2007), 122.
[35] J. Budziszewski, "The Problem with Conservatism", *First Things* (April 1996): 38–44. 36

Talenten entwickeln, ist ein Geschenk der Gnade, das nicht vollständig auf die authentischen Bestrebungen des ursprünglichen Selbst reduziert werden kann. In der Summe sind wir frei, aber wir sind keine Selbstschöpfungen. Jeder nachdenkliche Christ versteht, dass die Quellen unserer Verdienste selbst unverdient sind. Nur in einer Welt, in der Freiheit und Gnade wie die gemeinsamen Segnungen unseres Schöpfers zusammenkommen, kann es wahr sein, dass von „jedem, dem viel gegeben wird, auch viel verlangt wird".[36]

Menschliche Würde

Freiheit und Verantwortung sind Werte, die sich aus der aktiven Natur des Selbst ergeben. Unser dritter Wert, die Menschenwürde, stammt aus einer noch tieferen Quelle. Sie wurzelt in der Natur der menschlichen Person als einer Substanz, die aus Körper und Seele besteht und einen moralischen Status trägt, der diese Realität widerspiegelt. Fangen wir mit dem Begriff der Würde an – mit dem, was sie ist und wie sie sich im westlichen Geistesleben entwickelt hat –, und arbeiten wir uns dann zurück zu den Grundlagen.

Es gibt zwei komplementäre Komponenten unseres Begriffs der Würde – einen „inklusivistischen" und eine „exklusivistischen" Aspekt. Der inklusivistische Sinn beinhaltet, dass alle Menschen moralisch gleich sind, dass jeder Mensch den gleichen moralischen Wert hat wie jeder andere, unabhängig von seinen besonderen Fähigkeiten, seinen Talenten oder seinem sozialen Wert für andere. Im exklusivistischen Sinne ist andererseits die Würde des Menschen mit dem verbunden, was die menschliche Spezies im Vergleich zu anderen Lebewesen zu etwas Besonderem macht. Die Würde vereint alle Menschen und unterscheidet uns vom Rest der natürlichen Welt.[37]

Der Begriff der Menschenwürde schien nirgendwo bei Aristoteles oder im Alten oder Neuen Testament auf. Das hebräische Wort „Würde", *gedula*, ist selten im Alten Testament zu finden und bedeutet etwas, das mit der

[36] Lk. 12:48.

[37] Wie George Kateb es kurz formuliert hat: „Alle Individuen sind gleich, keine andere Spezies ist der Menschheit gleich. Dies sind die zwei Grundsätze, die das Konzept der Menschenwürde ausmachen." George Kateb, *Human Dignity* (Cambridge, Mass.: Harvard University Press, 2011), 6.

Statur oder der Stellung in der Gemeinschaft verwandt ist. Aber es gibt keinen einzigen Begriff, der der modernen Idee der Menschenwürde völlig entspricht. Der griechische Ausdruck, der der modernen Bedeutung der Würde am nächsten kommt, *aksioprepeia*, fehlt bei Platon, Aristoteles und im Neuen Testament. Gelegentlich benutzte man aber auch den Begriff *semnotes*, der die Ernsthaftigkeit oder die Schwere des Charakters bezeichnet.[38] Wenn irgendwo im vormodernen Denken ein Vorläufer des egalitären Sinns der Würde gefunden werden kann, dann in der stoischen Idee der *oikeiosis*, die mit dem stoischen Humanitarismus und Kosmopolitismus verbunden ist. *Oikeiosis* bezieht sich auf die familiäre Ähnlichkeit der gesamten Menschheit. Auch dies jedoch trifft nicht die modernen moralischen Konnotationen des Würdebegriffs.

Es war Thomas von Aquin, der mit Aristoteles' Theorie der Wesenheiten und Universalien den Begriff *dignitas* in seinem exklusivistischen Sinn zu benutzen begann, der sich, mit anderen Worten, auf den relativen Status des Menschen in der Hierarchie des Seins bezog.[39] Zwei Jahrhunderte später, 1486, verkapselte der Renaissancehumanist Giovanni Pico della Mirandola in seiner Rede über die Würde des Menschen die Idee der Menschenwürde. Jede Nische in Gottes großer Kette des Seins, vom Wurm bis zum Engel, schrieb er, war besetzt. Es gab keinen Platz mehr, außer für die Kreatur, die keinen bestimmten Platz in der Kette des Seins hatte – eine Kreatur, die durch die Ausübung der Gabe des freien Willens und durch ihr Streben nach Wissen in Engelshöhen aufsteigen oder zu einer rein vegetativen Tiefe des Seins absteigen kann.[40] Mirandola war der Erste, der die Würde mit der Freiheit und der Empfindsamkeit des Menschen verknüpfte. Das war Würde in seinem exklusiven Sinn.

---

[38] Bei Aristoteles bezieht sich *semnotes* auf einen Zustand des Charakters, der aus dem Mittelwert zwischen Unterwürfigkeit und unnachgiebiger Starrheit besteht. Es ist kein moralischer Wert, der allen Menschen innewohnt, und das Wort wird nur dreimal in der *Eudemischen Ethik* und keinmal in der *Nikomachischen Ethik* verwendet. Daniel P. Sulmasy, "Human Dignity and Human Worth", *in Perspectives on Human Dignity: A Conversation*, eds. Jeff Malpas and Norelle Lickiss (New York: Springer, 2007), 10–11.

[39] In der *Summa* verwendete Thomas den Begriff *dignitas* und seine verwandten Begriffe 185 Mal, aber seine Bedeutung scheint sich nicht auf den modernen Begriff der Gleichheit oder Autonomie aller Menschen auszudehnen. Sulmasy, "Human Dignity and Human Worth", 11.

[40] Giovanni Pico della Mirandola, "Oration on the Dignity of Man", in *The Renaissance Philosophy of Man*, ed. Ernst Cassirer, trans. Elizabeth L. Forbes (Chicago: University of Chicago Press, 1948), 224–25.

Der inklusivistische Aspekt, nach dem alle Menschen gleich sind, war sicherlich im christlichen Verständnis der Brüderlichkeit der ganzen Menschheit enthalten, aber es war Immanuel Kant, der die inklusivistische Idee der Würde als eines inneren Wertes, der alle menschlichen Wesen vereint, am deutlichsten entwickelt hat.

Die intrinsische Natur der Menschenwürde macht aus der Perspektive des Materialisten wenig Sinn. Hobbes war völlig unfähig, die Würde als etwas anderes als den Preis oder den sozialen Wert eines Menschen zu begreifen. „Der Nutzen oder Wert eines Menschen ist, wie der aller anderen Dinge, sein Preis, das heißt, so viel wie er für den Gebrauch seiner Kraft geben würde." Daher ist „der öffentliche Wert eines Menschen, das ist der Wert, den das Gemeinwohl ihm auferlegt, das, was die Menschen gewöhnlich WÜRDE nennen".[41] Es gibt Überreste von Hobbes' Reduktionismus im modernen ökonomischen Denken. Der Ökonom kann für den Wert der Menschenwürde Lippenbekenntnisse abgeben, aber am Ende ist es die *Produktivität* eines Menschen, die seine Chancen auf ein gutes Leben bemisst.

Der letzte Schritt bestand darin, die beiden Aspekte der Menschenwürde zu vereinen: Es gibt einen Wert im menschlichen Leben, der alle Menschen vereint, ebenso wie er den Menschen von anderen Arten unterscheidet. Die Suche nach der natürlichen Grundlage für die Menschenwürde führt uns zurück zu Aristoteles und zum Christentum. Denn wir können die Quelle der Menschenwürde nur verstehen, indem wir anerkennen, dass unsere gemeinsame Würde nicht auf individuellen Talenten und Fähigkeiten basieren kann, die von Person zu Person variieren und manchmal fehlen. Nur mit dem Verständnis, dass jedes menschliche Wesen eine Substanz ist, ein ontologisch einheitlicher Schwerpunkt, dessen Wesen seiner Existenz vorausgeht und dessen formale Eigenschaften die *imago Dei* widerspiegeln, Gottes Reflexion in unserer eigenen Natur, wird Würde jemals Sinn ergeben. Diese Stränge unserer philosophischen und theologischen Traditionen wurden erst vor etwas mehr als einem Jahrhundert vollständig integriert.[42]

---

[41] Hobbes, Thomas. *Leviathan*. Ditzingen: Reclam 1986 [eigene Übersetzung].

[42] Die Schriften von Antonio Rosmini, einem kantianisch-katholischen Theologen, beeinflussten Papst Leo XIII., der in seiner sozialen Enzyklika *Rerum Novarum* die Würde der Arbeiter verteidigte. Diese Entwicklungen werden in Sulmasy, "Human Dignity and Human Worth", 11–12, prägnant wiedergegeben.

Aber die ganze Schöpfung seufzt vergeblich. Kaum waren wir zu einem voll integrierten Ideal gelangt, als wir die Stränge wieder auseinandernahmen. Die moderne Linke und Rechte werden zu den entgegengesetzten Polen der Würde gezogen. Das Denken auf dem rechten politischen Flügel findet es manchmal schwer, die egalitären Konsequenzen der Würde zu akzeptieren, während das linke Denken den inklusiven, egalitären Aspekt einschließt, aber den exklusivistischen Aspekt der Würde der Spezies aus dem Weg räumt. Das autoritäre Denken hat oft die moralische Gleichheit aller Menschen geleugnet, ebenso wie das progressive Denken den exklusivistischen Aspekt der Würde für progressive Verpflichtungen zu Abtreibungs- und Tierrechten unbrauchbar macht. Beide Seiten sind auf verschiedene Weise und aus verschiedenen Gründen zu der Ansicht zurückgekehrt, dass nichts unterhalb der gesellschaftlich brauchbaren Eigenschaften der Person liege.

Im modernen ethischen Denken steht oft die Fähigkeit zur Rationalität, zu Selbstbewusstsein oder Empfindungsvermögen im Mittelpunkt von Fragen der Rechte. Da Tiere einige dieser Fähigkeiten zeigen – sie leiden, und höhere Tiere lassen eindeutig die Fähigkeit zu logischen Schlussfolgerungen erkennen –, müssen sie Rechte erhalten oder mit einem gewissen Maß an Würde behandelt werden. Und da ein ungeborenes menschliches Kind oder sogar ein Säugling weniger von diesen Fähigkeiten haben kann als manche Tiere, kann es oder er vom Kreis der moralischen Werte ausgeschlossen werden. Bentham sagte deshalb, dass ein erwachsenes Pferd ein größeres Existenzrecht habe als ein neugeborenes Baby. Nach dem zeitgenössischen Bioethiker Peter Singer hat ein Affe, der eine Banane versteckt, damit eine rudimentäre Fähigkeit zur Schlussfolgerung bewiesen – der Affe hat also zumindest eine rudimentäre Vorstellung von sich selbst und somit einen größeren Anspruch auf rechtlichen Schutz als ein kleines Kind, das nicht die gleiche Aufgabe ausführen kann.[43] Auf diese Weise kehrt die Ontologie des Modernismus die

[43] Peter Singer, *Practical Ethics*, 3rd ed. (New York: Cambridge University Press, 2011), 72–78. Zu Singers Angriff auf die Heiligkeit des menschlichen Lebens siehe Helga Kuhse and Peter Singer, *Should the Baby Live?: The Problem of Handicapped Infants* (New York: Oxford University Press, 1988), chap. 6. Singers *Animal Liberation: A New Ethic for Our Treatment of Animals* (New York: Random House, 1975) argumentiert, dass selbst alle empfindungsfähigen Tiere, einschließlich niederer Säugetiere, und auch Nichtsäugetiere wie Hühner und Fische ein vertretbares moralisches Interesse haben, nicht getötet zu werden. Für einen aktualisierten Austausch zu diesem Thema siehe Don Marquis, "Singer on Abortion and Infanticide", in Jeffrey A. Schaler, ed., *Peter Singer Under Fire: The Moral Iconoclast Faces His Critics* (Peru, Ill.: Carus, 2009), 133–52, und Singers Antwort, 153–62.

Hierarchie des Seins um, dekonstruiert das Höhere und erhöht das Niedrige, vergleicht den Menschen mit den Maschinen und die Tiere mit den Menschen.

Eine verfeinerte und entsprechend aktualisierte Version der klassischen Auffassung der Person besagt, dass die Grenze zwischen Menschen und niederen Tieren nicht gradueller, sondern absoluter Natur ist. Es gibt eine ontologische Unterscheidung – einen Unterschied in der *Art*, nicht einfach auf einer Skala, zwischen Mensch und Tier. In der klassischen Weltsicht überbrückt die Menschheit die Grenzen zwischen der rein materiellen und der geistigen Welt. In der Philosophie von Thomas von Aquin sind wir auf der höchsten Stufe der materiellen Welt und der untersten Stufe des Geistigen. Die menschlichen Fähigkeiten zu Rationalität, Autonomie und Selbstbewusstsein sind *Kennzeichen* unserer Unterscheidung, aber diese Merkmale sind Eigenschaften von etwas Tieferem – eines substantiellen Unterschiedes zwischen Menschen und Tieren.
Die menschliche Würde schützt alle Menschen, einschließlich des Fötus und der Komatösen. Im Gegensatz zur Auffassung Singers ist unsere Würde nicht in unserer individuellen Fähigkeit zur Vernunft begründet, und im Gegensatz zur Ansicht Benthams wurzelt sie nicht allein in unserer Fähigkeit, zu leiden. Die Behandlung höherer Tiere sollte uns wichtig sein, weil sie leiden können, und wir sollten alles tun, was wir können, um dieses Leiden zu begrenzen, aber wir dürfen nicht die Fähigkeit, zu leiden, mit dem verwechseln, was uns Würde verleiht. Selbst im Menschen sind Empfindsamkeit, Rationalität und Freiheit nur *Kennzeichen* unseres moralischen Status, nicht dessen Grundlage.

In der Summe ist die Würde des Menschen kein anderes Recht. Sie ist die Quelle und die Grundlage aller anderen Rechte. Sie wurzelt nicht in unserer Vernunft, sondern in unserer Menschlichkeit – einer Menschlichkeit, die, auch wenn sie sie übersteigt, unsere materielle Natur umfasst.

Schlussfolgerung

Warum Gott wichtig ist

> Es ist leicht zu sagen, dass es keinen Gott gibt.
> Es ist nicht so einfach, es zu glauben
> und die Konsequenzen daraus zu ziehen.
>
> Iris Murdoch

Wie ein unentdeckter Planet, der seine Gravitationskraft auf seine engsten Nachbarn ausübt, sind die Störungen des Materialismus seit fast zwei Jahrhunderten im liberalen Denken zu beobachten. Sie manifestieren sich im moralischen Relativismus des Liberalismus, im deterministischen Tenor vieler seiner psychologischen Annahmen, in der Verschmelzung des Heiligen mit dem Natürlichen und in der wachsenden Überzeugung, dass alle Wahrheit und jeder Wert eine Projektion des menschlichen Geistes sei. Jetzt, wo die Fundamente unter unseren Füßen zerbröckelt sind, wo die Dunkelheit kommt, ist das Leben nicht mehr tragisch; es ist einfach absurd – denn die Tragödie hat keinen Platz in einer im Wesentlichen bedeutungslosen Welt.

Die edelsten Werte des Liberalismus – seine Verpflichtungen zu den Menschenrechten, zur Freiheit und zur Würde des Menschen – sind vollkommen unvereinbar mit der materialistischen Perspektive. Aus diesem Grund schweben unsere moralischen, politischen und rechtlichen Konzepte zweideutig zwischen den klassischen und den säkularistischen, materialistischen Paradigmen. Wir verwenden weiterhin das Vokabular der klassischen Weltanschauung mit ihren Konzepten von Freiheit, Rechten, Verantwortlichkeit und dem Selbst, wobei wir diese Konzepte immer stärker in Begriffe fassen, die dem heimtückischen Materialismus unserer Zeit besser entsprechen. Wir verwenden dieses Vokabular, auch wenn die metaphysischen Grundlagen der klassischen Weltanschauung seit langem gefährlich erodieren. Wenn die Bibliothek abgenutzt ist, halten wir manchmal an den älteren Bedeutungen fest, obwohl es eine unangenehme Inkongruenz zwischen dem, was wir sagen, und dem, was wir glauben, gibt. Die Diskordanz ist manchmal pikant. Wir machen die

Wahlfreiheit zu der zentralen belebenden Idee unseres modernen liberalen politischen Systems, obwohl die meisten Philosophen nicht mehr glauben, dass wir eine freie Wahl treffen. Wir verwenden die Begriffe der natürlichen Rechte wie Locke, wenn wir nicht mehr an transzendente moralische Standards jeglicher Art glauben. Wir haben praktisch das Ideal der Individualität und Selbstverwirklichung in dem Augenblick sanktioniert, wo die metaphysischen Voraussetzungen des Selbst und der Seele von vielen als jenseits der Rückgewinnung gedacht werden. Wir haben Gott verbannt, auch wenn wir an der tektonischen Struktur der theologischen Weltanschauung festhalten. Das Licht ist eingeschaltet, wie es das Sprichwort sagt, aber niemand ist zu Hause.

Moderne Denker haben auf diese Kluft zwischen unseren moralischen und unseren metaphysischen Annahmen geantwortet, indem sie weitgehend die Frage nach der Existenz Gottes einklammerten. John Stuart Mill, der größte intellektuelle Architekt des modernen Liberalismus, schrieb, als er in seiner Autobiographie von seiner strengen Erziehung unter der Vormundschaft seines Vaters erzählte:

> Es wäre völlig unvereinbar mit den Pflichtvorstellungen meines Vaters gewesen, mir Eindrücke entgegen seinen Überzeugungen und Empfindungen gegenüber der Religion zu erlauben, und es hat mir von Anfang an imponiert, dass die Art und Weise, wie die Welt entstanden ist, ein Thema war, über das nichts bekannt war: dass die Frage: „Wer hat mich gemacht?“ nicht beantwortet werden kann, weil wir keine Erfahrungen oder authentischen Informationen haben, die diese Frage beantworten. ... Ich bin daher eines der wenigen Beispiele in diesem Land von jemandem, der den religiösen Glauben nicht abgelegt hat, sondern nie einen hatte.[1]

Doch Mills Agnostizismus war Tarnung für seine eigene Verwirrung. Die liberale politische Theorie, die er in *Über die Freiheit* entwickelt hat, steht im Widerspruch zu dem materialistischen Tenor seiner akademischeren Schriften zur Philosophie.

Vielleicht als Folge der wachsenden Kluft zwischen unserer Politik und unserer Metaphysik weigern sich neuere Denker sogar, die Frage nach der Existenz Gottes überhaupt zu stellen. Es geht nicht mehr darum, agnostisch oder gar atheistisch zu sein. Vielmehr ist es eine Peinlichkeit, auch nur zu fragen, ob Gott existiert. Wie der Philosoph John Searle kürzlich formulierte:

[1] John Stuart Mill, *Autobiography*, ed. Jack Stillinger (Boston: Houghton Mifflin, 1969), 27.

> Heutzutage ... wird es leicht als schlechter Geschmack angesehen, die Frage nach der Existenz Gottes zu stellen. Religionsfragen sind wie sexuelle Vorlieben: Sie sollten nicht öffentlich diskutiert werden und selbst die abstrakten Fragen werden nur von Langweilern diskutiert. ... Für uns, die gebildeten Mitglieder der Gesellschaft, ist die Welt entmystifiziert. ... Das Ergebnis dieser Entmystifizierung ist, dass wir über den Atheismus hinaus bis zu einem Punkt gegangen sind, an dem das Thema nicht mehr so wichtig ist wie für frühere Generationen.[2]

Wenn dies für einen Philosophen eine seltsame Sache ist, sollten wir daran denken, dass die Quelle dieser Haltung in der Philosophie selbst verwurzelt ist. Tatsächlich geht sie zurück auf Platon. Es war Platon, der zuerst im *Euthyphron* die Frage stellte, ob moralische Prinzipien richtig seien, weil Gott sie gewollt habe, oder ob Gott sie gewollt habe, weil sie richtig seien. (Zum Beispiel: Ist Mord falsch, weil Gott ihn verbietet, oder verbietet Gott ihn, weil er falsch ist?). Wenn die Antwort die letztere ist – wenn Gott gewisse Dinge gewollt hat, weil sie, wie Platon dachte, (intrinsisch) richtig oder falsch sind, dann ist Gott vielleicht entbehrlich. Wir können ein System moralischer Prinzipien ohne Rückgriff auf das Göttliche konstruieren. Dies ist das Ergebnis der grundlegenden Annahmen der einflussreichsten moralischen Denker der Moderne – von Agnostikern wie Bentham bis hin zu Gläubigen wie Kant.

Das Problem dabei ist jedoch, dass bestimmte Dinge über die Realität nur dann wahr sein können, wenn bestimmte andere Dinge wahr sind. Um plausibel zu sein, muss unsere Weltanschauung ein im Inneren konsequentes System von Überzeugungen sein, das eine ganzheitliche Integrität besitzt, die unseren Glauben in einem zusammenhängenden Ganzen stützt und bindet. Wir können bestimmte Überzeugungen an der Peripherie verändern, ohne die Integrität des Systems als Ganzes ernsthaft zu schädigen, aber bestimmte kardinale Annahmen sind zentral; sie sind buchstäblich Scharniere, von denen der Rest der Struktur abhängt.

---

[2] John R. Searle, *Geist, Sprache und Gesellschaft: Philosophie in der wirklichen Welt* (Frankfurt: Suhrkamp 2004), zitiert nach Edward Feser, *Der letzte Aberglaube. Eine philosophische Kritik des neuen Atheismus.* (Heusenstamm: editiones scholasticae 2012. Manchmal nimmt diese Kündigung der Frage die Form eines bestürzten Ärgers an. Mark Lilla beginnt sein Buch *The Stillborn God* auf diese Weise: „Wir finden es unverständlich, dass theologische Ideen den Geist der Menschen immer noch entzünden. ... Wir gingen davon aus, dass dies nicht mehr möglich sei, dass die Menschen gelernt hätten, religiöse Fragen von politischen zu trennen, dass der Fanatismus tot sei. Wir lagen falsch.“ Mark Lilla, *The Stillborn God* (New York: Vintage Books, 2008). 3.

Gottes Existenz ist die kardinale Annahme aller Philosophie, ob die Philosophen dies nun zugeben wollen oder nicht. Wir können weder unsere Vorstellungen von Gott von unserer Metaphysik abriegeln, noch können wir unsere Metaphysik von unserer Politik und unserer Moral trennen. Die Weltanschauungen der Theisten und der Materialisten sind jeweils nahtlose Kleidungsstücke. Wenn die Welt so funktioniert, wie der Theist glaubt, müssen bestimmte unabwendbare Konsequenzen folgen, moralisch und politisch. Dasselbe gilt für den säkularen Materialisten. An die Existenz Gottes zu glauben bedeutet, in eine umfassende Vision der Wirklichkeit zu investieren, in ein metaphysisches Mosaik der Welt mit einer eigenen logischen Kohärenz. Man kann Gott nicht herausschneiden, während der Rest des metaphysischen Bildes intakt bleibt.

Nachdenkliche Materialisten (wenn sie uns erlauben, das Adjektiv zu benutzen) verstehen diese Verknüpfung. Sie erkennen, dass es nur ein kleiner Sprung vom immateriellen Verstand zur nichtkörperlichen Seele ist, und von der Seele zu Gott. Dies mag erklären, warum nur eine kleine Minderheit der zeitgenössischen Philosophen Theisten oder Geist-Körper-Dualisten sind.[3] Wie Searle (wiederum) bemerkte, wird der moderne Materialismus hauptsächlich „nicht so sehr durch eine unabhängige Überzeugung in [seiner] Wahrheit motiviert, als vielmehr durch den Schrecken darüber, was die offenbar einzigen Alternativen sind".[4] Alles, außer einer umfassenden Verpflichtung zum Materialismus, zieht den konsequenten Denker zu Gott zurück, mit all dem, was dies metaphysisch, theologisch und moralisch bedeutet.

Wenn der Atheist tiefer in sich gehen würde, könnte er feststellen, dass es nicht Logik oder Philosophie sind, die seinen Unglauben motivieren. Es ist die Furcht vor dem, was Gottes Existenz für unser Leben bedeutet, die so viele zum Agnostizismus, zum Atheismus oder zu der neueren Position führt, die behauptet, dass die Relevanz Gottes gänzlich abgeschrieben werden könne. Aber ist das nicht genau die Einsicht des hl. Augustinus, dass sein eigener Widerstand gegen Gott eher eine Frage des

---

[3] Nach einer kürzlich durchgeführten Umfrage unter professionellen Philosophen „akzeptieren oder neigen" etwa 73 Prozent der neueren Philosophen zum Atheismus, gegenüber etwas weniger als 15 Prozent, die den Theismus „akzeptieren oder dazu neigen". In ähnlicher Weise akzeptieren oder neigen 56 Prozent zum Geist-Gehirn-Materialismus, und 27 Prozent akzeptieren oder neigen zu nichtmaterialistischen Positionen (16 Prozent wählten „anderes"). Diese Umfrage, die 2009 durchgeführt wurde, ist unter http://philpapers.org/surveys/results.pl zu finden.

[4] John R. Searle, *The Rediscovery of the Mind* (Cambridge, Mass.: MIT Press, 1992), 4.

Willens als des Verstandes war? Für alle, die glauben, besitzt jede Entscheidung und Handlung eine ultimative kosmische Bedeutung. Die Konsequenzen dessen, was wir tun und was wir aus uns selbst machen, spiegeln sich nicht nur in unseren eigenen Seelen wider, sondern auch außerhalb der persönlichen Sphäre – außerhalb nicht nur in dem Sinne, dass unser Handeln Konsequenzen für andere hat, sondern auf eine subtilere, aber durchdringende Weise, in der wir mit jeder Entscheidung und Handlung die Weichen stellen zu einem umfassenderen Moralschema.

Es ist zweifellos eine schwere Last in all dem, eine Last so schwer wie die Seele selbst. Ich glaube, dass zeitgenössische Materialisten vor dieser Last Zuflucht suchen in der lauen Anonymität der kosmischen Bedeutungslosigkeit. Es gibt wenig von Epikurs Resignation und noch weniger von Lukretius' Wut im spirituellen Sehnen des modernen Materialismus. Es gibt nur eine Schrumpfung der Möglichkeiten, ein ermüdendes Gefühl der Angst, dass die Ewigkeit ein zu großes Gewicht auf unsere Schultern gelegt hat. In diesem Geiste konnte ein so nachdenklicher Philosoph wie Thomas Nagel schreiben:

> Ich möchte, dass der Atheismus wahr ist, und bin dadurch beunruhigt, dass einige der intelligentesten und bestinformierten Menschen, die ich kenne, religiös Gläubige sind. Es ist nicht nur, dass ich nicht an Gott glaube und natürlich hoffe, dass ich in meinem Glauben richtigliege. *Ich hoffe, dass es keinen Gott gibt! Ich will nicht, dass es einen Gott gibt; ich will nicht, dass das Universum so ist.* Ich vermute, dass dieses kosmische Autoritätsproblem keine seltene Voraussetzung ist, und dass es verantwortlich ist für einen großen Teil des Szientismus und Reduktionismus unserer Zeit.[5]

Gott ist der Prüfstein für das klassische Verständnis der menschlichen Verfassung und die Grundlage für das, was bis heute von unseren wichtigsten moralischen und politischen Idealen übriggeblieben ist. Ohne Gott kann es kein angemessenes Verständnis unserer eigenen spirituellen Natur geben; noch kann es eine moralische Ordnung geben, eine transzendente Reihe moralischer Standards, die uns lehren und leiten und die die Grundlage für die göttlichen Sanktionen bereitstellen, wenn sie verletzt

[5] Thomas Nagel, *The Last Word* (New York: Oxford University Press, 2001), 130 (Hervorhebung J.L.H.).

werden. Ohne Gott ist Moral nichts als menschliche Konvention. Und ohne eine transzendente Moral, die über dem positiven Gesetz steht, ist auch die Idee der Menschenrechte ein leerer Sophismus. Ohne Gott machen auch die Annahmen des modernen säkularen Liberalismus keinen Sinn.

Wir sind jetzt an einer Kreuzung. In den letzten vier Jahrhunderten haben wir den Baum der Erkenntnis völlig aufgegessen, aber wir haben es vergessen. Wir haben die Natur durchleuchtet und durchstoßen, bis sie eine Ernte wissenschaftlicher Tatsachen hervorgebracht hat, aber wir scheinen weniger zu wissen als frühere Generationen. Je mehr Wie-Fragen wir beantworten, desto weniger können wir das Warum beantworten. Seit der Aufklärung haben wir das Glück als unser höchstes menschliches Ideal verankert und sind bei seiner Verfolgung unglücklich geworden.

Wir sind voll im Kreis gegangen und zurück zum Athen des 5. Jahrhunderts v. Chr. gelangt. Unsere moralischen und politischen Debatten spiegeln auf unheimliche Weise und aufschlussreich den Austausch zwischen Sokrates und Protagoras wider. Ob es eine moralische Ordnung gibt, ob wir objektives Wissen haben können, ob die Welt ein Ausdruck des göttlichen Geistes ist oder einfach die vergängliche Polyphonie der Atome in der Leere – diese Fragen können nicht in Klammern gesetzt werden. Unsere moralische und politische Ordnung wird tief und unausweichlich die Antworten widerspiegeln, die wir geben.

Danksagung

Dieses Buch wurde mit der großzügigen Unterstützung eines Stipendiums der John S. Grimes Memorial-Fakultät und mit Unterstützung der Indiana-Universität, der Robert H. McKinney School of Law, verfasst.

Ich danke auch zweien meiner Kollegen, Susan DeMaine und Fran Quigley, die mit hilfreichen Kommentaren und Überarbeitungen einiger Teile zum Gelingen dieses Buches beigetragen haben. Ich danke auch meinen wissenschaftlichen Mitarbeitern Michael Buschbacher, Alexander Carlisle, L. Michael Schlitt und Vanessa Woolsey für die große Hilfe, die sie mir während des Schreibens an diesem Buch geleistet haben.

Schließlich bin ich J. Budziszewski zutiefst dankbar, dessen Bücher und persönliche Korrespondenz mich während meiner Reise vom Atheismus zum Glauben erwärmt und erleuchtet haben.

Bibliographie

Wo möglich, wurden die vom Autor genannten Titel, die in deutscher Übersetzung vorliegen, eingefügt.

Adams, Robert Merrihew. *Leibniz: Determinist, Theist, Idealist*. New York: Oxford University Press, 1994.

American Humanist Association. *The Humanist Manifesto I and II*. Edited by Paul Kurtz. New York: The American Humanist Association, 1973.

Anscombe, G. E. M. "Modern Moral Philosophy". In *Human Life, Action and Ethics*. Charlottesville, Va.: Imprint Academic, 2005.

Aquin, Thomas von. *On Love and Charity: Readings from the "Commentary on the Sentences of Peter Lombard"*. Translated by Peter A. Kwasniewski, Thomas Bolin, O.S.B., and Joseph Bolin. Washington, D.C.: Catholic University Press, 2008.

———. *Summa Contra Gentiles / Summe gegen die Heiden*, Darmstadt: Wissenschaftliche Buchgesellschaft 1996.

———. *Summa Theologica. Die deutsche Thomas-Ausgabe*, Graz, Wien, Köln, Styria Verlag.

Arendt, Hannah. "What Is Freedom?" In *The Portable Hannah Arendt Reader*, edited by Peter Baehr, 438–61. New York: Penguin Books, 2000.

Aristoteles. *Philosophische Schriften in sechs Bänden*. Hamburg: F. Meiner Verlag 1995.

Ashcraft, Richard. *Locke's Two Treatises of Government*. London: Allen and Unwin, 1987.

Athanasius. *On the Incarnation*. Christian Classics Ethereal Library. http://www.ccel.org/ccel/athanasius/incarnation.

Aubrey, Thomas. *Brief Lives*. Edited by John Buchanan-Brown. New York: Penguin Classics, 2000.

Augustinus, Aurelius. *Der Gottesstaat*. Übersetzt von Hans Urs von Balthasar, Johannes Verlag, 2005

———. *Confessions / Bekenntnisse*. Übersetzt von Kurt Flasch und Burkhard Mojsisch. Reclam, 2009.

———. *Theologische Frühschriften: Vom freien Willen. Von der wahren Religion.* Übersetzt und erläutert von Wilhelm Thimme. (Zürich, Stuttgart: Artemis 1962).

Austin, John. The Province of Jurisprudence Determined. London: John Murray, 1832. Reprint, Indianapolis: Hackett, 1998.

Ayer, A. J. *Language, Truth and Logic*. New York: Dover, 1952.

———. *Philosophical Essays*. New York: Macmillan, 1959.

Bacon, Francis. *Neues Organon*. (*Novum Organon*). Lat./Dt. Hamburg: Meiner Verlag 1990.

Barnett, Randy E. *The Structure of Liberty*. Oxford: Oxford University Press, 1998.

Barron, Robert. *The Priority of Christ: Toward a Postliberal Catholicism*. Grand Rapids, Mich.: Brazos Press, 2007.

———. *Thomas Aquinas: Spiritual Master*. New York: Crossroad, 2008.

Barth, John. *The Floating Opera and the End of the Road*. New York: Anchor, 1988.

Beckwith, Francis. *Defending Life: A Moral and Legal Case against Abortion Choice*. New York: Cambridge University Press, 2007.

Benedict, Ruth. *Patterns of Culture*. Boston: Houghton Mifflin, 1934.

Bentham, Jeremy. *Eine Einführung in die Prinzipien der Moral und Gesetzgebung.* Verlag Senging: Saldenburg 2016.

———. *The Works of Jeremy Bentham*. Edited by John Bowring. New York: Adamant Media, 2001.

Berkeley, George. *Philosophical Writings*. Cambridge: Cambridge University Press, 2008.

———. *The Principles of Human Knowledge with Other Writings*. Edited by G. J. Warnock. London: Collins, 1975.

Berlin, Isaiah. *Freiheit. Vier Versuche*. Fischer Taschenbuch: Frankfurt a. M. 2006.

———. *Freedom and Its Betrayal: Six Enemies of Human Liberty*. Edited by Henry Harty. Princeton, N.J.: Princeton University Press, 2002.

Budziszewski, J. “The Problem with Conservatism”. *First Things* (April 1996): 38–44.

———. *What We Can’t Not Know: A Guide*. San Francisco: Ignatius Press, 2007.

Burtt, Edwin A. *The Metaphysical Foundations of Modern Physical Science*. New York: Harcourt Brace, 1927.

Campbell, C. A. *Selfhood and Godhood: The Gifford Lectures* Delivered to the University of St. Andrews during Sessions 1953–1954 and 1954–1955. New York: Macmillan, 1957.

Cessario, Romanus. The Moral Virtues and Theological Ethics. 2nd ed. Notre Dame, Ind.: University of Notre Dame Press, 2008.

Chesterton, G. K. *The Everlasting Man.* San Francisco: Ignatius Press, 2008.

Cicero. *Die Republik.* Übersetzt von Michael Albert. Ditzingen: Reclam 2013.

Clarke, Desmond M. *Descartes: A Biography*. New York: Cambridge University Press, 2006.

Clarke, W. Norris. *Explorations in Metaphysics*. Notre Dame, Ind.: University of Notre Dame Press, 1994.

Conot, Robert E. *Justice at Nuremberg*. New York: Harper and Row, 1983.

Conway, David. *The Rediscovery of Wisdom.* New York: St. Martin's Press, 2000.

Copleston, *Frederick. A History of Philosophy*. 8 vols. New York: Image Books, 1993.

Corwin, Edward S. "The 'Higher Law' Background of American Constitutional Law". *Harvard Law Review* 42, no. 2 (1928): 149–85.

Crimmins, James E. "Bentham on Religion: Atheism and the Secular State". *Journal of the History of Ideas* 47, no. 1 (January–March 1986): 95–110.

Darrow, Clarence. The Story of My Life. New York: Grosset and Dunlap, 1950.

Davidson, Donald. *Handlung und Ereignis*. Frankfurt: Suhrkamp 1990.

Deleuze, Gilles, and Félix Guattari. *Anti-Ödipus. Kapitalismus und Schizophrenie I.* Übersetzt von Bernd Schwibs. Frankfurt: Suhrkamp 1977.

Dershowitz, Alan. *The Abuse Excuse: And Other Cop-Outs, Sob Stories, and Evasions of Responsibility*. New York: Little, Brown, 2001.

Descartes, René. *Discours de la Méthode / Bericht über die Methode*. Übersetzt von Holger Ostwald. Ditzingen: Reclam 2001.

———. *The Philosophical Works of Descartes.* Translated by Elizabeth S. Haldane. Cambridge: Cambridge University Press, 1912.

Diogenes. *Lives of Eminent Philosophers*. Translated by R. D. Hicks. 2 vols. Cambridge, Mass.: Harvard University Press, 1972.

Dworkin, Ronald. *A Matter of Principle*. Cambridge, Mass.: Harvard University Press, 1985.

———. *Bürgerrechte ernstgenommen.* Frankfurt a. M.: Suhrkamp 1984.
Edwards, Paul. "Hard and Soft Determinism". In *Determinism and Freedom in the Age of Modern Science*, edited by Sidney Hook, 117–25. New York: Collier-Macmillan, 1961.
Emerson, Ralph Waldo. *Selected Essays, Lectures and Poems.* New York: Bantam Books, 1990.
Epictetus. *Handbüchlein der Moral.* Ditzingen: Reclam 1992.
Epikur. *Ausgewählte Schriften.* Hrsg. von Christof Rapp. Stuttgart: Kröner 2010.
Ericcson, Lars O. "Charges Against Prostitution: An Attempt at a Philosophical Assessment". *Ethics* 90, no. 3 (1980): 335–66.
Feinberg, Joel. *Harmless Wrongdoing.* Vol. 4 of *The Moral Limits of Criminal Law.* New York: Oxford University Press, 1988.
Feser, Edward. *Der letzte Aberglaube.* Heusenstamm: editiones scholasticae 2012.
———. *Locke.* Oxford: Oneworld, 2007.
———. *Philosophy of Mind.* Oxford: Oneworld, 2006.
Fichte, Johann. *Grundlage des Naturrechts nach Prinzipien der Wissenschaftslehre.* Hamburg: Meiner 2013.
Finnis, John. *Aquinas: Moral, Political and Legal Theory.* New York: Oxford University Press, 1996.
———. *Natural Law and Natural Rights.* Oxford: Oxford University Press, 1980.
———. "Retribution: Punishment's Formative Aim". In *Human Rights and the Common Good: Collected Essays*, 167–79. Oxford: Oxford University Press, 2011.
Flew, Antony. *There Is a God.* New York: HarperOne, 2008.
Foucault, Michel. *Überwachen und Strafen: Die Geburt des Gefängnisses.* Frankfurt: Suhrkamp 1993
———. "The Subject and Power". In *Michel Foucault: Beyond Structuralism and Hermeneutics*, edited by Hubert Dreyfus and Paul Rabinow, 208–26. Chicago: University of Chicago Press, 1982.
Frank, Jerome. *Courts on Trial: Myth and Reality in American Justice.* Princeton, N.J.: Princeton University Press, 1973.
Frankfurt, Harry G. "Alternate Possibilities and Moral Responsibility". *Journal of Philosophy* 66 (1969): 829–39.
———. "Freedom of the Will and the Concept of a Person". *Journal of Philosophy* 68 (1971): 5–20.

Franklin, Julian H. *John Locke and the Theory of Sovereignty: Mixed Monarchy and the Right of Resistance in the Political Thought of the English Revolution*. New York: Cambridge University Press, 1978.
Freud, Sigmund, *Jenseits des Lustprinzips*. Ditzingen: Reclam 2013.
———. *Das Unbehagen in der Kultur*. Ditzingen: Reclam 2010.
———. *Das Ich und das Es*. Köln: Anaconda Verlag 2017.
———. *Massenpsychologie und Ich-Analyse/Die Zukunft einer Illusion*. Frankfurt: Fischer Taschenbuch 1993.
———. *Der Mann Moses und die monotheistische Religion*. Ditzingen: Reclam 2010.
Friedman, Milton. *Kapitalismus und Freiheit*. Geleitwort von Horst Siebert. Roetgen: Piper Verlag 2004.
Fuller, Lon. *The Morality of Law*. New Haven, Conn.: Yale University Press, 1964.
Geach, P. T. *The Virtues*. Cambridge: Cambridge University Press, 1977.
George, Robert P. *Making Men Moral: Civil Liberties and Public Morality*. New York: Oxford University Press, 1995.
Gilson, Étienne. *From Aristotle to Darwin and Back Again*. Translated by John Lyon. San Francisco: Ignatius Press, 2009.
———. *God and Philosophy*. 2nd ed. New Haven, Conn.: Yale University Press, 2002.
Gosling, J. C. B. *Plato*. Boston: Routledge and Kegan Paul, 1973.
Gray, John, and G. W. Smith, eds. *J. S. Mill* On Liberty *in Focus*. London: Routledge, 1991.
Grisez, Germain. "The First Principle of Practical Reason: A Commentary on the *Summa Theologiae*, I-II, Question 94, Article 2". *Natural Law Forum* 10 (1965): 168–201.
Grotius, Hugo. *On the Law of War and Peace*. New York: Cambridge University Press, 2012.
Guthrie, W. K. C. *A History of Greek Philosophy*. Cambridge: Cambridge University Press, 1965.
———. *The Greek Philosophers from Thales to Aristotle*. New York: Harper and Row, 1950.
Halevy, Elie. *The Growth of Philosophical Radicalism*. Translated by Mary Morris. Boston: Beacon Press, 1955.
Hare, R. M. *Plato*. New York: Oxford University Press, 1982.
Harris, Sam. *Free Will*. New York: Free Press, 2012.
Hart, H. L. A. *Punishment and Responsibility: Essays in the Philosophy of Law*. Oxford: Oxford University Press, 1968.
———. *The Concept of Law*. 2nd ed. Oxford: Clarendon Press, 1994.

Hasker, William. *The Emergent Self.* Ithaca, N.Y.: Cornell University Press, 2001.

Hayek, Friedrich A. *The Constitution of Liberty.* Edited by Ronald Hamowy. Chicago: University of Chicago Press, 1978.

———. *Der Weg zur Knechtschaft.* Deutsche Erstausgabe der Reader's Digest condensed version aus dem Jahre 1945 „The Road to Serfdom". Wien: Friedrich A. von Hayek Institut 2004.

Herskovits, Melville J. "Cultural Relativism and Cultural Values". In *Ethical Relativism*, edited by J. Ladd, 58–77. Lanham, Md.: University Press of America, 1985.

Hitchens, Christopher. *God Is Not Great: How Religion Poisons Everything.* New York: Twelve, 2007.

Hittinger, Russell. *A Critique of the New Natural Law Theory.* Notre Dame, Ind.: University of Notre Dame Press, 1987.

———. *The First Grace: Rediscovering the Natural Law in a Post-Christian World.* Wilmington, Del.: ISI Books, 2003.

Hobbes, Thomas. *Leviathan.* Ditzingen: Reclam 1986.

———. *The English Works of Thomas Hobbes of Malmesbury.* Edited by Sir William Molesworth. London: J. Bohn, 1839.

Holmes, David L. *The Faiths of the Founding Fathers.* New York: Oxford University Press, 2006.

Holmes, Oliver Wendell. "Natural Law". *Harvard Law Review* 32 (1918): 40–44.

———. "The Path of the Law". *Harvard Law Review* 10 (1897): 457–78.

Holmes, Oliver Wendell, and Harold Laski. *The Holmes-Laski Letters.* Edited by David Howe. Cambridge, Mass.: Harvard University Press, 1953.

Hospers, John. "What Means This Freedom?" In *Determinism and Freedom in the Age of Modern Science*, edited by Sidney Hook, 26–42. New York: Collier-Macmillan, 1961.

Hume, David. *Ein Traktat über die menschliche Natur.* Herausgegeben von D. Brandt. Hamburg: Meiner Verlag 2013.

———. *Untersuchung über die Prinzipien der Moral.* Hamburg: Meiner Verlag 2003.

Husak, Douglas N. *Drugs and Rights.* Cambridge: Cambridge University Press, 1992.

Irwin, Dale T., and Scott W. Sunquist. *History of the World Christian Movement.* Maryknoll, N.Y.: Orbis Books, 2001.

Jackson, Robert H. "Closing Arguments for Conviction of Nazi War Criminals". Robert H. Jackson Center Website. Accessed April 24, 2015. http://www.roberthjackson.org/speech-and-writing

/bibliography/closing-argument-for-conviction-of-nazi-war-criminals.

James, William. "The Dilemma of Determinism". In *The Writings of William James*, edited by John J. McDermott, 587–610. Chicago: University of Chicago Press, 1977.

———. *The Principles of Psychology*. 2 vols. Cambridge, Mass.: Harvard University Press, 1918.

Kant, Immanuel. *Kritik der reinen Vernunft.* Hamburg: Meiner Verlag 1998.

———. *Kritik der praktischen Vernunft.* Hamburg: Meiner Verlag 2003.

———. *Grundlegung zur Metaphysik der Sitten.* Hamburg: Meiner Verlag 2016.

———. *Metaphysische Anfangsgründe der Tugendlehre.* Hamburg: Meiner Verlag 2017.

Kateb, George. *Human Dignity*. Cambridge, Mass.: Harvard University Press, 2011.

———. "The Value of Association". In *Freedom of Association*, edited by Amy Gutmann, 35–63. Princeton, N.J.: Princeton University Press, 1998.

Kierkegaard, Søren. *Die Krankheit zum Tode.* Ditzingen: Reclam 1997.

Kim, Jaegwon. *Supervenience and Mind: Selected Philosophical Essays*. New York: Cambridge University Press, 1993.

Koppelman, Andrew. "Forced Labor: A Thirteenth Amendment Defense of Abortion". *Northwestern Law Review* 84 (1990): 480–535.

Kuhse, Helga, and Peter Singer. *Should the Baby Live?: The Problem of Handicapped Infants*. New York: Oxford University Press, 1988.

Lange, Friedrich Albert. *The History of Materialism and Criticism of Its Present Importance*. London: Routledge and Kegan Paul, 1925.

Laplace, Pierre-Simon. *A Philosophical Essay on Probabilities*. New York: J. Wiley, 1902.

Lear, Jonathan. *Aristotle: The Desire to Understand*. New York: Cambridge University Press, 1988.

Lee, Patrick, and Robert P. George. *Body-Self Dualism in Contemporary Ethics and Politics*. New York: Cambridge University Press, 2009.

Leo XIII. Encyclical *Rerum Novarum* http://kathpedia.com/index.php?title=Rerum_novarum_(Wortlaut)

Levine, Joseph. *Purple Haze: The Puzzle of Consciousness*. New York: Oxford University Press, 2001.

Lewis, C. S. *The Abolition of Man*. New York: HarperOne, 2008.

———. "The Humanitarian Theory of Punishment". *Res Judicatae* (1953): 224–30.

Lilla, Mark. *The Stillborn God*. New York: Vintage Books, 2008.
Lisska, Anthony J. *Aquinas's Theory of Natural Law: An Analytic Reconstruction*. New York: Clarendon Press, 1993.
Locke, John. *Versuch über den menschlichen Verstand*. Hrsg. von Reinhard Brandt, Hamburg: Meiner Verlag 2000.
———. *Ein Brief über Toleranz*. Übersetzt von Julius Ebbinghaus. Hamburg: Meiner Verlag 1996.
———. *The Reasonableness of Christianity*. Edited by John C. Higgins-Biddle. New York: Oxford University Press, 1999.
———. *Zwei Abhandlungen über die Regierung*. Hrsg. Von Walter Euchner. Frankfurt: Suhrkamp 1977.
Long, Steven A. *The Teleological Grammar of the Moral Act*. Naples, Fla.: Sapientia Press, 2007.
Lucretius. *On the Nature of Things*. Translated by Alicia Stallings. New York: Penguin Books, 1977.
———. *On the Nature of the Universe*. Translated by R. E. Latham. New York: Penguin Books, 1977.
MacIntyre, Alasdair C. *After Virtue: A Study in Moral Theology*. Notre Dame, Ind.: University of Notre Dame Press, 1981.
Maeder, Thomas. *Crime and Madness: The Origins and Evolution of the Insanity Defense*. New York: Harper and Row, 1985.
Marquis, Don. "Singer on Abortion and Infanticide". In *Peter Singer Under Fire: The Moral Iconoclast Faces His Critics*, edited by Jeffrey A. Schaler, 133–62. Peru, Ill.: Carus, 2009.
Martin, Raymond, and John Barresi. *The Rise and Fall of Soul and Self*. New York: Columbia University Press, 2006.
Maslow, Abraham. *Toward a Psychology of Being*. New York: Van Nostrand Reinhold, 1968.
Mason, A. T. *Harlan Fiske Stone: Pillar of the Law*. New York: Viking Press, 1956.
May, Rollo. *Love and Will*. New York: Norton, 1968.
May, William E. "Contemporary Perspectives on Natural Law". In *St. Thomas Aquinas and the Natural Law Tradition: Contemporary Perspectives*, 113–56. Washington D.C.: Catholic University of America Press, 2014.
McInerny, D. Q. *Metaphysics*. Elmhurst, Pa.: Priestly Fraternity of St. Peter, 2004.
Mead, George Herbert. *Mind, Self, and Society from the Standpoint of a Social Behaviorist*. Edited by Charles W. Morris. Chicago: University of Chicago Press, 1934.

Medlin, Brian. "Ultimate Principles and Ethical Egoism". *Australian Journal of Philosophy* 35 (1957): 111–18.
Meilaender, Gilbert, "Terre es animate: On Having a Life". In *Defining the Beginning and End of Life: Readings on Personal Identity and Bioethics*, edited by John P. Lizza, 61–78. Baltimore: Johns Hopkins University Press, 2009.
Menninger, Karl A. *The Crime of Punishment*. New York: Viking Press, 1968.
Mill, John Stuart. *Autobiography*. Edited by Jack Stillinger. Boston: Houghton Mifflin, 1969.
———. *The Collected Works of John Stuart Mill*. 10 vols. Edited by J. M. Robson. London: Routledge, 1974.
———. *Über die Freiheit*. Hrsg. von Horst Brandt. Hamburg: Meiner Verlag 2011.
———. *Utilitarianism / Der Utilitarismus*. Hrsg. von Diter Birnbacher. Ditzingen: Reclam 2006.
Mirandola, Giovanni Pico della. "Oration on the Dignity of Man". In *The Renaissance Philosophy of Man*, edited by Ernst Cassirer, translated by Elizabeth L. Forbes. Chicago: University of Chicago Press, 1948.
Mises, Ludwig von. *Human Action: A Treatise on Economics*. Chicago: Contemporary Books, 1966.
Moore, G. E. *Principia Ethica*. Erweiterte Ausgabe. Übersetzt von Burkhard Wisser. Stuttgart: Reclam 1970.
———. *Ethics*. New York: Oxford University Press, 1912.
Moore, Michael. "Moral Reality." *Wisconsin Law Review* (1982): 1061–1156.
Moreland, J. P., and Scott B. Rae. *Body and Soul: Human Nature and the Crisis in Ethics*. Downers Grove, Ill.: InterVarsity Press, 2000.
Murdoch, Iris. *Existentialists and Mystics: Writings on Philosophy and Literature*. New York: Penguin Books, 1999.
Murphy, Jeffrie G., and Jean Hampton. *Forgiveness and Mercy*. New York: Cambridge University Press, 1998.
Nagel, Thomas. *The Last Word*. New York: Oxford University Press, 2001.
Nietzsche, Friedrich. *Menschliches, Allzumenschliches. Ein Buch für freie Geister*. Berlin: Edition Holzinger 2016.
———. *Die fröhliche Wissenschaft*. Ditzingen: Reclam 2000.
———. *Zur Genealogie der Moral. Eine Streitschrift*. Ditzingen: Reclam 1988.
Nozick, Robert. *Anarchy, State, and Utopia*. New York: Basic Books, 1974.
Oates, Whitney J., ed. *The Stoic and Epicurean Philosophers*. New York: Random House, 1940.
Oderberg, David. *Real Essentialism*. New York: Routledge, 2007.

Parfit, Derek. *Reasons and Persons*. Oxford: Oxford University Press, 1984.
Pascal, Blaise. *Pensées*. Translated by A. J. Krailsheimer. New York: Penguin, 1995.
Pasnau, Robert, and Christopher Shields. *The Philosophy of Aquinas*. Boulder: Westview Press, 2004.
Plato. *Sämtliche Dialoge*. Hrsg. von Otto Apelt. Hamburg: Meiner Verlag 1988.
Priest, Stephen. *The British Empiricists*. London: Penguin Books, 1990.
Priestly, Joseph. *Essay on First Principles of Government*. New York: Gale ECCO, 2010.
Ratzinger, Joseph. *Einführung in das Christentum. Vorlesungen über das apostolische Glaubensbekenntnis*. München: Kösel 2000.
Rawls, John. Eine Theorie der Gerechtigkeit. Frankfurt: Suhrkamp 1979.
Raz, Joseph. *The Morality of Freedom*. New York: Oxford University Press, 1986.
Reid, John Phillip. *The Concept of Liberty in the Age of the American Revolution*. Chicago: Chicago University Press, 1988.
Richards, David A. J. *Sex, Drugs, Death and the Law*. Lanham, Md.: Rowman and Littlefield, 1986.
Rommen, Heinrich. *The Natural Law: A Study in Legal and Social History and Philosophy*. Indianapolis: Liberty Fund, 1998.
Rorty, Richard. *Philosophy and Social Hope*. New York: Penguin Books, 2000.
Ross, W. D. *The Right and the Good*. Oxford: Oxford University Press, 1930.
Rousseau, Jean-Jacques. *Discourse on the Origin of Inequality: The Social Contract and the Discourses*. Translated by G. D. H. Cole. London: J. M. Dent and Sons, 1973.
———. *Du contrat social / Vom Gesellschaftsvertrag*. Hrsg. Hans Brockard. Ditzingen: Reclam 2011.
Rowan, J. P. "Platonic and Christian Theism". In *God in Contemporary Thought: A Philosophical Perspective*, edited by Sebastian
Matczak. New York: Learned Publications, 1977.
Russell, Bertrand. *On God and Religion*. Buffalo: Prometheus Books, 1986.
———. *Probleme der Philosophie*. Hrsg. von Eberhard Bubser. Frankfurt: Suhrkamp 1967.
Ryle, Gilbert. *Der Begriff des Geistes*. Übersetzt von Kurt Baier. Ditzingen: Reclam 2015.
Sandel, Michael J. *Liberalism and the Limits of Justice*. Cambridge: Cambridge University Press, 1982.
Searle, John R. *Freiheit und Neurobiologie*. Frankfurt: Suhrkamp 2004.

———. *Geist, Sprache und Gesellschaft. Philosophie der wirklichen Welt.* Frankfurt: Suhrkamp 2011.

———. *The Rediscovery of the Mind*. Cambridge, Mass.: MIT Press, 1992.

Seneca. *Moral Letters to Lucilius*. Translated by Richard Mott Gummere. WikiSource. http://en.wikisource.org/wiki/Moral_letters_to_Lucilius.

Shiner, Roger A. "Aristotle's Theory of Equity". *Loyola Law Review* 27 (1994): 1245–64.

Skinner, B. F. *About Behaviorism*. New York: Alfred Knopf, 1974.

———. *Beyond Freedom and Dignity*. Indianapolis: Hackett, 2002.

———. *Science and Human Behavior*. New York: Free Press, 1953.

Singer, Peter. *Animal Liberation: A New Ethic for Our Treatment of Animals*. New York: Random House, 1978.

———. *Practical Ethics*. 3rd ed. New York: Cambridge University Press, 2011.

———. *Rethinking Life and Death*. New York: Macmillan, 1996.

Smilansky, Paul. "Hard Determinism and Punishment: A Practical Reductio". *Law and Philosophy* 30 (2011): 353–67.

Snell, Bruno. *The Discovery of the Mind: The Greek Origins of European Thought*. Oxford: Blackwell, 1953.

Spade, Paul Vincent, ed. *The Cambridge Companion to Ockham*. New York: Cambridge University Press, 1999.

Spinoza, Baruch. *Ethik*. Lat.-Deutsch. Hrsg. von Wolfgang Bartuschat. Hamburg: Meiner 2015.

Stace, W. T. "Man against Darkness". *Atlantic Monthly* 182 (September 1948).

Stevenson, Charles L. *Ethics and Language*. New Haven, Conn.: Yale University Press, 1944.

Stevenson, C. L. "Ethical Judgments and Avoidability". In *Facts and Values: Studies in Ethical Analysis*, 138–52. New York: Praeger, 1975.

Strauss, Leo. *Natural Right and History*. Chicago: Chicago University Press, 1953.

Stump, Eleonore. *Aquinas*. New York: Routledge, 2003.

Sulmasy, Daniel P. "Human Dignity and Human Worth". In *Perspectives on Human Dignity: A Conversation*, edited by Jeff Malpas and Norelle Lickiss, 9–18. New York: Springer, 2007.

Sunstein, Cass. "Legal Interference with Private Preferences". *University of Chicago Law Review* 53 (1985): 1129–74.

Taliaferro, Charles. *Consciousness and the Mind of God*. New York: Cambridge University Press, 1994.

Taylor, Charles. *Quellen des Selbst. Die Entstehung der neuzeitlichen Identität.* Hrsg. von Joachim Schulte. Frankfurt: Suhrkamp 1996.
Tooley, Michael. *Abortion and Infanticide*. Oxford: Claredon Press, 1983.
Tully, James. *A Discourse on Property: John Locke and His Adversaries*. New York: Cambridge University Press, 1980.
Urmson, J. O. *The Emotive Theory of Ethics*. Oxford: Oxford University Press, 1969.
Veatch, Henry B. *Rational Man: A Modern Interpretation of Aristotelian Ethics*. Bloomington, Ind.: Indiana University Press, 1962.
———. "Telos and Teleology in Aristotelian Ethics". In *Studies in Aristotle*, edited by Dominic J. O'Meara. Washington, D.C.: Catholic University of America Press, 1981.
Waldron, Jeremy. "A Right to Do Wrong". *Ethics* 92, no. 1 (1981): 21–39.

Index

A

B

C

D

E

F

G

L

M

N

S

T